U0111848

大展好書　好書大展
品嘗好書　冠群可期

國家圖書館出版品預行編目資料

紫微斗數格局論 / 周幸蓉著.
──初版，──臺北市，大展，2019 [民 108.06]
面；　公分─（命理與預言；84）
ISBN　978-986-346-251-4（平裝）
1.紫微斗數

293.11　　　　　　　　　　　　　　108005318

紫微斗數格局論

著　　　者／周 幸 蓉
責 任 編 輯／艾 力 克
發 行 人／蔡 森 明
出 版 者／大展出版社有限公司
社　　　址／臺北市北投區（石牌）致遠一路 2 段 12 巷 1 號
電　　　話／（02）28236031，28236033，28233123
傳　　　真／（02）28272069
郵 政 劃 撥／01669551
網　　　址／www.dah-jaan.com.tw
E - m a i l ／service@dah-jaan.com.tw
登 記 證／局版臺業字第 2171 號
承 印 者／傳興印刷有限公司
裝　　　訂／佳昇興業有限公司
排 版 者／菩薩蠻數位文化有限公司
初版 1 刷／2019 年（民 108 ） 6 月
初版 2 刷／2022 年（民 111 ）11 月

定價／600 元

大展好書　好書大展
品嘗好書　冠群可期

命理與預言：84

紫微斗數

格局論

周幸蓉 著

大展出版社有限公司

　　紫微斗數，原於道家，做為弟子修業、造命、養生之術，故有其入世與出世之訣，可用於觀照自己，預作人生的規劃，進而激發生命之潛能。人在出生受氣時受到天地陰陽五行的影響，產生不同思想與個性，因此造就不同的命運與人生。命沒有好壞，只是受陰陽五行生剋的影響，每個人一生都有他必修的課業。

　　紫微斗數真正用意在於「造命」而不是「宿命」，了解自己的命格，修補先天不足之處，可減輕一生的橫逆。

　　現今科技發達，在紫微斗數推命技術層面上較為提升，在技巧上也更為細膩，並且注重「全盤關注」的論述方式，來推演一生命運的造化，相較於古籍中的專斷方式，現今的論述方法，較為深入而完整，更能提升其徵驗度。

　　紫微斗數中有 14 顆主星，這 14 顆主星根據星辰的排列組合，分配於命盤中十二宮位，形成一正一反 60 個星系，或 144 個基本命局，使各星曜彼此互相引動產生吉凶互應，來呈現其特性。每個星系沒有好壞、吉凶，只有他的特性，還須加入六吉星、六煞星，及四化星的分布與行運，才能呈現人一生吉凶禍福。常讓初學者，感覺複雜又難於掌握重點，因此筆者將《鬼谷子算命術》融入《紫微斗數》命盤中，讓學習者能準確的辨別吉凶禍福及行運的時間點。

　　筆者在研究紫微斗數中，發現斗數其結構完整而細膩，更可融入百家之長。紫微斗數命盤中有十二宮位，這十二宮位，依十天干與十二地支順序排列，定其陰陽五行方位，顯現其生命地圖，清楚的指引方向，有如羅盤中二十四方位，可融入百家之長，取其各家精華。所以筆者，將紫微斗數與鬼谷子，二者相互會整合，在此書六十個格局論述中，以命盤實例解析，加入鬼谷子詩句印證。

鬼谷子算命術使用方法

鬼谷子先生，姓王名詡，又名王禪，春秋戰國時顯赫人物之一，是縱橫家的鼻祖，也是軍事、教育家，更為命理師的祖師爺。因隱居清溪之鬼谷，故自稱鬼谷先生，而後人對鬼谷子先生，尊稱王禪老祖。

《鬼谷子算命術》，又名《兩頭鉗》，相傳由鬼谷子先生所著，推算方法，以個人出生的年干及時干搭配組合，為人判斷休咎。

例如西元 1959 年 08 月 06 日戌時生人，八字為己亥年、辛未月、庚申日、丙戌時。圖中所圈出年干為「己」，時干為「丙」，則為「己丙」的組合，查第五十三數即得，之後再用時辰干支，如書中所例「丙戌」時生人，在第五十三數條文中，再看「丙戌」下四字，「冰上騎馬」，解白：作事迅速，防有傾覆之虞。

時　　日　　月　　年

。丙　　庚　　辛　　己。
　戌　　申　　未　　亥

此人紫微斗數命盤為，天機、天梁化科在戌宮坐命，左輔同度。天機天梁之人，加吉曜富貴慈祥。（命盤資料，可對照書中天機天梁在辰戌坐命）命主天梁化科，具有悲天憫人的胸懷，卻執著於使命感與榮耀，喜歡伸張正義、打抱不平，但這些秉賦，會因事業宮文曲化忌的破壞，使命主個性偏執，在行事上不喜遵守章法，常有不按牌理出牌的突發行為，雖能開創新局，但這類的做法，結局會有兩種截然不同的結果產生。鬼谷子 作事迅速，防有傾覆之虞。

本書使用方法

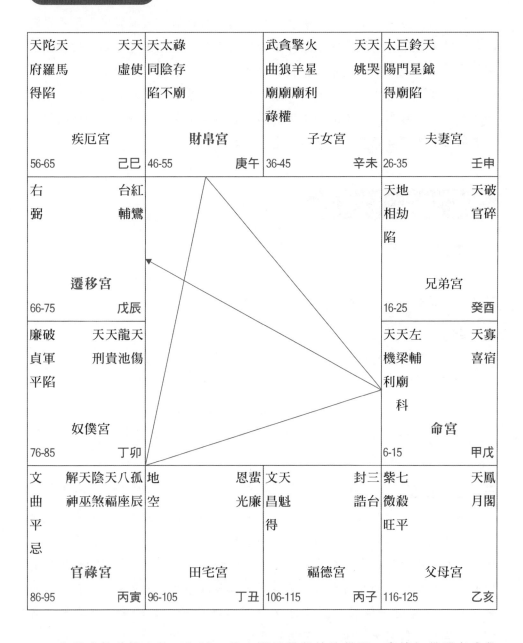

天陀天　　　天天 府羅馬　　　虛使 得陷 疾厄宮 56-65　　　　己巳	天太祿 同陰存 陷不廟 財帛宮 46-55　　　　庚午	武貪擎火　　　天天 曲狼羊星　　　姚哭 廟廟廟利 祿權 子女宮 36-45　　　　辛未	太巨鈴天 陽門星鉞 得廟陷 夫妻宮 26-35　　　　壬申
右　　　　台紅 弼　　　　輔鸞 遷移宮 66-75　　　　戊辰			天地　　　　天破 相劫　　　　官碎 陷 兄弟宮 16-25　　　　癸酉
廉破　　　天天龍天 貞軍　　　刑貴池傷 平陷 奴僕宮 76-85　　　　丁卯			天天左　　　天寡 機梁輔　　　喜宿 利廟 　　科 命宮 6-15　　　　甲戌
文　　解天陰天八孤 曲　　神巫煞福座辰 平 忌 官祿宮 86-95　　　　丙寅	地　　　　　恩蜚 空　　　　　光廉 田宅宮 96-105　　　　丁丑	文天　　　　封三 昌魁　　　　誥台 得 福德宮 106-115　　　　丙子	紫七　　　　天鳳 微殺　　　　月閣 旺平 父母宮 116-125　　　　乙亥

　　紫微斗數結構完整而細膩，是一門易學難精的學問，常讓初學習者感覺複雜又難於掌握重點，因此筆者將《鬼谷子算命術》融入《紫微斗數》中，

讓學習者能簡單輕易的掌握其方向，並準確的推斷吉凶禍福及行運的時間點。

　　現今科技發達，網路上已有提供免費的排盤軟體，只要將出生年月日時輸入，就可輕鬆得到免費的紫微斗數命盤與八字，所以筆者建議，讀者先上網調出紫微斗數命盤與八字，再找出命宮的位子與主星。如圖中命宮主星天機天梁在戌宮，則找「天機天梁在辰戌坐命」，就能了解命盤格局特質，詳讀之後再調出鬼谷子先生的斷言與詩詞，在詩詞中會論述命格與一生經歷，讀者將二者相互融會整合，就能找出重點與方向。

紫微斗數專有術語解釋

一、本宮

　　在推論事象時，通常是以主事的宮位稱做本宮。如看財運吉凶時，則以財帛宮為主要分析、推論，因此財帛宮即稱為本宮。

二、對宮

　　本宮斜對面的宮位稱為對宮。如命宮的對面為遷移宮，或財帛宮的對面為福德宮。

　　紫微斗數注重「三方四正」的推論，本宮之外的第一個順位，就是對宮最具影響力，其力量可達七成左右。若本宮無主星，則可用對宮的主星代用，進行推論。

三、三方四正

　　紫微斗數用十二宮位來顯示，人生最關切的十二件人事物。推命時根據各宮所帶的星曜，即可判斷出各宮吉凶禍福事象，但人不可能只活在單一宮內，外在的因素也會受其影響的，為了增加判斷的準確性，須採用全盤性的論述方式來推演。如在看命宮時，需同時參照遷移宮、事業宮、財帛宮的星曜，這四個宮位是整體的關連性。命宮與財帛宮、事業宮則稱為「三合宮」，再加上對宮遷移即成「三方四正位」。

四、同度、會照

　　紫微斗數在進行推論時常用到的術語，即是「同度」、「會照」，所謂「同度」星曜相聚在同一宮位上。「會照」則指財帛宮、事業宮、遷移宮，此三宮的星曜，形成加會產生相互作用。

五、夾宮

　　在某個宮位左右鄰宮出現對星，則稱為夾宮。如日月、魁鉞、輔弼、昌曲、羊陀、火鈴、空劫等，被同一組對星在左右兩鄰相夾，則稱為夾宮。

六、宮干

　　紫微斗數命盤中每個宮位，都有天干與地支，所謂「宮干」則是該宮位的天干。大限行運「宮干」四化的坐落，會產生行運之吉凶。

目 錄

紫微在子午坐命：午宮「極向離明」

一、星系結構

　　紫微在子午坐命，對宮為貪狼，財帛武曲天相在寅申，事業廉貞天府在辰戌。

紫微在子宮坐命

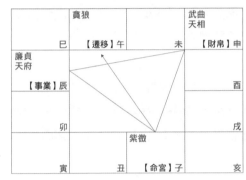

紫微在午宮坐命

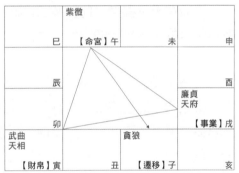

二、格局特質分析

特質 **1** 紫微在子午單星獨坐，最能充分發揮紫微星的特性。

　　紫微星在子午宮獨坐，為單星獨立的情形，無其他主星的融合，所以最能充分發揮紫微星的特性。紫微星，化氣為尊，在天上為眾星曜的樞紐，主掌宇宙間的變化。

　　在中國傳統思想上，紫微星便是帝王，象徵崇高的地位與權限。因此會讓紫微星坐命之人，在潛意識裡有異於常人的優越感，在穩重敦厚的外表中，展現出倔強不服輸的性情，自然存在主導及發號司令的領導偏好，慾望上雖喜歡主導，但卻缺乏主張，多游移不定，難以有明確的理想目標。

　　雖本性忠厚，但性情卻帶偏執以自我為中心，愛惡隨心，疑心病重，易聽信讒言，這是紫微星的最大缺點。

特質 2 紫微在子午獨坐,受對宮貪狼星的影響,易行為表裡不一的。

紫微在子午獨坐,受對宮貪狼星的影響。貪狼為慾望之星,桃花之星宿,貪狼星雖能增加紫微星的機變權謀,卻使紫微在子午坐命之人,表面沉著穩重,潛意識裡卻希望能擁有綺麗的人生,在生活中喜風花雪月,追求物慾。

紫微星之人,重視顏面,雖不見得會全然展現,卻讓人有表裡不一的感受。

特質 3 紫微星獨坐,易有理想高而行動力不足之象。

紫微在子午獨坐,此星系三合雖已構成「府相朝垣」的局面,但紫微星在子午宮位受安星訣的影響,六吉星無法雙雙會入,一般易有理想高而行動力不足之象。

紫微星象徵帝王,需有百官擁護,才能行使威權,發揮開疆闢土的能力。帝王若無群臣隨侍,則為孤君,無法施展身手,謀求費力。紫微星入命最忌孤君獨坐,紫微星一定要得「百官朝拱」,才始能有高格局。紫微星若無「百官朝拱」,只有領導慾而欠缺領導力。

特質 4 此星系午宮優於子宮,午宮「極向離明」。

紫微在子午獨坐,受宮位強弱的影響,午宮優於子宮。紫微在午宮入廟,見解高超,個性果斷,領導力及調和能力,皆較子宮為強,成就較大。且午宮的紫微星,日月兩星皆並明,為「極向離明」,能少年得志,鯉躍龍門,一生地位和財富均較順遂。

甲丁己庚年生人,無煞忌,遇吉曜為貴格,有獨特的見解,理想高遠,卓然不群,名望頗佳,可位至公卿。若煞多無吉,則志大才疏,理想空泛,曲高和寡,知音難見,較孤獨。

紫微在子宮處於平位,日月二星又皆為弱陷,較懷才不遇,雖然雄心萬丈卻壯志難酬,縱會六吉也嫌力量不足。若無吉星反會煞星,則是理想主義者,缺乏實踐力,只有領導慾而無領導力,自負而多疑,為「孤君」。

甲丁己年生人,福厚。丁己年生人,祿存在午宮遷移,適合出外求職謀生,財官雙美。

三、此星系出生年，天干能量特點

1.紫微在子午坐命，甲年生人

廉貞化祿在事業宮，能增加領導及競爭力，武曲化科在財帛宮，祿存在「寅」宮財福線上，「科祿會照」命宮，又有「疊祿」，則福氣厚，社會地位崇高。

2.紫微在子午坐命，乙年生人

紫微化科在命宮，能增加聲譽，處事較為圓融，能為他人所信服，使紫微星不為孤君。紫微化科，利於文教，可從事學術研究而有所創造。

3.紫微在子午坐命，丁年生人

祿存在午宮命遷線上，財官雙美，紫微在子宮坐命者，祿存在遷移宮，適合出外求職謀生。

4.紫微在子午坐命，己年生人

武曲化祿、天梁化科，使財帛宮武曲天相，形成「財蔭夾印」及「科蔭夾印」格。貪狼化權在遷移宮，祿存在午宮命遷線上，「權祿會照」命宮，又有「疊祿」，福厚祿足，名望佳，為貴格。

5.紫微在子午坐命，庚年生人

武曲化權，太陽化祿，使財帛宮武曲天相，形成「財蔭夾印」與「權蔭夾印」格。祿存在寅宮財福線上，位高權重，財官雙美，為貴格。

6.紫微在子午坐命，壬年生人

紫微化權在命宮，個性剛毅，主觀強，雖可增加決斷力及領導力，但其財帛宮武曲必為化忌，須注意人際關係的缺點。

四、此星系吉凶注意事項

1. 紫微星必須得百官朝拱，始多福澤，喜見祿存、輔弼、魁鉞，則富貴雙全。昌曲，則有高位。或輔弼、昌曲及龍池、鳳閣在左右鄰宮夾命，亦可

增加氣勢，減少辛勞。

2. 紫微在子午坐命，雖為孤君，但對宮貪狼星，見火星或鈴星同度，亦可形成「火貪格」、「鈴貪格」，反主勇於任事。但富而不貴，火星、鈴星在子宮處於弱陷之位，午位的火星、鈴星入廟，午宮格局比子宮高。

3. 紫微在子午坐命，無「百官朝拱」，三方四正見地空、地劫、天空、華蓋等星，反可習正，思想超脫，其人好研究哲學，或有虔誠的宗教信仰，利於朝向哲學思想或宗教發展，雖主孤，但頗有千山我獨行之味。

紫微星在六個星系組合中，在子午、卯酉宮的紫微星，皆受貪狼星的影響，見地空、地劫、天空、華蓋等星，反可習正，思想超脫，喜好神仙修煉術，可以出世為僧或為求真之道士。若有魁鉞、昌曲、化科的星曜來會，則在學術宗教界上會有所成就。

4. 紫微在子午坐命，已為孤君，若再無輔佐星曜，則為君王在野，只有領導慾而無領導力，難免勞碌，性情孤僻，容易覺得懷才不遇。若再見擎羊、陀羅刑煞，則為「無道之君」。煞曜重者，一般皆主是非糾紛，為人橫悖刁詐，虛仁假義，易因貪受財物而污名。碰到落陷的擎羊，則更主詞訟或外科手術。

5. 紫微在子午坐命，對宮為貪狼星，若見桃花星，則易迷戀花酒。逢煞曜更確，需同時會合天刑才能自律。

6. 紫微在子午坐命，田宅、父母必為空宮。田宅空宮，表命主無立腳的根基，四處漂泊，短中期經常變換工作，或居住環境常變換。父母空宮若再見煞重，則表父母早喪或其人早年離家。

7. 紫微在子午坐命，夫妻宮為七殺，不宜女命，若見煞曜為美玉瑕疵，先吉後凶，若夫妻宮或福德宮再見煞曜，則宜晚婚，不宜早婚，易有波動。

五、命盤實例解析

天機 火星 天馬　天巫 平旺平 祿 兄弟宮 113-122　　辛巳	紫微 鈴星　　　三台 廟廟 科 命宮 3-12　　　　壬午	地劫 　　　　　得 父母宮 13-22　　　癸未	破軍 天鉞　解神天福八座紅鸞孤辰 得 福德宮 23-32　　　甲申
七殺 左輔 擎羊　天寡 廟　廟　　官宿 夫妻宮 103-112　　庚辰			天刑 田宅宮 33-42　　　乙酉
太陽 天梁 祿存 地空　恩鳳蜚 廟廟廟　　　　　　光閣廉 　權 子女宮 93-102　　　己卯			廉貞 天府 右弼　　天封 利廟　　　　　　月誥 官祿宮 43-52　　　丙戌
武 天 文 陀　陰台天 曲 相 昌 羅　煞輔喜 得廟陷陷 財帛宮 83-92　　　戊寅	天 巨　　天天天破天 同 門　　姚貴虛碎使 不不 疾厄宮 73-82　　　己丑	貪 文 天　　　　咸 狼 曲 魁　　　　池 旺得 遷移宮 63-72　　　戊子	太　　　天龍天 陰　　　哭池傷 廟 忌 奴僕宮 53-62　　　丁亥

1. 命宮

紫微化科在午宮坐命，鈴星同度。紫微化科，處事較為圓融，能為他人所信服，可增加其聲譽與名望，社會地位較高。

紫微在午宮，日月並明，為極向離明，能鯉躍龍門，少年得志，一生平順。見鈴星同度，可形成「鈴貪格」，命主勇於任事，雖辛勞卻可成大事，但增加個性的剛毅與固執。**鬼谷子** 綱紀權衡之宿。人若逢之。有開基創業之功。

命主身宮在事業，一生成就表現皆在於事業上。事業宮為廉貞天府，見右弼同度。財帛宮武曲天相，為「府相朝垣格」，能得權貴扶助。遷移宮見天魁，出外能得遇貴人提攜，為向貴的格局。但財帛宮武曲星不喜見文昌同度，彼此氣質不同，亦不喜見陀羅同度，進財艱辛且拖延，且又與命宮形成「鈴昌陀武」的惡格。遷移宮的貪狼也不喜見文曲同度，虛而不實，易有目光短淺，思想欠周詳的缺點，行事進退失據，精神上常有空虛與孤獨感。（須注意大限 43～52 歲，此關卡）此限宮干「丙」，廉貞化忌在命宮，與對宮遷移七殺、擎羊，形成「路上埋屍」的惡格，三方又見「鈴昌陀武」的惡格，時間點為 46、48 歲，這是人生的重大挫敗點。「鈴昌陀武」或「路上埋屍」，皆因自己的作為，將自己引導致失敗。命主命宮鈴星與財帛宮，形成「鈴昌陀武」的惡格，更增加紫微星的倔強與偏執，個性剛強無法委曲求全，產生人生的重大挫敗。**鬼谷子** 性硬氣高，心慈口毒。開眉變皺眉。現成變不足。只因不耐俯仰時人。以致幾番拗曲作直。若是知命耐煩。自然衣食豐足。

命主遷移宮貪狼在子位，為泛水桃花之格局，又見文曲與咸池同度的影響，命主一生喜追求物慾，近風花雪月。**鬼谷子** 一生得享豔福。

2. 父母宮

父母宮無主星，地劫坐守，主刑剋。（命主 17 歲父親逝世）

行限 13～22 歲，大限命宮無主星，地劫坐守。行運無主星，基礎已較為薄弱，又遇地劫坐守，借入對宮天同巨門二星也弱勢，難免常感欲振乏力，行事易有挫敗或半途而廢。幸三合得「日卯月亥」來朝。

此限宮干「癸」，巨門化權在遷移宮。太陰化科在事業宮，遇生年太陰化忌，雖「科忌相沖」但太陰在亥宮為「月朗天門」格，學業還是能順利完成。破軍化祿在父母宮，家境並不壞，雖然父親早逝，但學業還是能完成，命主 19 歲就到台北工作。**鬼谷子** 回頭消息早先知，緣是牛羊事可期。

3. 福德宮

　　破軍在福德宮，天鉞同度。破軍在申宮得地，成見多，決斷少，時生改變之心，凡事易舉棋不定，多勞心勞力而無成，一生奔忙。天鉞同度，一生多有貴人照拂。三方擎羊、陀羅二星會照，內心常多追悔。

　　行限 23～32 歲，破軍、天鉞在大限命宮。此限宮干「甲」，廉貞化祿在福德宮，破軍化權在命宮，武曲化科在遷移宮，命宮「科權相逢」，主貴，此限為人生之佳運，主棄舊更新，得遇佳偶，命主 25 歲結婚。

4. 田宅宮

　　田宅宮無主星，命主較無立腳的根基，四處漂泊，居住環境多變換，或短中期經常變換工作。借入對宮太陽、天梁化權、地空、祿存，有公產爭鬥之象，以不沾手為宜。

　　行限 33～42 歲，大限命宮無主星，借入對宮太陽、天梁化權、地空、祿存。

　　此限宮干「乙」，天機化祿在財帛宮，天梁化權、祿存在遷移宮，「權祿會照」命宮，命主在此限內可培養成有威信的專業人士，且聲譽佳，但天梁化權，需防過於剛毅。 **鬼谷子** 性硬氣高，心慈口毒。開眉變皺眉。

5. 事業宮

　　廉貞天府在事業宮，右弼同度。廉貞天府在事業宮，傾向於財經，適宜從事金融、證券、財務。見右弼、左輔多有貴助，三方再見紫微化科，主富貴雙全，文武兼備。 **鬼谷子** 基業：密雲不雨空庭暗，閃電分光震有威。山口有人施一箭，江山磨節可相依。

　　但三方也形成「鈴昌陀武」與「路上埋屍」的惡格。命主命宮雖然紫微化科卻見鈴星同度，個性過於剛硬，不願仰俯於人，因此將自己引導致失敗。 **鬼谷子** 性硬氣高，心慈口毒。開眉變皺眉。現成變不足。只因不耐俯仰時人。以致幾番拗曲作直。若是知命耐煩。自然衣食豐足。

　　行限 43～52 歲，廉貞、天府、右弼在大限命宮。廉貞天府在大限命宮，對宮七殺、擎羊會照，形成「路上埋屍」的惡格。事業宮武曲、天相、文昌、陀羅，又與財帛宮的鈴星，形成「鈴昌陀武」的惡格。

　　此限宮干「丙」，廉貞化忌在命宮。使事業出現重大波折，古曰：「鈴

昌陀武，限至投河。」命主 46、48 歲，在工作上發生重大疏失，而遭停職。

6. 交友宮

太陰化忌在交友宮。太陰在亥宮入廟，各行各業的朋友很多，但和異性的朋友較談得來，而且朋友的年紀大多較大。三方見火星、地空、地劫煞曜，反成為精打細算、斤斤計較之友，相互利用而無助力。太陰化忌，易受友人牽連而破財或受友人影響而投資錯誤。

行限 53～62 歲，太陰化忌在大限命宮。太陰化忌在亥宮，先吉後凶。三方遇地空、地劫，此限因不當投資而破財。此限宮干「丁」，太陰化祿在命宮，遇生年太陰化忌，「祿忌相沖」先吉後凶，易因不當的投資而導致破財。天機化科在遷移宮，遇生年天機化祿，出外活躍。

此限祿、科、忌同會，三方又見地空、地劫，錢財破耗大。巨門化忌在福德宮，命主 58 歲，壬辰年武曲化忌在夫妻宮，投資錯誤使錢財大耗損，夫妻因而爭吵。

7. 遷移宮

貪狼在遷移宮，文曲、天魁同度。貪狼在子宮為「桃花犯主」，再見文曲同度，更加強貪狼的桃花性質，命主表面穩重，生活卻喜風花雪月，追求物慾，經常出入各種聲色場合。 鬼谷子 一生得享豔福。天魁同度，出外多有長輩的提攜。

8. 疾厄宮

天同巨門在疾厄宮，為隱疾，以神經痛為最常見。

9. 財帛宮

武曲天相在財帛宮，文昌、陀羅同度，武曲天相二星，可憑特殊技能求財。武曲不喜文昌同度，彼此氣質不同，亦不喜陀羅，進財艱辛拖延，財不聚。 鬼谷子 收成：正慮一年辛至己，酒賒月滿事傷悲。風帆高卦遙遙去，永夜更闌聽子規。

10. 子女宮

太陽天梁在子女宮，地空、祿存同度，無子，兩個女兒。

11. 夫妻宮

七殺在夫妻宮，左輔、擎羊同度。七殺在辰宮入廟，左輔同度，對宮右弼會照，三方天魁、天鉞會照，配偶有才能，地位崇高。遇擎羊同度，遲婚或繼室為宜。

七殺在辰宮入廟旺，配偶有才華，才能吸引紫微坐命的女孩，然而婚後卻往往產生相互牽制的現象。 鬼谷子 婚姻：鴛鴦飛入碧潭清，月到中宵決定明。中路貴人若舉手，緣波深處定虧盈。

12. 兄弟宮

天機化祿在兄弟宮，火星、天馬同度。天機化祿，兄弟中有智慧高者，但天機在巳宮弱陷，意見不合。火星、天馬者，主刑剋分離。 鬼谷子 兄弟：雁鴻飛度遠山急，月照寒潭綠水湄。獨宿白蘋紅蓼岸，關山雪積喚聲悲。

六、鬼谷子全盤印證

第十九數　乙壬　渙卦　一生得享豔福

判斷：

此命綱紀權衡之宿。人若逢之。有開基創業之功。靠祖成身之福。剛柔兩濟。凶吉同門。性硬氣高，心慈口毒。開眉變皺眉。現成變不足。只因不耐俯仰時人。以致幾番拗曲作直。若是知命耐煩。自然衣食豐足。

▲雁渡長沙格

詩云： 密雲不雨空雷震，閃電光輝頃刻時。
　　　　江闊雁飛離古塞，歲寒松柏挺蒼枝。
　　　　三綱有分離南北，九族無情合是非。
　　　　滿樹花開留一果，趁龍騎馬上天梯。

基業： 密雲不雨空庭暗，閃電分光震有威。
　　　　山口有人施一箭，江山麾節可相依。

兄弟：雁鴻飛度遠山急，月照寒潭綠水湄。

　　　獨宿白蘋紅蓼岸，關山雪積唳聲悲。

行藏：回頭消息早先知，緣是牛羊事可期。

　　　月出東山紅日落，貴人提挈上瑤池。

婚姻：鴛鴦飛入碧潭清，月到中宵決定明。

　　　中路貴人若舉手，緣波深處定虧盈。

子息：方信枝頭生一果，豈知一果水中災。

　　　全憑陰騭生慈念，終久麒麟入夢來。

收成：正慮一年辛至己，酒賒月滿事傷悲。

　　　風帆高卦遙遙去，永夜更闌聽子規。

2 紫微破軍在丑未坐命：以服務公眾為宜

一、星系結構

　　紫微破軍在丑未坐命，對宮為天相，財帛宮武曲七殺在卯酉，事業宮廉貞貪狼在巳亥。

紫微破軍在丑宮坐命

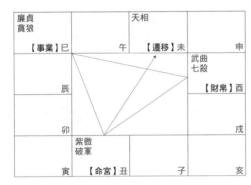

紫微破軍在未宮坐命

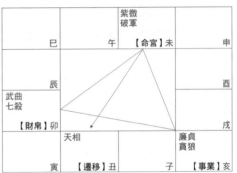

二、格局特質分析

特質 **1** 紫微破軍，主權威，格局甚高。

　　紫微破軍二星同度，帝座加先鋒官，主權威，格局甚高。因紫微破軍在丑未二宮，很容易得六吉星來會。古曰：「紫破丑未宮，權祿位三公。」這是一個很有開創力的星系組合，不但有理想與抱負，而且肯打拚。

　　破軍為紫微坐前的先鋒戰將，得紫微貼身駕馭，破壞力因而減小，增加其開創力。雖人生不免辛勞，但由於其人富有領導力及開創力，人生雖歷經辛勞卻有成。

特質 **2** 紫微破軍在丑未宮，雖具有強烈的叛逆性，但叛逆性等同開創力。

　　紫微破軍在丑未坐命，二星皆入廟，是相當有魄力的人，人生較不甘於

平凡中，因此帶有叛逆性。但破軍在丑未宮，破軍水受制於紫微土，使破軍水，不致於氾濫成災。

破軍星具有強勢的行動力，勇於突破現狀，創新改革，去舊換新，對現狀易常生不滿，喜愛好創新改革，反抗而叛逆，故一生多變動奔波，勞碌而波折難免。但從另一層面亦可說，叛逆性其實亦是開創力。因破軍星必先去舊，然後始更新，所以對現實的反叛，其實等同開創。只是無論叛逆或開創，亦有動盪與安定的分別，動盪則會牽涉人際關係重大的改變。

特質 3 此星系主變動，見吉，則能安定，富貴堪期。見煞，則為惡格，動輒得咎。

紫微破軍坐命之人，福德宮為天府，主思慮周密，當紫微破軍見煞曜時，表面上豪邁、隨興、想到做到，在深交之後，會讓人訝然發覺，竟是一位目的性極強，善於偽裝自己，甚至精於算計之人。但紫破之人，欠缺巧取的智慧和周密的思慮，所在乎的往往只是利益考量，在處理人際關係上，有著太過強烈的「利益考量」，因此讓人與人之間的單純「情誼」遭到破壞，導致「信任」的流失，一旦信任流失，便動輒得咎。

紫微破軍在丑未宮，若無吉而見煞，則為惡格。性格自私，無情無義，仗勢欺人，際遇必多坎坷。所以古賦曰：「紫微愧遇破軍，奸謀頻設」或「為臣不忠，為子不孝，兇惡胥吏」。然而不是說紫破坐命的人，一定就是動盪，若能得六吉星來會，則格局甚高，不但肯打拼而且有理想與抱負，為人態度磊落，則能免於動盪，且能更新於不知不覺之中，甚至耳目一新，在表面上依然不亂不驚。古曰：「紫破丑未加吉曜，富貴堪期。」

三、此星系出生年，天干能量特點

1.紫微破軍在丑未坐命，甲年生人

破軍化權在命宮，可增加聲勢，廉貞化祿在事業宮，增加事業的順遂，武曲化科在財帛宮，財源較安定，使命宮形成科權祿「三奇佳會」，且天魁天鉞在命遷線上，坐貴向貴，為財官格，富貴堪期。但擎羊在卯宮，財福線上，出現「因財持刀格」，人生較為勞碌辛苦。

2.紫微破軍在丑未坐命，乙年生人

紫微化科在命宮，可增加其聲譽。天梁化權，使遷移宮的天相，形成「權蔭夾印」，能領導群倫，創新改革皆不費氣力。

祿存在卯宮，財福線上，最為上品，使此格局性質安定。為財官格，富貴堪期。

3.紫微破軍在丑未坐命，戊年生人

貪狼化祿在事業宮，增加事業的穩定，天魁天鉞在命遷線上，坐貴向貴，提升命主本身的格局，為財官格，富貴堪期。

4.紫微破軍在丑未坐命，己年生人

武曲化祿在財帛宮，財星入財位，求財順利，財運豐足，使紫破之人，性質安定，減輕其辛勞。貪狼化權在事業宮，增加事業的穩定。天梁化科，使遷移宮的天相，形成「科蔭夾印」，可增加其聲譽，為財官格，富貴堪期。

5.紫微破軍在丑未坐命，庚年生人

武曲化權在財帛宮，增加財源的穩定，天魁天鉞在命遷線上，坐貴向貴，提升命主本身的格局，為財官格，富貴堪期。

但遷移宮的天相，必受天同化忌所夾，形成「刑忌夾印」，出外受制肘，較為辛苦勞碌。

四、此星系吉凶注意事項

紫微破軍在丑未坐命，此組星系具有很強的叛逆性，又涉及殺破狼三曜，星曜性質強烈，因此對四化異常敏感。

1. 紫微破軍在丑未坐命，若紫微化權在命宮，雖可增加聲勢與領導力，但其財帛宮武曲必為化忌，使紫破的性質較為動盪，須注意人際關係之缺點。
2. 紫微破軍在丑未坐命，此組星系最喜紫微化科在命宮，才能改善倔強、偏執、愛惡隨心的缺點，為人處事也較圓融，能為他人信服。尤其是「百官朝拱」的紫微，一旦化科，自然一呼百諾，領導群倫，任何創新改革皆不費氣力，因此性質也就得以安定。

3. 紫微破軍在丑未坐命，若破軍化祿在命宮，在開創的同時則能進財，雖能彌補所付出的辛勞，但貪狼化忌在事業宮。事業宮的廉貞貪狼，此組星系必須借入夫妻宮，貪狼化忌在夫妻宮必影響感情，使紫破的精神空虛。

4. 紫微破軍在丑未坐命，破軍化權在命宮，可增加聲勢，但變動力也增加。廉貞化祿在事業宮，事業宮的廉貞貪狼，此組星系必須借入夫妻宮，廉貞化祿在夫妻宮易有感情的困擾，雖表面安定，實則人生多變化，必須有吉要來會合廉貪，使性質調和，才能安定。紫微化權、破軍化祿或破軍化權，基本上仍屬動盪性質。

5. 紫微破軍在丑未坐命，事業宮為廉貞貪狼，廉貪二星為桃花星系，擅長交際應酬，可從事外交或公眾的事務。且兄友線在子午宮，天機、巨門二星主變動，所認識的對象是不斷交替著，也反映著命主的社交圈子在不停地轉換，從另一層面亦可說人緣甚廣，適於服務公眾事業。

6. 紫微破軍在丑未坐命，若有科、權、祿吉會，無煞曜，見輔佐吉曜來會，宜政界發展或為官吏，以服務公眾為宜，可發展順利。古曰：「紫破丑未宮，權祿位三公。」若未見科、權、祿吉會，又無吉曜反見煞躍，古曰：「紫微破軍無左右會，凶惡胥吏。」「凶惡胥吏」即是利用職權收取臭包，或魚肉鄉民。紫破之人，可為一般公務員，機關科員，若事業宮廉貞貪狼二星，見火鈴再遇化權，則宜軍人或警察。若三方會照祿存、天馬，形成「祿馬交馳」，則經商能發，但所經營的事業，宜公眾事業或半官方機構為佳。紫破星系主變動，所以經商者須注意不時出現的機遇，而且有同時經營兩三種，相關係行業的可能。

五、命盤實例解析

1. 命宮

　　紫微、破軍化權在命宮，文昌、文曲、陀羅、天魁同度。為人自負、霸氣，喜領導，主觀意識強，行事剛強果斷，不喜受人管束，獨來獨往。命主甲年生人，命宮雖逢科權祿「三奇佳會」，但實在是會得不好。破軍化權在命宮，雖加強紫破的豪邁霸氣，與隨興想到做到，但主觀意識過強，增加人生波折動盪。廉貞化祿在事業宮，會照夫妻宮，多感情困擾。武曲為財星，

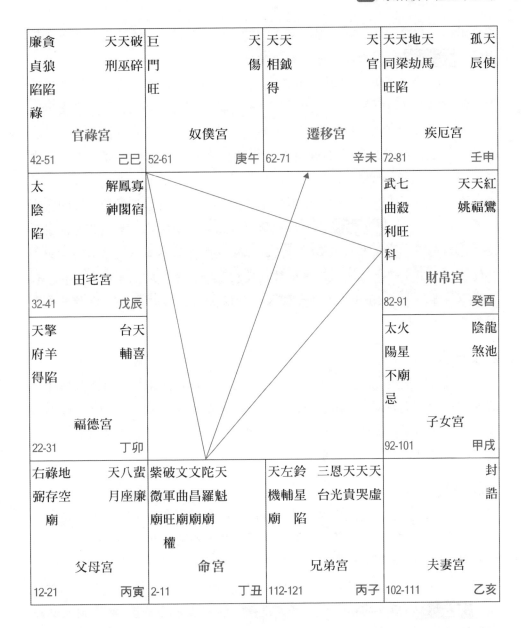

廉貪　　　天天破 貞狼　　　刑巫碎 陷陷 祿 　　官祿宮 42-51　　　　　己巳	巨　　　　　　天 門　　　　　　傷 旺 　　奴僕宮 52-61　　　　　庚午	天天　　　　　天 相鉞　　　　　官 得 　　遷移宮 62-71　　　　　辛未	天天地天　　孤天 同梁劫馬　　辰使 旺陷 　　疾厄宮 72-81　　　　　壬申
太　　　　解鳳寡 陰　　　　神閣宿 陷 　　田宅宮 32-41　　　　　戊辰			武七　　　天天紅 曲殺　　　姚福鸞 利旺 科 　　財帛宮 82-91　　　　　癸酉
天擎　　　　台天 府羊　　　　輔喜 得陷 　　福德宮 22-31　　　　　丁卯			太火　　　　陰龍 陽星　　　　煞池 不廟 忌 　　子女宮 92-101　　　　甲戌
右祿地　　天八蜚 弼存空　　月座廉 　廟 　　父母宮 12-21　　　　　丙寅	紫破文文陀天 微軍曲昌羅魁 廟旺廟廟廟 　　權 　　命宮 2-11　　　　　丁丑	天左鈴　　三恩天天天 機輔星　　台光貴哭虛 廟　陷 　　兄弟宮 112-121　　　　丙子	封 　　　　　　詰 　　夫妻宮 102-111　　　　乙亥

需要的是化祿而不是化科。命主雖科權祿「三奇佳會」，但畫蛇添足，實在是多餘的。

　　命主紫微、破軍化權在命宮，是個相當有魄力之人，但破軍不喜遇文昌文曲，彼此氣質不同，極易相剋，形成「一生寒士格」，反使破軍衝力不足。又遇甲年生人，陀羅在丑宮入命，易有倒行逆施之心。雖精於算計，但

行事風格，欠缺巧取的智慧與周密纖細的思維，易被人當面識破，因此動輒得咎。鬼谷子 被人當面相譏，因此改變重重。

人生際遇必多波折動盪，也註定人生道路阻力重重，則是「個性」使然。解決之道在於好好管理自己，盲動的性格，與其求名求利不如求安定。

命主命宮受輔弼二星相夾，一生多貴人助力，具有安定的性質，可減少辛勞。魁鉞在命遷線上，坐貴向貴。此命格雖受昌曲二星沖破，無大富大貴，但也必定衣食無缺。

人生道路平淡安定一點不是很好嗎？何必汲汲營營追求名利，反而產生動盪不安的人生。鬼谷子 此命性格恬淡。膽氣英豪。凡事不能深思遠慮。幾番有始無終。被人當面相譏。因此改變重重。凶處不凶。美處不美。初年壯健精神。中年心灰意懶。好事多磨。災危淹滯。巧中成拙。是處成非。縱使成家立業。不免離別妻子。有貴人酒食緣。無貴人財帛分。只好半空半俗。此造化所招也。

2. 父母宮

父母宮無主星，右弼、地空、祿存坐守。父母宮無主星，雖與父母緣份較淡薄，但左右兩鄰受紫微天府所夾，祿存又與對宮天馬，形成「祿馬交馳」，命主幼年家境富裕。只是空劫二星，一坐一照，減弱與父母的緣份，無法得到父母的庇蔭。右弼單星入父母宮，父親有外室。

3. 福德宮

天府在福德宮，為人謹慎。擎羊同度，內心多疑懼，常感精神威脅。

行限 22～31 歲，天府、擎羊在大限命宮，對宮武曲七殺，形成「因財持刀格」，性質過剛，加強命主的動盪。紫破性質已動盪，行運再遇「因財持刀」的惡格，更加強其動盪性，使錢財破耗大，傾敗的原因在於盲動的創業。鬼谷子 行藏：寅尾「卯」頭君復發，牛羊運至問佳名。雖然涉險桑榆下，引領羣仙入化城。

4. 田宅宮

太陰在田宅宮。太陰在辰宮弱陷，較無祖蔭，對宮太陽化忌、火星沖照，不宜置業，多是非破耗。

行限 32～41 歲，太陰在大限命宮。天同天梁在事業宮，地劫、天馬同

度。天同在事業宮，事業有更新之意，天梁具有遇難呈祥的力量，地劫同度，事業歷艱危難，始能重新開始。命主上個大限創業失敗，重新成為上班族。

此限命宮與三方形成「機月同梁格」，工作雖勞碌，卻安定。但此限宮干「戊」，天機化忌在財帛宮，財運稍順即遭意外之災。對宮太陽化忌沖田宅宮，家宅不安。（子女、配偶、自己）

5. 事業宮

廉貞化祿、貪狼在事業宮，事業不只一端，命主正職之外，常兼差、兼業，也與人合作兼職。

命主事業雖廉真化祿，但廉貞貪狼在巳宮弱陷，並不富裕，因此常兼差、兼業，兼職。 **鬼谷子** 基業：綠楊舟舟遠重成，飛絮飄飆逐燕輕。縱有狂風吹不散，營家雖破破還成。

行限 42～51 歲，廉貞化祿、貪狼在大限命宮。廉貞貪狼二星在巳宮弱陷，這十年大運勢必動盪波折。

此限夫妻宮在卯位，天府、擎羊同度，對宮武曲七殺，形成「因財持刀格」，婚姻不順，刑剋而生離。

此限宮干「己」，文曲化忌在財帛宮，錢財被騙，多有破耗糾紛。

6. 交友宮

巨門在交友宮，對宮天機，友人、下屬心口不一，易暗中搞鬼。三方逢忌煞，多是非破耗。

行限 52～61 歲，巨門在大限命宮，巨門有「波折」之意。此限宮干「庚」，太陽化祿在事業宮，遇生年太陽化忌，「祿忌相沖」再見火星同度。

命主 58 歲辛卯年，服務單位轉換老闆，本是受新老闆的慰留，但新老闆接手後卻遇到問題，使命主無法留任，只好轉置公司其他單位。 **鬼谷子** 行藏：寅尾「卯」頭君復發，牛羊運至問佳名。雖然涉險桑榆下，引領羣仙入化城。

7. 遷移宮

天相在遷移宮，天鉞同度，近貴得利，出外受人提拔。

8. 疾厄宮

　　天同天梁在疾厄宮，地劫、天馬同度。天同天梁在申宮，天梁處於弱陷，腸胃不調，地劫同度，有胃病。晚年需防心肌栓塞，健康欠佳。

9. 財帛宮

　　武曲化科、七殺在財帛宮，能白手起家。但受對宮擎羊沖破，形成「因財持刀」的惡格，賺錢困難，留不住錢財，一生困苦。易因財與人發生糾紛。

10. 子女宮

　　太陽化忌在子女宮，火星同度。無子一女。

11. 夫妻宮

　　夫妻宮無主星，借入對宮廉真化祿、貪狼。廉貞貪狼為兩大桃花星的組合，再遇廉真化祿，配偶貌美，有才華，且長袖善舞，使命主多有感情困擾，刑剋不和。 鬼谷子 縱使成家立業。不免離別妻子。婚姻：經雨鴛鴦慵困倦，也應春意不棲和。蓮池草綠容歐鷺，驚起鳥飛白項多。

12. 兄弟宮

　　天機在兄弟宮，左輔、鈴星同度。天機為兄弟主，入兄弟宮，吉凶加倍論。

　　天機在子宮，對宮巨門，兄弟好善辯，好理論，多口舌爭鬥。鈴星同宮，各有機心，刑剋分離。左輔同度，兄弟姊妹多。 鬼谷子 兄弟：風吹四雁高飛遠，回首沙汀一隻孤。來看江山千萬里，歸還依舊下平蕪。

六、鬼谷子全盤印證

　　第二數　甲乙　恆卦　乙酉　作事無恆，動輒被人輕棄。

　　判斷：

　　此命性格恬淡。膽氣英豪。凡事不能深思遠慮。幾番有始無終。被人當面相譏。因此改變重重。凶處不凶。美處不美。初年壯健精神。中年心灰意懶。好事多磨。災危淹滯。巧中成拙。是處成非。縱使成家立業。不免離別

妻子。有貴人酒食緣。無貴人財帛分。只好半空半俗。此造化所招也。

▲流水鴛鴦格

詩云： 一雙鴻雁兩東西，雨打鴛鴦各自飛。
　　　　每怪洞深雲出晚，應嫌海闊浪來遲。
　　　　纔逢鬼宿雙繩斷，落到龍門一跳追。
　　　　葉謝花殘根本在，更深秋月始楊揮。
　　　　壽本松柏齊，天齡不待時。
　　　　鰲魚游淺水，平步上雲梯。

基業： 綠楊冉冉遶重成，飛絮飄飀逐燕輕。
　　　　縱有狂風吹不散，營家雖破破還成。

兄弟： 風吹四雁高飛遠，回首沙汀一隻孤。
　　　　來看江山千萬里，歸還依舊下平蕪。

行藏： 寅尾卯頭君復發，牛羊運至問佳名。
　　　　雖然涉險桑榆下，引領羣仙入化城。

婚姻： 經雨鴛鴦慵困倦，也應春意不棲和。
　　　　蓮池草綠容鷗鷺，驚起鳥飛白項多。

子息： 夭挑花發何多豔，馬首方知兩果成。
　　　　鳳閣龍樓知有分，腰金衣紫上官京。

收成： 天齡永命齊松柏，四季蒼蒼風月閒。
　　　　人道鰲魚今透海，南柯一夢再驚還。

3　紫微天府在寅申坐命：剛柔不濟

一、星系結構

　　紫微天府在寅申坐命，對宮為七殺，財帛武曲在辰戌，事業廉貞天相在子午。

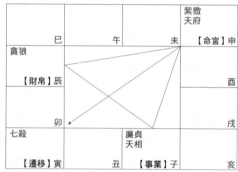

紫微天府在寅宮坐命

	廉貞 天相		七殺
巳	【事業】午	未	【遷移】申
辰			酉
卯			貪狼 【財帛】戌
紫微 天府 【命宮】寅	丑	子	亥

紫微天府在申宮坐命

			紫微 天府 【命宮】申
巳	午	未	
貪狼 【財帛】辰			酉
卯			戌
七殺 【遷移】寅	廉貞 天相 丑	【事業】子	亥

二、格局特質分析

特質 1　紫微天府在寅申同度，一剛一柔，產生剛柔不濟，進退失據。

　　紫微為北斗主星，屬開創。天府為南斗主星，屬守成。二星在寅申二宮同度，一剛一柔，兩氣相激，互相牽制，產生剛柔不濟，進退失據，屬偽格。

　　紫微天府在寅申坐命，雖為南北斗主星的結合，本質卻相反，一剛一柔，兩氣互相牽制，產生剛柔不濟，難以盡情發揮。其人受兩大主星的影響，有超乎常人的優越感，自視甚高，榮譽心重，造成心理定勢，受成敗得失的羈絆，常求好心切，猶豫再三不知如何著手，卻又無法放下身段虛心求教，常在進退中拉扯躊躇難定，結局往往是原地踏步。也就是陷入，古賦所

言：「剛柔不濟而進退失據，屬偽格。」需有六吉星來調和其性質，才能功守咸宜。

特質 **2** 紫微天府在寅申坐命，兩顆帝星的結合，將尊貴之氣，發揮到極致。

紫微天府在寅申坐命，為兩顆帝星的結合，在潛意識中將尊貴之氣，發揮到極致，產生超乎常人的優越感，在這種虛幻的優越感之下，自視甚高，生命歷程以自我為中心主，難以與他人共鳴，易有孤獨感。其人對權力慾望的渴求，容易過重而顯得好掌權，但權力的背後往往是無數紛擾和鬥爭，如果能力不足時，就有如千斤重擔壓在身上，令人不勝負荷。這是虛幻的優越感之下，所付出的代價。

紫微天府坐命的人，遷移宮為七殺星，整日都在為面子與身段的虛幻間，奔波忙碌做奴隸，少有能悠閒的過日。

特質 **3** 紫微天府坐命，主孤論。

紫微天府在寅申坐命，南北斗主星同匯集在於一宮位上，命宮的力量強盛過旺，與其他宮位的落差太大，因此產生力量的傾斜，導致命主心高氣傲，自視過高，難以與他人共鳴的間隔，內心深處易有孤獨感，甚至會感到高處不勝寒。

其人命宮紫微天府，三合事業宮廉貞天相，財帛宮為武曲星，所會聚的星曜，皆為財與勢的正曜，為人重視自己個人的物質享受，一生衣食無缺，但其他部分必有缺失，如親情有虧，或精神空虛苦悶等部份。

三、此星系出生年，天干能量特點

1.紫微天府在寅申坐命，甲年生人

祿存在寅宮，命遷線上，廉貞化祿在事業宮，頗有所發展。武曲化科在財帛宮，錢財平順。破軍化權在夫妻宮，會照事業宮，事業宮形成科權祿「三奇佳會」，攻守皆宜，若在見六吉來會，富貴聲揚，福祿終身。但寅宮之人，祿存入命，父母、兄弟宮必有羊陀二星，六親緣薄。

2.紫微天府在寅申坐命，丁年生人

太陰化祿在父母宮，天同化權在疾厄宮，祿權入父疾線，天生有光明，遺傳基因不錯。天機化科在兄弟宮，表事業成就可達自己理想的境地。

3.紫微天府在寅申坐命，己年生人

武曲化祿在財帛宮，貪狼化權在福德宮，祿存在午宮入夫官線，富大於貴。

此星系紫微天府在寅宮優於申宮，寅宮祿存在事業宮，申宮祿存在夫妻宮，孤剋之性較重。

4.紫微天府在寅申坐命，庚年生人

太陽化祿在子女宮，會照田宅宮。武曲化權在財帛宮，太陰化科在父母宮，祿存在申宮命遷線上，若見天馬同度，則形成「祿馬交騰」，其人有機會成為富商巨賈，適合往財經路線發展，易有成就。

四、此星系吉凶注意事項

1. 紫微為北斗主星，天府為南斗主星，二星同匯集在於一宮位上，力量強盛過旺，反不美。且一剛一柔，本質相反，互相牽制，若無輔弼、魁鉞、昌曲六吉星會合，則為孤君，易陷入孤高心傲。

2. 紫微天府在寅申坐命，二星皆為主星，最喜見左輔右弼，在三方四正或左右夾，皆為「輔弼拱主格」，能讓紫府坐命之人，有助力，且能有所作為，福祿雙全，甚至聲名遠播。若未見輔弼則失之孤僻。

3. 紫微天府在寅申坐命，最忌與陀羅或火鈴同宮，（擎羊不入四馬地）此三煞星曜會破壞紫微天府原本厚重溫良的性格，其人雖仍能有所成就，但為人易偏向奸詐狡猾，有貪得之心，在利害關頭易變節，所做所為也更為自私，若再見地空、地劫、化忌，則六親無緣。

4. 紫微天府在寅申坐命，為兩顆帝星的結合，在潛意識中有超乎常人的優越感，自然會自視自許過高，若見空劫二星，其人自視高，才華卻不實，倘若運勢又不佳，難免高不成低不就，造成懷才不遇，性格孤僻，一生的期望勢必難以兌現，只是徒具虛名而已。

五、命盤實例解析

巨祿　　　台破 門存　　　輔碎 旺廟 田宅宮 92-101　　　丁巳	廉天擎　解天天 貞相羊　神哭虛 平廟陷 官祿宮 82-91　　　戊午	天天　　　　天 梁鉞　　　　傷 旺 奴僕宮 72-81　　　己未	七　　　　天蜚 殺　　　　刑廉 廟 遷移宮 62-71　　　庚申
貪陀　　　陰三龍 狼羅　　　煞台池 廟廟 祿 福德宮 102-111　　丙辰			天鈴　　　天天 同星　　　喜使 平得 疾厄宮 52-61　　　辛酉
太左文　天天天紅 陰輔曲　官福貴鸞 陷　旺 權 父母宮 112-121　　乙卯			武地　　　八鳳寡 曲劫　　　座閣宿 廟 財帛宮 42-51　　　壬戌
紫天天　　天孤 微府馬　　月辰 廟廟旺 命宮 2-11　　　甲寅	天火天　　　封 機星魁　　　誥 陷得 忌 兄弟宮 12-21　　　乙丑	破地　　　　天 軍空　　　　姚 廟平 夫妻宮 22-31　　　甲子	太右文　　天恩 陽弼昌　　巫光 陷　利 科 子女宮 32-41　　　癸亥

1. 命宮

　　紫微天府在寅宮坐命，天馬同度。紫微天府兩顆帝星，匯集在同一宮位上，使命主在潛意識中，產生超乎常人的優越感，自視甚高，權力慾望重。

見天馬同度，活動力強，整日在外奔走。

但遷移宮的七殺，三方會照陀羅、地空，外表雖然忙碌得很，其實都在空忙（盲），因才華不實，奔走無力，只是多是非糾紛困擾。因命主事業宮廉貞天相，見擎羊同度，形成「刑囚夾印」或「刑杖惟司」的惡格，在工作上常受欺負，且經常被調換服務單位，工作難久居於一處。財帛宮武曲、地劫同度，為刑財的格局，進財不順多有破耗。 鬼谷子 成敗不常。進退不定。攘攘求名。區區求利。

紫微天府在寅宮坐命，命主雙帝星坐命，自視甚高，對權力慾望渴求重，但才華不實，期望勢必難以兌現，只是整日在面子與身段的虛幻間，奔波做奴隸，一生少有能悠閒的過日。這是虛幻的優越感與自我膨脹之下，所付出的代價。 鬼谷子 此命氣性軒昂。胸襟灑落。成敗不常。進退不定。攘攘求名。區區求利。心中本是閒中客。必要閒時心不閒。

命主戊年生人，貪狼化祿在福德宮，陀羅同度。貪狼化祿，一生衣食無缺，增加命主對物質享受的色彩。陀羅同度，多是非糾紛困擾。命主喜在外應酬享樂，卻因應酬享樂，多惹是非煩惱。太陰化權在父母宮，左輔、文曲同度，命主家境良好，可得父母的蔭庇，錢財大多來自父母與家庭，無須在外奔走。

命宮紫微天府在寅宮坐命，左右鄰宮左輔、文曲、天魁來夾命宮，為「輔弼拱主格」，命主家世顯赫，其助力皆來自家庭，在兄弟中有貴者，可如「藤蘿繫甲」有所依靠，能得其助力，讓命主不失孤力。 鬼谷子 行藏：自然得遇榮華祿，成敗皆非分外求。動靜本然天付與，知音指顧向城頭。

2. 兄弟宮

天機化忌在兄弟宮，火星、天魁同度。天機化忌、火星同度，兄弟姊妹緣份薄，意見不合，在同僚、同事或同學中，交往時時有所變化，易落落寡合。

天魁同度，在兄弟、姊妹中有貴者，能得其扶助，如「藤蘿繫甲」有所依靠。 鬼谷子 兄弟：對月可憐孤仰望，秋風一雁已高飛。藤蘿拂蔭青松上，松柏蒼蒼兩有依。

行限 12～21 歲，天機化忌、天魁、火星在大限命宮。天機在丑宮弱陷，又遇化忌，求學多不順或學業中斷。幸此限宮干「乙」，天機化祿、天梁化權在命遷線上，紫微化科在父母宮。命主求學中雖一波三折，但學業還

是能完成。

3. 夫妻宮

破軍在夫妻宮，地空同度。夫妻有緣無情，對宮廉貞、天相、擎羊同度，形成「刑囚夾印」格，主分離。 鬼谷子 婚姻：尋對鴛鴦沙浦上，雨餘向晚始交歡。草堂鷗鷺紛紛立，逐隊藍輿過遠山。

行限 22～31 歲，破軍、地空在大限命宮，此限動盪不安。事業宮貪狼化祿、陀羅同度，事業雖然忙忙碌碌，但到頭來卻是一場空。遷移宮廉貞、天相、擎羊同度，形成「刑杖惟司」格，在外奔波勞碌卻無法達成。命主與配偶到國外發展，不順挫敗回來。

雖然此限宮干「甲」，廉真化祿在遷移宮，破軍化權在命宮，但受空劫二星沖破，感情與事業皆產生重大挫敗。

4. 子女宮

太陽在子女宮，右弼化科、文昌同度。太陽在亥宮弱陷，命主一子。右弼化科、文昌同度，兒子孝順且多才藝。 鬼谷子 子息：春到一枝花欲綻，秋深一果墜枝頭。好借牆陰桃李映，桑榆松菊更優游。

行限 32～41 歲，太陽、右弼化科、文昌在大限命宮。太陽在亥宮，雖然弱陷，但日藏光輝，光芒收斂。再見右弼化科、文昌同度，可成富局。三方見祿存與左輔、文曲、天鉞會照，使太陽得「百官朝拱」，為財官雙美。

此限宮干「癸」，巨門化權在遷移宮。太陰化科在事業宮，遇生年太陰化權，事業「科權相逢」，主貴。命主從國外挫敗回來，父親安排到公家機關上班，此限命主也因家族土地與建商合建，分到不少的房地產。 鬼谷子 收成：遇犬逢「豬」身自貴，逢龍見虎有憂驚。青山綠水關心處，明月清風興自深。

5. 財帛宮

武曲在財帛宮，地劫同度。武曲為財星，雖喜入財位，但地劫同度，為「刑財格局」，進財不順多有破耗。又受制於羅網之地，使命主發展無力。 鬼谷子 區區求利。

行限 42～51 歲，武曲、地劫在大限命宮。武曲、地劫同度，為「刑財格局」，進財不順卻多破耗，又受制於羅網之地，使命主發展無力，卻多有

破耗。

此限宮干「壬」，武曲化忌在命宮，錢財上災禍多。紫微化權在事業宮，能增加事業權貴之力。 **鬼谷子** 收成：遇「犬」逢豬身自貴。

此限武曲化忌、地劫在大限命宮，對宮生年貪狼化祿沖照，「祿忌相沖」吉處藏凶。命主處分部分房產，轉投資股票與台中房產，產生重大虧損。此限財帛宮廉貞、天相、擎羊同度，形成「刑杖惟司」，因財訴訟、多破耗。

6. 疾厄宮

天同在疾厄宮，鈴星同度。天同在酉宮弱位，陰虛不足。鈴星同度，防腎藏、膀胱、尿道、子宮及淋病、痔瘡等症。因病動手術。

行限 52～61 歲，天同、鈴星在大限命宮。天同在酉宮，弱陷無力，又逢鈴星同度，財吉事業凶。事業天機化忌，火星同度，諸多不順。

此限宮干「辛」，巨門化祿在財帛宮，遇生年祿存，財帛宮「雙祿相逢」，財祿豐收。事業天機化忌，工作上常常腦袋打結，火星同度，時時被調動。

7. 遷移宮

七殺在遷移宮，時常在外，少在家。三方見陀羅、地空、天馬，終日在外奔走，活動力強，但奔走無力，只是多是非、糾紛、困擾。

8. 交友宮

天梁在交友宮，天鉞同度。天梁雖為孤剋之星，但見六吉星與科權會照，命主手下眾多，可得貴助。但對宮天機化忌、火星沖照，多是非糾紛，易遭背棄。

9. 事業宮

廉貞天相在事業宮，擎羊同度，為「刑杖惟司」格，在工作上易受欺負，三方又見地空、地劫，事業變動大。命主任職於公職，雖時時被調動，但還不至於失業。

10. 田宅宮

巨門在田宅宮，祿存同度。祿存在田宅宮，宜居住，而不宜買賣，若炒

作房產，買賣易被套牢，因祿存星前後受羊陀所夾，呈現重重保護，不易變動。

11. 福德宮

貪狼化祿在福德宮，陀羅同度。貪狼化祿，一生衣食無缺，增加命主對物質的享受，喜飲酒享樂，人生多姿多彩。陀羅同度，多是非糾紛困擾。

命主喜在外應酬享樂，卻因應酬享樂，多惹是非煩惱。

12. 父母宮

太陰化權在父母宮，左輔、文曲同度。太陰在卯宮弱陷，與父母緣份淺，較無話可說。但太陰化權，三方見右弼化科，「科權相逢」，再見吉曜，父母主貴，可得到父母的蔭庇。

六、鬼谷子全盤印證

第四十四數　戊丁　剝卦　操守堅固，大有生機。

判斷：

此命氣性軒昂。胸襟灑落。成敗不常。進退不定。攘攘求名。區區求利。心中本是閒中客。必要閒時心不閒。

▲夜雨蟠桃格

詩云：桃花開處兩枝披，狼藉春風損嫩枝。
　　　　松影月高猿獨嘯，蘆花風急雁雙飛。
　　　　六親並破須交早，二姓同居莫怨遲。
　　　　家在五湖明月內，紫衣人送上天梯。

基業：日過高峯月易消，誰將舊木接新條。
　　　　殷勤改換尋機會，自有人知等待招。

兄弟：對月可憐孤仰望，秋風一雁已高飛。
　　　　藤蘿拂蔭青松上，松柏蒼蒼兩有依。

行藏：自然得遇榮華祿，成敗皆非分外求。
　　　　動靜本然天付與，知音指顧向城頭。

婚姻：尋對鴛鴦沙浦上，雨餘向晚始交歡。

草堂鷗鷺紛紛立，逐隊藍輿過遠山。

子息：春到一枝花欲綻，秋深一果墜枝頭。

好借牆陰桃李映，桑榆松菊更優游。

收成：遇犬逢豬身自貴，逢龍見虎有憂驚。

青山綠水關心處，明月清風興自深。

4 紫微貪狼在卯酉坐命：為桃花犯主

一、星系結構

紫微貪狼在卯酉坐命，對宮無主星，財帛武曲破軍在巳亥，事業廉貞七殺在丑未。

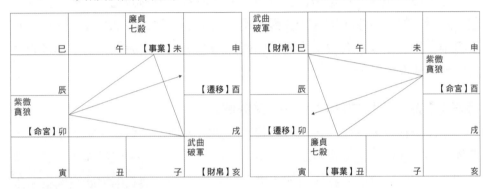

紫微貪狼在卯宮坐命　　　　　　　　　　　紫微貪狼在酉宮坐命

二、格局特質分析

特質 1 紫微貪狼在卯酉宮，古人稱之為「桃花犯主」。

紫微貪狼在卯酉坐命，古人稱之為「桃花犯主」。因此格受貪狼的影響，喜風花雪月，所以不宜再見桃花諸曜，就怕四化對貪狼有利。如貪狼化祿或貪狼化權者，紫微星的自制力就較為薄弱，無法壓制過貪狼星，物慾甚深，易沉溺於慾望的旋渦中，主「桃花犯主」。其人積極追求物慾，喜近風花雪月，時有豔遇，滋生感情困擾，防發財後為桃花所敗。若貪狼化忌者，雖桃花可稍減少，但物慾之心依然不變，只是難以實現，常有懷才不遇，抑鬱不滿之心。紫微貪狼在卯酉坐命，其人物慾過深，必須有制，若無制，為無益之人。在太微賦：「貪狼若犯帝座，無制，便為無益之人。」

此格須有「百官朝拱」，最喜左輔右弼、天魁天鉞在三方四正或夾宮得吉曜，為有制，則可增益紫微的厚重及領導之性。若無制易近小人而遠君

子。見煞曜多者易為鼠輩之人，人生一事無成，故須節制其慾望，格局才能擴大。

特質 2 紫貪星系慾望甚深，但物極則必反，為宇宙自然規律。

紫微貪狼此組星系，是屬於慾望甚深的星系。貪狼為慾望之星，紫微星為帝座，二者同宮，對人、事、物之慾望，就會更趨於極致。且三方所會的星曜，財帛宮為武曲破軍，事業宮為廉貞七殺，也皆有強烈的物慾色彩。然而慾望發展到極點，則「物極必反」，其反作用力，所帶來的結果，就是「繁花落盡塵緣夢」。

在紫微星系中，以紫微貪狼見空曜或煞曜者，最易轉化為宗教的信仰。如「塵緣」的歌詞中，塵緣如夢幾番起伏總不平，到如今都成煙雲。在斗數全書中，定貧富貴賤等訣：「極居卯酉遇劫空，十人之命九人僧；道釋岩泉皆有份，清閒幽靜度平生。」

特質 3 古曰：極居卯酉，多為脫俗僧人。

紫微貪狼在卯酉坐命，三方會旬空、空曜、地空、地劫、華蓋及化忌等煞曜。多為僧道，清高自持。古曰：「極居卯酉，多為脫俗僧人。」或「紫貪卯酉忌相逢，文曲蹉跎豈有成，借問此身何處去，衲衣削髮居空門。」因為貪狼的另一個特性為宗教星，長生之主，當此特性彰顯的時候，對於神仙之術會充滿著另類的求知。

紫微貪狼在卯酉二宮，一般而言，不問三方會到什麼星曜，只要地空、地劫、空亡會入，則人生一波三折，貧窮孤單，名利俱無，皆表日子不好過，一般後來皆對佛道發生興趣，此一傾向是為了尋求心靈的慰藉。若是地空、地劫、空亡在命宮同度，其人與宗教之緣份更加強烈，多為出家僧道之人，古曰：「極居卯酉遇劫空，十人之命九為僧。」因此星系的財帛宮為武曲破軍，在斗數骨髓賦上說：「武破居財，東傾西敗。」因武曲為「財星」，破軍為「耗星」，二星的組合為「耗財」之意，所以為「東傾西敗」。

三、此星系出生年，天干能量特點

1.紫微貪狼在卯酉坐命，甲年生人

廉貞化祿在事業宮，能力強，增加事業的順遂。天魁在事業同度，易得權貴。破軍化權、武曲化科在財帛宮，科權祿會照命宮，形成「三奇佳會」，為貴格。酉宮坐命優於卯宮坐命，因甲年生人，擎羊在卯宮入命。

2.紫微貪狼在卯酉坐命，乙年生人

紫微化科在命宮，增加紫微星的領導之力，使貪狼有制，能在學術界有所表現。祿存在卯宮命遷線上，為貴格。

3.紫微貪狼在卯酉坐命，己年生人

武曲化祿在財帛宮，財星入財位，財運豐足，貪狼化權在命宮，慾望重。天梁化科在田宅宮，祿存在午宮，子田線上同度或會照，富貴雙全。

4.紫微貪狼在卯酉坐命，辛年生人

巨門化祿在父母宮，祿存在酉宮命遷線上，錢財順利，天魁在午宮子田線上，富貴雙全。

四、此星系吉凶注意事項

1. 紫微貪狼在卯酉坐命，卯酉宮為桃花位，貪狼為大桃花星，若再加會文昌、文曲、天姚、咸池、鸞喜、沐浴、大耗等桃花星，此格則稱為「桃花犯主」。其人相貌佳，異性緣濃，易因感情問題而影響事業，荒廢其前程，一生為桃花所害。
   紫微貪狼在命宮，就是不會桃花星，也喜風花雪月，逢場作戲。在命宮、夫妻宮同論。但喜見吉曜，則不良性質減輕。若見天刑、地空、地劫、空亡、華蓋等，則能自律，桃花較少，始主清白，但僅為情慾，物慾強烈的性質依然不變。
2. 紫微貪狼在卯酉坐命，逢桃花諸曜，則稱為「桃花犯主」，若再有火星、鈴星、擎羊同度，雖才華洋溢，但慾望過深，為了追求目標，行事難免投

機取巧或不擇手段，古曰：「鼠竊偷盜之輩。」

3. 紫微貪狼在卯酉同度，比紫微獨坐，多了機變權謀。而紫微獨坐的人，則領導力與決斷力較大，但自尊心強。

紫微貪狼之人，較為積極，主動性佳，甚至不怕競爭，但有煞曜者，常常可以為了目標，而不擇手段。為善為惡，為梟雄，全在同宮是否有吉化，遇一點煞曜無妨，只要有制即可。

4. 紫微貪狼在卯酉坐命，只要不逢文昌、文曲、鸞喜、天姚等桃花星曜，則會成為紫微星系中最佳的組合格局。因為其命財官三方的星曜組合，能讓造命者，為人爽直，行動積極，有韌性，反應敏捷，能言善道，且懂得察言觀色，在這競爭激烈的社會中，較易有成就。因貪狼的求知慾是天賦，其人多才、多藝，才幹優越，在藝術或是文學上，也會有其專長。

5. 紫微星在子午宮或紫微貪狼在卯酉宮，坐命之人，異性緣佳，常有機會與有才華或有錢的異性接觸，其事業的成就，往往也會與裙帶有攸關，甚至結為夫婦。但並非紫微在子、午、卯、酉之人，都能如此（幸運或是不幸）這與個性有著密切的關係。

五、命盤實例解析

1. 命宮

紫微貪狼在卯宮坐命，文曲、擎羊同度。紫微貪狼在卯宮坐命，就是不會桃花星，也喜風花雪月，逢場作戲。再見文曲、咸池、沐浴同度，為「桃花犯主」，命主像貌佳，異性緣濃，易因感情問題而影響事業。

擎羊同度，則慾望過深，為了追求目標，行事易過於急功近利，喜投機取巧或不擇手段，古曰：「鼠竊偷盜之輩。」但命主甲年生人，科權祿「三奇佳會」會照命宮，能改善不良的性質減輕其影響。

紫微貪狼在卯宮坐命，卯宮為桃花位，貪狼為大桃花星，又見文曲同度，此格為「桃花犯主」，使紫微星無法壓制過貪狼星，缺少自制力，其物慾甚深，易沉溺於慾望的旋渦中。又見擎羊同度，行事太過於急功近利，喜走偏鋒，投機行險，游走法律邊界，未能腳踏實，反使人生一波三折。鬼谷子 欲達不達。百事蹉跎。

天相 得 福德宮 26-35　　己巳	天台孤 巫輔辰 天梁 廟 田宅宮 36-45　　庚午	龍 池 廉七 貞殺 利廟 祿 官祿宮 46-55　　辛未	天天天 鉞官喜 天馬 解天鳳天 神虛閣傷 奴僕宮 56-65　　壬申
巨左 門輔 陷 天 哭 父母宮 16-25　　戊辰			天天恩破 刑福光碎 遷移宮 66-75　　癸酉
紫貪文擎　三咸沐 微狼曲羊　台池浴 旺地旺陷 天空 命宮 6-15　　丁卯			天右地　天蜚天 同弼劫　月廉使 平 疾厄宮 76-85　　甲戌
天太祿鈴　　陰 機陰存星　　煞 得旺廟廟 兄弟宮 116-125　　丙寅	天陀天　天封天紅寡 府羅魁　姚誥貴鸞宿 廟廟 夫妻宮 106-115　　丁丑	大火地 陽星空 陷陷 忌 子女宮 96-105　　丙子	武破文　　八 曲軍昌　　座 平平旺 科權 財帛宮 86-95　　乙亥

　　雖然命宮見天空同度，可使桃花較少，始主清白，但僅為情慾，物慾強烈的性質，依然不變，更增加命主人生的波折度，使命主晚年往宗教哲理方向發展。　**鬼谷子**　中年多成蹭蹬。災障業纏磨。受盡辛勤頭漸白。身心方始得安和。

　　命主甲年生人，廉貞化祿在事業宮，武曲化科、破軍化權在財帛宮，雖

有科權祿「三奇嘉會」，但廉貞化祿在事業宮，不如廉貞化祿在命宮或財帛宮富裕，命主財帛宮雖有武曲化科、破軍化權，但文昌同度，僅虛有其表。

廉貞化祿在事業宮，事業外表氣派，但所開創的事業卻非屬於自己的，雖有科權祿「三奇嘉會」，才華卓群，位高權重，多官貴之氣，但財帛宮武曲化科、破軍化權，遇文昌同度，武曲破軍最不喜遇文昌，彼此氣質不同，主一生貧士，使命主錢財早年不聚，常感拮据，但科權祿「三奇佳會」，能減輕不良性質的影響，命主需 46 歲後，才能漸漸稱心，晚年能有積蓄。**鬼谷子** 此命主多憂心，思慮縈絆，恩怨重重，勞心費力，欲達不達，百事蹉跎，六親冰上炭，兒女眼前花，骨肉須防有鬼祟，蕭牆內要起干戈，中年多蹭蹬，災障業纏磨，受盡辛勤頭漸白，身心方始得安和。

2. 父母宮

巨門在父母宮，左輔同度。巨門在辰宮弱陷，三方再見地空、地劫、太陽化忌會照，離宗庶出，或被遺棄。（母親早年出家）

3. 福德宮

天相在福德宮。天相在巳宮，對宮武曲破軍，責任心重，易受人支持，但凡事欠主張，因而易受人慫恿。天相星受對宮武曲破星之影響，較為奔波勞神。

4. 田宅宮

天梁在田宅宮。天梁為蔭星，臨田宅宮，可得祖業遺產。但對宮太陽化忌沖破，三方見地空、地劫、火星、鈴星，易因房地產或公產起爭鬥。

行限 36～45 歲，天梁在大限命宮，對宮太陽化忌沖照、三方又見地空、地劫、火星、鈴星，必發生麻煩困擾之事，且每多來勢洶洶，但皆能化解。此限宮干「庚」，太陽化祿在遷移宮，遇生年太陽化忌，「祿忌相沖」再見地空、火星，風波甚大，但能因禍得福。

天同化忌在事業宮，右弼、地劫同度，命主此限與金主發生衝突，面臨資金短缺的問題，使事業產生重大危機，只好拆夥退股。

天同在事業宮，有更新之意，但天同化忌，地劫同度，使此「更新」需歷艱危，才能轉福。**鬼谷子** 撞見「馬」頭并蛇尾，此時切莫過溪橋。舟橫野水無人渡，梅柳春來笑雪飄。

天梁為蔭星，具備解厄制化的能力，但沒有災厄，何需要化解。斗數有一口訣：「凡天梁守命宮、疾厄宮，福德宮或大運命宮，必有九死一生的奇遇。」即遇到生命的危險或麻煩之事，但始終可以避過。這便是不逢凶，則不足以見它化吉的力量，因此可見「天梁」實為不祥之星。

5. 事業宮

廉貞化祿、七殺在事業宮，天鉞同度。廉貞七殺二星，均具陽剛之性，喜見化祿增加其柔和性，使其陽剛之氣，得以調和，易於親近，上進心也會加強，一生財源不斷，得財順利，還可增加其社會地位與成就。

命主事業廉貞化祿，再見天魁、天鉞，一坐一照，坐貴向貴，三方財帛宮武曲化科、破軍化權會照，形成科權祿「三奇嘉會」，為一方之主，命主才華卓群，位高權重。但羊陀二星會照，多辛勞、多傷災，多是非、官司、糾紛。 鬼谷子 基業：半世迷途旋琢削，平生勞力滿蓬船。黃金練就玉成器，暮向龍樓鳳閣前。

行限 46～55 歲，廉貞化祿、七殺、天鉞在大限命宮，事業宮武曲化科、破軍化權，文昌同度，形成科權祿「三奇佳會」，事業發展順利，能有一番作為。天魁、天鉞在命宮，一坐一照，坐貴向貴，地位高升，逐漸能稱心。

6. 交友宮

交友宮無主星，天馬坐守，借入對宮天機、太陰、祿存、鈴星，交友雖廣闊，但多變換。祿存有助力，鈴星，需防誤交匪人。 鬼谷子 曾遇貴人開口笑，也隨樵子著煙簑。老松不改雪霜操，百尺凌雲長嫩柯。

7. 遷移宮

遷移宮無主星，表示人際關係較為脆弱，人情世故無法妥善處理。三合府相朝垣，出外有貴人提攜。

8. 疾厄宮

天同在疾厄宮，右弼、地劫同度。天同在戌宮弱陷，見地劫同度，氣衰身體不佳。

9. 財帛宮

　　武曲化科、破軍化權在財帛宮，文昌同度。武曲為財星，破軍為耗星，二星組合為「耗財」之意，錢財波瀾起伏甚大，見「科權相逢」，求財積極，主貴，晚年得財，能有積蓄。文昌同度，先破後得，早年常感拮据。

10. 子女宮

　　太陽化忌在子女宮，地空、火星同度。子女性剛強，緣薄。需防提攜後進之人，反招怨報。 **鬼谷子** 六親冰上炭，兒女眼前花，骨肉須防有鬼祟，蕭牆內要起干戈。

11. 夫妻宮

　　天府在夫妻宮，陀羅、天魁同度。天魁同度，配偶有才華，婚後可得配偶之助力。陀羅同度，早年多有爭執。 **鬼谷子** 婚姻：處處明月出雲端，有似嫦娥在廣寒。保子全憑陰騭佑，春秋多在暮雲間。

12. 兄弟宮

　　天機太陰在兄弟宮，祿存、鈴星同度，一個同父異母的弟弟。 **鬼谷子** 兄弟：風送雁飛深有序，秋深兩兩各分飛。迢迢雲路飛何在，一在吳山一楚鄉。

六、鬼谷子全盤印證

　　第九十四數　癸丁　剝卦　老來萬事稱心，一路順風。
　　判斷：
　　此命主多憂心。思慮繫絆。恩怨重重。勞心費力。欲達不達。百事蹉跎。六親冰上炭。兒女眼前花。骨肉須防有鬼祟。蕭牆內要起干戈。中年多成蹭蹬。災障業纏磨。受盡辛勤頭漸白。身心方始得安和。

　　▲鸞鏡新磨格

　　詩云：鸞鏡塵生暗處多，要明須是再重磨。
　　　　　　恩中成怨既如是，破裏還圓怎奈何。
　　　　　　曾遇貴人開口笑，也隨樵子著煙簑。
　　　　　　老松不改雪霜操，百尺凌雲長嫩柯。

基業：半世迷途旋琢削，平生勞力滿蓬船。
　　　黃金練就玉成器，暮向龍樓鳳閣前。

兄弟：風送雁飛深有序，秋深兩兩各分飛。
　　　迢迢雲路飛何在，一在吳山一楚鄉。

行藏：良匠施工勞琢削，終身應許器完成。
　　　鼠牛相見多奇妙，龍虎交馳搖令名。

婚姻：處處明月出雲端，有似嫦娥在廣寒。
　　　保子全憑陰隲佑，春秋多在暮雲間。

子息：牆外枝頭花欲放，開花尤慮雨和風。
　　　哉培須記陰功力，半有清黃半有紅。

收成：撞見馬頭并蛇尾，此時切莫過溪橋。
　　　舟橫野水無人渡，梅柳春來笑雪飄。

5 紫微天相在辰戌坐命：
有為臣不忠，為子不孝之論

一、星系結構

紫微天相在辰戌坐命，對宮為破軍，財帛武曲天府在子午，事業廉貞在寅申。

紫微天相在辰宮坐命

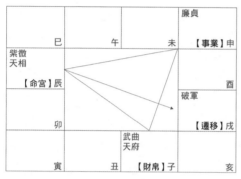

紫微天相在戌宮坐命

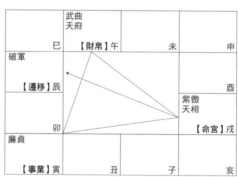

二、格局特質分析

特質 1 紫微天相在辰戌宮，君臣不義。

紫微為帝曜，天相為印星，二星同度，有如帝王手持玉璽有權柄，結構看似很理想。但星力弱又位居羅網之地，雖企圖心強，胸懷大志，力量卻不足以掙脫羅網，有如龍困淺灘，深受束縛，有志難伸，隨人隨勢不得自主。雖然表面上處事謹慎，樂觀待人，實則暗藏波濤洶湧，易陽奉陰違，翻臉不認人。

紫微天相在辰戌宮，受對宮破軍的影響。破軍為爭奪破壞之意，有先破壞後再行建設的反抗心，對環境常有想要全盤推翻，創新改革的心志，難安於現實。因此紫相受到對宮破軍的影響而改變了性質，故有「紫相辰戌，君臣不義」之說。對長官和老闆常唱反調，不忠一主一事，給人無情無義的印

象，所以一生起伏較大。

若無吉星輔曜會照者，稱之為無義，其人一生必然一波三折，隨人隨勢不得自主，深受束縛難以解脫。如有吉星會照，雖能化無情為有情，但紫相落入於羅網之地，易有受阻受制的意味，凡事都須付出更多努力，才能衝破天羅地網，過程中絕對不平凡。

特質 2 紫微天相，此星系為「帝印財庫」局。

紫微天相在辰戌坐命，財帛宮為武曲天府，為「紫相武府」，形成「帝印財庫」局，對權祿名位的企圖心極強，急功近利重名祿，不願甘居人下，卻又受對宮破軍的影響，對現況常不滿，有反抗心。但紫微天相在辰戌位，力量卻薄弱有如龍困淺灘，有志難伸，所以情緒好壞起伏大，個性矛盾，順則溫和儒雅，謹慎善良，逆則反抗報復心重，易暴怒而怨天尤人。此星系之人，人生易有缺憾或有非常之災遇，如婚姻不佳、無子女、父母緣薄或自身特殊之疾病拖延頗久之類。可詳視十二宮而定。

特質 3 此星系父母宮，天梁巳亥宮落陷，與父母緣份薄。

紫微天相在辰戌坐命，父母宮天梁在巳亥宮，處於落陷之地。缺少父母的庇蔭，與父母緣份不深，幼年父母照顧不佳，易有不太理想的成長環境，如果見煞曜多，則主「父母離異」，只與父母的一方同住。其人幼年在不好的環境之下成長，因此叛逆性更加重，故有為子不孝之論。若刑忌煞曜齊集，當然更增加人生的挫折與障礙。

三、此星系出生年，天干能量特點

1.紫微天相在辰戌坐命，甲年生人

廉貞化祿在事業宮，得才順利，能生化紫微天相的有情。破軍化權在遷移宮，有助於早日掙脫羅網。武曲化科在財帛宮，增加錢財的穩定，為上格，財官雙美。

2.紫微天相在辰戌坐命，乙年生人

紫微化科在命宮，個性圓熟，天機化祿在兄弟宮，天梁化權在父母宮，

權祿在左右鄰宮來夾印，有情有制，最為上品，財官雙美，甚貴。

3.紫微天相在辰戌坐命，己年生人

天梁化科在父母宮，使紫微天相形成「科蔭夾印」。武曲化祿在財帛宮，使天府星財庫性質優良，能生化紫微天相的有情，為財官雙美。

4.紫微天相在辰戌坐命，庚年生人

武曲化權在財帛宮，能增加錢財的穩定性。太陽化祿、太陰化科在子女宮，會照田宅宮，天魁、天鉞在子田線上，為財官雙美。

5.紫微天相在辰戌坐命，癸年生人

破軍化祿在遷移宮，增加人生與事業的聲勢，出外發展穩定。祿存在子宮財福線上，能減少錢財的波動，為財官雙美。

四、此星系吉凶注意事項

1. 紫微天相在辰戌坐命，帝星最喜會見輔弼二星，使個性歸向通情達理。見魁鉞，則增加貴人助力（特別是「財蔭夾印」的格局），不為孤君，能得其助力，可早日衝破天羅地網，執掌威權，操持權柄，為財官之格。

2. 紫微天相在辰戌坐命，財帛宮為武曲天府，使此星系形成「紫相武府」，為「帝印財庫」局，對權祿名位的企圖心極強，太急功近利。若無吉曜制化，則為奴欺主。見煞，奸滑悖逆。

3. 紫微天相在辰戌宮，星力弱又位居羅網之地，即使諸吉來會，人生也亦不全美，若遇煞忌，則多挫折阻礙。見擎羊，主爭端、詞訟、是非、刑傷。見陀羅，主拖延、淹滯。

4. 紫微天相在辰戌坐命，見地空、地劫同度，人生喜空幻，理想雖遠大，但難以突破現狀，兩袖清風。

5. 紫微天相在辰戌坐命，辰宮優於戌宮。辰宮在事業或錢財上，皆較戌宮為佳。因田宅宮無主星，借入對宮太陽太陰，丑宮太陰入廟。較戌宮坐命之人，更有機會成為大富，惟富與貴難以兩全。

五、命盤實例解析

天梁陷科 陀羅陷 火星得　　天姚 天巫 天哭 龍池 **父母宮** 113-122　　己巳	七殺旺 右弼 文曲陷忌 祿存廟　　陰煞 **福德宮** 103-112　　庚午	擎羊廟　　　天月 天虛 **田宅宮** 93-102　　辛未	廉貞廟 左輔 文昌 天鉞得　　台輔 天喜 **官祿宮** 83-92　　壬申
紫微得 天相得　　封誥 三台 **命宮** 3-12　　戊辰			地空　　天官 鳳閣 蜚廉 天傷 **奴僕宮** 73-82　　癸酉
天機旺 巨門廟　　恩光 **兄弟宮** 13-22　　丁卯			破軍旺　　八座 寡宿 **遷移宮** 63-72　　甲戌
貪狼平權　　天福 紅鸞 孤辰 **夫妻宮** 23-32　　丙寅	太陽 太陰 地劫不廟　　天刑 天貴 破碎 **子女宮** 33-42　　丁丑	武曲 天府 鈴星 天魁旺廟陷祿　　解神 **財帛宮** 43-52　　丙子	天同廟 天馬　　天使 **疾厄宮** 53-62　　乙亥

1. 命宮

紫微天相在辰宮坐命，對權祿名位企圖心強，卻居於羅網之地，有如龍困淺灘，深受束縛，急於掙脫羅網。命主己年生人，財帛宮武曲化祿，使天

府庫星見祿，性質優良，為「帝印財庫」格，有財有庫。三方再見天魁、天鉞、左輔、文昌四吉星會照，個性圓熟，有情有制，而非泛泛之輩，雖有鈴星煞曜，反能助命主，早日掙脫羅網，有所成就，為財官雙美格。

紫微天相在辰宮坐命，人生必有缺憾，命主父母宮雖天梁化科，但在巳宮處於弱陷，庇蔭之力薄弱，又遇陀羅、火星同度，三方再見空劫二星會照，與父母緣薄，尤其是父親。幼年的成長環境不佳，環境加諸於身上的壓力，使命主早年叛逆性重，個性多矛盾，情緒起伏大。鬼谷子 喜怒不常。每逢挫折，即感到命不如人，總覺的有志難伸。

紫微天相在辰宮坐命，對權祿名位企圖心強，命主雖然積極努力開創前程，但文曲化忌在福德宮，得失心過重，自信心又不足，常患得患失，導致自己壓力過大，情緒難以控制，作事時常遲疑不決，反使人生多波折。鬼谷子 此命多思多慮。易敗易成。大事難成。小事深信。知進退。識高低。做事沉吟。為人的實。小急大寬。喜怒不常。千斤數兩不曾爭。一分一釐要算計。於人不足。救人無恩。吉處招凶。凶中反吉。命裏有退神。不犯官刑凶獄。

2. 兄弟宮

天機巨門在兄弟宮。與同學、同事之間較易落落寡合，或容易變換交往的對象，見煞，始善終惡。鬼谷子 兄弟：風急雁飛江表外，橫斜兩對各東西，棲身獨立吳山外，自向園林聽子規。

行限 13～22 歲，天機、巨門在大限命宮，機巨為動盪、變動的運限。此限宮干「丁」，天機化科、巨門化忌在命宮。天同化權在財帛宮。太陰化祿在夫妻宮會照事業宮，事業宮無主星，擎羊坐守，科權祿忌「四化齊會」更加重機巨的動盪性。命主此限家裡發生變故，煩事侵身，學業壓力大，環境加諸於身上的壓力，使命主早年叛逆性重，個性多矛盾，情緒起伏大。命主父母離異與母親同住。

3. 夫妻宮

貪狼化權在夫妻宮，為「妻奪夫權」之勢。三方再見文曲化忌，婚姻多刑剋，宜遲婚或婚前數遇阻礙周折，或有破壞者為宜，否則多刑剋。

行限 23～32 歲，貪狼化權在大限命宮，雖積極努力開創前程，但此限

宮干「丙」，廉貞化忌、文昌化科在遷移宮，命主事業受妻子與岳家所困，難突破羅網。此限夫妻宮武曲化祿、天府、天魁、鈴星同度，對宮祿存會照，夫妻宮「雙祿相逢」，婚後可得妻財，但文曲化忌會照，婚禮多有阻礙，婚後難美滿。 鬼谷子 婚姻：鷗鷺鴛鴦池內戲，三三兩兩映青蓮。姻緣端自蒹葭處，四九年成月再圓。

4. 子女宮

太陽太陰在子女宮，地劫同度。命主生有一女。 鬼谷子 子息：春盡梅梢空結果，一枝花向水邊尋。晚來寂寞湘江上，白首悠悠始遂心。

行限 33～42 歲，太陽、太陰、地劫在大限命宮，對宮擎羊沖照，賦文云：「日月最忌羊陀，人離財散。」三方又見地空、陀羅、火星，煞曜重重，命主投資失利，錢財多耗損，而導致與岳家關係改變。此限宮干「丁」，太陰化祿在命宮，天同化權在夫妻宮，天機化科、巨門化忌在福德宮會照財帛宮，財帛宮無主星，地空坐守，借入對宮天機化科、巨門化忌。命主投資失誤，錢財多耗損，而導致與岳家關係決絕。 鬼谷子 收成：逢「牛」莫向江邊去，遇鼠休登馬與船。見險不凶終有福，歸來詠歎百花前。

5. 財帛宮

武曲化祿、天府在財帛宮，天魁、鈴星同度。對宮祿存會照，雙財星見「疊祿」善於開創、理財，財源廣進，有財又有庫，為大富之格局。但見文曲化忌沖照，易因錢財，而引起糾紛或訴訟。 鬼谷子 吉處招凶。凶中反吉。

行限 43～52 歲，武曲化祿、天府、天魁、鈴星在大限命宮，對宮祿存會照，財星喜見「疊祿」，又逢天魁、天鉞、左輔、右弼、文昌吉星會照，為「君臣慶會格」。但受對宮文曲化忌沖破。此限宮干「丙」，廉貞化忌在財帛宮，錢財被侵吞，受人拖累，引起糾紛與爭訟。 鬼谷子 收成：逢牛莫向江邊去，遇「鼠」休登馬與船。見險不凶終有福，歸來詠歎百花前。

6. 疾厄宮

天同在疾厄宮，天馬同度。天同在亥宮入廟病災少。天同為陰虛不足，易有腎臟、膀胱、尿道、疝氣、子宮及淋病、痔瘡等症。天馬同度，易得流行性疾病。

　　行限 53～62 歲，天同在大限命宮，為享福的運限，但三方見巨門、火星、擎羊，形成「巨火羊」的惡格。

　　此限宮干「乙」，太陰化忌在福德宮，夫妻宮無主星，地空坐守，妻子因癌過世。夫妻生離多年，49 歲才再次重和。此人一生如鬼谷子所云：「吉處招凶。凶中反吉。」

7. 遷移宮

　　破軍在遷移宮，在外多奔波，不利出外。

8. 交友宮

　　交友宮無主星，地空坐守，借入對宮天機巨門。「機巨交人，始善終惡」再見地空，常與屬下或朋友多有口舌是非。

9. 事業宮

　　廉貞在事業宮，左輔、文昌、天魁同度。廉貞文昌同度，為「廉貞文武格」能文能武。左輔、天魁同度，多貴人助力。三方見貪狼化權，武曲化祿，「權祿會照」，再加入四吉星，非常的顯赫，主富貴雙全。

10. 田宅宮

　　田宅宮無主星，擎羊坐守，家宅不寧。太陽太陰在丑宮，會照田宅，為「日月照壁格」，家道興隆。地劫同度，多有破耗。

11. 福德宮

　　七殺在福德宮，右弼、文曲化忌、祿存同度。七殺在福德宮，雖有理想卻不利婚姻，文曲化忌同度，感情上多困擾，且易自尋煩惱，常患得患失，每逢挫折，即感到命不如人，或覺得懷才不遇而多怨尤。文曲化忌沖財帛宮，易有財務糾紛及訴訟。祿存同度，人生雖較安逸，但遇文曲化忌沖破，則身安心勞，有福不得享。 **鬼谷子** 此命多思多慮。易敗易成。

12. 父母宮

　　天梁化科在父母宮，火星、陀羅同度。天梁化科在巳宮，處弱陷之地，庇蔭之力薄弱，又見陀羅、火星同度，三方再遇空劫二星會照，與父母緣薄，尤其是不利父親。父母離異，命主與母親方同住。

六、鬼谷子全盤印證

第五十九數　己壬　師卦　壬寅　貧困之，防有意外之禍。

判斷：

此命多思多慮。易敗易成。大事難成。小事深信。知進退。識高低。做事沉吟。為人的實。小急大寬。喜怒不常。千斤數兩不曾爭。一分一釐要算計。於人不足。救人無恩。吉處招凶。凶中反吉。命裏有退神。不犯官刑凶獄。

▲鴛鴦戲水格

詩云： 戲水鴛鴦傍碧蓮，朱衣不遇過中年。
　　　　黃金未許君收掌，白髮還須我秉權。
　　　　鴻雁雙雙離遠寨，鴛鴦兩兩戲池邊。
　　　　若還要問平生事，松柏園林壽晚年。

基業： 竿上存身險在前，朱衣引薦玉階前。
　　　　晚來水口人相助，草木敷榮謝上天。

兄弟： 風急雁飛江表外，橫斜兩對各東西。
　　　　棲身獨立吳山外，自向園林聽子規。

行藏： 黃金美玉非為貴，積德親賢自寶珍。
　　　　堪歎世情如紙薄，回思弄假却成真。

婚姻： 鷗鷺鴛鴦池內戲，三三兩兩映青蓮。
　　　　姻緣端自蒹葭處，四九年成月再圓。

子息： 春盡梅梢空結果，一枝花向水邊尋。
　　　　晚來寂寞湘江上，白首悠悠始遂心。

收成： 逢牛莫向江邊去，遇鼠休登馬與船。
　　　　見險不凶終有福，歸來詠歎百花前。

6 紫微七殺在巳亥坐命：
化殺為權。為一方之主，具有領導的能力

一、星系結構

紫微七殺在巳亥坐命，對宮為天府，財帛武曲貪狼在丑未，事業廉貞破軍在卯酉。

紫微七殺在巳宮坐命

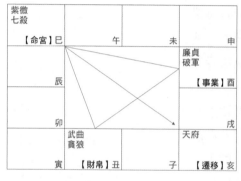

紫微七殺在亥宮坐命

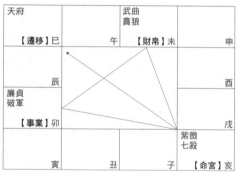

二、格局特質分析

特質 1 紫微七殺二星同度，如帝王御駕親征，表現出無與倫比的氣勢與聲威。

紫微七殺二星同度，乃以紫微星為主導，七殺星為輔帝之佐，二者同宮，如帝王御駕親征，表現出無與倫比的氣勢與聲威。若有吉星會照（見祿最佳），則七殺星的剛勇，便成為英雄有用武之地，能「化殺為權」，使其人有權有勢。若無吉曜會照，則為草寇霸道，如英雄落草為寇，其人橫發橫破。格局之高低宜仔細審度，不可謂紫殺二星同度，便冠以「化殺為權」。

特質 2 紫殺二星，可視為權力的象徵。

紫微為帝曜，七殺為將星，二星同度，可視為權力的象徵，所以紫微星

不宜再見化權，否則易變成權力慾過高，表現出一種令人難以忍受的霸氣。此時必須見「百官朝拱」，尤其是得輔弼、昌曲、魁鉞等吉星會照，然後始可去除橫霸之氣，紫微才能駕御七殺，使七殺的剛勇成為英雄有用武之地，並轉化紫殺的波動，能趨於安定。畢竟帝座仍以靜為宜，帝座動則百官奔馳，勞民傷財，陷百姓於水深火熱之中。

紫微星最喜化科，只要有一二顆輔佐星曜會合，即為權威而非橫霸。若再有文曜同會者，更主彬彬儒雅，前人稱之為儒將風流。這時見火星鈴星亦可化為祥和之氣，然後「火貪」、「鈴貪」的格局才能適用，否則橫發之後極易橫破。

特質 3 紫微七殺，化殺為權，反作禎祥。

紫微七殺在巳亥坐命，對宮為天府，財帛宮武曲貪狼，事業宮廉貞破軍。

三方四正所會合的星曜結構，屬於純物質性，星曜性質強烈，行動過程速戰速決，往往忽略後勤的補給。因此吉凶在於一線之間，可成可敗，成者為王，敗者為寇，成敗之機在於是否可「化殺為權」。因此最喜見祿，祿存為首，化祿次之。見祿可轉化七殺的煞性，減少波動增加穩定，人生際遇較為順遂，雖有挫折而無兇險。古曰：「紫微七殺與祿同，化殺為權，逞英雄。」

特質 4 紫微七殺，為最佳的殺破狼格局。

紫微七殺在巳亥坐命，個性強悍，堅強果決，有魄力與抱負，喜掌權。雖然較為霸道主觀，但卻能往正確的方向行進。有很好的領導及管理的能力，更有運籌帷幄的才能與智慧，相當重視名譽與地位，有衝勁努力的事業心，為最佳的殺破狼格局。

但一生中在事業上會有一次較嚴重的挫敗，發跡較晚，必須經過一番努力與奮鬥，才可成功。故可白手起家，惟此種格局之人，利於開創而不易守成。

紫微七殺坐命之人，個性吃軟不吃硬，喜聽好話，若與其人談判，如能運用以柔克剛的溝通方式及說話的技巧，從分析利害關係的軟性功夫著手，則一切將能水到渠成。

三、此星系出生年，天干能量特點

1.紫微七殺在巳亥坐命，甲年生人

廉貞化祿、破軍化權在事業宮，武曲化科在財帛宮，三方形成科權祿「三奇佳會」照命，富貴雙全。

2.紫微七殺在巳亥坐命，乙年生人

紫微化科在命宮，能增加聲譽，為人處事較圓融，能為他人所信服，祿存在卯宮夫官線上，財官雙美格。

3.紫微七殺在巳亥坐命，丙年生人

祿存在巳宮命遷線上，可「化殺為權」減少人生的波動，增加其穩定，為財官格。雖能有所表現，但廉貞化忌在事業宮，事業宜小不宜大。

4.紫微七殺在巳亥坐命，戊年生人

祿存在巳宮命遷線上，可「化殺為權」，減少人生的波動，增加其穩定。貪狼化祿在財帛宮，財運亨通。為財官格。

四、此星系吉凶注意事項

1. 紫微七殺在巳亥坐命，外表沉靜，內心剛強，愛恨分明，能掌握權勢而指揮號令，但也主孤剋、刑傷及波動。女命宜職業婦女，能獨當一面，否則易婦奪夫權，並且較配偶辛勞。早婚不美，宜晚婚。其夫妻宮為天相在卯酉獨坐，故本人為動態性的工作，但配偶卻是靜態性質的行政或幕僚研究工作。

2. 紫微七殺在巳亥坐命，需有吉星會照，才可「化殺為權」，主人有權有威。最喜輔弼星在三方四正或左右來相夾，稱為「輔弼拱主格」，多有貴人相助力。

   但此格局事業宮的廉破，不能遇輔弼星再見煞忌，則加強其動盪性，一生事業東成西敗。

3. 紫微七殺在巳亥坐命，最喜見祿，有祿的羈縻，可調和紫殺的剛毅，能減

少人生的波動，增加其穩定。祿存為首，化祿次之。祿存最喜同度或會照，可「制殺」人生較為穩定。化祿則最喜財帛宮武曲貪狼見祿，貪狼化祿主享受為佳。武曲化祿次之，因武曲化祿，使紫微七殺多奔波勞碌。

4. 紫微七殺在巳亥坐命，巳亥宮為驛馬之地，主變動，奔波勞碌。若見祿又見馬，雖形成「祿馬交馳」，衝刺力十足，增加其實行力，卻也增加波動與辛勞。

5. 紫微七殺在巳亥坐命，見祿再遇六吉，則利於武職發展，文職也亦可。能出將入相，領導或幕僚皆兩相宜。具有開創力及領導力，多有貴人相助力，運途平順。

6. 紫微七殺在巳亥坐命，見羊陀、火鈴同度或會照，則不能稱為「化殺為權」。若煞多無祿或無六吉，則主孤獨刑傷，成敗不一，難以言貴。

7. 紫微七殺在巳亥坐命，見空曜，古云：「紫微七殺加空曜（空亡、地空、天空、截空），虛名受蔭。」其人僅得虛名。雖受祖上庇蔭，縱能獲得一時之名利，最後恐怕僅剩虛名得以陪伴度日。女命可從事財務或代書工作。

五、命盤實例解析

1. 命宮

紫微化科、七殺在亥宮坐命，命主形貌敦厚威嚴，氣質端莊，開創力強，個性剛毅果敢，喜歡領導帶頭，不喜受拘束，多半好動，凡事親力親為，喜體會過程中的辛勞，無法撿現成，是個閒不住的人。命主命宮三方會見祿存，能「化殺為權」，使命主有權有勢。遷移宮見天馬，雖實行力及衝刺力十足，但增加其波動性，人生較為辛勞。命主紫殺之人，對於自身的成就，必定汲汲營營竭盡全力去追逐。但命主財帛宮與事業宮見地空、地劫同度，為破格，古云：「紫微七殺加空曜，虛名受蔭。」雖受祖上庇蔭，能獲得一時的名利，最後恐怕僅剩虛名，得以陪伴度日。

命主紫微化科、七殺在亥宮坐命，行運順行三十年無主星，謀求較不順遂。

天左天　　天孤蜚破 府輔馬　　月辰廉碎 得 **遷移宮** 65-74　　　　辛巳	天太文　封三恩天天 同陰昌　誥台光喜使 陷不陷 忌 **疾厄宮** 75-84　　　　壬午	武貪地　　　　龍鳳 曲狼空　　　　池閣 廟廟 **財帛宮** 85-94　　　　癸未	太巨文天　解天八天 陽門曲鉞　神福座貴 得廟得 **子女宮** 95-104　　　甲申
擎　　　　　天天 羊　　　　　官傷 廟 **奴僕宮** 55-64　　　　庚辰			天右　　　　　天 相弼　　　　　虛 陷 **夫妻宮** 105-114　　　乙酉
廉破祿地　　　天 貞軍存劫　　　哭 平陷廟 **官祿宮** 45-54　　　　己卯			天天　　　　天台 機梁　　　　刑輔 利廟 祿權 **兄弟宮** 115-124　　　丙戌
陀鈴　　　　　天 羅星　　　　　姚 陷廟 **田宅宮** 35-44　　　　戊寅	火　　　　　寡 星　　　　　宿 得 **福德宮** 25-34　　　　己丑	天　　　　陰紅 魁　　　　煞鸞 **父母宮** 15-24　　　　戊子	紫七 微殺 旺平 科 **命宮** 5-14　　　　　丁亥

　　15～24歲，行運父母宮，無主星求學不順。

　　25～34歲，行運福德宮，無主星，火星獨坐，與對宮武曲貪狼，雖形成「火貪」格，但遇地空同度，即成即敗。

　　35～44歲，行運田宅宮，無主星，鈴星陀羅坐守，對宮遷移太陽、巨門、文曲、天鉞會照，出外有貴人扶持，得異地人提攜。若居留血地，便多

生是非，心亂意煩。 鬼谷子 如逢龍「虎」相爭日，纔成心事遇知音。身回遠浦飛帆急，珠失之時不易尋。命主此限遠嫁到台灣，離鄉在外，雖能受到貴人的接納與照顧。但大限命宮的陀羅、鈴星與對宮的巨門，形成「巨鈴羊」的惡格。命主私心過重，買房給自己前任丈夫之子，引起現任丈夫之子的不滿，產生是非糾紛，因而作繭自縛，使富貴不耐久。 鬼谷子 此命比仙女耕田。天喬汲水。安閒處生出辛苦。享福處不得優游。雖是為人慷慨。見識高明。未免巴巴成三四處規模。區區立一兩番家計。般般親費力。件件自當心。有子不得力。有福享難圖。性直無私，每向恩中招怨。

2. 父母宮

父母宮無主星，天魁坐守，借入對宮天同、太陰化忌、文昌，對父母孝而不順，雖能盡孝道，但僅吃穿而已。太陰化忌，父死母寡，孤苦無依。無主星，天魁坐守，代表雙親主貴。

行限 15～24 歲，大限命宮無主星，天魁坐守，此限宮干「戊」天機化忌在夫妻宮沖照事業宮，事業宮無主星，擎羊坐守，求學多不順。太陰化科在遷移宮，遇生年太陰化忌，科忌沖照命宮，命主 17 歲父親官場出事，23 歲父親逝世。

3. 福德宮

福德宮無主星，火星坐守。精神浮躁不安，對宮武曲貪狼二星，見火星，命主追求快樂，今朝有酒今朝醉。

行限 25～34 歲，大限命宮無主星，火星坐守。對宮遷移武曲貪狼會照，形成「火貪」成格，再見地空，則形成「火空則發」的格局。此限宮干「己」武曲化祿、貪狼化權。往往成敗甚速，十年大運內，可以反覆發生多次。「火空則發」的能量，如空中燦爛的煙火，雖然美麗，卻是短暫，成敗甚速。

4. 田宅宮

田宅宮無主星，鈴星、陀羅坐守。對宮太陽巨門會照，多明爭暗鬥，主爭奪。三合天機化祿、天梁化權會照，可得貴人的蔭庇，得產業。太陰化忌會照，產業有破損。

行限 35～44 歲，大限命宮無主星，鈴星、陀羅坐守，借入對宮太陽、

巨門、天鉞、文曲。遷移宮星曜吉，宜離鄉出外發展，有貴人扶持，得異地人提攜。居留血地，多生是非，心亂意煩。 **鬼谷子** 如逢龍虎相爭日，纏成心事遇知音。身回遠浦飛帆急，珠失之時不易尋。

命主此限遠嫁到台灣，離鄉在外，雖能受到貴人的接納與照顧。但大限命宮的陀羅、鈴星與對宮巨門，形成「巨鈴羊」的惡格。命主私心過重，買房給自己前任丈夫之子，引起現任丈夫之子的不滿，產生是非糾紛，因而作繭自縛，使富貴不耐久。

5. 事業宮

廉貞破軍在事業宮，地劫、祿存同度。廉破在卯宮處於弱陷之地，一生事業變化多端，又見地劫同度，事業東成西敗，生活不穩定。幸有祿存同度來化解、改善星曜的性質，若是夫妻共事，命主處於為虛權，則能因婚姻而富貴。命主「乙」年生人，夫妻天相在酉宮，受天機化祿、天梁化權來夾印，形成「財蔭夾印」、「權蔭夾印」的格局，配偶有才有祿，但不可婦奪夫權，才能名成利就。

行限 45～54 歲，廉貞、破軍、地劫、祿存在大限命宮，此限宮干「己」武曲化祿、貪狼化權在事業宮。財帛宮生年紫微化科，科權祿會照大限命宮，形成「三奇佳會」。命主此限掌管配偶的事業，雖有官貴，但見空劫二星，多為虛權，只是與配偶之子，多產生爭鬥，最後反而受到重大傷害。

6. 交友宮

交友宮無主星，擎羊坐守，借入對宮天機化祿、天梁化權，三方見天魁天鉞，雖能得年長的友人扶持，但志向不同，多是非糾紛。

行限 55～64 歲，大限命宮無主星，擎羊坐守。借入對宮天機化祿、天梁化權，天機天梁坐守遷移宮，雖然是「善蔭朝綱」。但受擎羊沖破的影響，使機梁二星性質產生重大的變化，此限必發生麻煩困擾之事件，使命主心神不寧。

此限宮干「庚」，太陽化祿在事業宮，武曲化權在田宅宮，太陰化科、天同化忌在福德宮，遇生年太陰化忌。命主若能衡量自己能力，不與配偶之子爭鬥，禮讓交出經營權，則能安享晚年。

7. 遷移宮

天府在遷移宮，左輔、天馬同度，出外能遇貴人提攜，發財。鬼谷子 卓立河邊豬遇犬，此時平地上雲梯。兼金美玉桑榆景，自有高人為品題。

8. 疾厄宮

太陰化忌在疾厄宮，天同、文昌同度，太陰為水、天同為水、化忌為水，水入午宮火位，衝擊過大，可能有心肌梗塞、腎臟病、婦女病之虞。文昌金生水，易有骨折。

9. 財帛宮

武曲貪狼在財帛宮，地空同度。武曲貪狼為「武貪格」，受對宮火星會照，形成「火貪格」，又有地空同度，則有「火空則發」的爆發之力，如同煙火，雖然美麗燦爛，卻是瞬間熄滅。因此財富多因丑、未年的橫發而來。須防橫發橫破。因「火空則發」的「發」字，其意指爆發，能一夜致富也能一夜破產，都有爆發之意，所以成敗不一定。須不貪不吝，正財才可守終身。

10. 子女宮

太陽巨門在子女宮，文曲、天鉞同度，一子有才，卻不得力。鬼谷子 子不得力，所以有福難享。子息：幾朵花開逢夜雨，秋深能得果應佳。龍門 有客傳消息，撫字觀風閻里跨。

11. 夫妻宮

天相在夫妻宮，右弼同度。天相坐夫妻宮，男性為宜，夫唱婦隨，夫妻合作共事，能因婚姻而富貴。命主女命，天相在酉宮弱陷，丈夫較弱勢，有婦奪夫權之象。鄰宮天機化祿、天梁化權來夾蔭，形成「財蔭夾印」、「權蔭夾印」，配偶有才有祿，年長為宜。鬼谷子 婚姻：鷗鷺逍遙游沼內，月明鴛侶竟如何。相逢千里人情好，閨閣深沉興更多。

12. 兄弟宮

天機化祿、天梁化權在兄弟宮。兄弟成就不錯，但三方煞曜過多，必須減分，手足多爭，難和分離為宜。鬼谷子 兄弟：二雁空中嘹嚦過，要爭先後不和同。失羣失友江山外，吳越平分一夜風。

六、鬼谷子全盤印證

第十五數　乙戊　漸卦　子不得力　所以有福難享

判斷：

此命比仙女耕田。天喬汲水。安閒處生出辛苦。享福處不得優游。雖是為人慷慨。見識高明。未免巴巴成三四處規模。區區立一兩番家計。般般親費力。件件自當心。有子不得力。有福享難圖。性直無私，每向恩中招怨。

▲雀立松林格

詩云： 生身出處雀離巢，飛向青松立樹梢。
　　　　學問不求終是去，箕裘重整未能拋。
　　　　雲迷雁陣飛難續，雨打鴛鴦頸不交。
　　　　骨肉親情難共處，艱辛盡是命中招。
　　　　栽花種果待時來，待到斜陽月上臺。
　　　　初事莫嫌成又破，田園花木喜重開。

基業： 松青柳綠鶴離巢，飛近青雲透碧霄。
　　　　何事尚淹塵土厄，蓋緣枝葉未相拋。

兄弟： 二雁空中嘹嚦過，要爭先後不和同。
　　　　失羣失友江山外，吳越平分一夜風。

行藏： 卓立河邊豬遇犬，此時平地上雲梯。
　　　　兼金美玉桑榆景，自有高人為品題。

婚姻： 鷗鷺逍遙游沼內，月明鴛侶竟如何。
　　　　相逢千里人情好，閨閣深沉興更多。

子息： 幾朵花開逢夜雨，秋深能得果應佳。
　　　　龍門有客傳消息，撫字觀風閭里跨。

收成： 如逢龍虎相爭日，纔成心事遇知音。
　　　　身回遠浦飛帆急，珠失之時不易尋。

7 天機在子午坐命：為機月同梁格

一、星系結構

天機在子午坐命，對宮為巨門，財帛天同天梁在寅申，事業太陰在辰戌。

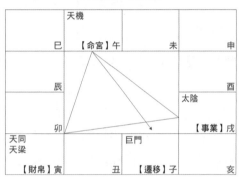

天機在子宮坐命			
	巨門　　　　　巳	【遷移】午　　　未	天同 天梁 【財帛】申
太陰 【事業】辰			酉
卯			戌
寅	丑	天機 【命宮】子	亥

天機在午宮坐命			
	天機 　　　　　巳	【命宮】午　　　未	申
辰			酉
卯			太陰 【事業】戌
天同 天梁 【財帛】寅	丑	巨門 【遷移】子	亥

二、格局特質分析

特質 1 天機在子午宮入廟，最能發揮優良的特性。

天機為智慧星，主聰明才智，在子午宮入廟，是天機星最佳的宮位。星曜明亮，可助天機星，變為聰明靈活，最能發揮其優良的特性，才智機敏，心思細密，處事有條理，善於策劃與謀略，為一流的輔佐之才，其人才華自不在話下。對宮為巨門星，屬於機巨的組合，因此帶有巨門星的特性，具有良好的口才與機變，能言善道，反應敏銳，只要是運用到口才與頭腦，皆可以有良好表現。

此格巨門星在遷移宮，為「口舌以求財」，最喜巨門化祿、化權，在外際遇佳，則能對天機星產生良好的影響力，使天機星優良的性質能發揮，反應敏銳，處事條理分明，能為事業作出良好計畫。

特質 ② 天機在子午宮，對宮巨門拱照，形成「天闕格」，可扶助天機力爭上游。

天機在子午宮坐命，對宮巨門拱照，形成「天闕格」，可扶助天機力爭上游。此格命宮三方會齊天機、太陰、天同、天梁，為「機月同梁格」的組合，能為一流的輔佐之才，有文藝才華與協調能力，格局組合良好，往往能在事業上彰顯其成就，一生機遇佳，有權富。但天機星機敏善變，主導力弱，易受對宮巨門星的影響，若對宮巨門星見煞忌，則喜爭強，好辯論，易受人排擠，多口舌是非困擾，波折不順，奔波勞碌，常對客觀環境產生不滿，亦影響天機的穩定，並且使天機星的性格受到影響，彰顯天機取巧的一面，易見異思遷，但往往轉變環境之後，仍多際遇不佳，人生動盪辛勞，難以安定。

特質 ③ 天機為變動之星，變動表機會。

天機在子午宮坐命，天機為變動之星，對宮巨門也是一顆動盪的星曜。此星系之人，不易守靜，一生都在發展中不斷的變化。但變動也代表機會，關鍵在於轉捩點上的蛻變，是良好際遇，還是動輒得咎。天機化氣為善，雖具有惻隱之心，但利己心強，多計較，不易堅守其根源，穩定性不夠，對煞忌非常敏感。若遇煞忌來破壞，亦可引起天機星不良的反應，使智慧蒙塵，常因私慾而為己謀，自然際遇坎坷，越變越差。喜科、權、祿祥曜來穩定天機的特質，即能為公而不為私，使才華能用於事業上，在經歷過變化後，人生才能有所收穫。

三、此星系出生年，天干能量特點

1.天機在子午坐命，乙年生人

天機化祿在命宮，天魁在子宮命遷線上，天鉞在申宮財福線上，財帛宮天梁星化權，財運良好，可得祖蔭。但太陰星化忌在事業宮，工作多變動，宜任職。

2.天機在子午坐命，丙年生人

天機化權在命宮。天機為動星，喜見化權，人生較安穩。財帛宮天同星

化祿，宜帶排災解厄之行業，一生財運順穩。

3.天機在子午坐命，丁年生人

　　天機化科在命宮，遷移宮巨門星化忌，在外多口舌是非困擾，易將壞的性質投射給天機，影響天機的穩定。太陰化祿在事業宮，天同化權在財帛宮，命宮「科權祿忌」四化齊會，一生起伏波動大。

4.天機在子午坐命，辛年生人

　　巨門化祿在遷移宮。此格最喜巨門化祿，在外圓融口才佳，能言善道，人緣好，際遇佳，使天機星優良的性質能發揮，反應敏銳，處事條理分明，能為事業作出良好計畫。

5.天機在子午坐命，癸年生人

　　巨門化權在遷移宮，具有辯才，雖能取信於人，但言語須注意是否過於強勢，以免得罪人，反易招致是非怨尤。太陰化科在事業宮，利於文教，大眾傳播界發展。

四、此星系吉凶注意事項

1. 天機在子午坐命，必受對宮巨門星的影響，須藉太陽的光和熱，來化解巨門之幽暗。因此午宮優於子宮，天機在午宮，事業太陰在戌宮，夫妻宮太陽在辰宮，「日月並明」，能有所表現，中年權富可成。天機在子宮，日月皆弱陷，無法化解巨門的陰暗，很容易將巨門壞的性質，投射給天機。事業宮、夫妻宮日月二星皆弱陷，男女皆易受配偶所拖累。

2. 天機在子午坐命，巨門在遷移宮，為「口舌以求財」，此格只要對宮巨門不是太壞，就不至於引起天機星不良的反應，往往皆能有良好的發展。
最喜巨門化祿，在外圓融口才佳，能言善道，人緣好。亦喜巨門化權，具有辯才，能取信於人，但言語須注意是否過於強勢，以免得罪人，反易招致是非怨尤。
最忌巨門星見煞忌星曜，則喜爭強，好辯論，易受人排擠，多口舌是非困擾，波折不順，奔波勞碌，常對客觀環境產生不滿，亦影響天機的穩定，並且使天機星的性格受到影響，彰顯天機取巧的一面，易見異思遷，但往

往轉變環境之後，仍多際遇不佳，人生動盪辛勞，難以安定。

3. 天機在子午坐命，天機星主才智機謀，若昌曲來夾命或見昌曲，則主為人聰明優秀，可增加才氣，宜從事文藝事業，也亦宜從事傳播媒介的工作。但文星不可弱陷，所以此星系喜昌曲夾命較優。

4. 天機在子午坐命，天機星有謀臣的性質，便喜依附權貴，所以喜得魁鉞貴人星，一生才有較好的機遇，能得到貴人的提攜，使天機星的才華能有所發揮。

五、命盤實例解析

1. 命宮

　　天機在午宮坐命，文曲同度。命主癸年生人，太陰化科在事業宮，喜見左輔同度，多有助力，使事業格局良好，機遇佳，往往能在事業上彰顯其成就。巨門化權在遷移宮，祿存、鈴星同度，巨門化權，雖具有辯才，能取信於人，但鈴星同度，引動巨門的陰暗面，喜爭強，好辯論，碰到不公道的對待，則會據理力爭難以委屈求全，且言語犀利，咄咄逼人， 鬼谷子 殺人口嘴。雖然可在爭論上佔上風，卻引來他人的反感，易受其排擠。祿存同度，出外多受制肘。

　　命主天機在午宮坐命，命宮「科權會照」，才智機敏，能力強，做事穩健、有條理，為人堪稱精明。但此格受遷移宮鈴星引動巨門的陰暗面，影響命主的性格。天機星雖善良，具有惻隱之心，但多計較、利己心強。

　　命主在 36～45 歲，人生低潮時遇貴人的提攜，以少許的錢財投資房地產都更，由空中樓閣建立起事業，使命主在房地產界能有所發展，且位高權重。但當貴人事業遭遇挫折阻礙時，命主卻抽其銀根，自行發展，為人雖堪稱精明，卻見利思遷，彰顯天機取巧的一面，動輒得咎。 鬼谷子 此命經營須早。安閒卻遲。風浪裏獨棹孤舟。山林中夜逢猛虎。尷尬處會脫身。能要機於進退。成件心腸。殺人口嘴。小事不驚怕。大不會驅除。只嫌親眷如水。對面分爭吳越。莫嫌如此淡。乃命所招也。

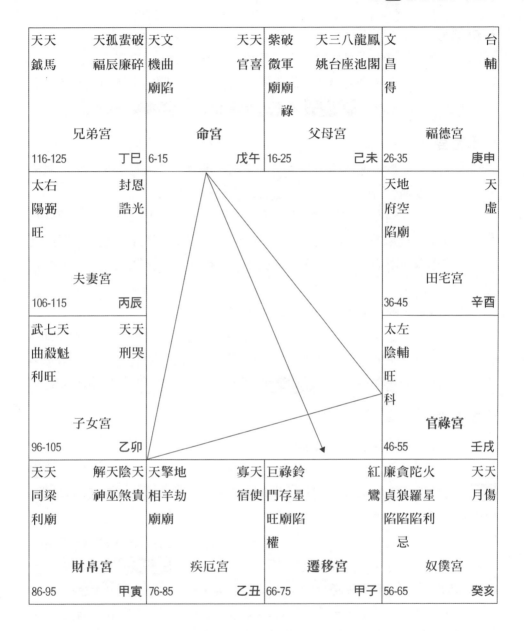

天天　　　天孤蜚破 鉞馬　　　福辰廉碎 兄弟宮 116-125　　　丁巳	天文　　　　　天天 機曲　　　　　官喜 廟陷 命宮 6-15　　　　　戊午	紫破　　天三八龍鳳 微軍　　姚台座池閣 廟廟 　祿 父母宮 16-25　　　　　己未	文　　　　　　台 昌　　　　　　輔 得 福德宮 26-35　　　　　庚申
太右　　　　封恩 陽弼　　　　誥光 旺 夫妻宮 106-115　　　丙辰			天地　　　　　天 府空　　　　　虛 陷廟 田宅宮 36-45　　　　　辛酉
武七天　　　天天 曲殺魁　　　刑哭 利旺 子女宮 96-105　　　乙卯			太左 陰輔 旺 科 官祿宮 46-55　　　　　壬戌
天天　　解天陰天 同梁　　神巫煞貴 利廟 財帛宮 86-95　　　甲寅	天擎地　　　寡天 相羊劫　　　宿使 廟廟 疾厄宮 76-85　　　乙丑	巨祿鈴　　　　紅 門存星　　　　鸞 旺廟陷 權 遷移宮 66-75　　　　　甲子	廉貪陀火　　　天天 貞狼羅星　　　月傷 陷陷陷利 　忌 奴僕宮 56-65　　　　　癸亥

2. 父母宮

　　紫微、破軍化祿在父母宮，天姚同度，三方見煞忌諸多，堂上二母，使命主早年離家。 鬼谷子 此命經營須早。安閒却遲。

3. 福德宮

福德宮無主星，文昌坐守。文昌星可以用來輔助，命宮天機星的聰明才智。福德宮無主星，借入對宮天同天梁，寅宮天梁入廟，化解力量較強，命主一生皆能遇難呈祥。 鬼谷子 盡道失身逢險處，誰知有路得逍遙。

4. 田宅宮

天府在田宅宮，地空同度。天府為庫星，地空同度，為「空庫」，祖業不守，家產破蕩。所服務的機構，多有人事糾紛。

行限 36～45 歲，天府、地空在大限命宮。三方天魁天鉞會照，能得到貴人的提攜。此限宮干「辛」，祿存在酉宮，入大限命宮，使天府庫星見祿。巨門化祿在田宅宮，遇生年祿存與生年巨門化權，此限田宅宮「權祿相逢」。

命主遇貴人的提攜，以少許的錢財投資房地產都更，由空中樓閣建立起事業，在不知不覺間大有起色。此限命宮天府，雖遇地空同度，但卻沒有想像中的惡質恐怖，地空、地劫具有虛構的潛能與高超的聯想力，多能由空中樓閣或一個理念建立起事業。 鬼谷子 不是一翻剛膽志，如何平地上雲宵。

5. 事業宮

太陰化科在事業宮，左輔同度。太陰為主星，喜逢輔弼二星，一坐一照，三方皆未見煞曜，命主在房地產界發展，逢貴人相助能位高權重。 鬼谷子 基業：殷勤利祿似羊腸，風月無邊芝桂香。進遇桑榆籬菊茂，田園景物未尋常。

行限 46～55 歲，太陰化科、左輔在大限命宮。對宮遷移太陽在辰宮，右弼同度，三方皆未見煞曜，此限事業雖一帆風順。 鬼谷子 行藏：昔日未成安穩地，營家壯力十分勞。逢羊遇「犬」須通達，父子同榮上九皋。

但此限宮干「壬」，天梁化祿在事業宮，只宜帶排災解厄的行業。命主從事房地產投資在得財後必多事端。紫微化權在子女宮，會照田宅宮的天相，天相又有生年巨門化權來夾印。使命主投資房產得利，得意忘形，在家過於剛毅，言語犀利，常咄咄逼人，有傷夫妻感情。

此限夫妻宮落於申宮，無主星文昌坐守，借入對宮天同、天梁。天同有更新之意，不宜落入夫妻宮，婚姻易發生問題，時間點 49、50 歲，大限流

年武曲雙化忌在交友宮。先生的外遇對象是友人。此限田宅在丑宮，天相、地劫、擎羊同度，也需注意家產的興敗，此限為人生最高點。 鬼谷子 「兔」龍年分莫行舟，水近樓臺有個憂。人在水晶宮裏坐，釣臺山下本悠悠。

6. 交友宮

廉貞、貪狼化忌在交友宮，陀羅、火星同度。廉貞、貪狼多酒肉之友，見煞忌，因友人或手下出賣陷害，官司訴訟，破財損失。

行限 56～65 歲，廉貞、貪狼化忌、陀羅、火星在大限命宮，廉貪二星在亥宮皆為弱陷，此限宮干「癸」，大限命宮貪狼雙化忌，陀羅、火星同度，多有奇禍，人生變動起伏大。貪狼為慾望之星，貪狼化忌，會有不切實際的期望，命主此限離開貴人自行發展。雖有火星同度，能成為「火貪格」，但橫發橫破。財帛宮破軍化祿，雖為「有根」，但此為前面辛苦的累積，則可能因野心過大，使投資多有挫敗、損失。

7. 遷移宮

巨門化權在遷移宮，祿存、鈴星同度。巨門在遷移宮，為「口舌以求財」。巨門星化權，雖具有辯才，能取信於人。遇鈴星同度，出外喜爭強，好辯論，言語過於犀利，咄咄逼人， 鬼谷子 殺人口嘴。碰到不公道的對待時，會據理力爭難以委屈求全，雖可在爭論上佔上風，卻引來他人的反感，易受其排擠。祿存同度，出外多受制肘。

巨門在子午宮，這個位置屬於「石中隱玉」格，宜隱不宜顯，在外鋒芒太露，則易生挫折。

8. 疾厄宮

天相在疾厄宮，擎羊、地劫同度。天相在丑宮，擎羊同度，風濕骨痛。地劫同度，削弱體質，影響其功能。

9. 財帛宮

天同天梁在財帛宮，二星皆非財星，勞碌進財，白手起家，由小發展，中晚可成小富。 鬼谷子 殷勤利祿似羊腸，風月無邊芝桂香。進遇桑榆籬菊茂，田園景物未尋常。

10. 子女宮

武曲七殺在子女宮，天魁同度。武曲為寡宿星，七殺不利六親，雖有天魁同度，子女個性剛強有成。 鬼谷子 子息：枝頭桃李競馨香，一個青青一個黃。枝幹崢嶸蔭庇地，滿庭朱紫耀金章。

但天刑、天哭同度，易多有刑剋。命主性格好爭強，言語常咄咄逼人，在外人緣不好，身邊的人也難以忍受。

11. 夫妻宮

太陽在夫妻宮，右弼同度。三方「科權會照」，主貴夫。右弼同度，身近心遠。 鬼谷子 婚姻：勢合未知水深淺，有如月缺再團圓。終須名利成恩寵，鷗鷺紛紛上釣船。

12. 兄弟宮

兄弟宮無主星，天馬、天鉞坐守，姊妹中有貴者。借入對宮廉貞、貪狼化忌，緣份薄，多是非糾紛，孤獨刑剋。 鬼谷子 兄弟：秋深鴻雁各分飛，一個東來一個西。萬里雲山明月好，領頭先寄好春梅。

六、鬼谷子全盤印證

第九十五數　癸戌　艮卦　戊寅　歷盡艱辛，方能成功。

判斷：

此命經營須早。安閒却遲。風浪裏獨棹孤舟。山林中夜逢猛虎。尷尬處會脫身。能耍機於進退。成件心腸。殺人口嘴。小事不驚怕。大不會驅除。只嫌親眷如水。對面分爭吳越。莫嫌如此淡。乃命所招也。

▲雁行風急格

詩云： 雁行風急楚天高，猛性揮鞭走一遭。
　　　　盡道失身逢險處，誰知有路得逍遙。
　　　　歸來懶看臺前鏡，出去重磨鞘內刀。
　　　　不是一翻剛膽志，如何平地上雲宵。

基業： 殷勤利祿似羊腸，風月無邊芝桂香。
　　　　進遇桑榆籬菊茂，田園景物未尋常。

兄弟： 秋深鴻雁各分飛，一個東來一個西。
　　　萬里雲山明月好，領頭先寄好春梅。

行藏： 昔日未成安穩地，營家壯力十分勞。
　　　逢羊遇犬須通達，父子同榮上九皋。

婚姻： 勢合未知水深淺，有如月缺再團圓。
　　　終須名利成恩寵，鷗鷺紛紛上釣船。

子息： 枝頭桃李競馨香，一個青青一個黃。
　　　枝幹崢嶸蔭庇地，滿庭朱紫耀金章。

收成： 兔龍年分莫行舟，水近樓臺有個憂。
　　　人在水晶宮裏坐，釣臺山下本悠悠。

8　天機在丑未坐命：遷移加吉，鉅商高賈

一、星系結構

天機在丑未坐命，對宮為天梁，財帛天同在卯酉，事業巨門在巳亥。

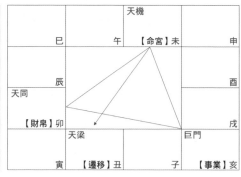

天機在丑宮坐命　　　　　　　　天機在未宮坐命

二、格局特質分析

特質 1 此星系天梁在遷移加吉，鉅商高賈。

　　天機為動星，機變靈活，在丑未宮弱陷，其優點較難於表現，反使天機星的缺點易於彰顯，性急多失，難表現天機的靈動能力，反而增加其不穩定的特性。

　　但此星系天梁在遷移宮處於旺地，若星曜會合良好，見吉化會照時，古云：「天梁加吉坐遷移，鉅商高賈。」則宜離開出生地，出外發展以求發跡，能得長輩貴人，庇蔭之力，也能化解天機不良的浮動性質。

特質 2 天機與天梁對拱，善於「紙上談兵」。

　　天機在丑未坐命，對宮為天梁，天機與天梁對拱，古曰：「機梁會合善談兵。」表示其人善長於口才辯論，但相對執行力卻不足，只是「紙上談

兵」說的頭頭是道，實行力卻不足。天機在丑未弱陷，其人膽識不足，做起事來易憂柔寡斷，欠缺鬥志與衝勁，凡事虎頭蛇尾，容易變動，有始無終，不適合經商、創業，適宜受薪工作，在公家機構或大企業中任職，事業較為穩定，少風險。

此格事業巨門在巳亥宮，對宮太陽，為「巨日」的格局，有靈辯的口才，宜從事和口才有關的行業，如教師、律師、星相、行銷或餐飲等職業。

特質 3 此格未宮之人，夫妻宮太陽在巳宮旺位，可因婚姻而富貴。

天機在丑未坐命，未宮較丑宮為佳。未宮的夫妻宮，太陽在巳宮旺位，配偶個性豪爽，婚後可得配偶的助力，經濟穩定。若逢諸吉，男命可因婚姻而富貴，女命則可得金龜婿。太陽在巳宮光華正盛，恰可解天梁的孤剋，又可照射事業宮的巨門之暗。且天機在未宮，福德宮太陰在酉宮入廟，會照財帛宮，錢財較為穩定，雖然辛苦勞碌，但亦有成。丑宮的天機，夫妻宮太陽在亥宮落陷，無力解巨門之暗及天梁的孤剋，婚姻易有波折。

此格不論太陽在巳宮或亥宮，皆不宜對宮的巨門見化忌，夫妻個性、家世、學識均不匹配，易多口舌是非，若配偶以「口舌生財」或「是非生財」者，則較吉，如教師、律師、名嘴、星相、行銷等。

特質 4 天機在丑未宮，弱陷無力，須遇祿，才能力爭上游。

天機在丑未宮，弱陷無力，性急易多失，雖有小聰明，卻沒有大智慧，個性急功好利，雖喜自我表現，卻膽識不足，缺乏魄力，多敗少成。須仗其它星曜的扶持。若見科、權、祿吉化，則能加以改善，格局亦可變佳，但關鍵在天機必須得祿，三合有祿存或化祿會合，才能使天機力爭上游。天機星對煞曜本就非常敏感，在丑未宮弱陷，則完全無抗禦煞曜的能力。若見煞忌同度或沖破，古云：「天機加惡煞，狗盜鼠竊。」狡猾好利，易受外界影響，常有旁門左道的想法，且增加天機星的浮動面，心思混亂，急功好利，性急多失，人生多波折勞碌。

三、此星系出生年，天干能量特點

1.天機在丑未坐命，乙年生人

天機化祿在命宮，天梁化權在遷移宮，喜逢輔弼二星來夾命宮，則能降低天機星的孤剋，且能增加友輩助力，亦可掌權。若再遇昌曲，則可增加其才華，而能有所表現，終會有成就，但均不宜獨當一面。因天機非財星，化祿僅主財來財去，不易聚財。

2.天機在丑未坐命，丙年生人

天機化權在命宮，天同化祿在財帛宮。可改善天機的浮動性質，增加其穩定性，積極卻不躁進。

天同化祿在財帛宮，有祿的羈縻，加強了進取心，對事業發展及本身地位皆有幫助，為財官雙美。

3.天機在丑未坐命，丁年生人

天機化科在命宮，天同化權在財帛宮，巨門化忌在事業宮。天機化科雖能增加，其才智機敏與名聲，但反增加本宮的變動性，使命主奔波勞碌。此格局三方四正不見祿反遇巨門化忌，未必能力爭上游。但若遷移宮天梁遇吉，則宜離鄉發展，然後才能有所表現。

4.天機在丑未坐命，辛年生人

巨門化祿在事業宮，太陽化權在夫妻宮，雖受制於配偶，但可因婚姻而富貴，亦能扶助天機力爭上游。祿存在酉宮，財福線上財源穩定，為財官雙美。

四、此星系吉凶注意事項

1. 天機在丑未坐命，天機本身敏感，神經纖細，又受對宮天梁星帶孤忌的性質影響，更增加天機星的孤剋之性，若遇煞曜或空劫，則易入宗教。
2. 天機星為機變靈活，在丑未弱陷，其優點較難於表現，反使天機星缺點易於彰顯，心性自困，易鑽牛角尖，若遇煞忌星曜，則使天機的機敏，易用

於邪曲之上。

3. 天機在丑未坐命，事業巨門在巳亥宮，對宮太陽，為「巨日」的格局，若逢權祿，宜「動口生財」，如教師、律師、星相、行銷等職業。

4. 天機在丑未弱陷，性質浮動，穩定性不足，人生多波折。可從事穩定的受薪工作，或精通一門巧藝以謀生，能在穩健中求發展，減少天機的浮動性質，增加人生的穩定。

5. 天機星有變動的特性，大限流年行運遇天機星，主變動。但天機星在丑未宮弱陷，則不宜做決策變動，易有錯誤，若再逢煞忌則易有不如意的變動。

五、命盤實例解析

1. 命宮

天機化祿在未宮坐命，天梁化權在遷移宮，三方未見六吉星，個性固執剛毅。幸逢左輔、右弼、天魁夾遷移宮的天梁，能降低天梁的孤剋性質，且增加其助力，出外能有較好的機遇，可得到貴人的提攜與幫助。

命主天機化祿在命宮，天梁化權在遷移宮，雖然「祿命權朝」，但天機非財星，天機化祿僅主財來財去，因太陰化忌在福德宮，沖照財帛宮，易投資錯誤而破耗，使錢財難聚守。命主夫妻宮，太陽在巳宮文昌同度，妻子個性豪爽有才華，婚後可得妻子的助力，使經濟穩定。但婚後事業須以妻子為主，自己屈服為輔，人生、事業才能穩定，而且有所收穫。

命主個性憂柔寡斷，膽識不足，缺乏魄力，遇到壓力承受力不足，競爭力也不強，不適合經商、創業，適宜受薪工作。卻因急功好利，在父母的支援下去創業。雖然在工作上有妻子的幫助，較為順利穩定，但命主好自我表現，又缺安全感，無法接受婦唱夫隨，內心自卑感重，為了表現自己的價值，不願接受妻子的意見，常常做出錯誤的投資，而導致婚姻錢財多波動。

鬼谷子　此命淹延退悔，自在安閑之境。我要行，他要住，我要來，他要去。百物不順，百事進退。多學少成。做事虎頭蛇尾，不求人。不保人，凶不凶，吉不吉。

太文 陽昌 旺廟 **夫妻宮** 23-32　　辛巳	破地 軍空 廟 **兄弟宮** 13-22　　壬午	解陰 神煞 天機陷祿 天封天 刑誥虛 **命宮** 3-12　　癸未	紫天火天 微府星鉞 旺得陷 科 天天天 福貴喜 **父母宮** 113-122　甲申
武擎地 曲羊劫 廟廟 天恩 官光 **子女宮** 33-42　　庚辰			太文 陰曲 旺廟 忌 鳳蜚 閣廉 **福德宮** 103-112　乙酉
天祿鈴 同存星 廟　廟 **財帛宮** 43-52　　己卯			貪 狼 廟 天寡 月宿 **田宅宮** 93-102　　丙戌
七左陀 殺輔羅 廟　陷 天三紅孤 巫台鸞辰 **疾厄宮** 53-62　　戊寅	天 梁 旺 權 破 碎 **遷移宮** 63-72　　己丑	廉天右天 貞相弼魁 平廟　旺 八天 座傷 **奴僕宮** 73-82　　戊子	巨天 門馬 旺平 天台 姚輔 **官祿宮** 83-92　　丁亥

2. 兄弟宮

　　破軍在兄弟宮，地空同度，命主一個姐姐，無兄弟。**鬼谷子** 兄弟：雁過空中聲噎噎，遠遭形影在沙堤，翱翔四海迷踪跡，走馬江邊草自萋。

3. 夫妻宮

　　太陽在夫妻宮，文昌同度。太陽在巳宮入廟，文昌同度，妻子個性豪爽

有才華，婚後可得妻子的助力，經濟穩定。但婚後事業若能以妻子為主，自己屈服為輔，人生、事業才能穩定，而且有所收穫。

福德宮是夫妻宮的事業宮，福德宮太陰化忌，妻子較辛勞且婚姻易有波動。 鬼谷子 婚姻：幸有鴛鴦成伴侶，那知心性少和同，草塘鷗鷺成行立，不怕嚴霜與惡風。

行限 23～32 歲，太陽、文昌在大限命宮，此限宮干「辛」，太陽化權，文昌化忌在命宮，命宮「權忌相逢」。文曲化科在事業宮，遇生年太陰化忌，事業「科忌相逢」反增加事業上的是非糾紛與錢財破耗。巨門化祿在遷移宮，此限科權祿忌「四化齊會」，諸多煩事侵身，難安寧。

命主初入社會經驗不足，在接案件時發生契約上的錯誤，造成公司的耗損，因而離職，出國留學。雖有阻礙波折，但太陽化權在巳宮旺位，又得對宮的巨門化祿吉星照會，可先凶後吉。

4. 子女宮

武曲在子女宮，地劫、擎羊同度。武曲為寡宿星，緣份較薄，子女個性倔強。地劫、擎羊同度，防有刑傷。 鬼谷子 子息：狂風聚雨草萋萋，花放枝頭兩果宜，留得一枝開最晚，隔牆紅杏近梅肥。

行限 33～42 歲，武曲、地劫、擎羊在大限命宮。此限宮干「庚」，武曲化權在命宮，武曲星積極拼勁十足，再遇化權更增加其企圖心。但地劫、擎羊同度來沖破，功敗垂成。

事業宮紫微化科、天府、天鉞、火星同度，命主在父母的支援下，獨立創業，掌握大權。財帛宮廉貞、天相、右弼、天魁同度，進財機會多，鄰宮天梁化權來夾印，形成「權蔭夾印」，命主能掌握財權，但表面風光，實則財來財去。

5. 財帛宮

天同在財帛宮，祿存、鈴星同度。天同與鈴星同度者，祖業破敗後，白手興家，一生為財奔波，不易聚守。對宮太陰化忌沖照，易有錯誤投資而導致失敗。祿存同度，晚年可成富局。

行限 43～52 歲，天同、祿存、鈴星在大限命宮，對宮遷移太陰化忌沖照，此限同陰帶夢幻性質，易有虛浮不實的憧憬。此限宮干「己」文曲化忌

在遷移宮，遇生年太陰化忌，雙化忌沖照命宮，命主因投資而致禍。太陰化忌，為受引誘而導致投資失敗，再見文曲化忌，則此種引誘有帶欺騙性質。

6. 疾厄宮

七殺在疾厄宮，左輔、陀羅同度。七殺五行屬陰金，故主呼吸系統疾病。逢陀羅同度，易患皮膚病。左輔吉星同度，病災減輕。

行限 53～62 歲，七殺、左輔、陀羅在大限命宮。七殺在寅宮為「仰斗格」，能受貴人的提攜。此限宮干「戊」，貪狼化祿在財帛宮，出手表現闊綽。命主為了能得貴人的提攜和助力，運用政治手段，攀附權貴，讓自己創造出有利的形勢和地位。事業宮破軍、地劫同度，由幻想中發動、起家，三方遇左輔、右弼、天魁多有助力，可佔優勢，能開創出新局而有所收穫。

鬼谷子 基業：遇貴相逢方得路，平生剛直與天齊，若遇龍「虎」知音者，遇犬逢羊為品題。

7. 遷移宮

天梁化權在遷移宮，左右鄰宮左輔、右弼、天魁來夾，降低天梁孤剋的性質。出外能有較好的機遇，可得貴人的提攜與助力。

行限 63～72 歲，天梁化權在大限命宮。對宮遷移天機化祿，此限宮干「己」，天梁化科在大限命宮，遇生年天梁化權，命宮與遷移宮，形成科權祿「三奇佳會」。左右鄰宮又受輔弼吉星相夾，能增加貴人助力。且三方也會齊「陽梁昌祿」格。

此限事業發展順利，能有一番作為，但文曲化忌在財帛宮，遇生年太陰化忌，財帛宮雙化忌，因過度投資而破敗。**鬼谷子** 暮年交運，來日無多。

行藏：休辭路遠登千盡，力倦猶扳萬丈枝，須待雙騎龍虎榜，「牛」羊相逐上天梯。

8. 交友宮

廉貞天相在交友宮，右弼、天魁同度。晚年才能有得力的助手。三方會照地空、地劫、擎羊、火星，命主易受朋友的拖累，或遭到部屬和朋友之背叛而失敗。

9. 事業宮

巨門在事業宮，天馬同度，動中生財。對宮太陽、文昌同度，為「食祿馳名」。三合雙祿會照，與天馬形成「祿馬交馳」，能受異族提拔而興家。

10. 田宅宮

貪狼在田宅宮，貪狼在戌宮入廟，能得祖業。貪狼主散不主聚，三方見空劫、羊陀會照，易生事端，且多變動，先破祖而後自興。

11. 福德宮

太陰化忌在福德宮，文曲同度。太陰化忌，遇到壓力缺乏承受力，競爭力不強。命主外表雖安靜，內心卻不安。福德宮為婚姻的氣數位，太陰化忌，命主個性孤僻，無法婦唱夫隨，對另一半故意找麻煩，雞蛋裡挑骨頭，常做出不必要的要求，使婚姻生活多問題。文曲同度，有文學天份，能有高雅享受。 **鬼谷子** 婚姻：幸有鴛鴦成伴侶，那知心性少和同，草塘鷗鷺成行立，不怕嚴霜與惡風。

12. 父母宮

紫微化科、天府、天鉞、火星同度。紫微天府為主星，喜見輔弼、魁鉞吉曜，得「百官朝拱」，更喜紫微化科，父母富貴，成就高，能得父母長輩的庇蔭。

六、鬼谷子全盤印證

第十二數　乙乙　巽卦　乙巳　暮年交運，來日無多。

判斷：

此命淹延退悔，自在安閑之境。我要行，他要住，我要來，他要去。百物不順，百事進退。多學少成。做事虎頭蛇尾，不求人。不保人，凶不凶，吉不吉。

▲雁過瀟湘格

詩云： 失意須逢得意時，平生貞節與松齊。

碧雲遇晚歸原洞，綠柳逢春發舊枝。

秋水雁飛雙影淡，沙堤鴛戲隻形稀。

雷聲驚動龍蛇處，雨露牛羊別有期。

平生性格清如水，春暖鴛鴦戲碧波。

晚景黃金量斗斛，梅花月下奏笙歌。

基業：遇貴相逢方得路，平生剛直與天齊。

若遇龍虎知音者，遇犬逢羊為品題。

兄弟：雁過空中聲嚦嚦，遠遣形影在沙堤。

翱翔四海迷踪跡，走馬江邊草自萎。

行藏：休辭路遠登千盡，力倦猶扳萬丈枝。

須待雙騎龍虎榜，牛羊相逐上天梯。

婚姻：幸有鴛鴦成伴侶，那知心性少和同。

草塘鷗鷺成行立，不怕嚴霜與惡風。

子息：狂風聚雨草萋萋，花放枝頭兩果宜。

留得一枝開最晚，隔牆紅杏近梅肥。

收成：長安路上難尋客，可惜春殘酒未終。

回首夕陽雲靉靆，一聲孤雁喚西風。

9 天機太陰在寅申坐命：「探花格」

一、星系結構

　　天機太陰在寅申坐命，對宮為無主星，財帛天同在辰戌，事業天梁在子午。

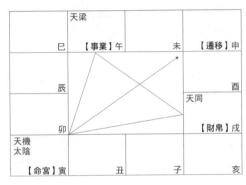

天機太陰在寅宮坐命

天機太陰在申宮坐命

二、格局特質分析

特質 1 此局之人，一生吏業聰明，適合公職或企業機構中任職。

　　天機太陰在寅申坐命，其人父母宮有紫微星坐守，兄弟宮有天府星坐守，兩顆貴星在左右兩鄰夾命宮，形成了「紫府夾貴」的格局，能攀龍附鳳，可得貴人扶持與幫助。若三方再見文昌、文曲，不逢煞曜沖破，則是古文所說的「探花格」。其人一生吏業聰明，若在求學時能多下一點工夫，可藉由學位的提升，或透過考試的升遷，來增加其社會地位，並拉大本身的格局，對於未來發展將會有很大的幫助。

　　天機太陰之人，深謀遠慮有內才，善長於籌謀企劃，為不可多得的謀臣策士人才。三合天同在財帛宮，天梁在事業宮，形成為「機月同梁」的組合，為榮華發旺在公門，適合於公家機構或大規模企業中任職，不宜獨自創業。因

天機抗煞能力弱，而太陰的光源又反射自太陽的照射，才能有明潔的光芒，因此無法獨立成就其事業，故要依附貴人的扶持。此星系父母宮內有紫微星，兄弟宮有天府星來夾命宮，表生活中易有貴人相助、照料，運勢平順。

特質 ② 天機太陰在寅申，落入四馬地，一生多奔波，為出外發展之命。

天機太陰在寅申坐命，天機星，機變靈活，落入四馬地，更加重天機驛動的特質。太陰屬水、水為漂泊。二星都是動星，一生較動盪漂泊，古曰「機陰必離鄉遠遊」，適於遠走他鄉，出外發展之命。

此局為驛馬之人，須注意遷移宮之吉凶，驛馬奔馳可吉可凶，吉者驛馬多升躍，凶者驛馬多奔波，徒勞無功，一生窮忙。此局左右鄰宮受紫府貴星夾命宮，對名利權位不甚積極，其人生價值觀在於奔波是為了享受，為了享受只好奔波，離不開奔波享受命運的輪迴。

特質 ③ 天機太陰在寅申坐命，善工於心計。

天機太陰在寅申坐命，天機星，敏銳善計。太陰星，有陰沉之象。二星同度，使個性過份敏感暗鬱，多憂愁善感，思緒易偏向灰色面。此星系的組合三方未見其太陽星，福德宮的巨門在辰戌，又處於弱陷，其人內心多晦暗。

此種命局的人，善攻於心計，吉則為權變，凶則為權術，最不佳的組合，發展為權術陰謀，為達目的而不擇手段。其差異在所會的星，若會陽剛之吉星，則性質權變而明朗。若會陰柔之吉星，則性質權術而陰沉。若會陽剛之煞星，為陽謀。若會陰柔之煞星，為陰謀。

特質 ④ 天機太陰在寅申坐命，為飄蓬之宿，不宜早婚。

天機太陰在寅申坐命，申宮優於寅宮，男命優於女命。申宮的太陽在午位入廟，守夫妻宮，男命若逢諸吉，可因妻得貴。女命則較易覓得好夫婿，因其夫妻宮為廟旺的太陽，容易遇到條件不錯的男性。寅宮太陽在子位陷弱，婚姻易多波折。此格不論在寅宮或申宮，均皆不宜早婚，因天機太陰二星，皆為動星，又居四馬之地，浮動性過強，易受外界的誘惑，不喜被家庭束縛。

特質 5 天機太陰在寅申，兩宮特質各有所不同。

　　天機太陰在寅申坐命，兩宮特質各有所不同，天機屬木，落入寅宮木位，又逢太陰水來生天機木，因此天機的特性較為突顯，機變靈活。申宮為金，金生水，卻剋天機木，申宮太陰的特性較為突顯，嫻雅溫和，精明世故。

三、此星系出生年，天干能量特點

1.天機太陰在申宮坐命，丙年生人

　　天機化權在命宮，積極主動，出外發展，利用聰明機智，能有所表現，職位不差，格局較高。但天同化祿在財帛宮，須防易沉溺於嗜好中。

2.天機太陰在申宮坐命，丁年生人

　　太陰化祿，天機化科在命宮，天同化權在財帛宮，科權祿「三奇佳會」為上格，但巨門化忌在福德宮，婚姻不美，可用晚婚來化解。

3.天機太陰在申宮坐命，己年生人

　　天鉞在命宮，天梁化科在事業宮，天魁同度，策劃能力強，才華敏捷，為極佳的幕僚人員，或教師、學術研究人員、公務人員等，忙碌中能有所表現。

4.天機太陰在申宮坐命，庚年生人

　　太陰化科在命宮，祿存同度，太陽化祿在夫妻宮，配偶條件不錯，女命可得金龜婿。

5.天機太陰在申宮坐命，癸年生人

　　太陰化科在命宮，才華敏捷，行政能力強。唯事業宮天梁與祿存同度，多事端。天梁為監察之職，不宜有財星同度於宮中，難為他人所敬服，易受指責，多有是非困擾。

6.天機太陰在寅宮坐命，丁年生人

　　太陰化祿，天機化科在命宮，天同化權在財帛宮，雖然科權祿「三奇佳

會」為上格，但事業宮天梁與祿存同度，多事端。天梁為監察之職，不宜有財星同度於宮中，難為他人所敬服，易受指責，多有是非困擾。且巨門化忌在福德宮，多是非困擾，婚姻也不美，宜多修心養性來化解。

四、此星系吉凶注意事項

1. 天機太陰在寅申坐命，受紫府在左右鄰宮夾命，古曰：「探花格」，但必須加吉不逢煞沖破，才能富貴，不然也只不過是平常人而已。因天機星對煞曜非常敏感，若遇煞忌則使天機變質，為人易流於奸詐，多在異路功名取利，人生起伏動盪，懷才不遇，煞多者孤獨貧困。
2. 天機太陰在寅申坐命，二星皆為動星，又居四馬之地，浮動性過強，心性多游移不定，易受外界環境的誘惑，不喜被家庭束縛。且左右鄰宮受紫府來夾，物質慾望較高，定力不足，此局感情多波動。不宜再見昌曲、鸞喜、咸姚等桃花星曜，使感情世界多豐富，婚姻不佳。
3. 天機太陰在寅申坐命，若見祿再遇文科諸星，則宜從事金融經濟的計劃或管理工作。
4. 天機太陰在寅申坐命，三合為「機月同梁」格，輔佐之才。不宜創業經商，適宜穩定薪水收入，利於在公職或大機構發展，事業較穩定少風險。
5. 天機太陰在寅申坐命，若見天馬同度或對照，則多為外勤工作性質。

五、命盤實例解析

1. 命宮

　　天機太陰在寅宮坐命，左右鄰宮紫府貴星夾命宮，使命主對名利權位不甚積極。命主癸年生人，太陰化科，能突顯太陰的特質，嫻雅而精明世故，且可增加其才華敏捷，與行政工作能力。

　　但見火星同度，使天機星變質，私心過重，智慧蒙塵，只有聰明、機巧，而失去明辨是非的智慧，對權力積極而躁進，喜依權附勢，作威作福，多為自己謀，無法踏實工作，引起不良反應，破壞太陰星的穩定性，反欲速而不達。 鬼谷子 爭名奪利。欲達不達。百事蹉跎。一事無成。

天右文天天　天天 相弼昌鉞馬　福虛 得　廟 田宅宮 32-41　　　丁巳	天天 梁空 廟 官祿宮 42-51　　　戊午	天天　　　天天 姚官　　　貞殺 　　　　　利廟 奴僕宮 52-61　　　己未	封天天　　　天恩 誥哭傷　　　巫光 遷移宮 62-71　　　庚申
巨地　　　陰紅 門劫　　　煞鸞 陷 權 福德宮 22-31　　　丙辰			左文　　　破天 輔曲　　　碎使 　　廟 疾厄宮 72-81　　　辛酉
紫貪鈴天　天龍 微狼星魁　月池 旺利廟 　　忌 父母宮 12-21　　　乙卯			天　　　　天寡 同　　　　喜宿 平 財帛宮 82-91　　　壬戌
天太火　　天孤 機陰星　　刑辰 得旺廟 　科 命宮 2-11　　　甲寅	天擎　　　三八蜚 府羊　　　台座廉 廟廟 兄弟宮 112-121　　乙丑	太祿　　　解天 陽存　　　神貴 陷廟 夫妻宮 102-111　　甲子	武破陀　　台鳳 曲軍羅　　輔閣 平平陷 　　祿 子女宮 92-101　　　癸亥

　　天機太陰坐命，受紫府貴星在左右鄰宮夾命，能「因人而貴」的格局，事業的成敗，其左右鄰宮的紫微天府有相當重要性。命主癸年生人，貪狼化忌在父母宮，擎羊在兄弟宮，此盤左右兩鄰受貪狼化忌、鈴星、擎羊來夾命宮，表示周圍環境不好。

　　命主命宮天機太陰化科，遇火星同度，受火星煞曜同度的影響，本身不

正,私心過重,容易受誘惑。又受左右環境的影響,在不好的環境裡,容易走偏為財而不擇手段,自然是同流合汙,最後發展成陽謀而硬取。只要我喜歡有什麼不可以,如此任性錯誤的觀念,人生難免恩怨是非重重,起伏動盪。命主事業宮天梁、地空同度,工作經常變動。財帛天同在戌宮弱陷,三方又見空劫二星,勞心費力,財難聚。 **鬼谷子** 爭名奪利,一事無成。

命主精明世故,善於計算,懂得迎合上司,能依權附勢,作威作福,常為財而不擇手段,雖然帶來短暫的利益,卻因所求之財不正,最後落得機關算盡一場空,也使自己的人生波折重重。 **鬼谷子** 此命主多憂心。思慮縈絆。恩怨重重。勞心費力。欲達不達。百事蹉跎。六親冰上炭。兒女眼前花。骨肉須防有鬼祟。蕭牆內要起干戈。中年多成蹭蹬。災障業纏磨。受盡辛勤頭漸白。身心方始得安和。

2. 父母宮

紫微、貪狼化忌在父母宮,天魁、鈴星同度。貪狼化忌,鈴星同度,緣薄多剋,命主早年離家。天魁同度,父親易有外室。父母宮可推斷自己跟上司的關係。天機太陰坐命,受紫微天府貴星夾命宮,能「因人而貴」的格局,一般跟上司的關係皆良好。但父母宮見煞忌,須防恩中成怨。 **鬼谷子** 曾遇貴人開口笑,也隨樵子著煙簑。

3. 福德宮

巨門化權在福德宮,地劫同度。巨門化權,大小事皆必過問,難接受別人的決定,在辰宮弱陷,多是非困擾,勞心不安。對宮天同,遇事先漫不經心,一旦發生事端,即生悔恨。地劫同度,多理想,卻空想,一生處於憂慮中。

行限 22～31 歲,巨門化權、地劫在大限命宮。天機太陰之人,受紫微天府貴星夾命宮,能「因人而貴」的格局,大限命宮巨門化權在辰宮,難免依權附勢,作威作福,囂張跋扈而硬取,但地劫同度,得意不耐久。三方所會太陽在子宮弱陷,無法解巨門之暗,主是非刑訟。

命主與上司同流合汙,因此受到上司包庇,囂張跋扈,為財而不擇手段,利用職務而便硬取,遭大眾指責,身敗名裂。此限宮干「丙」天同化祿在遷移宮。天機化權在夫妻宮,遇生年太陰化科,事業宮無主星,借入天機

化權、太陰化科、火星，使大限命宮，形成科權祿「三奇佳會」，更增加命主的囂張跋扈與硬取。 鬼谷子 「龍」虎交馳搖令名。

4. 田宅宮

天相在田宅宮，天鉞、右弼、文昌、天馬同度，對宮破軍化祿會照，可自置產業。見天鉞、右弼、文昌同度，則產業豐盈。但天相受地空、地劫相夾，三方又見擎羊、陀羅會照，多起伏變動。

行限 32～41 歲，天相、天鉞、右弼、文昌，天馬在大限命宮，能遇貴人的提攜，可掌權。但天相有不分善惡的性質，易受環境的影響而隨波逐流，左右兩鄰又受空劫二星相夾，三方見羊陀會照，命主捲入企業內部的派系鬥爭中，卻跟錯老闆。

5. 事業宮

天梁在事業宮，地空同度，工作多是非糾紛，易變動。天梁為監察之職，受對宮祿存的影響，習帶有私心，為大眾所怨恨。

行限 42～51 歲，天梁、地空在大限命宮，必發生麻煩困擾之事，且災難來勢洶洶。天梁雖為蔭星，具備消災解厄之力，但也意謂必多災、多難、多是非，且影響其後運。時間點 42～43 歲，命主捲入企業派系鬥爭中，卻跟錯老闆，受到風暴的牽連。 鬼谷子 撞見「馬」頭并蛇尾，此時切莫過溪橋。舟橫野水無人渡，梅柳春來笑雪飄。

6. 交友宮

廉貞七殺在交友宮。雖然交遊廣闊，但人際關係欠佳，知心得力者少。受對宮擎羊沖照，形成「路上埋屍」格，易受友人或手下拖累而惹災禍。命主天機太陰遇火星同度的影響，私心過重，自己本身就容易走偏，當然很容易受到誘惑。 鬼谷子 曾遇貴人開口笑，也隨樵子著煙簑。

7. 遷移宮

遷移宮無主星，借入對宮天機、太陰化科、火星同，三合巨門化權、地劫，太陽、祿存。雖見科權祿，也遇火星、地劫，出外可得財，但身心不安靜，入不敷出，只是奔波、勞碌、空忙。 鬼谷子 爭名奪利，一事無成。

8. 疾厄宮

疾厄宮無主星，左輔、文曲坐守。借入對宮紫微、貪狼化忌、天魁、鈴星，見煞曜易帶疾延年，多災病。

9. 財帛宮

天同在財帛宮，天同非財星，在戌宮弱陷，謀財不易，三方又見空劫二星，財來財去，不易積蓄。

10. 子女宮

武曲、破軍化祿在子女宮，陀羅同度。與子女易不和，兒子較叛逆，女兒有助力。 鬼谷子 子息：牆外枝頭花欲放，開花尤慮雨和風。哉培須記陰功力，半有清黃半有紅。

11. 夫妻宮

太陽在夫妻宮，祿存同度。太陽在子宮弱陷，未得百官朝拱，難求滿意的對象。祿存同度，祿存主孤，不喜入六親宮位，三方再見空劫會照，緣薄，感情多困擾。 鬼谷子 婚姻：處處明月出雲端，有似嫦娥在廣寒。保子全憑陰隲佑，春秋多在暮雲。

12. 兄弟宮

天府在兄弟宮，擎羊同度，有刑剋不和，宜各自獨立。 鬼谷子 兄弟：風送雁飛深有序，秋深兩兩各分飛。迢迢雲路飛何在，一在吳山一楚鄉。

六、鬼谷子全盤印證

第九十四數　癸丁　剝卦　丁巳　爭名奪利，一事無成。

判斷：

此命主多憂心。思慮繫絆。恩怨重重。勞心費力。欲達不達。百事蹉跎。六親冰上炭。兒女眼前花。骨肉須防有鬼祟。蕭牆內要起干戈。中年多成蹭蹬。災障業纏磨。受盡辛勤頭漸白。身心方始得安和。

▲鸞鏡新磨格

詩云：鸞鏡塵生暗處多，要明須是再重磨。

　　　　　　恩中成怨既如是，破裏還圓怎奈何。
　　　　　　曾遇貴人開口笑，也隨樵子著煙簑。
　　　　　　老松不改雪霜操，百尺凌雲長嫩柯。

基業：半世迷途旋琢削，平生勞力滿蓬船。
　　　　黃金練就玉成器，暮向龍樓鳳閣前。

兄弟：風送雁飛深有序，秋深兩兩各分飛。
　　　　迢迢雲路飛何在，一在吳山一楚鄉。

行藏：良匠施工勞琢削，終身應許器完成。
　　　　鼠牛相見多奇妙，龍虎交馳搖令名。

婚姻：處處明月出雲端，有似嫦娥在廣寒。
　　　　保子全憑陰隲佑，春秋多在暮雲間。

子息：牆外枝頭花欲放，開花尤慮雨和風。
　　　　哉培須記陰功力，半有清黃半有紅。

收成：撞見馬頭并蛇尾，此時切莫過溪橋。
　　　　舟橫野水無人渡，梅柳春來笑雪飄。

10 天機巨門在卯酉坐命：為破盪格

一、星系結構

　　天機巨門在卯酉坐命，對宮無主星，財帛天同在巳亥，事業在丑未無主星。

天機巨門在卯宮坐命

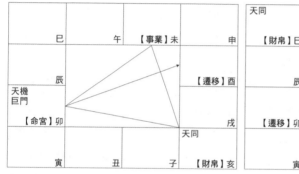

天機巨門在酉宮坐命

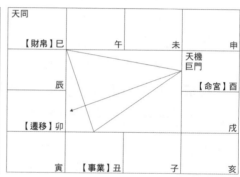

二、格局特質分析

特質 1 天機巨門在卯酉，主變動，但變動也代表機會。

　　天機巨門在卯酉坐命，主變動。天機為動星，機敏善變，易受其他星曜的影響。巨門星的「巨」字，喻有巨大之意，兩星同度的組合，使星曜動盪性質加乘，其人一生變化動盪大。但動盪也代表機會，動盪會讓這個組合的人生，可朔造性極高，格局可大可小，大則有君王，也常見於市井之人。

　　在紫微斗數全書曰：「巨宿天機為破盪。」其「破盪」代表：變化、動盪、漂泊等，其根源難堅守，此根源為最初的起源。如移根換葉，遠涉他鄉移居，或工作環境經常變動，如常出差或常轉換部門，也可能是不安一業等等。其人一生多變動，但有時是內心的浮動，意志不堅定。因此會讓這個組合的人生，前半生引發波折多變，幾經動盪的歷程，然後才能有所成就，辛

苦勞碌難免。在名人中有先總統蔣公與作家張愛玲女士，張愛玲家世雖顯赫，但逢二次大戰，在戰亂中漂泊於上海、香港、天津各地，最後移居美國，一生皆動盪顛沛。先總統蔣公，一生抗戰，顛沛流離，其人格雖高，但一生皆動盪顛沛。

特質 **2** 天機巨門二星，在卯酉宮皆入廟，主藏智。

天機巨門在卯酉坐命，二星皆入廟，主藏智，智力高超，思想敏捷，富研究心。此格有一流的學問，才華自不在話下，是很好的創意、文學、藝術、科學等人才，適合高度智慧性工作，古云：「機巨同臨格，位至三公，可佐九重於堯殿之人。」或「巨門廟旺遇天機，高節清風世空稀，學就一朝騰踏去，巍上得業鎮華夷。」但所謂「學就一朝騰踏去」，也須十年寒窗苦學，才能一舉成名天下知，絕非平步青雲，須經一番寒徹骨，才能爭得梅花撲鼻香。所以巨機同臨格之人，必須經過一番艱辛才能得以成功。此格之人不依主祖業，退祖而自興，白手成家。

特質 **3** 天機巨門之人，最怕「恃才自傲」。

天機巨門在卯酉坐命，天機為智慧，巨門為口才，天機的智慧可借由巨門的口齒表達出來，其人機變巧智，口才佳，多有才華。但天機巨門之人，最怕成功之時「恃才自傲」，發而不耐久。尤其是機巨在酉宮，受酉宮金剋天機木的影響，多成敗起伏，是非不斷。古云：「機巨酉化吉，縱有財官也不榮。」尤須注意「天機」，離不開人的問題。而「巨門」星，又有口舌是非的糾葛。其因在「巨門」有敏銳的觀察力，能察覺出人性的黑暗面，雖精明卻不實際，個性固執，持才傲物，又太過於完美主義。所以常常易逞口舌之快得理不饒人，人際關係有「始善終惡」的缺點。一個人才學再好，不懂謙虛、包容，還是難有成就。在社會上一流的人才，都是被「二流、三流的人，圍攻至死了」。古云：「機巨同臨格，位至三公。」或「天機巨門為破盪」二者之間的分別，則是在於謙虛、包容，還是「恃才自傲」。巨門星在子午或卯酉宮，都有「石中隱玉」格之稱，必須將「恃才自傲」收斂，並轉化為才華內斂，才能成就其大業。

三、此星系出生年，天干能量特點

1.天機巨門在卯酉坐命，丙年生人

天機化權在命宮，天同化祿在財帛宮，穩重中又有財祿，最利從事公職或服務於大企業，歷經艱辛事業有成。若經商則波折大。此年干須注意，祿存在巳宮財福線上，易影響天梁星的性質，帶有自私的意味。

2.天機巨門在卯酉坐命，辛年生人

巨門化祿在命宮，祿存在酉宮，命遷線上「雙祿相逢」，太陽化權在事業宮，甚吉。主人口舌進財，適於傳播事業，可成收入頗豐的名嘴。

3.天機巨門在卯酉坐命，癸年生人

巨門化權在命宮，增加巨門的穩重性，言之成理又有權威性，最具有說服力。太陰化科在事業宮，增加其社會地位，能因踏實工作而掌權。

四、此星系吉凶注意事項

1. 天機巨門在卯酉坐命，此格局的缺點浮華、多疑，因此受煞忌刑曜及輔佐祥曜的影響甚大。丙、辛、癸年生人，若見輔弼、昌曲同宮或加會，而未見煞，謂「機巨同臨」格，退祖自興，白手興家。機巨喜三方四正有輔佐諸曜會合，則穩重性增加。唯祿馬不能增加其穩重。

2. 天機巨門在卯酉坐命，丁年生人，巨門化忌。戊年生人，天機化忌。或三方遇化忌會合，最為此格所不宜，易使此格轉變為輕薄浮蕩。其人多無謂的思慮，作事猶豫不決，易失機緣，以致常感到懷才不遇。天機帶來的機遇一瞬即逝，須注意把握，當機立斷。除「化忌」外，也不喜火鈴同度，火鈴二星容易破壞「機巨」的穩重性。古云：「兌位機巨曜過，化凶辛苦受奔波。心高意勇何曾歇，語話無情句亦訛。」

3. 天機巨門在卯酉坐命，三合遇祿存或化祿，可創業。

4. 天機巨門在卯酉坐命，巨門化權或化祿，皆宜動口生財。

五、命盤實例解析

天梁 左輔 祿存 陷 天月 天官 恩光 **福德宮** 23-32　　癸巳	七殺 擎羊 旺陷 台輔 **田宅宮** 33-42　　甲午	紅鸞 寡宿 **官祿宮** 43-52　　乙未	廉貞 廟 忌 解神 天巫 天傷 **奴僕宮** 53-62　　丙申
紫微 天相 文曲 陀羅 得　得　得　廟 蜚廉 **父母宮** 13-22　　壬辰			右弼 天鉞 破碎 **遷移宮** 63-72　　丁酉
天機 巨門 旺　廟 權 **命宮** 3-12　　辛卯			破軍 文昌 鈴星 旺　陷　廟 科 天刑 天哭 天使 **疾厄宮** 73-82　　戊戌
貪狼 火星 天馬 平　廟 天姚 封誥 天鳳 虛閣 **兄弟宮** 113-122　　庚寅	太陽 太陰 不廟 三台 八座 天喜 **夫妻宮** 103-112　　辛丑	武曲 天府 旺廟 陰煞 天福 龍池 **子女宮** 93-102　　庚子	天同 天魁 地劫 地空 廟 祿 天貴 孤辰 **財帛宮** 83-92　　己亥

1. 命宮

　　天機化權、巨門在卯宮坐命，天機星屬「木」在卯宮，適得其所。命主丙年生人，天機化權在命宮，更能突顯天機的特質，且可增加天機的穩定

性，減少人生動盪波折。天同化祿在財帛宮，最利財源，進財能力佳。祿存在福德宮，一生較為安逸。財福線上「雙祿相逢」為富局，命主穩重中又有財祿，雖財帛宮天同化祿遇空劫同度，早年財不聚，但中晚年財祿富足。

鬼谷子 調度有方，自得其樂。

命主丙年生人，天機化權、巨門在命宮，天同化祿、天魁在財帛宮，對宮遷移右弼、天鉞會照，為「機巨同臨」格，古云：「機巨同臨格，位至三公，可佐九重於堯殿之人。」可白手興家，有聲望、地位，財官雙美。雖早年家破，較為艱辛，但中年後事業有成。**鬼谷子** 行藏：何憂自少成中破，及至中年破復成。有祿有財還晚景，無憂無慮樂昇平。

命主早年家破，獨自離家北上完成學業。青少年雖波折辛苦，但中晚年財祿富足。機巨坐命之人，事業宮無主星，事業前半生與後半生改變大，命主在 43～52 歲，事業天同在亥宮，天同有更新之意，命主事業重新更換跑道，突然驟發，名利雙收。**鬼谷子** 此命一團和氣。滿面春風。逢人有兄弟之情。作事有風雲之急。量長較短。識重知輕。善斟酌。會調停。險難中能區解。辛勤處會經營。性急心慈。心無狠毒。草屋下要設琴棋書畫。布衣上要帶金玉犀環。一生只要安排好。怎奈多晦滯。只要堅心牢守命。自然春至百花香。

2. 父母宮

紫微天相在父母宮，文曲、陀羅同度。對宮破軍、文昌化科、鈴星會照，形成「鈴昌陀武」的惡格，三方又遇廉貞化忌，早年父母發生意外，命主獨自北上，完成學業，難受父母的庇護。

行限 13～22 歲，紫微、天相、文曲、陀羅在大限命宮，此限命宮陀羅，與遷移宮文昌化科、鈴星，財帛宮武曲化忌，三方形成「鈴昌陀武」的惡格，三合又逢廉貞化忌、武曲化忌會照。使命主家庭、學業皆有重大災難，且多驚險。此限宮干「壬」，紫微化權在命宮，天梁化祿在父母宮，使紫相形成「財蔭夾印」「權蔭夾印」來助於命主脫離困境。命主家破，獨自離家在外生活。武曲化忌在財帛宮，獨立在外生活，錢財困乏。**鬼谷子** 行藏：何憂自少成中破，及至中年破復成。有祿有財還晚景，無憂無慮樂昇平。

3. 福德宮

天梁在福德宮，左輔、祿存同度。一生較安逸，福厚、老運佳。天梁在巳宮弱陷，性質浮動。喜左輔同度，增加其穩重性與助力。祿存同度，易使天梁帶有私心的性質。

行限 23～32 歲，天梁、左輔、祿存在大限命宮，天同化祿在遷移，地空、地劫、天魁同度，在外雖然奔波勞碌，卻多有貴人助力。此限宮干「癸」，巨門化權在夫妻宮，遇生年天機化權，會照事業宮，事業無主星，右弼、天鉞坐守，事業宮吉星坐守，「疊權」會照，助力佳，開創順利。太陰化科在財帛宮，錢財規畫佳，調度有方。此限命宮三方形成科權祿「三奇佳會」，命遷線上「雙祿相逢」，三方見輔弼、魁鉞四吉曜，事業開創順利，家中卻多事。廉貞化忌、貪狼化忌在子田線上，家中多有流血、流淚之事。

4. 田宅宮

七殺在田宅宮，擎羊同度。祖業難享，家宅不寧。

行限 33～42 歲，七殺、擎羊在大限命宮。與對宮武曲，形成「因財持刀」格，易與人發生金錢糾紛。此限宮干「甲」，廉貞化祿在福德宮，遇生年廉貞化忌，「祿忌相沖」多感情困擾。破軍化權在事業宮，能增加聲勢，有利於事業的開創，但文昌化科、鈴星同度，剛柔未既多風波。武曲化科在遷移宮，利於出外發展。

5. 事業宮

事業宮無主星，事業變化大，前半生與後半生，事業有重大改變。事業宮無主星，屬於相依的宮位，對宮太陰太陽，三合天機化權、巨門、天同化祿，事業宮「權祿會照」，貴顯，財官雙美。

行限 43～52 歲，大限命宮無主星，變化大。三方所會的太陰太陽、天機巨門、地空地劫等，星曜性質皆為浮動，此限變化大。此限宮干「乙」，天機化祿在財帛宮，祿存同度，為「疊祿」，再遇生年天機化權，可驟發。天梁化權在夫妻宮會照事業宮，事業宮生年天同化祿，使事業宮疊權、疊祿相逢。天同有更新之意，此限命主更換跑道，事業新創，而驟發，名利雙收。　**鬼谷子** 行藏：何憂自少成中破，及至中年破復成。有祿有財還晚景，

無憂無慮樂昇平。

6. 交友宮

廉貞化忌在交友宮，熱臉貼冷屁股。廉貞非善星，入交友宮，雖交友廣闊，但見化忌，易受朋友的拖累。對宮火星會照，與朋友交往，由於感情衝動一頭熱，用真心換來的卻是朋友的背叛，而蒙受損失。這是命主前世債，也是今世的課業。 鬼谷子 此命一團和氣。滿面春風。逢人有兄弟之情。

行限 53～62 歲，廉貞化忌在大限命宮，此限宮干「丙」，大限命宮雙化忌，為情多困、多災禍。用真心換來的卻是朋友的背叛與拖累。

7. 遷移宮

遷移宮無主星，右弼、天鉞坐守。宜出外發展多有助力，動中有吉。

8. 疾厄宮

破軍在疾厄宮，文昌化科、鈴星同度。為皮膚病或燒燙傷。

9. 財帛宮

天同化祿在財帛宮，地空、地劫、天魁同度。破祖自興，白手起家。天同化祿、天魁同度，進財能力佳。但地空、地劫同度，錢財早年無法聚守，多有損失，晚年財祿富足。 鬼谷子 調度有方，自得其樂。

10. 子女宮

武曲天府在子女宮，對宮擎羊沖照，三方再見廉貞化忌，子女緣薄，有折傷。命主無子息。 鬼谷子 子息：枝頭二果夭桃豔，雨霽風和一果宜。惟是孤高舉不得，逢羊遇犬夢天墀。

11. 夫妻宮

太陽太陰在夫妻宮，太陽太陰在丑宮，丑宮太陰入廟，配偶掌權，能力強，妻能蔭夫。 鬼谷子 婚姻：翠竹碧梧鸞鳳立，幾多春色遠闌干。野花芳草盈庭檻，卻逐藍輿出遠山。

12. 兄弟

貪狼在兄弟宮，天馬、火星同度。對宮廉真化忌沖照，刑剋不和，多受拖累。 鬼谷子 兄弟：雲擁重山雁聲庇，孤鴻獨自住菰蒲。庭前漫長青青

竹，塞外風高一字無。

六、鬼谷子全盤印證

第二十五數　丙戌　旅卦　調度有方，自得其樂。

判斷：

此命一團和氣。滿面春風。逢人有兄弟之情。作事有風雲之急。量長較短。識重知輕。善斟酌。會調停。險難中能區解。辛勤處會經營。性急心慈。心無狠毒。草屋下要設琴棋書畫。布衣上要帶金玉犀環。一生只要安排好。怎奈多晦滯。只要堅心牢守命。自然春至百花香。

▲雁逐年鶯飛格

詩云： 重山高聳出雲端，楓雁高飛逐鳳鶯。
　　　　莫怨黃金塵土得，纔逢青眼貴豪看。
　　　　平生志氣如松柏，稟性孤高傲歲寒。
　　　　借問花開成實處，一枝春色滿欄杆。

基業： 生來清節如松竹，稟志凌雲耐歲寒。
　　　　久後黃金須滿屋，百年高處靜中看。

兄弟： 雲擁重山雁聲庇，孤鴻獨自住菰蒲。
　　　　庭前漫長青青竹，塞外風高一字無。

行藏： 何憂自少成中破，及至中年破復成。
　　　　有祿有財還晚景，無憂無慮樂昇平。

婚姻： 翠竹碧梧鸞鳳立，幾多春色遶闌干。
　　　　野花芳草盈庭檻，却逐藍輿出遠山。

子息： 枝頭二果夭桃豔，雨霽風和一果宜。
　　　　惟是孤高舉不得，逢羊遇犬夢天墀。

收成： 道險馬前君不信，若逢豬尾也須防。
　　　　此時鹿在山邊倒，窗有蘭花雨不妨。

11　天機天梁在辰戌坐命：善談兵

一、星系結構

　　天機天梁在辰戌坐命，對宮無主星，財帛天同太陰在子午，事業在寅申無主星。

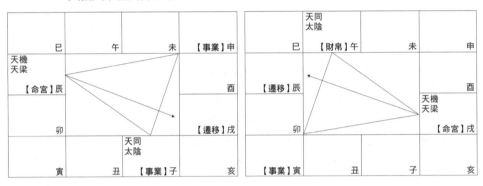

天機天梁在辰宮坐命　　　　　　　　　　天機天梁在戌宮坐命

二、格局特質分析

特質 1 天機天梁在辰戌坐命，善談兵。

　　天機星機敏多變，擅長口才，天梁星理性有條理。二星在辰戌同度，相互影響，邏輯分析能力強，擅長策劃，足智多謀，能言善辯，但較偏於理論，只是紙上談兵，對於執行力來說較為薄弱。

　　天機天梁之人，並不是完全沒有執行能力的人，只是理論總是比執行力多，所以只能成為策士或是謀略家，並不是一個很好的大將之才，因欠缺積極果決與承擔力，所以格局不高。若有吉星交會，也福不耐久，富貴不能兩全，或則是貴卻只是徒有虛名。不宜從政與從商，因好運每每曇花一現。此星系組合的人，最適宜從事學術研究，可為專業人才。因天機天梁之人，分析能力強，善鑽研，能在學術領域中有特殊的專長，古曰：「機梁辰戌同

度，必有高藝隨身。」且天機天梁之人，財帛宮為天同太陰，三方形成「機月同梁」的組合，適合在公家機構或大規模企業中任職，事業較為穩定，少風險。

雖機梁坐命與機月坐命之人，同為「機月同梁」格的組合，但性質卻不同，「機梁」好辯論，擅辭令，則以口舌求財，為外務之人才，而「機月」則為內務之才。

特質 ❷ 天機天梁在辰戌坐命，與神佛有緣。

天機天梁在辰戌坐命，易有宗教情緣與信仰。天機星，化氣為善，敏感度強有洞悉力。天梁星，帶有消災解厄的性質，在宗教方面，便稱為有來歷，有善根的神秘之星。二星同度，天機能增加天梁的靈動性，同時亦轉變為神秘性能，以科學的角度來解析，便是第六感靈敏。當天機天梁在辰戌坐命，見地空、地劫、華蓋、天巫、等煞曜，則為空門談禪之客。

這種人生命波折較多，內心世界多隱痛，易寄托於佛禪的道理中思索，尋找安慰。所以古賦曰：「機梁同度，利於僧道。」每多出世或看破紅塵的僧道。現代則可能是一位哲學家，而不一定是出家人，但皆對宗教、哲學、玄學、信仰、五術、神秘學，有著濃厚的興趣，並易於接觸且深入。此格之人心性慈悲，與世無爭，喜好大自然的清靜，有空谷幽蘭之志，多為世外高人。

特質 ❸ 天機天梁在辰戌坐命，加吉富貴慈祥，遇羊陀空曜則為僧道。

天機天梁在辰戌同度，須注意二星的孤剋性質。天機為智慧星，敏感多變，天梁理性有條理，原則性強。二星性質須平衡，才能調和成良好的格局，若性質互相衝突，則使星曜性質轉化為尖酸。古賦曰：「機梁辰戌入命，加吉曜富貴慈祥，加羊陀空曜僧道。」

天機天梁在辰戌坐命，此格局之人智慧高，精明而城府，最忌煞曜來沖破。使天機天梁之人，因私慾而蒙塵，凡事計算太精，使才智轉為孤高自負。天機天梁之人，具有悲天憫人的胸懷，喜歡伸張正義、打抱不平，優點是具有同情心和社會正義感，但這些秉賦會因煞忌的破壞，使天機天梁之人，因私慾而蒙塵，形成正義的扭曲，只要別人的見解與自己主觀性相左右

時，雖滿口仁義道德，私底下卻惡意刁難，為尖酸的偽君子。

天機天梁之人，主觀性強，所遇星曜的凶吉，必影響天機天梁的特性。若三方遇科權祿、六吉會照，則天機的敏感變動才能得已發揮，並且與天梁相互調和，使天梁孤剋的性質能去除，性質則為果決明斷，為「善蔭朝綱」或「機梁加會」格。文為貴顯，武為忠良，其人才華足以用世，可以成為社會中有用的人物。反之煞忌諸曜並湊，天機天梁的性質，產生互相衝突，則星曜性質化為尖酸。古賦曰：「機梁守命加刑忌，偏宜僧道。」刻薄者不宜見陰煞，天虛，天傷，天刑等凶曜同度，否則更增加其尖酸的性質。果決明斷者則宜見天才，華蓋，龍池，鳳閣等曜，則可增加其才華，有助於其明斷。

三、此星系出生年，天干能量特點

1.天機天梁在辰戌坐命，乙年生人

天機化祿、天梁化權在命宮，易因錢財而多是非紛擾。太陰化忌在財帛宮，得財不能聚守。福德宮無主星，太陰化忌沖照，不利女命。

2.天機天梁在辰戌坐命，丙年生人

天機化權在命宮，才華洋溢，古曰：有「高藝隨身」且增加天梁消災解厄的能力。天同化祿在財帛宮，為清貴之職，收入良好。辰宮較戌宮坐命者為佳，辰宮坐命者，財帛宮在子宮天同太陰入廟。

3.天機天梁在辰戌坐命，丁年生人

天機化科在命宮，太陰化祿、天同化權在財帛宮，但巨門化忌在事業宮，事業壓力大，感情多困擾。此年生人「科權祿忌」四化齊會，一生大起大落。

4.天機天梁在辰戌坐命，己年生人

天梁化科在命宮，博學馳名。天梁被稱為監察御史，最喜化科，可增加天梁的名望、榮譽及責任心。

5.天機天梁在辰戌坐命，辛年生人

　　巨門化祿、太陽化權，借入事業宮，事業上受異族提拔，或從事與異族有關的工作皆佳。

四、此星系吉凶注意事項

1. 天機天梁在辰戌坐命，最怕見煞忌，煞忌使天機星多神經質，易鑽牛角尖，且天梁星的「刑」星性質，易彰顯產生刑剋，化為尖酸刻薄，人生「早見刑剋，晚見孤」，降低其成就，內心多隱痛、困擾。可從事慈善事業或獻身宗教，不宜從政或從商，多是非波動。

2. 天機天梁在辰戌坐命，可從事學術研究，能為專業人才。因機梁分析能力強，善鑽研，能在學術領域中有特殊的專長，古曰：「機梁辰戌同度，必有高藝隨身。」且能言善道，辯才無礙，最宜口舌生財，如文化大眾傳播、傳教、律師、法官、命理師等。或文教職、公務員，因機梁財帛宮為同陰，三方形成為「機月同梁」的組合。天梁星為醫藥星，也適於從事醫療。

五、命盤實例解析

1. 命宮

　　天機、天梁化科在命宮，左輔同度。天梁為監察御史，最喜化科，能增加天梁的名望、榮譽及責任心。左輔同度，增加其忠厚、穩重，文為貴顯，武為忠良，富貴慈祥，處事果決明斷，適於公職，為一流輔佐的人才，職掌權威。事業無主星文曲化忌坐守，不宜從政從商，多是非波動。

　　事業宮主宰著名望與成就，也反映一個人的行事作風與手法。命主事業宮無主星，文曲化忌坐守。文曲為異路功名，遇化忌易執著於幻想，難遵守典章制定的規範，喜走異途之路，不喜正規體制。柯先生事業宮無主星，行事作風，較不喜遵守章法，又遇文曲化忌與陰煞同宮，在行事上常有不按牌理出牌的突發行為，雖能開創新局，但這類的做法，結局會有兩種截然不同的結果產生。 鬼谷子 作事迅速，防有傾覆之虞。（文曲星，雖主學術、才

天府 陀羅 天馬　天虛 天使 得陷 **疾厄宮** 56-65　　　己巳	天同 太陰 祿存 陷不廟 **財帛宮** 46-55　　　庚午	武曲 貪狼 擎羊 火星　天姚 天哭 廟廟廟利 祿權 **子女宮** 36-45　　　辛未	太陽 巨門 鈴星 天鉞 得廟陷 **夫妻宮** 26-35　　　壬申
右弼　　　台輔 紅鸞 **遷移宮** 66-75　　　戊辰			天相 地劫　天官 破碎 陷 **兄弟宮** 16-25　　　癸酉
廉貞 破軍　天刑 天貴 龍池 天傷 平陷 **奴僕宮** 76-85　　　丁卯			天機 天梁 左輔　天喜 寡宿 利廟 　　科 **命宮** 6-15　　　甲戌
文曲　解神 天巫 陰煞 天福 八座 孤辰 平 忌 **官祿宮** 86-95　　　丙寅	地空　　　恩光 蜚廉 **田宅宮** 96-105　　　丁丑	文昌 天魁　封誥 三台 得 **福德宮** 106-115　　　丙子	紫微 七殺　天月 鳳閣 旺平 **父母宮** 116-125　　　乙亥

藝或科甲。但與文昌星不同的是，文昌星，為正科班出身，文曲則為「異路功名」。在事業宮文曲化忌不喜正規體制，或易專研某事物，也可能無法專心，或在工作上常讓人誤解，因表達詞不達意。）

　　柯先生：天機天梁化科在戌宮坐命，左輔同度。古賦曰：「機梁辰戌入命，加吉曜富貴慈祥，加羊陀空曜僧道。」柯先生在醫療上的表現上，常可

看見他的醫者仁心，醫學表現也很優異。但受三方事業宮文曲化忌之影響，柯先生言談犀利有時幾近刻薄。柯先生說醫師告訴他，從他的說話方式及特定的行徑，判定他有亞斯伯格症。亞斯伯格症的人，個性較偏執，因此產生溝通障礙，轉而專注在自己的興趣上，因此易擁有創意或出眾的才華，如柯先生在醫療上的表現，相當的優異，被稱為「葉克膜之父」。只是他搞不懂人情世故，講話也常常得罪人還不知道，所以有怪醫市長之稱。這樣的人很不適合從政。機梁之人，有來歷、有善根，退休後可為空門談禪之客，或寄情於空谷幽蘭之志，才能過的優雅、如意、開心，鬼谷子 庭下班衣香裊處，椿松蘭蕙舞東風。而不適於從政。鬼谷子 奪利爭名不十全，精神用盡萬千千。貨財耗散皆因命，骨肉冤仇莫怨天。

　　人生是在重要轉折點上的選擇，了解自己的個性，選擇正確道路，而不同的選擇也必定造就不一樣的人生。柯先生命宮天梁化科，易執著於使命感與榮耀，三方再見文曲化忌，使柯先生更為偏執。

2. 兄弟宮

　　天相在兄弟宮，地劫同度，有刑剋、易孤獨。鬼谷子 曾經親眷冷如冰。兄弟心如鐵。魚在水中。冷暖自知。虎狼內不傷人。兄弟：雙雙雁宿蘆花外，一個孤鴻逐晚霞，萬里江山共遊覽，松蔭深處映蒹葭。

3. 夫妻宮

　　太陽巨門在夫妻宮，天鉞、鈴星同度，三方遇文昌、天魁、右弼吉曜，配偶有助力，可在事業或家庭上撐起半邊天。對宮文曲化忌沖照，婚姻易刑剋，貌合神離或生離死別。鬼谷子 婚姻：賞遍名園幾處花，花空子實顯王家，歲寒人事空惆悵，明月清風興自瞻。

　　行運 26～35 歲，太陽、巨門、天鉞、鈴星在大限命宮。巨日主才藝，在申宮三方皆為空宮，不受其他星曜的牽制影響，才藝能完全表現。三方再遇文昌、天魁、右弼吉曜，多有助力，此限宮干「壬」，天梁化祿、左輔化科在福德宮，遇生年天梁化科，會照財帛宮，此限一帆風順，主名利雙收。（天梁化祿之財，只適宜本人帶排災解厄行業之人，如為律師、醫師、命理師，因為是替人化解災難而得財，因此禍端可免。）

4. 子女宮

武曲化祿、貪狼化權、擎羊、火星同度，子女遲得為宜，否則恐有刑剋，父子感情易有隔膜。武曲化祿、貪狼化權、火星同度，晚得貴子。鬼谷子 子息：花開三朵間青黃，一果牆東一果香，更看晚來枝上果，一枝勝似一枝強。

行運 36～45 歲，武曲化祿、貪狼化權、擎羊、火星同度。武曲化祿、貪狼化權再遇火星，形成「火貪格」，對宮地空會照，可發揮「火空則發」的爆發力。柯先生 1994 年 36 歲，至美國進修返國後，他將葉克膜技術引進台灣，讓病患存活率從 19% 提高到 51%，大大提高心臟移植病人的存活率，被舉為「葉克膜之父」。

5. 財帛宮

天同、太陰在財帛宮，祿存同度。天同、太陰在午宮皆弱陷，謀財較為辛苦。祿存同度，錢財穩定。三方見左輔、文昌、天魁，財源豐盛。但文曲化忌，則損財傷感情。鬼谷子 奪利爭名不十全，精神用盡萬千千。貨財耗散皆因命，骨肉冤仇莫怨天。

行運 46～55 歲，天同、太陰、祿存在大限命宮。此限宮干「庚」，天同化忌在大限命宮，三合財帛宮見生年文曲化忌，合同、契約、支票、文書等容易出問題，使錢財產生波動。柯先生 2012 年 54 歲，因愛滋病患者器官移植，被彈劾「降兩級改敘」，最後決定扣薪處分。

6. 疾厄宮

天府在疾厄宮，天馬、陀羅同度。天府為土，有脾胃之疾。

行運 56～65 歲，天府、天馬、陀羅在大限命宮。天府為令星，喜歡握有主導權。雖有爭權奪利之心，但天府為主星，須有「百官朝拱」，才能構成「君臣慶會」的格局。柯先生，此限三方四正皆未遇吉曜，卻見空劫二星。天府星為「庫星」，最怕遇空劫二星，稱之為「空庫」，容易傾敗，此限先吉後凶，人離財散。

柯先生 2014 年 11 月 29 日以 853983 票選上台北市長。雖是 2014 年 11 月 29 日，但已過中秋，流年已進入「辛未」年，流年在未宮武曲化祿、貪狼化權再遇火星同度，形成「火貪格」，對宮地空會照，可發揮「火空則

發」的爆發力,使柯先生選上台北市長。但「火空則發」的能量,如空中燦爛的煙火,雖然美麗,卻是短暫。 鬼谷子 收成:龍蛇到處是歸期,萬里江山不改移,天畔芝蘭香映日,飛帆直向九天時。

7. 遷移宮

遷移宮無主星,右弼坐守,借入對宮天機、天梁化科、左輔。出門遇貴,多人扶持。

8. 交友宮

廉貞、破軍在交友宮。交遊廣闊,三方遇地劫、擎羊、火星,因朋友而惹禍,致使錢財耗敗。

9. 事業宮

事業宮無主星,文曲化忌坐守。事業宮主名望與成就,也反映一個人的行事作風與手法。事業宮無主星,文曲化忌坐守,文曲為異路功名,遇化忌易執著於幻想,難遵守典章制定的規範,喜走異途之路,不喜正規體制。

柯先生事業宮無主星,行事作風,較不喜遵守章法,再遇文曲化忌與陰煞同宮,在行事上常有不按牌理出牌的突發行為,雖能開創新局,但這類的做法,結局會有兩種截然不同的結果產生。 鬼谷子 作事迅速。防有傾覆之虞。

10. 田宅宮

田宅宮無主星,地空坐守。多變動,不宜作保。

11. 福德宮

福德宮無主星,文昌、天魁坐守,一生富貴而慈祥。

12. 父母宮

紫微七殺在父母宮,父母管教嚴厲,有權威,三方遇陀羅、擎羊、火星易有代溝,須注意如何調和。

六、鬼谷子全盤印證

第五十三數　己丙　明夷卦　作事迅速，防有傾覆之虞。

判斷：

此命艱危。早歷磨難。曾經親眷冷如冰。兄弟心如鐵。魚在水中。冷暖自知。虎狼內不傷人。荊棘中留赤腳。吉星救災自消磨。安閒中生出煩惱。奔波中變出歡喜。皆是退神來入命。蹉跎蹭蹬未能休。

▲秋晚芙蓉格

詩云： 奪利爭名不十全，精神用盡萬千千。
　　　　貨財耗散皆因命，骨肉冤仇莫怨天。
　　　　雁過關山雙翼倦，花開寒嶺一枝鮮。
　　　　到頭逢得當初友，我亦凌雲上碧天。

基業： 子門天福自然封，積德麒麟入夢中。
　　　　庭下班衣香裊處，椿松蘭蕙舞東風。

兄弟： 雙雙雁宿蘆花外，一個孤鴻逐晚霞。
　　　　萬里江山共遊覽，松蔭深處映蒹葭。

行藏： 平生慈善樂天真，麾節流芳及後昆。
　　　　身後幾多榮顯事，重重疊疊拜皇恩。

婚姻： 賞遍名園幾處花，花空子實顯王家。
　　　　歲寒人事空惆悵，明月清風興自賒。

子息： 花開三朵間青黃，一果牆東一果香。
　　　　更看晚來枝上果，一枝勝似一枝強。

收成： 龍蛇到處是歸期，萬里江山不改移。
　　　　天畔芝蘭香映日，飛帆直向九天時。

12 天機在巳亥坐命：好飲離宗奸狡重

一、星系結構

天機在巳亥坐命，對宮為太陰，財帛天同巨門在丑未，事業在卯酉無主星。

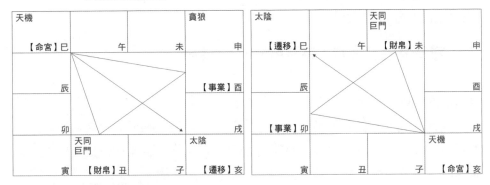

天機在巳宮坐命

天機 【命宮】巳	午	未	申
辰			【事業】酉
卯			戌
天同 巨門 寅 【財帛】丑		太陰 子	貪狼 【遷移】亥

天機在亥宮坐命

太陰 【遷移】巳	午	天同 巨門 【財帛】未	申
辰			酉
【事業】卯			戌
寅	丑	子	天機 【命宮】亥

二、格局特質分析

特質 1 天機在巳亥宮弱陷，好飲多機見。

天機在巳亥宮，處於弱陷，在古書裡對此星系評論不是很正面，古曰「好飲多機見」。天機星對煞曜本就非常敏感，在巳亥宮處於弱陷之位，完全無抗禦煞曜的力量。若見刑忌空耗煞曜，則使天機星智慧蒙塵，引起不良的反應，為謀生活之資，好施小計，行邪僻之事。古曰：「好飲離宗奸狡重。」或「天機加惡煞，狗盜鼠竊。」

天機星機變靈活，此為優點，卻也是弱向。天機星在巳亥宮弱陷，其優點較難於表現，反使天機星的缺點易於彰顯，心機虛浮，個性急功好利，不喜受拘束，不願朝九晚五的固定生活，好自作經營，古曰：「天機巳亥宮，為商賈之人。」但天機星並非財星，欠缺財星的積極果決，遇事喜鑽牛角尖，思慮過度，而偏離軌道，讓自己深陷泥沼裡，無法自拔，又喜借酒澆

愁，因酒惹禍誤事，一生易失機遇。人生難免飄泊潦倒，趨避之道，在於精通一門巧藝以謀生。

特質 2 天機在巳亥宮，受對宮太陰的影響，帶感情色彩。

天機在巳亥坐命，受對宮太陰的影響，易將心力耗於異性的追逐上，男女命均有感情困擾，一生在感情上多有發展。巳宮較亥宮為佳，巳宮遷移太陰在亥位入廟，為「月朗天門」格，受太陰良好的影響，為人聰明異常、喜歡研究學問、文筆又好，有創造能力，宜出外發展為吉。

男命溫柔體貼多情，多有豔遇，且能得異性幫助，配偶大方賢淑，女命情感豐富溫柔，一生多感情困擾。若夫妻宮太陽化祿，遷移宮太陰化祿者，或見桃花諸曜，則情慾甚重。

特質 3 天機在巳亥宮，為驛馬位，多波動。

天機為變動之星，在巳亥宮弱陷，更增加其浮動性，又處於四馬之地，愈增驛馬波動。事業宮無主星，不適合自己創業。三方為「機月同梁」的暗格。宜輔佐或上班為佳，適合文教、公職。事業宮太陽天梁，為名譽之財，重聲譽的建立。乙庚年生人，事業宮太陽天梁見祿，若能加會文昌文曲，則能形成「陽梁昌祿」格，適合文教、公職能有所建樹。

三、此星系出生年，天干能量特點

1.天機在巳亥坐命，乙年生人

天機化祿在命宮，太陰化忌在遷移宮。天機在巳宮，遷移宮太陰在亥宮，入廟不畏化忌，反利於變動。太陰在亥宮，為月朗天門，逢化忌為變景，若遇小人，也必有所感覺，在辛苦中亦能有所成。

天機在亥宮，遷移宮太陰在巳宮弱陷，不宜化忌，不利女性六親，易小人纏身而成奸狡，變動未必有利。

2.天機在巳亥坐命，丁年生人

天機化科在命宮，太陰化祿遷移宮，利於變動。財帛宮，天同化權，主動積極，巨門化忌，則為是非之財，賺錢較為辛勞，多競爭、追逐、奔波。

四化齊會，波動性大，必須辛苦耕耘才有收穫。

3.天機在巳亥坐命，丙年生人

　　天機化權在命宮，天同化祿在財帛宮，祿存在巳宮命遷線上，「權祿相逢」再見「疊祿」，天魁、天鉞在酉亥宮，多有長輩貴人相助，一生平順穩定。

4.天機在巳亥坐命，庚年生人

　　太陰化科在遷移宮，宜外出發展，太陽化祿在事業宮，若加會文昌、文曲，則形成「陽梁昌祿」格，適合文教、公職能有建樹。

四、此星系吉凶注意事項

1. 天機在巳亥坐命，弱陷失位，完全無抗禦煞要的力量。若三方見煞忌，則使天機智慧蒙塵，易引起不良反應，天機星機變靈活的個性，反變成精詐或狡計，古曰：「天機加惡煞，狗盜鼠竊。」
2. 天機在巳亥坐命，遇文昌、文曲，第六感十分敏銳，口才流利；再會桃花則宜藝術或演藝工作，但感情多複雜。
3. 天機在巳亥坐命，三方為「機月同梁」的暗格，加昌曲、左右、魁鉞，適合文教、公職可居要職，財官雙美，白手起家。
4. 天機在巳亥坐命，好飲多機見，常因酒惹禍誤事，而自毀前程。此格之人，需對酒避而遠之。

五、命盤實例解析

1. 命宮

　　天機化科在命宮，陀羅同度。天機在巳宮弱陷失位，但命主丁年生人，天機化科，則能加強其才智與聲望。可惜陀羅同度，使命主聰明才智，用在邪曲之上，古曰：「天機加惡煞，狗盜鼠竊。」天同化權在財帛宮，雖能主動積極，但巨門化忌，為是非之財，難久留，且同巨二星也不善於理財。

鬼谷子 目前繁華，過眼便空。

天陀　　　破 機羅　　　碎 平陷 科 **命宮** 6-15　　　乙巳	紫祿　　台天紅 微存　　輔貴鸞 廟廟 **父母宮** 116-125　　丙午	左右擎　　　寡 輔弼羊　　　宿 　　廟 **福德宮** 106-115　　丁未	破　　　　陰 軍　　　　煞 陷 **田宅宮** 96-105　　戊申
七文　　　天八 殺曲　　　姚座 廟得 **兄弟宮** 16-25　　　甲辰			天　　　　天 鉞　　　　哭 **官祿宮** 86-95　　　己酉
太天火　　　天 陽梁星　　　虛 廟廟平 **夫妻宮** 26-35　　　癸卯			廉天文鈴　解三天 貞府昌星　神台傷 利廟陷廟 **奴僕宮** 76-85　　　庚戌
武天　　天封天 曲相　　月誥官 得廟 **子女宮** 36-45　　　壬寅	天巨　　　龍鳳 同門　　　池閣 不不 權忌 **財帛宮** 46-55　　　癸丑	貪　　　天恩天天 狼　　　刑光喜使 旺 **疾厄宮** 56-65　　　壬子	太天地地天　天天孤 陰魁劫空馬　巫福辰 廟 祿 **遷移宮** 66-75　　　辛亥

　　太陰化祿在遷移宮，天魁、地空、地劫、天馬同度。太陰在亥宮入廟，為「月朗天門」格，利於出外發展，命主在外人緣佳，多異性之助力。太陰化祿遇天馬同度，形成「祿馬交馳」，為鉅商高賈，但地空、地劫同度，常有無端之破耗。命主丁年生人，科權祿忌四化齊會，一生波動性大。財氣之旺弱，須以行運而定，行運 16～25 歲與 26～35 歲，此二宮為人生財運的旺

位。 鬼谷子 目前繁華，過眼便空，福如秋夜雲遮月。財似春深絮逐風。

　　命主福德宮無主星，左輔、右弼、擎羊坐守。左輔、右弼二星，其助力來自於同輩，是輔助其宮內的主星，才能發揮輔佐之力。命主福德宮無主星，使輔弼二星，難發揮其輔佐之力，又受對宮巨門化忌沖照，反易被扯後腿而惹災禍。 鬼谷子 為人傾吐心懷。倒被辜恩負義。

　　命主擎羊在福德宮，與對宮巨門、財帛宮火星，三方形成「巨火羊」的惡格，人生多有遺憾，對命主產生精神方面的影響，並引動天機的陰暗面，個性偏激，輕諾寡信，善施手段，不行正道。 鬼谷子 此命恩裏成怨。巧中成拙。為人傾吐心懷。倒被辜恩負義。親情不立。兄弟難和。離祖成家。孤寂自立。福如秋夜雲遮月。財似春深絮逐風。親朋交友有如無。一條重擔自肩挑。仔細思量。誰人共力。

　　命主丁年生人，天機化科在命宮，對宮遷移宮太陰化祿，情慾甚重，一生將心力耗於異性之上（命主有六位太太）。雖能得異性幫助，但多感情困擾。

2. 兄弟宮

　　七殺在兄弟宮，文曲同度。七殺星性質剛毅，主孤獨或福不全，不宜落入六親之宮位，主孤剋。兄弟姐妹之間的緣份較薄弱，易有疏離感。文曲同度，彼此氣質不投。 鬼谷子 兄弟難和。兄弟：雙雙雁唳天邊去，明月蘆花知我心，堪嘆晚年孤鷺下，竹邊猿鶴是知音。

　　行運 16～25 歲，七殺、文曲在大限命宮，此限宮干「甲」，廉貞化祿在遷移宮。破軍化權在事業宮，武曲化科在福德宮，此限見諸吉，運程明朗。

3. 夫妻宮

　　太陽天梁在夫妻宮，火星同度。太陽天梁在卯宮，為「日出扶桑」，配偶大方賢淑，可得內助。火星同度，身近心遠，一生多感情發展。（命主有六位太太，九個兒女）。 鬼谷子 婚姻：蓮花深處戲鴛鴦，鷗鷺原來兩不傷，人至山陰岑寂處，蒹葭晚景伴風霜。

　　行運 26～35 歲，太陽、天梁、火星在大限命宮。太陽天梁在卯宮，為「日出扶桑」，主官貴。太陽為主星，三方喜遇左輔、右弼、天魁、天鉞吉

曜，得「百官朝拱」，能增添其貴顯並拉大其格局。太陰化祿在財帛宮，天馬同度，形成「祿馬交馳」，此限財祿豐厚，但也逢地空、地劫同度，財來財去。 鬼谷子 目前繁華，過眼便空。

事業宮無主星，左輔、右弼、擎羊坐守，借入對宮天同化權、巨門化忌，巨門為暗曜，再見化忌，命主所從事的事業，性質幽暗，多是非糾紛官司。 鬼谷子 收成：寅未相逢如進程，西來麾節近江濱，幾多光霽重回首，軼類超群待玉宸。

4. 子女宮

武曲天相在子女宮。兒女三男六女。 鬼谷子 子息：花開花謝休惆悵，可人一個報君恩，五葉三花須索歎，獨來聲價滿江濱。

行運 36～45 歲，武曲天相在大限命宮。此限宮干「壬」，武曲化忌在大限命宮，鄰宮見生年巨門化忌，使天相形成雙「刑忌夾印」的格局。讓武曲天相性質過剛，易衝動而招惹災厄。紫微化權在事業宮，命主處理事務手段過剛，因友受牢獄之災。

5. 財帛宮

天同化權、巨門化忌在財帛宮。天同化權，主動積極。巨門化忌，為是非之財，難久留，財來財去。 鬼谷子 財似春深絮逐風。目前繁華。過眼便空。

行限 46～55 歲，天同化權、巨門化忌在大限命宮，對宮擎羊沖照，形成「刑福格」，命主十年牢獄之災。

6. 疾厄宮

貪狼在疾厄宮。貪狼在子宮為泛水桃花，多由色慾引起之疾病。

7. 遷移宮

太陰化祿在遷移宮，地空、地劫、天馬、天魁同度。太陰在亥宮入廟，為「月朗天門」格，利於出外發展，在外人緣佳，多異性的助力。太陰化祿見天馬同度，形成「祿馬交馳」，為鉅商高賈，但地空，地劫同度，常有無端之破耗。 鬼谷子 福如秋夜雲遮月。財似春深絮逐風。

8. 交友宮

廉貞天府在交友宮，文昌，鈴星同度。廉貞天府在交友宮，交友雖廣闊，但多為點頭之交，知音得力者少。文昌同度、祿存會照，因友得財。鈴星同度，因友受牢獄之災。　鬼谷子　為人傾吐心懷。倒被辜恩負義。

9. 事業宮

事業宮無主星，天鉞坐守。借入對宮太陽、天梁、火星，適合武職，軍警、法官或入黑道。三方科權忌會照，黑社會老大。　鬼谷子　基業：聚散榮枯自有時，殷勤心事有強機，到頭終得「武威力」，更有扶風人可依。

10. 田宅宮

破軍在田宅宮。破軍在申宮，雖有祖業，但變動起伏大。

11. 福德宮

福德宮無主星，左輔、右弼、擎羊坐守。命主福德在未宮無主星，屬於相依的宮位，三合「日卯月亥」來朝，為「明珠出海」格，但此格受擎羊星坐守而沖破，華而不實，主虛名祿。借入對宮的天同化權、巨門化忌，與擎羊，形成「刑福」的格局，使聰明用在邪曲之上。擎羊在福德宮坐守，與三方巨門、火星，又形成「巨火羊」的惡格，人生多有遺憾。　鬼谷子　福如秋夜雲遮月。

12.父母宮

紫微在父母宮，祿存同度。紫微在午宮獨坐，無百官朝拱，父母個性主觀、權威。祿存同度，出生家庭富裕，助力大。

六、鬼谷子全盤印證

第三十七數　丁庚　臨卦　庚子　目前繁華，過眼便空。

判斷：

此命恩裏成怨。巧中成拙。為人傾吐心懷。倒被辜恩負義。親情不立。兄弟難和。離祖成家。孤寂自立。福如秋夜雲遮月。財似春深絮逐風。親朋交友有如無。一條重擔自肩挑。仔細思量。誰人共力。

▲畫樓獨倚格

詩云：畫樓獨倚夕陽天，望斷天涯海角邊。
　　　　自向孤舟音信少，曾經遠浦浪頭顛。
　　　　長空咫尺終須到，家計三千信有緣。
　　　　借問白頭漁叟道，蘆花有徑入桃源。

基業：聚散榮枯自有時，殷勤心事有強機。
　　　　到頭終得武威力，更有扶風人可依。

兄弟：雙雙雁唳天邊去，明月蘆花知我心。
　　　　堪嘆晚年孤鷺下，竹邊猿鶴是知音。

行藏：涉歷崎嶇路險難，一鞭著力到重關。
　　　　扶持定見成功日，笑傲江山不等閒。

婚姻：蓮花深處戲鴛鴦，鷗鷺原來兩不傷。
　　　　人至山陰岑寂處，蒹葭晚景伴風霜。

子息：花開花謝休惆悵，可人一個報君恩。
　　　　五葉三花須索歎，獨來聲價滿江濱。

收成：寅未相逢如進程，西來麾節近江濱。
　　　　幾多光霽重回首，軼類超群待玉宸。

13 太陽在子午坐命：
午宮「日麗中天」主操勞

一、星系結構

太陽在子午坐命，對宮為天梁，財帛在寅申無主星，事業巨門在辰戌。

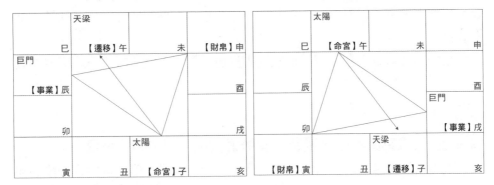

太陽在子宮坐命　　　　　　　　　　　太陽在午宮坐命

二、格局特質分析

特質 1 此星系原則性過強，難為社會大眾所認同，產生寡合的現象。

太陽的特性是發射光和熱，因此容易流於鋒芒畢露。在子午二宮，受對宮天梁星的影響，則能讓太陽收斂其光芒而沉穩，處事練達而世故，對人保留著客氣有禮的態度，但其內心則具驕傲而自負，與他們相處感覺有一道防禦性的距離。

天梁星被稱為老人星，成熟穩重，待人謙恭而世故，但過份擇善固執，原則性強，不易隨波逐流。因此太陽在子午宮，受到對宮天梁星的影響，個性豪爽耿直，孤高自負，喜當老大，雖具有組織領導力，但過份堅守原則，反難為社會大眾所認同，易引起他人的反感，產生寡合的現象，午宮性質較子宮為佳。太陽在午宮，日正當中為「日中之極」，光芒猛烈，散射過度，易招人妒嫉，若未見權祿諸吉，容易流於空虛華而不實。子宮太陽落陷失

輝，光和熱不足，無法化解天梁的孤剋，與人寡合，六親多不完美。

特質 2 太陽在午宮，「日麗中天」，有專權之貴，敵國之富。

太陽在午宮，為「日中之極」，光芒猛烈，散射過度，易成為虛浮之性，招人嫉怨，財福逸散。其人雖志向遠大，主動積極，具競爭心，充滿活力與熱情。但驕傲自大，盛氣凌人，自視甚高而輕忽他人，欠缺涵養與包容，重視自我榮譽，傾向於追求功名與權貴，易引起他人反感，產生寡合的現象。必須得權祿或吉曜來收斂，才容易在事業上掌權，且能得到財富，才有財力支持其社會地位。以免流於空虛不實，驕傲自滿，虛浮而鋒芒外露，易引起他人反感，只會成為社會新聞中的花邊人物而已，難為大眾所認同而形成孤立。

太陽為官祿主，在午宮，稱之為「日麗中天」，為專權之貴，天梁為蔭星坐守遷移，為鉅商高賈。但也須有「陽梁昌祿」格，或「祿馬交馳」的良好財官格，才能主富貴。

特質 3 天梁為蔭星坐守遷移，宜離鄉發展，出外得人庇蔭。

太陽在子宮坐命，子宮的太陽失輝，光和熱不足，無法解對宮天梁的孤剋，六親多不完美，與人寡合，多是非，行事易虎頭蛇尾，缺少面對挫折的勇氣。但天梁為蔭星坐守遷移宮，宜離鄉發展，出外有貴人扶持，能得人庇蔭。

天梁在午宮入廟，坐守遷移宮，遇祿見吉曜輔佐，在外鄉經商可發達。先苦後甘，勞而有獲。庚年生人，太陽化祿在命宮，祿存在財帛宮，1、5、9月生人，天馬在申宮，與祿存同入財帛宮，形成「祿馬交馳」，愈奔動、愈生財，可為富賈。

三、此星系出生年，天干能量特點

1.太陽在午宮坐命，甲年生人

太陽化忌在命宮，午宮的太陽為「日中之極」，化忌為變景，有激發的作用，雖略有干擾，增加其辛勞，但個性反可收斂而沉穩。祿存在財帛宮，為財官雙美格。

2.太陽在午宮坐命，丁年生人

祿存在命宮，太陽在午宮光芒猛烈，散射過度，喜祿存來收斂。太陰化祿、天機化科在福德宮。巨門化忌在事業宮，事業上易有口舌是非官訟，宜政治、司法、律師等，可任重職，少年得志。

3.太陽在午宮坐命，己年生人

祿存在命宮，太陽在午宮光芒猛烈，散射過度，喜祿存來收斂。天梁化科在遷移宮，少年得志，財官雙美，政商皆宜。

4.太陽在午宮坐命，庚年生人

太陽化祿在命宮，能力強，智商高，能掌權，個性急躁，主操勞。太陰化科在福德宮，人生順遂，財官雙美。

5.太陽在午宮坐命，辛年生人

太陽化權、天魁在命宮，天鉞在財帛宮，一生多有貴助，位高權重，主操勞。巨門化祿在事業宮，政商皆宜，財官雙美。

6.太陽在午宮坐命，壬年生人

天梁化祿在遷移宮，出外能得福蔭，為商賈，主富貴。

7.太陽在子宮坐命，丁年生人

太陰化祿、天機化科在福德宮。祿存在遷移宮，宜外鄉發展。巨門化忌在事業宮，事業上易有口舌是非官訟，先苦後甘，勞而有獲。

8.太陽在子宮坐命，庚年生人

太陽化祿在命宮，太陰化科在福德宮，祿存在財帛宮，1、5、9 月生人，天馬在申宮與祿存同度，形成「祿馬交馳」，愈奔動、愈生財，可為富賈。

四、此星系吉凶注意事項

1. 太陽在命盤象徵父夫子星宿，女命太陽在子午宮坐命，則奪夫星，易有感情婚姻之問題，宜晚婚為吉。太陽在午宮女命者，強勢能幹，婦奪夫權，

使配偶產生精神壓力。太陽在子宮弱陷，女命夫星暗弱，極為辛勞，不利婚姻。

2. 太陽為官祿主，在午宮，為「日中之極」，在事業上較能發揮，只要得遇權祿或吉曜，則容易在專業領域中嶄露鋒芒，且文武皆貴。

3. 太陽在午宮，為「日中之極」，較不怕煞曜，若見煞，雖然有阻力較辛勞，還是能有所成就。

4. 太陽在子宮坐命，個性收斂沉穩，見太陽化祿，辛苦勞碌後，方能得財，利夜間工作者。但太陽在子宮弱陷失輝，不宜見化權，雖有才華，反帶虛浮之性，容易遭遇挫折，格局較小。

5. 太陽為官祿主，在子宮坐命，雖然失輝，但官祿主入命，在事業上還是較能發揮。若是星曜的組合不佳，但行運遇權祿或吉曜，事業上還能有所發展。

五、命盤實例解析

1. 命宮

太陽在午宮坐命，文昌同度。太陽在午宮為「日中之極」，文昌同度，命主少年得志。太陽在午宮為「日中之極」，猛烈而散射過度，個性霸氣外露，易招人嫉怨，產生寡合的現象。喜三方左輔、右弼、天魁會照，可使命主減輕寡合的現象，並增添貴顯拉大其格局。

命主乙年生人，天機化祿、太陰化忌在福德宮。天機化祿難抵太陰化忌，使財福逸散。天梁化權在遷移宮，逢左輔、天魁同度，宜出外發展能得貴人蔭庇，領導群體，受人尊敬。但天梁星，原則性強，已被稱為刑憲之星，再見化權，則性格過於耿直，缺乏變通性，處事易得理不饒人，須戒之在口，否則易遭惹尤怨。 **鬼谷子** 性直無私，每向恩中招怨。

太陽在午宮坐命，稱為「日麗中天」，光芒猛烈，雖氣魄非常，衝勁十足。命主卻是「乙」年生人，天梁化權在遷移宮，天梁化權雖然能增加太陽的聲勢，且可得到大眾的信任，但個性卻霸氣外露，原則性過強「名大於利」。福德宮天機化祿難抵太陰化忌，不利於財帛，財福逸散，主操勞。

命主太陽在午宮坐命，文昌同度。三方喜見左輔、右弼、天魁會照，

武破天　　　天天	太文　　　　　封	天地　　　　華天	天太天文　　　天天
曲軍馬　　　刑虛	陽昌　　　　誥	府空　　　　蓋哭	機陰鉞曲　　　姚福
平平	旺陷	廟	得利　得
			祿忌
兄弟宮	命宮	父母宮	福德宮
13-22　　　　辛巳	3-12　　　　壬午	113-122　　　癸未	103-112　　　甲申
天擎　　　　天紅			紫貪　　　　天破
同羊　　　　官鸞			微狼　　　　姚碎
平廟			旺利
			科
夫妻宮			田宅宮
23-32　　　　庚辰			93-102　　　乙酉
地祿　　　　龍三			巨　　　　　天
劫存　　　　池台			門　　　　　貴
廟			陷
			官祿宮
子女宮			
33-42　　　　己卯			83-92　　　　丙戌
右陀鈴　　　天孤	廉七火　　　蜚天	天左天　　　咸天	天　　　　　八鳳天
弼羅星　　　月辰	貞殺星　　　廉使	梁輔魁　　　池空	相　　　　　座閣傷
陷廟	利廟得	廟	得
		權	
財帛宮	疾厄宮	遷移宮	奴僕宮
43-52　　　　戊寅	53-62　　　　己丑	63-72　　　　戊子	73-82　　　　丁亥

雖得「百官朝拱」，能領導群體。卻未有「陽梁昌祿」格，與「祿馬交馳」的良好財官格，難有大的成就，宜退居幕後為監督之職，若自己主政，則財福逸散，多操勞。　鬼谷子　此命比仙女耕田。王喬汲水。安閒處生出辛苦。享福處不得優游。雖是為人慷慨。見識高明。未免巴巴成三四處規模。區區立一兩番家計。般般親費力。件件自當心。有子不得力。有福享難圖。性直

無私，每向恩中招怨。

2. 兄弟宮

武曲破軍在兄弟宮，天馬同度。異鄉友人為佳。命主兄弟無，只有一個妹妹。 **鬼谷子** 兄弟：二雁空中嘹嚦過，要爭先後不和同。失羣失友江山外，吳越平分一夜風。

行運 13～22 歲，武曲、破軍、天馬在大限命宮。武曲破軍二星，剛毅帶叛逆之性質。命主此限叛逆性重，難以管教，與父母多爭執。此限宮干「辛」太陽化權、文昌化忌在父母宮。命主大限命宮，受文昌化忌、擎羊所夾，易受友人的牽制與影響。因此父母只好將命主送往國外留學。大限命宮武曲破軍，性質帶動盪、變遷，又遇天馬同度，此限變動幅大。 **鬼谷子** 生身出處雀離巢，飛向青松立樹梢，學問不求終是去，箕裘重整未能拋。

3. 夫妻宮

天同在夫妻宮，擎羊同度。天同有更新之意義，不利落入夫妻宮，在感情上有更新之意義，宜遲婚。逢擎羊同度，更需遲婚為宜。

行運 23～32 歲，天同、擎羊在大限命宮。天同有更新之意義，此限命主離鄉在外發展，雖然辛苦卻能否極泰來，為發跡得志的運限。此限宮干「庚」太陽化祿在福德宮，使福德宮的太陽，能形成「陽梁昌祿」格。祿存、太陰化科在事業宮，使事業宮雙祿相逢，雖然事業宮有生年太陰化忌，但在雙祿相逢諸吉的情形，反宜化忌來激發磨練。天同化忌在命宮，此限雖然辛苦勞碌難免，反利於磨練命主，成就其大業。 **鬼谷子** 收成：如逢「龍」虎相爭日，纔成心事遇知音。身回遠浦飛帆急，珠失之時不易尋。

4. 子女宮

子女宮無主星，地劫、祿存坐守。借入對宮紫微化科、貪狼。子女雖聰明卻緣薄。 **鬼谷子** 子不得利，所以有福難享。子息：幾朵花開逢夜雨，秋深能得果應佳。龍門有客傳消息，撫字觀風閭里跨。

行運 33～42 歲，無主星，地劫、祿存在大限命宮。發展受到障礙。此限宮干「己」武曲化祿在福德宮、遇天馬同度，形成「祿馬交馳」動則得福。貪狼化權在遷移宮，遇生年紫微化科，遷移宮「科權相逢」，出外主貴。但事業宮天府、地空同度，事業發展受到障礙，進退多失據。命主接手

家族事業，想創新改變，家族卻保守、被動，難以推行。

5. 財帛宮

財帛宮無主星，右弼、陀羅、鈴星坐守。財帛宮無主星，不善理財，財不聚。右弼、陀羅、鈴星坐守，財源容易耗損。對宮天機化祿難抵太陰化忌，財源富裕，卻不聚守。

行運 43～52 歲，大限無主星，右弼、陀羅、鈴星在命宮。此限宮干「戊」，貪狼化祿在疾厄宮，父疾線上「雙祿會照」。太陰化權、天機化忌在遷移宮，遇生年太陰化忌、天機化祿，遷移宮「權祿忌相逢」。右弼化科在大限命宮。此限命遷線上科權祿忌四化齊會，相互交戰，事業被迫重大改變，雖然波折動盪辛苦。但事業太陽在午宮為「日中之極」，光芒猛烈，聲名顯赫，在波折動盪中，能創新改變。但名大於利。 **鬼谷子** 栽花種果待時來，待到斜陽月上臺。初事莫嫌成又破，田園花木喜重開。收成：如逢龍「虎」相爭日，纔成心事遇知音。身回遠浦飛帆急，珠失之時不易尋。

6. 疾厄宮

廉貞七殺在疾厄宮，火星同度。廉貞七殺為呼吸系統之疾。如鼻子過敏、咳嗽、感冒等。火星同度，心火急躁。

行運 53～62 歲，廉貞、七殺、火星在大限命宮。廉貞七殺，開創力強，火星同度，與財帛宮的貪狼形成「火貪格」，此限宮干「己」，武曲化祿在事業宮，事業宮形成「祿馬交馳」，財源廣進。貪狼化權在財帛宮，遇生年紫微化科，財帛宮「科權相逢」，此限驟發且有聲譽，財源充裕，內外充實。

7. 遷移宮

天梁化權在遷移宮，左輔、天魁同度，出外得人蔭庇，受人尊敬。但天梁星，原則性強，已被稱為刑憲之星，再見化權則性格過於耿直，缺乏變通，處事易得理不饒人。貴人先好後壞，多是非，易遭尤怨，須戒之在口。 **鬼谷子** 性直無私，每向恩中招怨。

8. 交友宮

天相在交友宮。天相在亥宮，鄰宮天梁化權、左輔、天魁夾印，可得助

力。對宮武曲、破軍、天馬會照，三合地空、地劫會照，易因友遭破耗。

鬼谷子 性直無私，每向恩中招怨。

9. 事業宮

巨門在事業宮。巨門為口舌求財，對宮天同、擎羊沖照，多口舌是非紛爭。

10. 田宅宮

紫微化科、貪狼在田宅宮。住宅華麗，祖產能守，也能自置，三合「火貪」成格，產業能突然增加。

11. 福德宮

天機化祿、太陰化忌在福德宮，文曲、天鉞同度。天機化祿難抵太陰化忌，財福逸散。文曲、天鉞同度，聰明伶俐，卻多學少精。

12. 父母宮

天府在父母宮，地空同度。與父母緣薄，宜聚少離多，才免剋。

六、鬼谷子全盤印證

第十五數　乙戊　漸卦　戊辰　子不得利，所以有福難享。

判斷：

此命比仙女耕田。王喬汲水。安閒處生出辛苦。享福處不得優游。雖是為人慷慨。見識高明。未免巴巴成三四處規模。區區立一兩番家計。般般親費力。件件自當心。有子不得力。有福享難圖。性直無私，每向恩中招怨。

▲雀立松林格

詩云：生身出處雀離巢，飛向青松立樹梢。

學問不求終是去，箕裘重整未能拋。

雲迷雁陣飛難續，雨打鴛鴦頸不交。

骨肉親情難共處，艱辛盡是命中招。

栽花種果待時來，待到斜陽月上臺。

初事莫嫌成又破，田園花木喜重開。

基業：松青柳綠鶴離巢，飛近青雲透碧霄。
　　　何事尚淹塵土厄，蓋緣枝葉未相拋。

兄弟：二雁空中嘹嚦過，要爭先後不和同。
　　　失羣失友江山外，吳越平分一夜風。

行藏：卓立河邊豬遇犬，此時平地上雲梯。
　　　兼金美玉桑榆景，自有高人為品題。

婚姻：鷗鷺逍遙游沼內，月明鴛侶竟如何。
　　　相逢千里人情好，閨閣深沉興更多。

子息：幾朵花開逢夜雨，秋深能得果應佳。
　　　龍門有客傳消息，撫字觀風闆里跨。

收成：如逢龍虎相爭日，纔成心事遇知音。
　　　身回遠浦飛帆急，珠失之時不易尋。

14 太陽太陰在丑未坐命：
日月科祿丑未中，定是方伯公

一、星系結構

太陽太陰在丑未坐命，對宮無主星，財帛在卯酉無主星，事業天梁在巳亥。

太陽太陰在丑宮坐命　　　　　　　　　太陽太陰在未宮坐命

二、格局特質分析

特質 1 太陽太陰在丑未，為「日月同臨」格，一陰一陽，相互矛盾。

太陽太陰在丑未坐命，為「日月同臨」格。日月二星，一陰一陽，互相矛盾，無法做合理的調和，產生互相交戰抗衡。為人外表如太陰星，斯文、柔和、保守、謹慎，循規蹈矩，溫文有禮。內心卻如太陽，驕傲自負，內外無法互相平衡，產生雙重性格。處事保守，思想卻善變，性格多反覆，陰晴不定，情緒起伏不易捉摸。太陽太陰在丑未同度，陰陽二星互相牽制，雖有滿腹的理想與憧憬，卻常在進退中拉扯，躊躇難定，空有抱負，結局往往是原地踏步。

特質 2 太陽太陰在丑未坐命，未宮主貴，丑宮主富。

太陽太陰在丑未坐命，日月均為動星，在丑未二宮為交接之地，因此日

月二星晝夜不停運轉之故，一生雖多在事業與名利中奔忙，操勞不停。但三方所會的財帛宮卻是空宮，事業宮天梁在巳亥弱陷，其人對職位上的名稱，與位階上的高低大多不爭。須命宮有太陽化權，或太陰化權，對名利才能較為積極。此格會因命宮太陽的亮度，而對事業產生影響。也會因命宮太陰的亮度，對財富產生多寡的影響。太陽太陰在未宮坐命，太陽得地，較重視事業與名譽，主貴的格局。太陽太陰在丑宮坐命，太陰入廟，善理財，重儲蓄，主富的格局。

特質 ③ 此格陰陽未濟，難以調和，男命嫌不夠豪邁，女命略嫌不夠溫柔。

　　太陽太陰在丑未坐命，此格受日月陰陽未濟的影響，遇事剛柔不足，易拘於小處計較與琢磨，難以掌握整體性。男命格性易矛盾而猶豫，略嫌不夠豪邁爽朗。女命則端莊嫻雅，但略嫌不夠溫柔。此格局逢星曜亮度的影響，未宮太陽得地，以太陽為主，利於男命，個性較明朗有魄力。丑宮太陰入廟，利於女命，個性較溫和婉約，端莊而自信，宜職業婦女。但其性格受二星相互牽制的影響，皆不宜經商，只適合在穩定的環境中求發展。此星系事業宮，天梁在巳亥弱陷，較適合公教、文化、大企業等文職，或專門類科的學術研究為宜。

三、此星系出生年，天干能量特點

1.太陽太陰在丑未坐命，丙年生人

　　天同化祿在夫妻宮，祿存在巳宮夫官線上，事業宮「雙祿相逢」。天機化權在福德宮，能增加穩定，減少動盪。為財官雙美格。

2.太陽太陰在丑未坐命，丁年生人

　　太陰化祿在命宮，天同化權在夫妻宮，事業宮「權祿會照」高官厚祿，富貴名顯。但擎羊在未宮命遷線上，賦文云：「日月最忌羊陀，人離財散。」不利錢財、事業、感情易多波折。

3.太陽太陰在丑未坐命，戊年生人

　　太陰化權在命宮，祿存在巳宮夫官線上，對名利較為積極，為財官雙美格。

4.太陽太陰在丑未坐命，辛年生人

　　太陽化權、太陰化科在命宮，巨門化祿在福德宮，祿存在酉宮財福線上，財帛宮「雙祿相逢」。對名利積極，能文能武，可為地方首長或在職場中能獨當一面。賦文云：「日月科祿丑未中，定是方伯公。」或「日月同臨加吉，侯伯之材。」為財官雙美格。

四、此星系吉凶注意事項

1. 太陽太陰在丑未坐命，日月為中天主星，最喜「百官朝拱」，而不宜孤立，此性質與紫微星相同。最喜六吉及科權祿來會，賦文云：「日月科祿丑未中，定是方伯公。」又「日月同臨加吉，侯伯之材。」允文允武，可為地方首長或在職場中能獨當一面。

2. 太陽太陰在丑未坐命，最忌擎羊、陀羅、火星、鈴星及化忌沖破，使陰陽二星難以調和，在事業、感情上多波折，較孤苦刑剋。賦文云：「日月最忌羊陀，人離財散。」若遇空劫二星，對錢財較為不利，但性格則光明磊落。

3. 太陽太陰在丑未坐命，未宮太陽得地，較能化解天梁的孤剋，而丑宮的太陽弱陷，是非較多。所以日月在丑未，太陽星不宜化忌，當太陽化忌時，其氣質與天梁彼此相投，增加孤剋之性，個性善變，陰晴不定，令人無法捉摸。
   喜太陽星見吉化，如太陽化權、太陽化祿，則能增加光輝，個性較為開朗。亦喜太陰星見科權祿，但不如太陽見吉化，因太陰星見吉化，未能解天梁之孤剋。

4. 太陽太陰在丑未坐命，日月二星同宮，佔奪了父母、夫妻、子女之位，六親緣薄，一生多操勞奔波，漂泊不定。日月二星，喜會照而不喜同宮坐命。
   若丑未宮坐命而無正曜，日月在遷移來會照，三合為天機巨門和入廟的天同，而非弱陷的天梁，因此少了孤剋之性，賦文云：「日月守不如照，合

蔭福聚，不怕凶危。」而日月二星同宮坐命者，三方所會的天梁弱陷，所以喜天梁化吉，可減少其孤剋性質，但最忌陀羅同度，則天梁孤忌之性最重，影響日月的協調，尤其是婚姻感情上，易因優柔寡斷而起波折，導致人離財散。

五、命盤實例解析

1. 命宮

太陽太陰在丑宮坐命，鈴星同度，沖破日月之間的平衡及融洽，三方再見擎羊、陀羅、化忌沖照，更產生日月之間的紛亂，互相交戰抗爭，事業、感情多波折。賦文云：「日月最忌羊陀，人離財散。」命主日月二星受煞曜沖破，產生日月二星無法調和，思緒不定，情緒紛亂，身心操勞不停，無法平靜，雖一生多在事業與名利中奔忙，但行事難以掌握整體性，易拘於小處計較與琢磨，因此躊躇難定。雖有滿腹的理想與憧憬，卻常在進退中猶豫不決，空有抱負而無法前進。

命主太陽太陰在丑宮坐命，丑宮太陰入廟，較利於命主，端莊嫻雅而自信，事業天梁化科，為人聰敏，在職場上聲譽佳。　`鬼谷子` 品格清高，人人起敬。

但事業宮天梁化科，卻有陀羅同度，天梁在巳宮弱陷，帶孤剋之性，又遇陀羅同度，更為孤剋，且事業多反覆，暗中是非多，使命主心緒難免低沉鬱悶。

命主為公立幼教老師，但並不是本科系出身，所以只能成為約聘人員，工作比正職老師還要重，薪水卻只有正職老師的三分之二。命主日月二星受煞曜沖破，雖想再回到學校進修，完成學分，取得教師質格。卻躊躇裹足不前，在同一所幼稚園，當了十幾年的約聘老師，才再回到學校進修，取得教師資格。　`鬼谷子` 此命識見高明。機謀廣大。是非不定。成敗不常。會支吾。能區處。奈何運限未至。名利難成。會砍大樹木。燒了夾底鍋。巧裏來。拙裏去。方知由命不由人。時至牛羊。自然享福。

天梁陀羅 陷陷 科　　　封諾破碎 **官祿宮** 42-51　　　己巳	七殺左輔祿存火星 　旺　廟廟　　紅鸞天傷 奴僕宮 52-61　　　庚午	文曲文昌擎羊 旺利廟 忌　　　　　寡宿 **遷移宮** 62-71　　　辛未	廉貞右弼天鉞地空 廟 　　　　　　天使 　　　　　　廟 疾厄宮 72-81　　　壬申
紫微天相 得得 　　　　　天月 田宅宮 32-41　　　戊戌			台輔天官天哭 **財帛宮** 82-91　　　癸酉
天機巨門 旺廟 　　天姚八座天虛 福德宮 22-31　　　丁卯			破軍 旺 　　　解神陰煞 子女宮 92-101　　　甲戌
貪狼地劫 平 權　　　天巫天福 父母宮 12-21　　　丙寅	太陽太陰鈴星 不廟得 　　　龍池鳳閣 **命宮** 2-11　　　丁丑	武曲天府天魁 旺廟 祿　　　　　天喜 兄弟宮 112-121　　　丙子	天同天馬　天刑三台恩光天貴孤辰蜚廉 廟 夫妻宮 102-111　　　乙亥

2. 父母宮

　　貪狼化權在父母宮，地劫同度。貪狼化權父母喜主導，地劫同度與父母緣薄。

3. 福德宮

天機巨門在福德宮。身心勞碌不安，患得患失，做事常半途而廢。

4. 田宅宮

紫微天相在田宅宮，三方遇武曲化祿，天魁、天鉞、右弼吉曜會照，能得祖蔭，有現成的產業，中晚年產業豐厚。

行限 32～41 歲，紫微、天相在大限命宮，企圖心強。此限宮干「戊」貪狼化祿在夫妻宮，遇生年貪狼化權，「權祿相逢」會照事業宮。事業宮廉貞、右弼、地空、天鉞同度，廉貞在申宮右弼、天鉞同度，對宮「權祿會照」，能有表現，可擔任要職，但地空同度，虛而不實。命主在公立幼稚園當任幼教老師，雖是約聘老師，卻擔任要職，但薪水卻只有正職老師的三分之二。

5. 事業宮

天梁化科在事業宮，陀羅同度。天梁為清貴之星，最喜化科，聲譽佳。
鬼谷子 品格清高，人人起敬。

但天梁在巳宮弱陷，不易顯達。陀羅同度，事業成敗多端，多反覆，暗中是非多。

行限 42～51 歲，天梁化科、陀羅在大限命宮。天梁為蔭星，具備解厄制化的能力，但若沒災厄，何需化解，故含有災難先來，經歷危難後，得以化險為夷的意味。天梁化科，此限內可創造聲譽，且取得教師資格，但陀羅同度，必同時發生麻煩困擾之事，挫折反覆難免，但皆能化解。此限宮干「己」，文曲化忌在福德宮，遇生年化忌，雙忌在福德宮，婚姻感情多有困擾。命主丈夫懷才不遇多年，此限遇貴人提攜，到外地發展。**鬼谷子** 婚姻：頷下曾啣珠一顆，擬成變化作驪龍。誰知久困旱池內，得勢悠然在此中。

6. 交友宮

七殺在交友宮，左輔、祿存、火星同度。友人、同事，多有助力，但較遲得。祿存同度，易受小人傾擠。

行限 52～61 歲，七殺、左輔、祿存、火星在大限命宮。對宮遷移武曲化祿，「雙祿相逢」時來運轉，有利於事業的發展。此限宮干「庚」武曲化

權在遷移，遇生年武曲化祿，遷移宮「權祿相逢」天魁同度，出外主貴，得貴人提攜。 鬼谷子 收成：時來喜得終身計，遇「馬」逢牛興自加。若見水雛歌舞罷，逍遙馬上樂韶華。

但財帛宮貪狼化權，地劫同度，須防投機而生意外之災。 鬼谷子 祿重秋深却有虧，事當成處變災危。

7. 遷移宮

遷移宮無主星，文曲化忌、文昌、擎羊坐守。借入對宮的太陽、太陰、鈴星，在忙碌中求發展。文曲化忌，才藝受挫，且多是非，白忙一場。 鬼谷子 奈何運限未至。名利難成。

8. 疾厄宮

廉貞在疾厄宮，右弼、地空、天鉞同度。廉貞為陰火，主陰分虛虧，心火躁急。廉貞火入申宮金，主血液循環系統的問題。地空同度，幼兒時期災傷較多。

9. 財帛宮

財帛宮無主星，借入對宮天機、巨門，主競爭甚重，鬧中取財。天機在財帛宮，財帛易變動或波動，財來財去，難以積存。

10. 子女宮

破軍在子女，子女性格剛強，命主一女一子。 鬼谷子 子息：樹頭三枝一果發，惟喜生逢子午年。天賜麒麟興大業，扶持宗祖譽掀天。

11. 夫妻宮

天同在夫妻宮、天馬同度。天同有更新之意義，不利落於夫妻宮，夫妻年齡差距須大或晚婚為宜。天馬同度，丈夫常在外奔波，易有較長的時間不在身邊。 鬼谷子 婚姻：領下曾啣珠一顆，擬成變化作驪龍。誰知久困旱池內，得勢悠然在此中。

12. 兄弟宮

武曲化祿、天府在兄弟宮，天魁同度。武曲為寡宿星，兄弟緣薄，喜見武曲化祿，可化解武曲星之孤剋，兄弟間較融洽，也能得財物之資助。 鬼

谷子　兄弟：澄澈秋空橫五雁，西風吹散一鴻孤。紅蓼白蘋多少興，晚來無礙入平蕪。

六、鬼谷子全盤印證

第六十數　己癸　謙卦　癸卯　品格清高，人人起敬。

判斷：

此命識見高明。機謀廣大。是非不定。成敗不常。會支吾。能區處。奈何運限未至。名利難成。會砍大樹木。燒了夾底鍋。巧裏來。拙裏去。方知由命不由人。時至牛羊。自然享福。

▲花落秋深格

詩云： 祿重秋深却有虧，事當成處變災危。
　　　　耐寒花向深秋秀，怕冷鴛鴦夜半飛。
　　　　忍耐方成中正道，倉忙未是進趨時。
　　　　要知家在重山外，早有功名別有期。

基業： 平生未遇朱衣客，藕在泥中長碧蓮。
　　　　水口有人相顧望，提攜薦引上青天。

兄弟： 澄澈秋空橫五雁，西風吹散一鴻孤。
　　　　紅蓼白蘋多少興，晚來無礙入平蕪。

行藏： 掘石穿泉通巨海，秋深松桂長新花。
　　　　時亨運泰聲名遠，德業惟崇自起家。

婚姻： 頷下曾啣珠一顆，擬成變化作驪龍。
　　　　誰知久困旱池內，得勢悠然在此中。

子息： 樹頭三枝一果發，惟喜生逢子午年。
　　　　天賜麒麟興大業，扶持宗祖譽掀天。

收成： 時來喜得終身計，遇馬逢牛興自加。
　　　　若見水雛歌舞罷，逍遙馬上樂韶華。

15 太陽巨門在寅申坐命：食祿馳名

一、星系結構

太陽巨門在寅申坐命，遷移宮，財帛宮，事業宮皆無主星。

太陽巨門在寅宮坐命

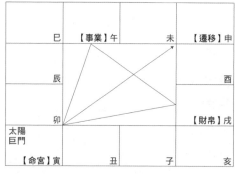

太陽巨門在申宮坐命

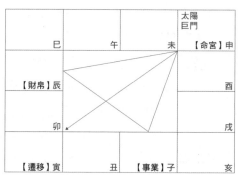

二、格局特質分析

特質 1 太陽巨門在寅申坐命，主奔波、爭執、明暗、口才、競爭等。

　　太陽帶有光芒散射的特性，喜歡自我表現，在鋒芒中易引來非議，為口舌是非爭訟之星。巨門為是非暗曜，此星最大的特色，善於遮蔽別人的光輝，故稱為「暗」。

　　太陽巨門二星皆帶有，口舌是非、明爭暗鬥的特質，在寅申同度，主奔波、爭執、明暗、口才、競爭等。主要性質為口才、傳播與異族的關係。太陽巨門二星皆為動星，在寅申四馬之地，更主驛馬奔波，一生多變動，如移民、留學或需經常到外地出差，也可能是不安一業等。太陽巨門在寅申同度，一明一暗，太陽的光輝，雖可解巨門之暗，但巨門為暗曜，消耗太陽的光與熱。所以此星系寅宮較申宮為優，寅宮的巨日組合，太陽在寅宮入廟，

「旭日東昇」光華正盛，可解巨門的幽暗，個性上較穩重、謹慎、積極、博愛，有遠大的理想與抱負。

申宮的太陽已日落西沉，光與熱較為弱勢，無力化解巨門之暗，衍伸至個性上先勤後惰，虎頭蛇尾，多學少成，處事多周折。

特質 2 此局只有命宮太陽巨門坐守，其財帛宮、事業宮、遷移宮，三方皆為空宮。

太陽巨門在寅申坐命，故稱為「巨日」格局，其財帛宮、事業宮、遷移宮，三方皆為空宮。這種只有命宮太陽巨門坐守，三方皆無主星的特殊格局，因不受其他星曜的牽制影響，故能完全做自己的主宰，展現自我的人格特質，擁有「自我主張」的命格。正因為自我強大，不輕易妥協，所以主孤立無援，因此被界定為「異族」。

這種三方皆為空宮的特殊格局，只能靠本宮的力量，易受外圍環境波動的影響，若是無法獲得有力的扶持，則易成為人事組織變革下的犧牲品。此格局命中遇不遇貴，是否得到有力的扶持與提攜，是重要的關鍵點。這是一種「因人成事」的成就風格。

特質 3 太陽巨門在寅申，為「食祿馳名」。（靠知名度賺錢）

太陽巨門在寅申坐命，為「食祿馳名」。太陽巨門二星皆非財星，其富裕係由貴顯而來，為名大於利。太陽明朗好動，巨門能言善道，此二星同度，善於處理公共關係事務，可發揮社交的長處，適合服務性質或以口舌競爭的行業，先馳名而後有食祿。宜從事律師、教師、民意代表、命相師等動「口」的行業，若有文昌、文曲會照，則更能增添言語的說服力。若有桃花星曜照會，數量多時，亦可往演藝界發展。可先馳名而後富貴，名大利大，名小利小。

特質 4 古曰：「巨日同宮，官封三代。」

太陽巨門在寅申坐命，寅宮較申宮為佳。寅宮的太陽入廟，光華正盛，恰可以解巨門的幽暗，使成美格。為人聰明且才華出眾，古曰：「巨日同宮，官封三代。」家中三代皆有官貴，現今可解釋為任職政府機構，有官格的人或為政治世家，其父親兒子亦如此。因太陽巨門在寅申坐命，這是屬於「機月同梁」的暗格。若三方再有文昌、文曲會照，且再見祿存或化祿，則

能形成「陽梁昌祿」的特殊格局。古曰：「天梁太陽昌祿會，臚傳第一名。」學問好，利於考試，適於公家機構、大規模企業中任職，利於升遷，能位居高階。「機月同梁格」或「陽梁昌祿格」皆適於政府機構中任職。所以古曰：「巨日同宮，官封三代。」

　　太陽巨門在寅申坐命，三方皆無主星，須藉星安宮，事業借入「天同太陰」，財帛借入「天機天梁」。屬於「機月同梁格」的暗格，宜公職或絕藝在身。有了固定的工作，一生才能安定，否則易起伏不定。

三、此星系出生年，天干能量特點

1.太陽巨門在寅申坐命，丙年生人

　　天同化祿在夫妻宮，借入事業宮。天機化權在福德宮，借入財帛宮，祿存在巳宮子田線上，遷移宮「權祿會照」，為財官雙美格

2.太陽巨門在寅申坐命，丁年生人

　　巨門化忌在命宮，為口舌求財。太陰化祿，天同化權在夫妻宮，借入事業宮。天機化科在福德宮，借入在財帛宮。祿存在午宮夫官線上，宜口舌是非相關的行業，如律師、名嘴等。

3.太陽巨門在寅申坐命，庚年生人

　　太陽化祿在命宮，祿存在申宮命遷線上，命遷線上「雙祿相逢」。太陰化科、天同化忌在夫妻宮，借入事業宮，雖較為辛勞，但事業能有成。

4.太陽巨門在寅申坐命，辛年生人

　　巨門化祿、太陽化權在命宮，能言善道，說話講理，領導能力強。天鉞在寅宮命遷線上，天魁在午宮夫官線上，能遇貴人扶持與提攜，名利雙收，為上佳的格局。

5.太陽巨門在寅申坐命，癸年生人

　　巨門化權在命宮，言之成理又有權威性，能取信於人而減少是非。太陰化科在夫妻宮，借入事業宮，祿存在子宮夫官線上，為財官雙美的上佳格局。

四、此星系吉凶注意事項

1. 太陽巨門在寅申，稱為「巨日」。巨日這組星曜，落在十二宮職，則比較偏向該宮職所主管事務。如巨日在命宮，此種巨日則較具多面向，主奔波、爭執、明暗、口才、競爭等。若巨日在夫妻宮，則有異族通婚之兆。巨日在父母宮，上司會是外國人。巨日在事業宮，工作上會與外國人接觸，如導遊、空服員、翻譯、貿易、外交領事人員，或在外商公司工作。巨日在兄弟宮，會認識國外的朋友。現代網際網路普及，很多人透過網路認識國外的朋友，也可算是巨日的特性。

2. 太陽巨門在寅申坐命，其財帛宮、事業宮、遷移宮，三方皆無主星，只能靠本宮的力量。所以必須得祿、權、科，或昌曲、魁鉞、輔弼等星曜，才能得到助力。因此星系為「因人成事」的成就風格。且必須成對會入，愈多愈好，才能名利雙收。

3. 太陽巨門在寅申坐命，這種三方皆為空宮的特殊格局，只有命宮巨日坐守，自我性強大，不輕易妥協，所以主孤。若見煞忌刑耗諸曜多，則為孤立。人生起伏不定，多是非困擾。

4. 巨日這組星系，基本意思為異族或才藝傳播。若見桃花諸曜，則可為演藝界。見科文諸曜，則適宜教育、傳播界。

五、命盤實例解析

1. 命宮

　　太陽巨門在寅宮坐命，陀羅同度。太陽在寅宮入廟，「旭日東昇」能量滿載蓄勢待發，有朝氣與活力，充滿了希望，一生都在向上走，為早發的格局。但陀羅同度，多是非爭執，易受人排擠，一生多反覆進退。**鬼谷子** 進退兩難，有才而無用。

　　命主為音樂老師，在學校成立一個音樂社團，是學生心中的高人氣社團。但每次參加表演或比賽時，學校卻常忘記送件，使一切的努力皆為空忙。太陽巨門在寅坐命，其財帛宮、事業宮、遷移宮，三方皆無主星，只能

紫七　　　　天 微殺　　　　巫 旺平 科 　田宅宮 35-44　　　辛巳	台鳳 　　　　輔閣 　官祿宮 45-54　　　壬午	蜚天 　　　廉傷 　奴僕宮 55-64　　　癸未	天　　　解天孤 鉞　　　神福辰 　遷移宮 65-74　　　甲申
天天左文擎　恩天寡 機梁輔曲羊　光喜宿 利廟　得廟 祿權 　福德宮 25-34　　　庚辰			廉破　　　天龍破天 貞軍　　　刑池碎使 平陷 　疾厄宮 75-84　　　乙酉
天祿火　　　八 相存星　　　座 陷廟利 　父母宮 15-24　　　己卯			右文鈴　　　天天紅 弼昌星　　　月貴鸞 　陷廟 　財帛宮 85-94　　　丙戌
太巨陀　　陰封 陽門羅　　煞誥 旺廟陷 　命宮 5-14　　　戊寅	武貪　　　天天 曲狼　　　姚哭 廟廟 　兄弟宮 115-124　　己丑	天太天 同陰魁 旺廟旺 　　　忌 　夫妻宮 105-114　　戊子	天地天天　三天 府劫空馬　台虛 得 　子女宮 95-104　　　丁亥

靠本宮的力量，主控力並不強，命主受陀羅同的影響，事情在進行期間，往往易受人破壞、排擠，使命主雖有才能，卻難以發揮。

　　太陽巨門在寅宮坐命，陀羅同度。行運喜順行人生較為穩定，命主15～24 歲，大限命宮在父母宮，天相、祿存、火星同度，左右鄰宮天機化祿、天梁化權來夾印，家境良好且富裕，能受父母的庇蔭。25～34 歲，大

限命宮在福德宮，天機化祿、天梁化權、左輔、文曲、擎羊同度，三方又見諸多吉曜會照。命主此限師範藝術學院畢業，順利通過教師資格檢定考，進入教職。 鬼谷子 收成：如逢「龍」虎相爭日，纏成心事遇知音。身回遠浦飛帆急，珠失之時不易尋。

　　有了固定的工作，讓命主一生才能穩定而平順。命主自己、父母、配偶皆為公職人員，此乃古曰：「巨日同宮，官封三代。」 鬼谷子 此命比仙女耕田。天喬汲水。安閒處生出辛苦。享福處不得優游。雖是為人慷慨。見識高明。未免巴巴成三四處規模。區區立一兩番家計。般般親費力。件件自當心。有子不得力。有福享難圖。性直無私，每向恩中招怨。

2. 父母宮

　　天相在父母宮，祿存、火星同度。火星同度，早年有刑剋，或有兩重父母，也表與上司不和或受其箝制。天相見祿存同度，左右鄰宮天機化祿、天梁化權來夾印，能得父母的庇蔭。

3. 福德宮

　　天機化祿、天梁化權在福德宮、左輔、文曲、擎羊同度。福德宮天機化祿、天梁化權、左輔、文曲同度，三方再見諸多吉曜會入，福厚祿重。但有擎羊同度，三方見鈴星、太陰化忌會照，易自尋煩惱，雖有福卻難享。 鬼谷子 此命比仙女耕田。天喬汲水。安閒處生出辛苦。享福處不得優游。

　　行限 25～34 歲，天機化祿、天梁化權、左輔、文曲、擎羊在大限命宮，此限三方又見諸多吉曜會照。命主此限師範藝術學院畢業，順利通過教師資格檢定考，進入教職。有了穩定的工作，一生才能安穩。 鬼谷子 收成：如逢「龍」虎相爭日，纏成心事遇知音。身回遠浦飛帆急，珠失之時不易尋。

4. 田宅宮

　　紫微化科、七殺在田宅宮，自置產業能力佳，中晚年也能得祖業。天梁廕星入福德宮，「權祿相逢」，祖上多產業，能繼承長輩留下來的土地或房產。命主田宅宮見天巫星，家裡常有喜事臨門。

　　行限 35～44 歲，紫微化科、七殺在大限命宮。紫微化科可增加聲望，使聲勢顯赫。但未見「百官朝拱」則為孤君。對宮空劫二星會照，權為虛

權，名為虛名，虛多少實空忙碌。此限宮干「辛」巨門化祿、太陽化權在子女宮，命主在學校成立一個音樂社團，是學生心中的高人氣社團。但每次參加表演或比賽時，學校卻時常忘記送件，使一切的努力皆為空忙。

5. 事業宮

事業宮無主星，較懷才不遇。借入對宮天同、太陰化忌、天魁。太陰化忌，心有餘而力不足，有志難伸，在工作上常吃女性主管的暗虧。**鬼谷子進退兩難。有才而無用。**

行限 45～54 歲，大限命宮無主星，雖日月並明會照，但太陰化忌對沖，只宜退守以靜制動較吉，出外易吃暗虧，多辛勞奔波，徒勞無功。

6. 交友宮

交友宮無主星，借入對宮武曲貪狼。武貪為物慾之星，多酒肉朋友，欠缺助力。

行限 55～64 歲，大限命宮無主星，三合「府相朝垣」，武曲貪狼在遷移宮，出外忙碌。此限三方貪狼與火星，形成「火貪格」，有橫發之象。但此限宮干「癸」貪狼化忌，構成不良因素，易橫發橫破。事業宮天府、地空、地劫、天馬同度，多奔波勞碌而無功。

7. 遷移宮

遷移宮無主星，出外奔忙。天鉞坐守，三方遇天機化祿、天梁化權、天魁、左輔、文曲吉曜會照，出外有貴人提攜相助。但見太陰化忌、陀羅、擎羊，多口舌是非。.

8. 疾厄宮

廉貞破軍在酉宮。廉貞破軍，主結石或意外受傷。

9. 財帛宮

財帛宮無主星，右弼，文昌，鈴星坐守，借入對宮天機化祿、天梁化權、左輔、文曲、擎羊。天機天梁為智慧進財，見「權祿相逢」錢財富裕。文昌、文曲，為才藝之財。左輔、右弼，貴人相助得財。鈴星、擎羊，為辛苦進財。

10. 子女宮

天府在子女宮，地空、地劫、天馬同度。天府在子女宮，子女敦厚、孝順。地空、地劫同度，養育子女較為辛苦，命主先花後果為吉。天馬同度，子女活潑好動，反應快。 鬼谷子 子息：幾朵花開逢夜雨，秋深能得果應佳。龍門有客傳消息，撫字觀風閭里跨。

11. 夫妻宮

天同、太陰化忌在夫妻宮，天魁同度。女命逢太陰化忌，在夫妻宮，代表自己較勞碌辛苦。宜遲婚或比自己年長的丈夫，可減少許多煩心事。 鬼谷子 婚姻：鷗鷺逍遙游沼內，月明鴛侶竟如何。相逢千里人情好，閨閣深沉興更多。

12. 兄弟宮

武曲貪狼在兄弟宮。兄弟各自發展，緣分較薄。三方見紫微化科，可得兄弟或友人的益蔭，但不可爭權。 鬼谷子 兄弟：二雁空中嘹嚦過，要爭先後不和同。失羣失友江山外，吳越平分一夜風。

六、鬼谷子全盤印證

第十五數　乙戊　漸卦　戊子　進退兩難，有才而無用。

判斷：

此命比仙女耕田。天喬汲水。安閒處生出辛苦。享福處不得優游。雖是為人慷慨。見識高明。未免巴巴成三四處規模。區區立一兩番家計。般般親費力。件件自當心。有子不得力。有福享難圖。性直無私，每向恩中招怨。

▲雀立松林格

詩云：生身出處雀離巢，飛向青松立樹梢。
　　　　學問不求終是去，箕裘重整未能拋。
　　　　雲迷雁陣飛難續，雨打鴛鴦頸不交。
　　　　骨肉親情難共處，艱辛盡是命中招。
　　　　栽花種果待時來，待到斜陽月上臺。
　　　　初事莫嫌成又破，田園花木喜重開。

基業：松青柳綠鶴離巢，飛近青雲透碧霄。
　　　何事尚淹塵土厄，蓋緣枝葉未相拋。

兄弟：二雁空中嘹嚦過，要爭先後不和同。
　　　失羣失友江山外，吳越平分一夜風。

行藏：卓立河邊豬遇犬，此時平地上雲梯。
　　　兼金美玉桑榆景，自有高人為品題。

婚姻：鷗鷺逍遙游沼內，月明鴛侶竟如何。
　　　相逢千里人情好，閨閣深沉興更多。

子息：幾朵花開逢夜雨，秋深能得果應佳。
　　　龍門有客傳消息，撫字觀風閭里跨。

收成：如逢龍虎相爭日，纔成心事遇知音。
　　　身回遠浦飛帆急，珠失之時不易尋。

16 太陽天梁在卯酉坐命：
卯宮「日出扶桑」主官貴

一、星系結構

太陽天梁在卯酉坐命，對宮無主星，財帛太陰在巳亥，事業在丑未無主星。

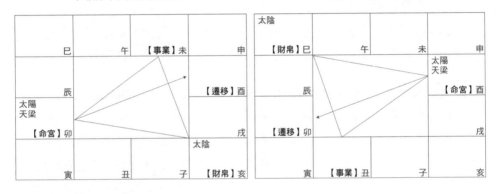

太陽天梁在卯宮坐命　　　　　　　　太陽天梁在酉宮坐命

二、格局特質分析

特質 1 太陽天梁二星皆為貴星，貴星入命宮者，吉則祥和貴顯，凶則主孤剋。

太陽天梁在卯酉同度，兩星有著強烈的互補性，當然也存在著矛盾和衝突。太陽星樂觀、開朗、自信、散發熱情，照耀萬物帶來溫暖，但這些通通是向外的，對內則距離太近，卻反而容易被刺目所傷，帶有刑剋。

天梁為蔭星、謹慎、保守，性質卻帶孤忌，原則性強，被稱為刑憲之星。太陽天梁二星皆為貴星，凡貴星入命宮者，吉則祥和貴顯，凶則主孤剋，不利六親。所以兩星同宮必須要調和，星曜性質才能祥和而互補，使成美格，一生平順，貴顯名揚。相反的，太陽天梁兩星若未能調和，則使天梁「刑」星的特質彰顯，星曜性質產生衝突，則為孤忌，影響一生的命運。

特質 2 太陽天梁皆為貴星，在卯宮入廟坐命，不是出生富貴之家，即是早遂青雲志。

太陽天梁在卯宮二星皆入廟，卯宮的太陽上午五時至七時，是旭日東升之時，稱為「日照雷門」格。太陽的光和熱可化解，天梁星的孤剋之性，減弱天梁「刑」星的特質，讓天梁「蔭」星的能量得以彰顯，朝向正面發展。三方財帛宮的太陰在亥位，稱為「月朗天門」格，是太陰所喜的位置。

此格局「日月並明」適得其位，有相當的高貴度。太陽天梁二星皆為貴星，在卯宮入廟坐命，此格之人，為人祥和慈善，有高雅的氣質與領導力，具有老大風範，樂善好施，喜助於人。如不是出生於富貴之家，就可能早遂青雲志。再見日生之人，尤為上乘。

太陽在卯宮為「朝日東昇」之時，而白晝出生的人，更能與卯宮的太陽相互輝映。若三方還能會萃成「陽梁昌祿」的特殊格局，則更利於競爭。

特質 3 太陽天梁在酉宮，性格較偏於天梁星，帶有孤剋的忌性。

太陽天梁在卯酉坐命，聰明好探討與研究，對任何學問或技術，皆能學有所成，且能登峯造極。但兩宮的基本性質多有差異。酉宮的太陽為下午五時至晚上七時，已「落日西沉」，晚霞雖豔麗，只是近黃昏。其光度的持久力不夠，處事先熱後冷，缺乏定性，多學少成，雖然也能學有所成，但聲名遠非卯宮之盛，古曰：「貴而不顯，秀而不實。」且同宮的天梁也只是處於得位，古曰：「梁酉月巳，卻做飄蓬之客。」一生較飄蕩，離鄉背井，遊離無根，懷才不遇，辛苦勞碌奔波卻徒勞無功，且多是非爭訟。

太陽天梁在酉宮，較偏於天梁的性格，帶有孤剋的忌性，故多對哲學、宗教有獨特的人生觀。早年辛勞，中晚年始可發展，屬異路功名。無論男女命，均有感情的波折，不宜早婚，晚婚為宜。

三、此星系出生年，天干能量特點

1.太陽天梁在卯酉坐命，甲年生人

太陽化忌在命宮，擎羊在卯宮命遷線上，與雙親緣薄，不利少年。人生歷程多驚險、坎坷與是非，須歷經艱辛方能成大器，為「變景」。

2.太陽天梁在卯酉坐命，辛年生人

太陽化權在命宮，巨門化祿在夫妻宮會照事業，祿存在酉宮命遷線上，命宮「權祿相逢」，財官雙美。

3.太陽天梁在卯酉坐命，壬年生人

天梁化祿在命宮，祿存在亥宮財福線上，「雙祿相逢」，天魁在卯位命遷線上。為財官雙美。

四、此星系吉凶注意事項

1. 太陽天梁主競爭，在卯酉宮坐命，其事業宮、遷移宮均無主星。但太陽天梁在卯宮坐命者，事業在未宮，雖無主星，三合卻有「日卯月亥」來朝，稱為「明珠出海」格，利於科考、競爭，在事業上也能夠得到貴人的提攜和幫助，有「早發」，平步青雲之象，貴顯名揚。

   酉宮的太陽天梁，事業在丑宮，雖然一樣有日月來朝，但卻「日月反背」，為「失輝」，基礎空虛，秀而不實，貴而不顯，貴人的助力不大，宜專技進財。

2. 太陽天梁在卯酉坐命，帶有孤忌的性質，對於六親有離別之象，然而離別仍有吉凶的分別。以離鄉背井為例，吉者可能出國求學或外地工作，凶者則為孤剋，是迫於環境的無奈而離別。

3. 太陽天梁在卯酉坐命，一生多感情煩惱。此局男命較佳，女命不宜太陽入命，好勝心強，易婦奪夫權，婚姻生活較不美滿。因太陽為女命的桃花星，雖異性緣好，若再遇桃花星曜，則不得安寧。尤其是太陽星落陷，女命則不利丈夫，若遇煞曜沖破。若非丈夫體弱多病，即是丈夫事業不振或不負責任，亦刑剋生離。

4. 太陽化忌在命宮，多有視力障礙，若陷地再遇煞曜，須注意視力的保養，與是非刑訟。

五、命盤實例解析

天機 陀羅 天馬 平陷　　　三台 福德宮 106-115　　　己巳	紫微 祿存 火星 廟廟廟　　解神 陰煞 田宅宮 96-105　　　庚午	擎羊 鈴星 廟利　　　　　天刑 官祿宮 86-95　　　辛未	破軍 天鉞 地劫 得　　紅鸞 孤辰 天傷 奴僕宮 76-85　　　壬申
七殺 廟　　　　　寡宿 父母宮 116-125　　　戊辰			天官 八座 遷移宮 66-75　　　癸酉
太陽 天梁 廟廟 科　台輔 恩光 天貴 鳳閣 蜚廉 命宮 6-15　　　丁卯			廉貞 天府 利廟　天月 天使 疾厄宮 56-65　　　甲戌
武曲 天相 左輔 地空 得廟 祿　天巫 天福 天喜 兄弟宮 16-25　　　丙寅	天同 巨門 文曲 文昌 不不廟廟 忌　天虛 破碎 夫妻宮 26-35　　　丁丑	貪狼 右弼 天魁 旺 權 子女宮 36-45　　　丙子	太陰 廟　天姚 封誥 天哭 龍池 財帛宮 46-55　　　乙亥

1. 命宮

　　太陽、天梁化科在卯宮坐命，稱為「日照雷門」格。但太陽為中天主星，不宜孤立，須有百官朝拱，才能增添其貴顯，並拉大其格局。命主三方

四正皆無六吉星來會，又見擎羊、鈴星來刑剋，較偏於天梁星的性格。天梁為為刑憲之星，個性固執剛烈，又見擎羊、鈴星來刑剋，更加強剛毅固執之性。太陽天梁二星主競爭，命主三方未見祿，又無六吉星來會，只見擎羊、鈴星來刑剋，無法貴顯，格局不大，只是出生於富裕家庭。命主受擎羊、鈴星的刑剋，人生路途上必多驚險，但天梁化科也可適時化解各種困難。鬼谷子 此命性剛有膽氣。見快有商量。假饒十步生九計。只得身安心未閒。只因心直口快。出處當如虎營窟。休嫌時未至。隨分獨支吾。踏破鐵鞋無覓處，時來全不費工夫。

　　太陽天梁二星主競爭，命主命盤三方未見祿，又無六吉星來會，較無貴人相助，只能看行運 36～45 歲。此限貪狼化權，右弼、天魁同度。貪狼化權，人生積極。右弼、天魁同度，有貴人相助。此限貪狼化權與對宮火星，形成「火貪格」主突發格局。鬼谷子 箭上弓弦隨兔「鼠」，騎龍跨馬上天庭。

　　「火貪格」皆適合離鄉背井至遠地發展，出外多機會。且太陽天梁二星主競爭，財利多來自異鄉。鬼谷子 基業：富貴誰知祿位艱，年來月去幾淒然。因逢水口人相會，即鹿江邊卻有緣。行藏：立志興功多財祿，特恩必遇一高賢。天邊好事重相見，幾久成名在水邊。

　　太陽天梁在卯宮坐命，行運順走較有作為，逆行者較安享，所以命主行運宜遇「火貪格」。

2. 兄弟宮

　　武曲化祿、天相在兄弟宮，左輔、地空同度。武曲化祿、左輔同度，兄弟能發，財力佳，有助力。地空同度，兄弟各分東西。鬼谷子 兄弟：孤飛一雁三山潤，楚漢重遊音信徐。獨處江邊多少興，提攜策釣上漁磯。

3. 夫妻宮

　　天同巨門在夫妻宮，文曲化忌、文昌同度。天同、巨門這組星系，在夫妻宮多有感情上的隱憂，不利婚姻，配偶年齡相差越多越吉。命主再見文曲化忌同度，在言語及思想上不易溝通，常因誤會而感情受到傷害，多有不足為外人所道的感情困擾，造成內心的痛苦，在婚姻中的感情充滿哀怨與情愁。鬼谷子 婚姻：愁聽呢喃梁燕語，徘徊常有墜巢憂。忽晴忽雨不久長，

人在高堂月在樓。

行限 26～35 歲，天同、巨門、文曲化忌、文昌在大限命宮。天同巨門在丑宮弱陷，又見文曲化忌，此為之「刑福」，在感情與能力上發生阻礙。巨門為暗曜入陷地，又逢對宮擎羊、鈴星沖照，形成「巨鈴羊」的惡格，古云曰：「巨鈴羊，終身縊死。」此限行運在夫妻宮，婚姻發生波折而離婚，造成命主內心哀愁與怨恨，灰心而喪志，放棄奮鬥，萎靡不振。鬼谷子 出處當如虎營窟。休嫌時未至。

4. 子女宮

貪狼化權在子女宮，右弼、天魁同度，子女為貴。但須注意兩代感情，初時融洽後期卻冷。鬼谷子 子息：誰道後園花茂盛，恐驚鶯去只空枝。早尋風月為知己，免學秋來宋玉悲。

行限 36～45 歲，貪狼化權、右弼、天魁在大限命宮。貪狼為慾望之星，化權更加強其主動積極。再見右弼、天魁同度，則有貴人相助，有如旱地逢甘霖，來的是時候且相得益彰。貪狼化權在大限命宮，對宮火星會照，形成「火貪格」為突發格局。命主離鄉出外發展，得遇貴人提攜。鬼谷子 箭上弓弦隨兔「鼠」，騎龍跨馬上天庭。

命主太陽天梁在卯宮坐命，行運逆行較安享，所以行運喜宜遇「火貪格」。鬼谷子 基業：富貴誰知祿位艱，年來月去幾淒然。因逢水口人相會，即鹿江邊卻有緣。行藏：立志興功多財祿，特恩必遇一高賢。天邊好事重相見，幾久成名在水邊。

5. 財帛宮

太陰在財帛宮。太陰在亥宮入廟，一生財富甚豐，對宮天機，白手起家。三方見鈴星、擎羊、陀羅易有破耗，最好技藝起家，否則財來財去。

行限 46～55 歲，太陰在大限命宮。此限宮干「乙」太陰化忌在命宮，太陰在亥宮入廟化忌，為「變景」。命主在外雖艱辛，卻反能成其業。天機化祿在遷移宮，在外繁忙，雖得財卻多是非。天梁化權、祿存在事業宮，遇生年天梁化科，事業「科權相逢」，主貴，祿存同度，財官雙美。財帛宮無主星擎羊、鈴星坐守，對宮天同、巨門、文曲化忌、文昌，因色而破財。

6. 疾厄宮

廉貞為陰火，天府為陽土，易因脾胃之疾，引起濕熱症。陽梁坐命之人，中年易有發福之象，需注意血液循環不良。

行運 56～65 歲，廉貞、天府在大限命宮，三合見「雙祿會照」。此限宮干「甲」廉貞化祿在命宮。武曲化科在事業宮，遇生年武曲化祿，事業「科祿相逢」，財官雙美，有財有庫，人生大豐收。但太陽化忌在交友宮，遇生年天梁化科，「科忌相逢」，先吉後凶，命主與老闆理念不合，最後毅然離去。

7. 遷移宮

遷移宮無主星，出外勞碌奔波，心神不寧。太陽天梁主競爭，出外多機會，財利多來自異鄉。

8. 交友宮

破軍在交友宮，地劫、天鉞同度。破軍獨坐友宮，主孤立。天鉞同度，有貴人相助力。地劫同度，因友多破耗。

9. 事業宮

事業宮無主星，鈴星、擎羊坐守，為「鈴羊格」。命主從事專門技術性的職業，早年艱辛，中晚年能有所成。 鬼谷子 基業：富貴誰知祿位艱，年來月去幾淒然。因逢水口人相會，即鹿江邊卻有緣。

10. 田宅宮

紫微在田宅宮，祿存、火星同度。紫微、祿存在田宅宮，產業豐富，火星同度有火災之驚，須防「馬年」。 鬼谷子 遇馬須防水火災。

11. 福德宮

天機在福德宮，陀羅、天馬同度。天機在巳宮弱陷，多學少精，易鑽牛角尖。陀羅、天馬同度，更增加其動盪，漂泊勞碌。 鬼谷子 一世顛沛，乏人援救。

12. 父母宮

七殺在父母宮。易有代溝，再見寡宿星同度，主孤。宜離家發展。

六、鬼谷子全盤印證

第五十二數　己乙　升卦　乙酉　一世顛沛，乏人援救。

判斷：

此命性剛有膽氣。見快有商量。假饒十步生九計。只得身安心未閒。只因心直口快。出處當如虎營窟。休嫌時未至。隨分獨支吾。踏破鐵鞋無覓處，時來全不費工夫。

▲雲散月明格

詩云： 千方百計巧經營，雲散長空月再明。
　　　　夜雨打花二遍謝，秋風結子一枝榮。
　　　　雁行斷續飛三隻，鴛侶聯眠恐一驚。
　　　　箭上弓弦隨兔鼠，騎龍跨馬上天庭。

基業： 富貴誰知祿位艱，年來月去幾淒然。
　　　　因逢水口人相會，即鹿江邊卻有緣。

兄弟： 孤飛一雁三山潤，楚漢重遊音信徐。
　　　　獨處江邊多少興，提攜策釣上漁磯。

行藏： 立志興功多財祿，特恩必遇一高賢。
　　　　天邊好事重相見，幾久成名在水邊。

婚姻： 愁聽呢喃梁燕語，徘徊常有墜巢憂。
　　　　忽晴忽雨不久長，人在高堂月在樓。

子息： 誰道後園花茂盛，恐驚鶯去只空枝。
　　　　早尋風月為知己，免學秋來宋玉悲。

收成： 逢羊莫向重山去，遇馬須防水火災。
　　　　自有福神相護佑，扶持際會福神來。

17 太陽在辰戌坐命：
辰宮「日遊龍門」，少年顯達

一、星系結構

太陽在辰戌坐命，對宮為太陰，財帛巨門在子午，事業在寅申無主星。

太陽在辰宮坐命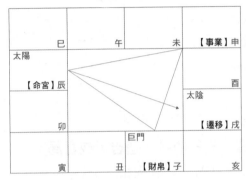

太陽在戌宮坐命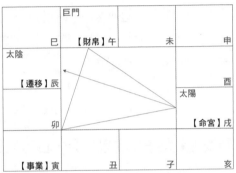

二、格局特質分析

特質 1 太陽在辰戌坐命，日月一坐一照，容易調和。

太陽在辰戌二宮，對宮太陰會照，由於日月一坐一照，是相對而不是同宮的關係，沒有丑未宮的日月同宮，陰陽互相矛盾，產生彼此牽制拖累的複雜與矛盾，反而容易調和，勞碌奔忙的性質相對較輕。所以太陽在辰宮，稱為「日遊龍門」，主少年顯達。

太陽在戌宮，雖「日月反背」的格局，但光芒收斂，見化吉或吉曜反可成富局。

特質 2 太陽在辰戌二宮，對宮太陰正照，使太陽拖累甚重為之吃緊。

太陽五行屬火，火的特性是「急躁」、「揮發」，帶有光芒散射浮誇的性質，易鋒芒畢露，因此還帶有刑剋及是非的意味。太陽與巨門、天梁、太陰三顆星曜關係密切，在十二宮中必定產生會照或同度。

太陽在辰戌二宮，受對宮太陰正照的影響，三合又需化解巨門的幽暗，還要照料天梁的孤剋，使太陽更為吃緊，若無科權祿貴顯的星曜或「百官朝拱」，則容易空虛不實，若再見煞忌，則擴散太過，凡事易強出頭而招惹是非，使精神壓力甚重。

特質 ③ 太陽在辰宮坐命，日初東升，少年得志。

太陽在辰宮坐命，日初東升充滿希望與朝氣，對宮太陰在戌宮入廟旺勢，日辰月戌「日月並明」宮位吉祥，無論男女皆主少年得志，且有耕耘即有收穫，一生事業頗有所表現，可擔任要職，功名顯達，握權近貴，富由貴而來。即使有煞星加會，成就也在一般人之上。

太陽在辰宮，光輝燦爛，為人熱情正直，重面子，好排場，聰明記憶佳，口才好，目標遠大。

但容易擴散太過，虛空而不實，驕矜自負，凡事易強出頭而招災怨，精神壓力甚重。喜科權祿貴顯星曜或六吉星，來收斂太陽的發射太過。

特質 ④ 太陽在戌宮坐命，日藏光輝，光芒收斂，遇吉可成富局。

太陽在戌宮坐命，戌時為晚上七點至九點，太陽已西落，無光和熱，一生較勞碌奔波，但環境艱苦反能磨練堅強的意志，而成就大器。太陽帶有光芒散射的性質，在戌宮日藏光輝，光芒收斂，見化吉或吉曜反可成富局。

太陽代表父親，太陰代表母親，也代表早年貴人。太陽在戌宮坐命，為「日月反背」的格局，六親緣薄，早年較為坎坷，與父母緣分淡薄，也缺較乏父執輩的提攜。

由於出生的環境條件就比別人差，因此宜出外發展，才能有新的機會，留在家鄉得不到親人庇護，反而容易受困。須自力奮鬥，白手起家，多宜亂世或異路功名，也能時勢造英雄，在逆境混亂中去開創出新格局，一生勞碌辛苦，披星戴月難免。

此局可視之為「桃花格」，多感情困擾，女命太陽陷地，夫星不美，宜晚婚。男命太陽失輝，中年易有倦勤之意。

特質 ⑤ 太陽在辰戌坐命，財帛宮巨門在子午宮，為「石中隱玉」格。

太陽在辰戌坐命，事業宮在寅申無主星，借入對宮天同天梁，同梁的性質主飄蕩，一生勞碌奔波。

財帛宮巨門在子午，有一個不錯的名稱，叫「石中隱玉」格，玉隱石中光華內斂，最喜沉潛，若鋒芒太露，易招致損失。

財帛宮巨門在子午，受到對宮天機動星的影響，會有財來財去的現象，錢財不宜外漏，易招致損失。

財帛宮巨門在子午，早年必艱辛，中年後可脫穎而出，唯發達之後，若鋒芒太露者，易成為他人攻擊目標，若驕奢淫佚，亦往往因此致敗，且易一蹶不振。

此格最喜科權祿三方四正來會，主名聲顯揚，財務穩實。亦喜巨門與祿存同宮，會自我約束。

三、此星系出生年，天干能量特點

1.太陽在辰戌坐命，庚年生人

太陽化祿在命宮，太陰化科在遷移宮，「科祿相逢」，名聲顯揚。祿存在申宮夫官線上，財務穩實，但較奔波忙碌。

2.太陽在辰戌坐命，辛年生人

太陽化權在命宮，巨門化祿在財帛宮，「權祿相逢」，天魁在午宮財福線上，天鉞在寅宮夫官線上，魁鉞雙貴星會照，為「天乙拱命格」，一生近貴，常有貴人扶助，富貴聲揚。

3.太陽在辰戌坐命，癸年生人

巨門化權在財帛宮，太陰化科在遷移宮，「科權會照」命宮，祿存在子宮財福線上，能而自我約束，沉穩而內斂，循序漸進，成就好。

四、此星系吉凶注意事項

1. 太陽本身帶有光芒散射的性質，在辰戌宮坐命，受對宮太陰正照的影響，三合又需化解巨門的幽暗，還要照料天梁的孤剋，使太陽為之吃緊，須有科權祿貴顯星曜或六吉星來會，才能使太陽不變空虛，而能有所表現。否則凡事易強出頭而招災怨，精神壓力甚重，因太陽為詞訟及口舌是非之

星。

2. 太陽為中天主星，喜百官朝拱，此性質與紫微星相同，不宜孤立，故喜見輔弼、魁鉞、昌曲、祿存、天馬及祿權科等諸吉的會照，太陽亦喜三台、八座、恩光、天貴等夾或拱，可增加威勢。

3. 太陽在辰戌坐命，甲年生人，命宮有太陽星化忌。須防眼睛上的疾病，近視、散光等情形。

4. 太陽在辰戌坐命，若見昌曲、輔弼等吉曜，辰宮的太陽的資源豐富，背景佳，少年得志，富貴雙全。戌宮的太陽，「日月反背」宜離家出外發展，適合技藝謀生為異路功名，早年辛勞，晚年有成，只是付出的辛苦與收穫不成比例。

5. 太陽在戌宮，甲年生人，太陽化忌，又遇煞星，個性較樸實，不浮華，反能在辛苦後有所收穫。

五、命盤實例解析

1. 命宮

太陽在戌宮坐命，地空、火星同度。太陽在戌時，為晚上七點至九點，太陽已日落西沉無光和熱，人生辛勞難免。命主太陽弱陷又逢火星、地空同度，與父母緣薄，六親無靠，早年貧困坎坷，艱苦的環境反能磨練命主，堅強肯認命的個性，雖然勞碌辛苦，反能成就大器。

行限 6～15 歲，太陽在戌宮弱陷，火星、地空同度。此限宮干「甲」，太陽化忌，更加強命主早年的貧困與坎坷。命主四歲母親即離家不知去向，父親又終日酗酒、嗜賭，幼年飽受親友冷嘲熱諷，在如此糟糕的環境中生活，讓他更加堅強認命，十三歲即出外工作賺錢養家。 **鬼谷子** 欲罷塵行望碧霄，奈何羽翼未堅牢。

命主太陽在戌宮坐命，火星、地空同度。第一大限又逢宮干「甲」，太陽化忌，幼年環境雖堅苦坎坷，但命運會如倒吃甘蔗，先苦後甜漸入佳境，中年交運發跡。唯發達之後，尚有意外風波，凡事不宜張揚，行事應低調沉潛，可安然渡過危機。 **鬼谷子** 中年交運，尚有意外風波。行藏：身行半夜風波險，自遇羊頭有刀持。得在岸邊平穩處，桑榆月照有光輝。

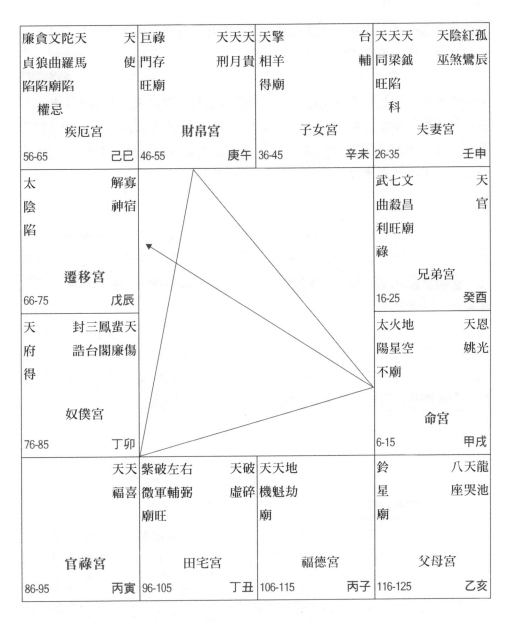

廉貪文陀天　　　天 貞狼曲羅馬　　　使 陷陷廟陷 　權忌 　　疾厄宮 56-65　　　　　己巳	巨祿　　　　天天天 門存　　　　刑月貴 旺廟 　　　財帛宮 46-55　　　　　庚午	天擎　　　　　　台 相羊　　　　　　輔 得廟 　　　子女宮 36-45　　　　　辛未	天天天　　天陰紅孤 同梁鉞　　巫煞鸞辰 旺陷 　　科 　　　夫妻宮 26-35　　　　　壬申
太　　　　　解寡 陰　　　　　神宿 陷 　　　遷移宮 66-75　　　　　戊辰			武七文　　　　　天 曲殺昌　　　　　官 利旺廟 祿 　　　兄弟宮 16-25　　　　　癸酉
天　　　封三鳳蜚天 府　　　誥台閣廉傷 得 　　　奴僕宮 76-85　　　　　丁卯			太火地　　　　天恩 陽星空　　　　姚光 不廟 　　　　　命宮 6-15　　　　　甲戌
天天 　　　　　　福喜 　　　 　　　官祿宮 86-95　　　　　丙寅	紫破左右　　　天破 微軍輔弼　　　虛碎 廟旺 　　　田宅宮 96-105　　　　丁丑	天天地 機魁劫 廟 　　　福德宮 106-115　　　丙子	鈴　　　　　八天龍 星　　　　　座哭池 廟 　　　父母宮 116-125　　　乙亥

　　命主太陽在戌宮坐命，火星、地空同度，事業在寅宮，無主星，借入對宮的天同、天梁化科、天鉞，能在辛苦勞碌中建立事業。財帛宮巨門喜祿存同度，會自我約束，鋒芒不外露，才能不招損失，使財務穩實。命主雖「日月反背」又有火星、地空同度。但三方見天梁化科、祿存、天鉞，使命主在堅困中能開創有成。夫妻兩人同心協力，在 37 歲就買了三棟房子。**鬼谷子**

日上萬峯雪漸消，誰將新木接新條。利名本是鎡基有，成敗皆因命裏招。

太陽主散，不喜過分散射熱力，在戌宮的太陽日藏光輝，光芒收斂，遇化科、祿存、天鉞，使太陽不變空虛，能有所表現，反可成富局。 鬼谷子 此命機謀有智。奸狡多疑。有權柄。會操持。無緣招嫡子。有分娶賢妻。生帶三刑七殺。身防肉破皮行。財帛向外方積聚。富貴在家內施為。只因朝暮奉善。到處方便慈悲。得意濃時休進步。臨期省得失便宜。若問六親兄弟分。落花流水各東西。

2. 兄弟宮

武曲化祿、七殺在兄弟宮，文昌同度。武曲為寡宿星，兄弟緣薄。武曲不喜遇文昌同度，因彼此氣質不相同，一個同父異母的哥哥，兄弟各分東西。 鬼谷子 兄弟：雁飛指字遇瀟湘，兩隻悲鳴入楚鄉。惟有孤鴻霄漢遠，江山若蓼積餘糧。

行限 16～25 歲，武曲化祿、七殺、文昌在大限命宮。命主少年時期行運，遇武曲化祿，一腦子想賺錢。此限父母宮太陽在戌宮，「日月反背」又逢火星、地空同度，無法受到父母的照顧，生活環境艱苦，自立更生賺錢養家。 鬼谷子 基業：欲罷塵行望碧霄，奈何羽翼未堅牢。

3. 夫妻宮

天同、天梁化科在夫妻宮，天鉞同度。配偶溫雅貌美，善理家務。天梁化科、天鉞同度，有吉星扶助，婚後際遇良好，在事業上，經濟上能得到妻子的幫助。 鬼谷子 有分娶賢妻。

行限 26～35 歲，天同、天梁化科、天鉞在大限命宮。主白手興家的運勢。此限宮干「壬」，天梁化祿在命宮，遇生年天梁化科，命宮「科祿相逢」，主富貴，可白手興家，但在得財後即帶來是非的困擾，且事端隨後即至。此限武曲化忌在父母宮，遇生年武曲化祿，「祿忌相沖」，產生是非糾紛困擾。（命主 26 歲父親逝世，28 歲結婚之前，失蹤的母親突然回來。）

4. 子女宮

天相在子女宮，擎羊同度。個性剛毅，主刑剋，須先花後果可解。左右兩鄰有有祿存與天梁化科來夾印，形成「財蔭夾印」、「科蔭夾印」，對宮又見輔弼二星會照，子女主貴。 鬼谷子 子息枝頭三果弄清香，兩果凋零晚

見傷。若見犬羊悲後喜，龍飛鳳舞獨翱翔。

行限 36～45 歲，天相、擎羊在大限命宮。左右兩鄰有祿存與天梁化科來夾印，形成「財蔭夾印」、「科蔭夾印」，對宮遷移又見輔弼二星，此限宮干「辛」巨門化祿在鄰宮，遇生年祿存同度來夾印，形成「雙祿夾印」，財祿富厚。但天相擎羊同度，形成「形印」的格局，恐有風波，行事不宜急躁，財富不可張揚，易遭人陷害。鬼谷子 得意濃時休進步。臨期省得失便宜。行藏：舟行半夜風波險，自遇羊頭有刀持。得在岸邊平穩處，桑榆月照有光輝。

此限在子女宮，須注意與子女之間的互動，不宜過度強勢，以免產生刑傷。

5. 財帛宮

巨門在財帛宮，祿存同度。巨門在午宮，稱為「石中隱玉」格，最喜祿存同度，財祿豐盈穩定，命主中年後可脫穎而出。唯早年必須艱苦，中年發達後需內斂，最忌鋒芒太露。三方空劫二星會照，則有耗損。

行限 46～55 歲，巨門、祿存在大限命宮。此限宮干「庚」，太陽化祿在事業宮，太陰化科在夫妻宮會照事業，事業宮「科祿相逢」，主富，此限財官雙美。但三方空劫二星會照，恐多有耗損，行事不宜鋒芒太露或強出頭而招錢財破損。

6. 疾厄宮

廉貞、貪狼化權在疾厄宮，文曲化忌、天馬、陀羅同度。廉貞貪狼在巳宮弱陷，多病災，又逢文曲化忌須防血管、經絡的毛病，及眼疾、骨折。陀羅同度不易治療。

7. 遷移宮

太陰主靜、主藏，出外不宜與人競爭或爭鬥。太陰在辰宮，「日月反背」，勞碌辛苦，披星戴月，日夜顛倒難免。三方天魁、天鉞會照，出外有貴人扶助。地空、地劫會照，出外易無端奔忙。

8. 交友宮

天府在交友宮。擇友謹慎，只是點頭之交而已，卯宮弱陷交遊面較為窄

小。會武曲化祿，得朋友的助力。擎羊，鈴星，用真心待人反成不是。

9. 事業宮

事業宮無主星，較勞碌。借入對宮天同、天梁化科、天鉞，白手創業或由小而大，祿存、天梁化科會照，事業鼎盛，財官雙美。火星、地空會照，需在勞碌艱苦的環境中才能有所收穫。

10. 田宅宮

紫微破軍在田宅宮，左輔右弼同度，紫破在田宅宮，有祖業或現成家業，三方擎羊、陀羅、文曲化忌會照，命主幼年家產退敗。貪狼化權、武曲化祿、文昌、天馬會照，能自置產業且豐盛，以舊宅為宜。

11. 福德宮

天機在福德宮，地劫、天魁同度。天機在福德宮，患得患失，多思慮。地劫同度，勞碌奔波，難安寧。天魁同度，多有貴人相助。

12. 父母宮

父母宮無主星，與父母緣薄。鈴星坐守，有刑傷、刑剋，早年易有生離死別。

六、鬼谷子全盤印證

第五十四數　己丁　坤卦　中年交運，尚有意外風波。

判斷：

此命機謀有智。奸狡多疑。有權柄。會操持。無緣招嫡子。有分娶賢妻。生帶三刑七殺。身防肉破皮行。財帛向外方積聚。富貴在家內施為。只因朝暮奉善。到處方便慈悲。得意濃時休進步。臨期省得失便宜。若問六親兄弟分。落花流水各東西。

▲接樹逢春格

詩云：日上萬峯雪漸消，誰將新木接新條。

利名本是鑢基有，成敗皆因命裏招。

水際鴛鴦分伴侶，天邊鴻雁失羣翱。

花開正是春三月，只恐狂風一夜颺。

基業： 欲罷塵行望碧霄，奈何羽翼未堅牢。
　　　陰功積德知音上，駕鶴攜琴上九皐。

兄弟： 雁飛指字遇瀟湘，兩隻悲鳴入楚鄉。
　　　惟有孤鴻霄漢遠，江山若蓼積餘糧。

行藏： 舟行半夜風波險，自遇羊頭有刀持。
　　　得在岸邊平穩處，桑榆月照有光輝。

婚姻： 楚樹吳花景色鮮，燕飛鶯舞日和天。
　　　狂風驟雨來軒檻，月暗山深聞杜鵑。

子息： 枝頭三果弄清香，兩果凋零晚見傷。
　　　若見犬羊悲後喜，龍飛鳳舞獨翱翔。

收成： 雞催鐘動月將沉，鼠尾牛頭有一驚。
　　　枯木再開花豔色，夢回愈覺夢魂清。

18 太陽在巳亥坐命：巳宮為升殿格

一、星系結構

太陽在巳亥坐命，對宮為巨門，財帛天梁在丑未，事業太陰在卯酉。

太陽在巳宮坐命

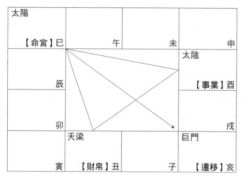

太陽在亥宮坐命

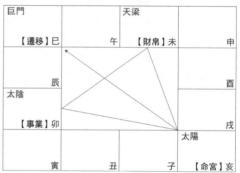

二、格局特質分析

特質 1 太陽在巳亥坐命，受對宮巨門星的影響，主口舌是非。

太陽五行屬火，火的特性是「急躁」、「揮發」，雖表光明與博愛，但也帶浮誇的性質，凡事易強出頭，遭惹是非糾紛，為口舌是非爭訟之星。太陽在巳亥宮受對宮是巨門星的影響，主口舌是非。太陽在巳宮旺地，個性豪爽，為人積極，口舌便捷，表達能力強，但喜歡自我表現，難免過度作秀或愛出風頭，在鋒芒中引發別人的反彈，而遭非議。太陽在亥宮弱陷，較消極怠惰，又無法解對宮巨門之幽暗，言詞得咎。

這與太陽的廟陷有關，無論太陽在巳宮或亥宮，均主是非口舌，只是巳宮的太陽在旺地，口舌便捷，能說服人，較輕而已。

特質 2 太陽為官祿主，在巳宮為「升殿格」，財官顯著。

太陽在巳宮旺地，三方所會的太陰、巨門、天梁，諸星皆旺位。太陽為

官祿主，在巳宮為「升殿格」，財官顯著，受對宮巨門星的影響，為「食祿馳名」，遇吉則少年得志，意氣風發，主貴。遇煞多，則為公卿門下士。其人個性樂天坦率，活潑外向，志向遠大，領導慾強，帶銳氣與才華。

太陽在巳宮旺勢，雖能發射光和熱，來解巨門之暗及天梁的孤剋，但太陽在巳宮光輝燦爛，散射太過，其人志氣高傲，鋒芒太露，又重顏面，好勝心強，易有逞強好辯的爭鬥心，無法承認錯誤，是能贏不能輸的個性。

對宮又有巨門星，為口舌是非的特質，喜好發表言論，又不喜被批評指責，為人缺乏圓融性，愛憎之心強烈，好做英雄人物，容易被小人利用而陷入是非的泥淖，成為生命中的波折。

太陽主散，在巳宮散射太過，又受對宮巨門的拖累，中年後易呈現後繼乏力，自信心不足的現象，須視對宮巨門之吉或行運，若不能持續堅持奮進，易由盛而衰，產生節外生枝而亮起紅燈。此種後繼乏力，多表現在婚姻感情方面，易有厭倦之感。

特質 3 太陽在亥宮失輝，由於光芒收斂的關係，遇吉，雖辛苦勞碌，反可成富局。

太陽在亥宮失輝，又受對宮巨門暗曜的影響，易招惹口舌是非，與人寡合。為人較為消極，卻因消極冷退，反而更易招口舌是非。所以喜「百官朝拱」或科權祿貴顯星曜，使亥宮的太陽變為積極。但依然口舌是非風波不斷。

太陽在亥宮坐命，星曜失輝，個性剛強，面冷心熱，為人較含蓄，凡事放在心頭易暗自流淚，六親無靠，少年不佳，做事被動，虛浮而不實際，很難貫徹始終。所以命運多咎，好事多磨，古曰：「太陽在亥宮落陷，福不全。」應藉由良好的運限時，發揮自信的優勢，積極創造命運，藉此改變人生觀，此為趨吉避凶之道。太陽在亥宮失輝，由於光芒收斂的關係，若遇祿存、化祿、天馬，雖辛苦勞碌，反可成富局。

三、此星系出生年，天干能量特點

1.太陽在巳亥坐命，丙年生人

祿存在巳宮命遷線上，太陽在巳宮光輝燦爛，喜祿存來收斂。太陽在亥宮雖失輝，但遇祿存，反可成富局。天機化權在福德宮，天同化祿在夫妻宮，使福德宮「權祿相逢」，能化解太陽星的是非詞訟。

2.太陽在巳亥坐命，辛年生人

太陽化權在命宮，巨門化祿在遷移宮，祿存在酉位夫官線上。巳宮之人，財官雙美。亥宮之人，積極有為，可成富局。

3.太陽在巳宮坐命，丁年生人

太陽在巳宮坐命，祿存在午位父母宮，武曲在兄弟宮， 2、6、10 月生人，天馬在命宮，形成「財祿夾馬格」，能因人而貴。但有陀羅入命，須防小人、刑傷、眼疾。太陰化祿在事業宮，天同化權在夫妻宮，事業宮「權祿相逢」主貴。天機化科在福德宮，能化解太陽星的是非詞訟。

4.太陽在巳宮坐命，己年生人

太陽在巳宮坐命，祿存在午位父母宮上，武曲化祿在兄弟宮， 2、6、10 月生人，天馬在命宮，形成「財祿夾馬格」，能因人而貴。天梁化科在財帛宮，會照福德宮，使太陽積極，且能化解是非詞訟。

四、此星系吉凶注意事項

1. 太陽為詞訟及口舌是非之星，在巳亥宮，又受對宮是巨門暗曜的影響，主口舌是非。不宜再見過多的刑曜，如擎羊、天刑、官符、白虎等，易招災怨。尤其是太陽化忌或福德宮的天機化忌。（人的詞訟是非，多由福德宮引起。）

2. 太陽為官祿主，在巳宮旺位坐命，加科祿權及吉曜扶持，可貴顯，為「食祿馳名」。但因散射太過，名大於利，其富裕係由貴顯而來，有時身價甚至不如手下。

3. 太陽在巳宮坐命，巳宮的太陽光輝燦爛，個性心高氣傲，對上司難以服從，除非上司有很強的領導力或聲望，否則只會覺得自己時運不濟，懷才不遇。

4. 太陽在巳宮坐命，巳散射太過，若又見火星、鈴星、陀羅、地空、地劫，則較奢侈浪費。

5. 太陽在巳宮坐命，巳散射太過，若再遇地空、地劫，個性心高氣傲，理想性過高，易懷才不遇。

6. 太陽在巳宮坐命，若遇祿存或化祿，再見文昌文曲，即薈萃成「陽梁昌祿」格，主早遂青雲，祿厚權高，功名顯達。

7. 太陽在亥宮坐命，巳失輝。若再逢煞曜過多，須提防逆境時，難以擺脫負面的思維，心思流於心計狡詐，自艾自憐，難以逃離人性的黑暗面與怠惰，人生觀價值負面扭曲，易懸疑、忿恨，影響運勢的發展，讓命運更蟄伏難以前進。

8. 太陽在亥宮坐命，失輝，六親緣薄，宜早離鄉發展，自力奮鬥。

9. 太陽在亥宮坐命，見地空地劫，為變景，反有橫發，個性較偏激安靜。

10. 太陽在亥宮坐命，失輝較收斂，反而利於求富，遇化祿，祿存、天馬，雖辛苦勞碌，反可成富局。

五、命盤實例解析

1. 命宮

　　太陽在巳宮坐命，文昌、天馬同度。太陽在巳宮旺位，光芒散射太過，領導慾強，為人志氣高傲，愛出風頭，鋒芒太露，易引來非議。命主雖喜在眾人中成為領導者，習於掌握大局，但未見輔弼二星，難取得眾人服從。又逢地空、地劫來夾命，有如小人潛藏在身旁。命主因喜做英雄人物，容易被人利用而陷入是非的泥淖裡，引來一些不必要的困擾，成為生命中的波折。

　　命主空劫二星，分坐父母與兄弟宮來夾命宮，就像是身旁潛藏著小人，易被人從中作梗，難遂己志，較為漂泊辛勞。命主六親位逢煞，父母與兄弟緣份淺薄，又受對宮巨門口舌是非暗曜的影響，為人心性驕傲自負，行事高傲張揚，好做個人英雄人物，個性欠缺圓融，早年多有波折，宜離鄉出外發展。

太文天　　天天天 陽昌馬　　刑巫虛 旺廟 **命宮** 4-13　　　　辛巳	破地　　　　　天 軍空　　　　　廚 廟 **父母宮** 114-123　　　壬午	天　　　封恩天 機　　　誥光哭 陷 祿 **福德宮** 104-113　　　癸未	紫天天　　　　天 微府鉞　　　　福 旺得 科 **田宅宮** 94-103　　　甲申
武擎地　　解天紅 曲羊劫　　神官鸞 廟廟 **兄弟宮** 14-23　　　　庚辰			太文　　　　天破 陰曲　　　　姚碎 旺廟 忌 **官祿宮** 84-93　　　　乙酉
天祿鈴　　　三龍 同存星　　　台池 平廟利 **夫妻宮** 24-33　　　　己卯			貪　　　陰天寡天 狼　　　煞喜宿傷 廟 **奴僕宮** 74-83　　　　丙戌
七右陀火　　天孤 殺弼羅星　　月辰 廟　陷廟 **子女宮** 34-43　　　　戊寅	天　　　　　蜚 梁　　　　　廉 旺 權 **財帛宮** 44-53　　　　己丑	廉天左天　　　天 貞相輔魁　　　使 平廟 **疾厄宮** 54-63　　　　戊子	巨　　　台八天鳳 門　　　輔座貴閣 旺 **遷移宮** 64-73　　　　丁亥

鬼谷子 兄弟難和，父母有損。只因口直少包容，常被小人招嫉妒。

　　命主太陽在巳宮坐命，光芒散射太過，喜自我表現，好做英雄人物，是個只能贏不能輸的人。文昌同度，多有才華。命主天生有音樂感，一聽到音樂身體就能跟著節拍晃動。行運二十年遇太陽化權、武曲化權，使命主權力慾更加為重，自負而任性，喜歡表現自我，愛出風頭，時常參加各項才藝比

賽與表演，皆能有好的成績，但卻因才藝而無法專心念書，因此而學業荒疏。早年求學多有波折，常被迫轉學。 鬼谷子 遇犬逢蛇難協志，兩重峯路漸榮昌。

　　命主行運 4～13 歲，此限宮干「辛」，太陽化權、文昌化忌在大限命宮。文曲化科在事業宮，遇生年太陰化忌。命主才藝佳，時常參加各項比賽與表演，皆能有好的成績，卻因外務過多時常請假，無法專心念書，因才藝而學業荒疏。

　　行運 14～23 歲，武曲、擎羊、地劫在大限命宮。此限宮干「庚」，武曲化權在大限命宮，更加強命主個性的剛強與權欲，自負而任性，喜歡表現自我，卻時常秀過頭，行事驕傲自負，高傲張揚，性格走向極端，在學校喜譁眾取寵，常做出特異行為，又無法專心念書，高中連續被三所學校退學。 鬼谷子 此命為人有調度有機謀，胸襟灑落，氣宇高明。生來磨難，曾經霜雪。遇貴有如不遇，有親卻似無親。懶悔中多頭少尾，進退處有始無終。夫妻大宜因親至親。子息只宜失一得一。生涯不宜守舊，活計只宜靠新。兄弟難和，父母有損。只因口直少包容，常被小人招嫉妒。

2. 兄弟宮

　　武曲在兄弟宮，擎羊、地劫同度。武曲為「寡宿」星，不利於六親宮位，代表孤獨。擎羊、地劫同度，命主無兄弟只有兩個姐姐。也表朋友稀少，自身常感孤獨。 鬼谷子 兄弟：雁過關山迷遠岸，孤飛湘浦寒江闊。水寒夜靜無人至，獨宿蘆花烟漠漠。

　　行限 14～23 歲，武曲、擎羊、地劫在大限命宮。此限人生道路崎嶇難平，情緒動盪不安，命主在高中時期連續被三所學校退學。此限宮干「庚」武曲化權在命宮，更加強命主個性的剛強與權欲，自負而任性，喜歡表現自我，卻時常秀過頭，行事驕傲自負，高傲張揚，性格走向極端，在學校喜譁眾取寵，常做出特異行為，又無法專心念書。

　　命主太陽在巳宮坐命，是個只能贏不能輸的個性，少年時期，又行武貪大限，權欲甚重，但在幼年時期學業已荒廢，在學校成績不佳，無法能有良好的表現，使命主性格走向極端。又一腦子想當明星，因此在學校常譁眾取寵做出特異行為，連續被三所高中退學。

3. 夫妻宮

　　天同在夫妻宮，祿存、鈴星同度。天同有更新之意，不利落於夫妻宮，夫妻年齡必須有所差距或晚婚為宜。天同在卯宮弱陷，鈴星同度，多刑剋。命主身宮落入夫妻宮，對宮太陰化忌沖照，一生受婚姻所苦，宜晚婚。 **鬼谷子** 婚姻：丹鳳鳴時鴻雁去，雙飛冷霧起滄浪。西軒花落多風雨，直待晚來蘭自香。

　　行限 24～33 歲，天同、祿存、鈴星在大限命宮。此限宮干「己」，文曲化忌在遷移宮，遇生年太陰化忌，遷移宮形成「雙化忌」沖照命宮，辛苦經營，卻因女人而破財。天梁化科在夫妻宮，遇生年天梁化權，「科權會照」事業宮。與事業宮天機化祿，形成科權祿「三奇佳會」，事業能有一番作為。財帛巨門在亥宮，三合「雙祿會照」，與巳宮天馬形成「祿馬交馳」經商成富，越動越發。

4. 子女宮

　　七殺在子女宮，右弼、火星、陀羅同度。七殺在寅宮獨坐，子女個性倔強而孤立，須注意子女的人際關係。以先花後果為佳，或晚得子為宜，右弼同度子女有成。火星、陀羅同度，子女緣薄。也須小心，提拔後人的反叛。

鬼谷子 子息：勞心事業熊羆夢，臨行分付一雙雙。堂前喜見朱衣客，月映桑榆桂子香。

　　行限 34～43 歲，七殺、右弼、火星、陀羅在大限命宮。七殺在寅宮獨坐，為七殺仰斗格，對宮紫微化科、天府、天鉞同度，出外能得貴人扶助。

鬼谷子 得人扶助，故能重興家業。

　　此限宮干「戊」，貪狼化祿在財帛宮，與大限命宮火星，形成「火貪格」，但三方地空、地劫會照，橫發橫破。事業破軍在午宮，地空同度，創新能力強。**鬼谷子** 生涯不宜守舊，活計只宜靠新。

5. 財帛宮

　　天梁化權在財帛宮。天梁化權在丑宮獨坐，文昌文曲桃花星會照，適合以藝術、傳播為業生財，先名後利。對宮天機化祿會照，「權祿相逢」名高利厚。太陰化忌，遺產繼承多風波。也易因投資失敗而破耗。天梁星坐財帛宮，雖遭遇困難，但終必能有財耳。

行限 44～53 歲，天梁化權在大限命宮。事業宮太陽在巳宮，文昌、天馬同度，命主此限在演藝圈已有舉足輕重的地位。遷移宮天機化祿，與事業宮天馬，形成「祿馬交馳」在外越動越發。此限宮干「己」，天梁化科在大限命宮，遇生年天梁化權，命宮「科權相逢」，主貴，帶來聲名、榮譽、名望。文曲化忌在財帛宮，遇生年太陰化忌，被騙投資失敗。此限科權祿忌四化齊會，事業鼎盛，錢財破耗大。

6. 疾厄宮

天相廉貞在疾厄宮，為糖尿病、膀胱、腎臟或結石。左輔、天魁同度，體健災少。

行限 54～63 歲，天相、廉貞、左輔、天魁在大限命宮。鄰宮天梁化權來夾印，形成「權蔭夾印」，能掌權威，財官雙美格。

7. 遷移宮

巨門在遷移宮。動口生財，命主為演藝人員。三合雙祿會照，與對宮天馬形成「祿馬交馳」，離鄉有成，在外越動越發。

8. 交友宮

貪狼在交友宮。主交友廣闊，但多為場面上的朋友。貪狼在戌宮，友人及下屬鄙吝，易生侵奪之心，三方地空、地劫、擎羊、陀羅等煞曜會照，須防因友破財。

9. 事業宮

太陰化忌在事業宮，文曲同度。太陰在酉宮旺地，雖主平穩，但化忌，破壞太陰的平穩而生波動，一生事業波動甚大，早年難遂己志，漂泊辛勞。文曲同度，適合藝術、傳播發展。命主為演藝人員。**鬼谷子** 基業：明珠海底起寒光，用意功名別有方。遇犬逢蛇難協志，兩重峯路漸榮昌。

10. 田宅宮

紫微化科、天府、天鉞同度，可得祖產。住宅宜高地或高樓房為宜。

11. 福德宮

天機化祿在福德宮，三方喜見祿存，增加其穩定，對宮天梁化權會照，

「權祿相會」，能增強應變能力，使才智發揮順暢，且能化解太陽星的是非詞訟。

12. 父母宮

破軍、地空同度，與父母緣薄，主刑剋。宜重拜父母或二姓延生。 鬼谷子 父母有損。只因口直少包容。

六、鬼谷子全盤印證

第十八數　乙辛　小畜卦　辛巳　得人扶助，故能重興家業。

判斷：

此命為人有調度有機謀，胸襟灑落，氣宇高明。生來磨難，曾經霜雪。遇貴有如不遇，有親却似無親。懶悔中多頭少尾，進退處有始無終。夫妻大宜因親至親。

子息只宜失一得一。生涯不宜守舊，活計只宜靠新。兄弟難和，父母有損。只因口直少包容，常被小人招嫉妒。

▲海底明珠格

詩云： 明珠海底隱寒光，用意勞心反見傷。
　　　　孤雁隨風多渺漠，雙鴛戲水見蒼茫。
　　　　鎡基舊處身難靠，飲食新時富必康。
　　　　借問百年何事業，枝頭鮮果結成雙。
　　　　七奸八狡忒多阻，畫餅虛花未療飢。
　　　　待到雙鴛重羽翼，碧桃花下出靈芝。

基業： 明珠海底起寒光，用意功名別有方。
　　　　遇犬逢蛇難協志，兩重峯路漸榮昌。

兄弟： 雁過關山迷遠岸，孤飛湘浦寒江闊。
　　　　水寒夜靜無人至，獨宿蘆花烟漠漠。

行藏： 田中苗稼雖然立，景內榮身必自高。
　　　　若向重山營活計，虛名厚祿自滔滔。

婚姻： 丹鳳鳴時鴻雁去，雙飛冷霧起滄浪。
　　　　西軒花落多風雨，直待晚來蘭自香。

子息：勞心事業熊羆夢，臨行分付一雙雙。
　　　堂前喜見朱衣客，月映桑榆桂子香。

收成：人生落得幾歡娛，到處身心不自知。
　　　正好南窗相寄傲，一聲雞唱送歸途。

19　武曲天府在子午坐命：「財庫」皆齊全

一、星系結構

武曲天府在子午坐命，對宮為七殺，財帛廉貞在寅申，事業紫微天相在辰戌。

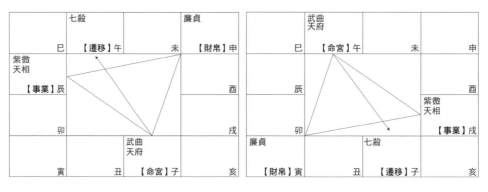

武曲天府在子宮坐命　　　　　　　　　　武曲天府在午宮坐命

二、格局特質分析

特質 1 武曲天府在子午坐命，「財庫」皆齊全，為基礎良好的格局。

武曲星最喜與天府星同度，可利用天府的穩重，來調和武曲剛烈的性質，並同時減少它的孤剋性質。武曲星主動積極，善於開創生財，天府星為財庫，謹慎、穩定，善於企劃守成。兩星同度「財庫」皆齊全，為良好的基礎格局。

此格局雖具備富有的條件，但還需參照福德宮的星曜組合是否良好，福德宮顯示人起心動念和成就的宮位。武曲天府坐命之人，福德宮為貪狼星，內心慾望大。貪狼在寅申二宮，主好利，其人處事以現時的利益為前提衡量。若煞曜太多，會使貪狼星的性質偏執而自私，在競爭中以不擇手段方式奪取，產生仇恨而影響其命運，即使發了，也是即成即敗。若福德宮星曜組

合佳，縱使而命宮有煞曜，也只是一時的損失。

特質 ❷ 此星系事業宮紫微天相，二星為權印。

武曲天府在子午坐命，紫微天相在事業宮，故財庫、權印皆齊全。其人自我意識高，心高氣傲慾望大，有領導統御之慾，爭權奪利之心，企圖心強，胸懷大志，不願屈居人之下。但事業宮紫微天相在辰戌宮，星力弱，又位居羅網之位，易受客觀環境影響，常居佐貳的地位，雖然也能發展成獨當一面，卻呈現名不如實際，因此常有英雄無用武之地的感慨，而易惹事生事端。所以喜科權祿及吉曜來夾拱，雖少年勞碌，中年後必有所發展與成就。

特質 ❸ 此局不喜祿存星，入僕役宮，喜自庖廚，為人作嫁。

武曲天府在子午坐命，個性喜歡掌權，好管閒事，出發點是來自己的爭權奪利之心。所以此局不喜祿存星，入僕役宮，使其人喜自庖廚，為人作嫁，自身勞碌奔波，而下屬安逸，如果與人合作事業亦是如此。祿存星前後有羊陀二星來夾，使陀羅星進入事業宮，一生事業多反覆挫敗。擎羊星在遷移宮，形成「因財持刀」格。讓天府星成為「空庫」，則易影響武曲天府之人，個性變為固執剛戾，行事容易衝動莽撞，缺少熱情和圓融，做風犀利積極，為達目的而缺少情面的考量。多因財務而引起糾紛，身體也易有刑傷。

特質 ❹ 此星系配偶宮為破軍星，一山難容二虎，兩強對抗。

武曲天府在子午坐命，個性剛毅，其夫妻宮為破軍星，破軍性質剛烈暴躁，兩強之間相互對抗，必見一山難容二虎，夫妻二人皆有駕御對方的傾向，一般婚姻皆不美滿。但夫妻宮坐落入羅網位，受羅網束縛，命主對其婚姻關係，雖不滿意，但絕不輕易離異，除非有煞曜加會。

三、此星系出生年，天干能量特點

1.武曲天府在子午坐命，甲年生人

武曲化科在命宮，個性圓融，聲譽佳。廉貞化祿在財帛宮，祿存在寅宮財福線上，財帛宮「雙祿相逢」，其人積極果決，勇於開創，執行力強，財官雙美格。利於武職，可經商或從政，功成名就。

2.武曲天府在子午坐命，丁年生人

祿存在午宮，命遷線上，財星遇祿，其人具備富有的條件。午宮之人，武曲天府與祿存同度，祿存有保守的特性，積財之力大於生財，統籌之力雖不足，但行事不躁決。

3.武曲天府在子午坐命，己年生人

武曲化祿在命宮，其人善於生財。祿存在午宮，命遷線上，子宮之人優於午宮，處事圓融，人緣好，統籌的能力強，有賺錢頭腦，宜經商可成富。

4.武曲天府在子午坐命，庚年生人

武曲化權在命宮，職掌權威，祿存在財福線上，財源不斷。宜往武職發展，可獨挑大樑之才，財官雙美格。

5.武曲天府在子午坐命，癸年生人

祿存在子宮，命遷線上，使財星遇祿，其人具備富有的條件。破軍化祿在夫妻宮會照事業宮，為財官雙美格。此格雖能富有，但私心重。

四、此星系吉凶注意事項

1. 武曲天府在子午坐命，兩星均為財星，須見祿才能有生財的能力，若未遇祿僅有積財的能力，性質亦帶偏弊。所以武曲天府之人，必須見祿，最喜武曲化祿，其人必有生財的能力。但未必善長於儲財，必須未見煞曜，尤其是空劫二星。因天府是財庫之星，最怕遇地空、地劫，為劫財劫庫，財多破敗。個性較孤立、辛勞、缺少了積極與擔當，增加人生之坎坷，而且易有破耗祖產而一敗不起，只宜公職為佳。

2. 武曲天府在子午坐命，二星均為財星，財星最怕羊陀、火鈴、空劫、化忌等煞星，若有老鼠屎來搞破壞，則成為「形財」的格局。破壞財星本身的特質，使財變少、變空，或有破耗及傷災。煞星使天府失去謙恭的本性，也破壞武曲星本身的質性，使武曲星為人短視魯莽，欠人和，層次下降，會採取不合理的手段惡性競爭，而橫生枝節徒勞無功。

3. 武曲天府在子午坐命，見文昌文曲，不遇煞，會讀書。若文星遇煞星，則外表溫良純和，內心奸詐，在利害緊要關頭易變節。

五、命盤實例解析

天祿地地　恩天孤天 梁存劫空　光喜辰官 陷廟 奴僕宮 55-64　　　　癸巳	七右擎　　　陰鳳蜚 殺弼羊　　　煞閣廉 旺 平 遷移宮 65-74　　　　甲午	天天 月使 疾厄宮 75-84　　　　乙未	廉左火　　　封龍 貞輔星　　　誥池 廟　陷 忌 財帛宮 85-94　　　　丙申
紫天文陀鈴　　八 微相昌羅星　　座 得得得廟陷 　　科 官祿宮 45-54　　　　壬辰			天 鉞 子女宮 95-104　　　　丁酉
天巨 機門 旺廟 權 田宅宮 35-44　　　　辛卯			破文　　　　三天 軍曲　　　　台虛 旺陷 夫妻宮 105-114　　　　戊戌
貪天　　　　天 狼馬　　　　哭 平 福德宮 25-34　　　　庚寅	太太　　　天寡破 陽陰　　　刑宿碎 陷廟 父母宮 15-24　　　　辛丑	武天　　　解台天 曲府　　　神輔福 旺廟 命宮 5-14　　　　庚子	天天　　　　天紅 同魁　　　　貴鸞 廟 祿 兄弟宮 115-124　　　　己亥

1. 命宮

武曲天府在子宮坐命，為雙財星的格局，人生觀價值比較偏重物質方面，處事以現時的利益為前提衡量，但命主命宮三方四正皆未見祿，欠缺武

曲財星的積極與擔當，生財之力不強。命主「丙」年生人，廉貞化忌在財帛宮，易因錢財而失義，破壞武曲天府財星的性質，為「破格」。

祿存在僕役宮，則自身勞碌奔波，下屬卻安逸，如果與人合作事業亦是如此。祿存前後有羊陀二星來夾，使陀羅進入事業宮，一生事業多反覆挫敗。

擎羊在遷移宮，會照命宮與武曲星，形成「因財持刀」格。易因財務與人引起糾紛，也讓天府星成為「空庫」。命主事業宮紫微天相、鈴星、文昌化科、陀羅同度。事業宮紫微天相，雖有做大事賺大錢的雄心大志，也有領導統御慾。但文昌化科與鈴星、陀羅同度，文星與煞星同度，處事雖溫良，但缺少財星的魄力與承擔，在利害緊要關頭易變節。且事業宮的鈴星、文昌、陀羅，又與命宮武曲星會照，形成「鈴昌陀武」格，古曰：「鈴昌陀武，限至投河。」時間點在 45～54 歲，此限宮干「壬」武曲化忌，三方又逢生年廉貞化忌，易因財而生災。 鬼谷子 此命一團和氣。滿面春風。逢人有兄弟之情。作事有風雲之急。量長較短。識重知輕。善斟酌。會調停。險難中能區解。辛勤處會經營。性急心慈。心無狠毒。草屋下要設琴棋書畫。布衣上要帶金玉犀環。一生只要安排好。怎奈多晦滯。只要堅心牢守命。自然春至百花香。

命主武曲天府雙財星坐命，整日汲汲營營想賺錢，但命宮三方四正皆未見祿，個性急躁短視，又欠缺財星的魄力與擔當，生財之力不強。三方又見煞忌星曜，使天府星的性質變得善用手段，外表圓融，而內心卻多權術，常與人爭權奪利，因此產生逆境重重的局面。雖三方會見左輔、右弼、與文昌化科，僅主聰明圓融，並不主得意。此盤吉凶交會，雖錢財不缺乏，但心中乃感不足，且一生多事端。 鬼谷子 目前勞苦，日後不虞窮乏。

2. 父母宮

太陽太陰在父母宮。太陽太陰在丑宮，太陰星為入廟，母親助力大。

行限 15～24 歲，太陽、太陰在大限命宮。此限宮干「辛」，太陽化權在命宮，巨門化祿在福德宮，遇生年天機化權，福德宮「權祿相逢」，命主此限結婚，少年吉祥順遂。

3. 福德宮

貪狼在福德宮，天馬同度。貪狼為慾望之星，在寅宮，對財利慾望甚重，為功利主義者。又受對宮廉貞化忌沖破，人生追逐的目標，易因錢財而常迷失方向，因此招惹災禍。使命主忙碌而功敗垂成，且多煩惱。

行限 25～34 歲，貪狼、天馬在大限命宮。雖積極，東奔西走，奔波忙碌。但受對宮廉貞化忌沖破，慾望難成。貪狼與對宮火星，雖形成「火貪格」，但橫發橫破。

4. 田宅宮

天機化權、巨門在田宅宮。天機化權在田宅宮，命主為一家之主，在家掌控權力。天機巨門的星曜性質，主變動、動盪，也表服務機構，易常引起糾紛，或時時轉換工作。喜天機化權來穩定。

行限 35～44 歲，天機化權、巨門在大限命宮。此限宮干「辛」，巨門化祿在命宮，遇生年天機化權，命宮「權祿相逢」，主富貴。太陽化權在夫妻宮會照事業宮。此限命宮「權祿相逢」，三方又有天魁天鉞會照，多有長輩貴人的助力，此為一生中最吉祥如意的運限。宜多修心養性，勿因錢財而招惹災禍。此限財帛宮天同化祿在亥宮，對宮天梁、地空、地劫、祿存同度，雖有雙祿交流，但也有地空、地劫二星，需防成中破。**鬼谷子** 行藏：

何憂自少成中破，及至中年破復成。有祿有財還晚景，無憂無慮樂昇平。

5. 事業宮

紫微天相在事業宮，文昌化科、陀羅、鈴星同度。紫微天相二星，主權印，在事業宮，對名位的企圖心強，喜掌權，有領導統御之慾。但見文昌化科、陀羅、鈴星同度，命主處事雖溫良，卻缺乏魄力與承擔，在利害緊要關頭易變節。且事業宮的鈴星、文昌、陀羅，與命宮的武曲星會照，形成「鈴昌陀武」格，古曰：「鈴昌陀武，限至投河。」命主一生事業多挫折與障礙。

行限 45～54 歲，紫微天相、文昌化科、陀羅、鈴星在大限命宮。此限宮干「壬」，紫微化權在命宮，武曲化忌在財帛宮。命宮文昌、陀羅、鈴星，與財帛宮的武曲化忌，形成「鈴昌陀武」格，命主行事投機取巧而招致財務的傾敗。三方又逢生年廉貞化忌，更須注意感情問題。**鬼谷子** 收成：

道險馬前君不信，若逢豬尾也須防。此時鹿在山邊倒，窗有蘭花雨不妨。

6. 交友宮

　　天梁在交友宮，地空、地劫、祿存同度。天梁為孤剋之星，再見地空、地劫二星同度，朋友部屬皆不得力，也易因朋友而產生錢財破損。祿存同度，此局天梁在巳宮弱陷無力，再見祿存同度，則自身勞碌奔波，而下屬安逸。若與人合作事業，也亦是如此。

　　行限 55～64 歲，天梁、地空、地劫、祿存在大限命宮。天梁在巳宮弱陷無力，又逢地空、地劫同度，此限必發生麻煩困擾之事件，而且每多來勢洶湧，但皆能化解。此限宮干「癸」，貪狼化忌在子女宮，遇生年廉貞化忌在田宅宮，子田線上「雙忌坐守」，家中多有傷心、流血、流淚之事。三方喜得天魁天鉞二星來會照，能有貴人相助，可逢凶化吉。 **鬼谷子** 收成：道險馬前君不信，若逢豬尾也須防。此時鹿在山邊倒，窗有蘭花雨不妨。

　　天梁為蔭星，雖具備解厄制化的能力，但沒有災厄，何需要化解。在斗數中有一口訣：「凡天梁守命宮、疾厄宮，福德宮或大運命宮，必有九死一生的奇遇。」但皆能化解。

7. 遷移宮

　　七殺在遷移宮，右弼、擎羊同度。七殺星不喜遇擎羊同度，出外辛勞，多是非糾紛或交通意外。右弼同度，在外有地位，且多有機會發展。

8. 疾厄宮

　　疾厄在未宮無主星，三方未見煞，一生少病。刑忌在左右鄰宮來夾，易駝背。

9. 財帛宮

　　廉貞化忌在財帛宮，左輔、火星同度。廉貞星主競爭，在是非中求財，因此對四化異常敏感。財帛宮見廉貞化忌，易因財生災，如被人侵吞財物，或替人背債，且易生司訟而破財。雖有火星同度，與對宮貪狼，形成「火貪格」，亦主橫發橫破。命主對錢財相當重視，常常因錢財，牽涉是非爭訟中。

10. 子女宮

子女宮無主星，天鉞坐守。一子二女，化權沖入子女，對子女管束較嚴。 鬼谷子 子息：枝頭二果天桃艷，雨霽風和一果宜。惟是孤高舉不得，逢羊遇犬夢天墀。

11. 夫妻宮

破軍在夫妻宮，文曲同度。武曲天府之人，個性剛毅，其夫妻宮為破軍星，破軍星性質剛烈暴躁，與武曲天府之人，兩強之間，一山難容二虎，夫妻二人皆有駕御對方的傾向。但此格夫妻宮，破軍與文曲同度，反為吉，配偶有情趣。 鬼谷子 婚姻：翠竹碧梧鸞鳳立，幾多春色遶闌干。野花芳草盈庭檻，却逐藍輿出遠山。

12. 兄弟宮

天同化祿在兄弟宮，天魁同度。無兄弟，兩個妹妹。在同輩友人及事業伙伴中，女性多於男性。 鬼谷子 兄弟：雲擁重山雁聲庇，孤鴻獨自住菰蒲。庭前漫長青青竹，塞外風高一字無。

六、鬼谷子全盤印證

第二十五數　丙戌　旅卦　目前勞苦，日後不虞窮乏。

判斷：

此命一團和氣。滿面春風。逢人有兄弟之情。作事有風雲之志。量長較短。識重知輕。善斟酌。會調停。險難中能區解。辛勤處會經營。性急心慈。心無狠毒。草屋下要設琴棋書畫。布衣上要帶金玉犀環。一生只要安排好。怎奈多晦滯。只要堅心牢守命。自然春至百花香。

▲雁逐年鸞飛格

詩云：重山高聳出雲端，楓雁高飛逐鳳鸞。

　　　　莫怨黃金塵土得，纔逢青眼貴豪看。

　　　　平生志氣如松柏，稟性孤高傲歲寒。

　　　　借問花開成實處，一枝春色滿欄杆。

基業：生來清節如松竹，稟志凌雲耐歲寒。

久後黃金須滿屋，百年高處靜中看。

兄弟： 雲擁重山雁聲庇，孤鴻獨自住菰蒲。

庭前漫長青青竹，塞外風高一字無。

行藏： 何憂自少成中破，及至中年破復成。

有祿有財還晚景，無憂無慮樂昇平。

婚姻： 翠竹碧梧鸞鳳立，幾多春色遶闌干。

野花芳草盈庭檻，却逐藍輿出遠山。

子息： 枝頭二果夭桃豔，雨霽風和一果宜。

惟是孤高舉不得，逢羊遇犬夢天墀。

收成： 道險馬前君不信，若逢豬尾也須防。

此時鹿在山邊倒，窗有蘭花雨不妨。

武曲貪狼在丑未坐命：武貪不發少年

一、星系結構

武曲貪狼在丑未坐命，對宮無主星，財帛廉貞破軍在卯酉，事業紫微七殺在巳亥。

武曲貪狼在丑宮坐命

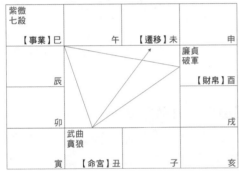

武曲貪狼在未宮坐命

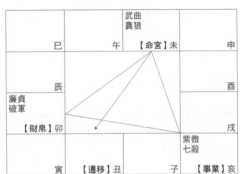

二、格局特質分析

特質 1 武貪不發少年人。

武曲為財星，又為將星，象徵勇敢與財富。貪狼為慾望之星，慾望是促動進步的原動力。當武曲貪狼二星在丑未同度時，則使這組星系之人產生極重的權力慾望之心，而權力慾望則是推動發展的動能。因此武貪星系之人，人生觀極為積極，拼勁十足，勇於面對挑戰，不畏挫折，有堅韌不拔的毅力，具備鉅商的特質。但在年輕氣盛時，人生歷驗不足容易衝動，難免遭遇失敗。因武曲星性質剛烈，帶有蕭殺之氣，遇事雖積極果決，卻缺乏冷靜長思。貪狼為慾望之星，再遇武曲星同度，則更增加其慾望與企圖心，只要有賺錢的機會絕不放過，心性衝動而急躁，缺乏圓融手腕，顯得不夠沉穩，容易得罪他人。必須經歷磨練始能成就大器，未經磨練則不易持續，若少年順

發，成功來得太早，難免讓成功沖昏頭腦，目空一切，肆意妄為，難以克制，成功的快，失敗也快，如同泡沫。所以古書云：「武貪不發少年人。」

特質 2 武曲貪狼在丑未，為「武貪」的正格。

武曲貪狼在丑未坐命，這是「武貪」的正格，左右兩旁受日月貴星所夾。太陽為官祿主，主貴。太陰為財帛之主，主富。此二星夾命一生富貴。且能得自家庭資源上的援助，在學習成長的過程條件，也比一般人更佳，這是武曲貪狼命盤格式中自然形成的優良條件。所以就容易造就優秀的人才。武貪格的力量，大多爆發在事業上，其優點是每隔七年有一次爆發運，能擴張事業，提升地位，在許多名人中都有此格局。武貪在丑宮優於未宮，丑宮所夾的日月皆並明，富貴高。未宮的武曲貪狼，因相夾的日月失輝，富貴較低。

此格局無論是日月並明還是失輝，皆能得自家庭資源上的援助，只差別在出生背景的不同。

特質 3 「武貪格」將星得地，威名赫弈，宜商宜武。

武曲貪狼在丑未坐命，二星皆為財星，能形成「良益互援」。武曲星積極果決，魄力十足。貪狼為桃花星，擅長於交際。二星同度，能轉化為求財手段的靈活與圓融，便於事業的追求與奮發，更能爭取財富。武曲貪狼二星在丑未同度，稱為「武貪格」，將星得地，威名赫赫，宜商宜武。「武貪格」代表財富與權勢，宜離鄉發展，他鄉得意，適於從事軍警可威鎮邊疆，或為商賈，可富貴揚名異鄉，能成為人生獲取富貴的發展空間。「武貪格」皆旺在中年之後，在斗數古賦云：「貪武墓中居，三十才發福。」但若格局不佳，有羊陀，空劫、化忌同宮者，則為破格，財星遇煞曜，則表刑剋力量大，求財有不擇手段的嫌疑，一生祿飄泊，福氣不全，反未能得財。即使發了，也是即成即敗，最後落得一場「曾經擁有」的回憶。

三、此星系出生年，天干能量特點

1.武曲貪狼在丑未坐命，戊年生人

貪狼化祿在命宮，為人靈活而圓融，擅長於交際。祿存在巳宮夫官線

上，天魁、天鉞在丑未宮，命遷線上，「坐貴向貴」，富貴雙全。再見火星、鈴星同度更佳，可得豐厚的意外之財，即使不同宮也主橫發，且其財來源正派。

2.武曲貪狼在丑未坐命，己年生人

武曲化祿、貪狼化權在命宮，富貴雙全。此局較不利丑宮之人，丑宮祿存在僕役宮，個人能力雖強，但多為他人作嫁。且祿存前後有羊陀夾，使陀羅落入事業宮，一生事業多反覆挫敗。擎羊在遷移宮，出外多競爭。

3.武曲貪狼在丑未坐命，庚年生人

武曲化權在命宮，太陽化祿在父母宮，太陰化科在兄弟宮，左右兩旁受貴星所夾，能得自家庭上的庇蔭，一生近貴。天魁、天鉞在丑未宮，命遷線上，「坐貴向貴」，富貴雙全。但野心過大，未必能滿足其自願。

4.武曲貪狼在丑未坐命，辛年生人

祿存在酉宮財福線上，巨門化祿、太陽化權在父母宮夾命，天魁在午宮兄友線上，天鉞在寅宮父疾線上，一生多得貴助，財官雙美。再見火鈴同度更佳，主橫發。

四、此星系吉凶注意事項

1. 武曲貪狼在丑未坐命。貪狼為壽星，坐入丑未宮「庫位」，無煞曜沖破，則主長壽。所以財帛宮為進財的宮位，星曜需吉利，才可使命主安穩，福壽雙全。武貪之人，財帛宮為廉貞破軍，破軍是一顆波動不定的星曜，須見化祿、化權、或祿存的吉曜，才能使命宮因之生色，其人生活精神與物質，才能獲得充裕。若是遇地空、地劫、化忌同度者，則錢財易有波折，生活難以平順，辛勞更是難免。

2. 武曲貪狼在丑未坐命，二星皆為財星，不可有權無祿，若武曲化權則為野心過大，雖有意外之財可得，卻未必能滿足願望，見煞更確。所以武貪之人，必須得祿，有祿才能成為良好的格局。若貪狼化祿見火星、鈴星同度，則形成「火貪」「鈴貪」格，可得豐厚的意外之財，即使不同宮也主橫發，其財來源正派。若見廉貞化祿，則得財順利。但破軍化祿則使命宮

貪狼化忌，易成為野心過大，此時則不喜再見羊陀、空劫等煞曜，求財易有不擇手段的嫌疑。若是紫微化權，則命宮必為武曲化忌，若無輔佐的吉曜扶持，反有空曜同度，則為志大才疏，好弄權而才能又不足以濟事。

3. 武曲貪狼在丑未坐命，不宜遇文昌、文曲同度，物慾帶粉飾，便有巧詐欺騙的意味。物慾利於堂堂正正的爭取，而不喜過分粉飾，遮遮掩掩。

4. 武曲貪狼在丑未坐命，見煞可以憑專業技能謀生，若未見煞曜且有天魁天鉞會合，則可手握經濟重權，若遇「祿馬交馳」，則在他邦可成鉅商。

五、命盤實例解析

1. 命宮

武曲貪狼在丑宮坐命，左右兩旁受「日月並明」所夾，一生富貴。且能得自家庭資源上的援助，在學習成長的過程條件也比一般人更為佳。且「日月並明」夾命，主貴，也讓命主帶來更好的外在機會。命主「己」年生人，武曲化祿、貪狼化權在命宮，遇左輔、右弼、火星、地空同度。

火星遇貪狼同度，形成「火貪格」，再見地空同度，雖可發揮「火空則發」的爆發力。但三方遇擎羊、陀羅、地劫，則有求財不擇手段的嫌疑。且祿存在僕役宮，命主雖能力強，格局高，但多為他人作嫁。陀羅落入事業宮，一生事業多反覆，且起伏大。擎羊在遷移宮，出外多是非糾紛。 鬼谷子 心熱惹是招非。要好吃人虧嘔氣。用真心反成不是。管閒事到惹憂愁。

命主少年順發，成功來得太早，未經磨練，肆意妄為，雖成功的快，失敗也快，如同泡沫。 鬼谷子 莫怨生來未遇時。須經歷磨練，晚年始能成就大器。 鬼谷子 老運亨通，名垂久遠。

命主少年順發，做大家樂組頭，飛來橫財，連走二十年好運，起調太高，未經磨練就成功，氣焰過盛，產生後面一蹶不振，中年多破敗潦倒，晚年事業亨通，大器晚成。 鬼谷子 此命為人喬木標格。孤月精神。見事至誠。為人質直。兄弟少和。骨肉相疏。心熱惹是招非。要好吃人虧嘔氣。用真心反成不是。管閒事到惹憂愁。一生好事多磨。件件虎頭蛇尾。身安心不閒。內急外頭寬。莫怨生來未遇時。

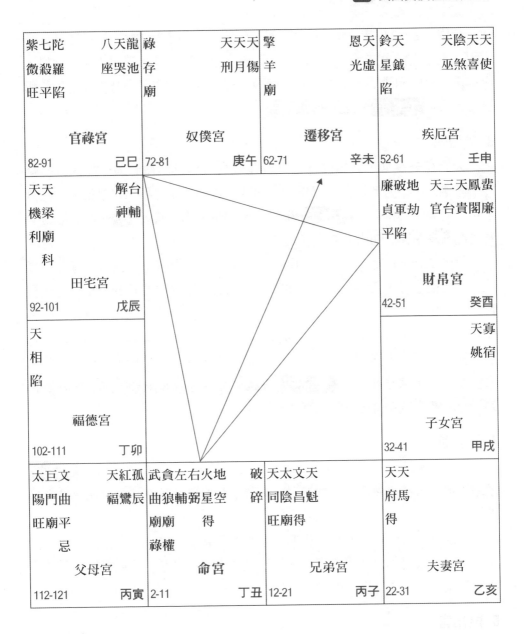

紫七陀 微殺羅 旺平陷 **官祿宮** 82-91　　　　己巳	八天龍 座哭池 祿 存 廟 **奴僕宮** 72-81　　　　庚午	天天天 刑月傷 擎 羊 廟 **遷移宮** 62-71　　　　辛未	恩天 光虛 鈴天 星鉞 陷 **疾厄宮** 52-61　　　　壬申	天陰天天 巫煞喜使
天天 機梁 利廟 　科 **田宅宮** 92-101　　　戊辰	解台 神輔		廉破地 貞軍劫 平陷 **財帛宮** 42-51　　　　癸酉	天三天鳳蜚 官台貴閣廉
天 相 陷 **福德宮** 102-111　　　丁卯			天寡 姚宿 **子女宮** 32-41　　　　甲戌	
太巨文 陽門曲 旺廟平 　　忌 **父母宮** 112-121　　　丙寅	天紅孤 福鸞辰	武貪左右火地　破 曲狼輔弼星空　碎 廟廟　　得 祿權 **命宮** 2-11　　　　　丁丑	天太文天 同陰昌魁 旺廟得 **兄弟宮** 12-21　　　　丙子	天天 府馬 得 **夫妻宮** 22-31　　　　乙亥

2. 兄弟宮

天同太陰在兄弟宮，文昌、天魁同度。天同太陰在子宮入廟，兄弟姐妹眾多，行事以長姐為大。文昌、天魁同度，兄弟雖溫和為貴，但緣薄少和較無助力。若與人合作，常嫌友人不足任事。　鬼谷子　兄弟：三雁斜飛吳越去，孤鴻獨唳向天邊。知音一薦聲名遠，得祿知機會善緣。

行限 12～21 歲，天同、太陰、文昌、天魁在大限命宮。此限宮干「丙」天同化祿、文昌化科在命宮。天機化權在事業宮，遇生年天梁化科，事業宮「科權相逢」，此限命宮科權祿三奇佳會，三方又多為吉曜，一路順風，大吉。**鬼谷子** 火發離宮煴爐木。

3. 夫妻宮

天府在夫妻宮，天馬同度。天府在亥宮，對宮紫微七殺，配偶精明賢能，外柔內剛，善於理財。喜見天馬同度，能得賢能之妻，在事業上，經濟上可得到妻子的幫助。**鬼谷子** 婚姻：昔日相依祿自隨，鴛鴦中路各分飛。塘邊鷗鷺紛紛立，明月清風聽子規。

行限 22～31 歲，天府、天馬在大限命宮。此限宮干「乙」，祿存在事業宮，天機化祿、天梁化權，遇生年天梁化科，來夾事業宮的天相，使天相形成「科權祿夾印」。財帛在未宮無主星，借入對宮武曲化祿、貪狼化權、左輔、右弼、火星、地空。火星遇貪狼同度，形成「火貪格」，再見地空同度，雖可發揮「火空則發」的爆發力，但三方遇擎羊、陀螺，為橫發橫破。命主當年為大家樂組頭。**鬼谷子** 行藏：自從得祿久淹留，運限逢雞漸出頭。惟有晚來風勢好，一番勳業上林收。

4. 子女宮

子女宮無主星，借入對宮天機，天梁化科，一子，聰明孝順。**鬼谷子** 子息：檻前果子總然鮮，雨驟風狂未必妍。惟有陰功培栽植，龍飛鳳舞向重天。

行限 32～41 歲，大限命宮無主星，對宮遷移天機，天梁化科。此限宮干「甲」，太陽化忌在事業宮，遇生年文曲化忌，事業多困頓挫折。雖遷移宮有天梁化科，往往僅主虛名。

5. 財帛宮

廉貞破軍在財帛宮，地劫同度。廉貞破軍在財帛宮，財源不穩定。地劫同度，易因財犯刑或橫生破敗。

此格雖喜命宮的「武曲化祿、貪狼化權」帶火星，會入財帛宮，此為鉅商的格局，但只宜正規的生意，不宜投機賭博，若投機，即使發了，也是即成即敗。

　　行限 42～51 歲，廉貞、破軍、地劫在大限命宮。此限變動幅度大，其變動常出意料之外。此限宮干「癸」破軍化祿在命宮，貪狼化忌在事業宮，理想太高屢遭挫敗，有大肆消耗資源之象。貪狼化忌為消耗而沒有回收，此限又遇地空、地劫二星，多破敗，錢財消耗大。此限交友宮為太陽、巨門、文曲化忌同度，與朋友多口舌是非糾紛，易因錢財利益，而發生訴訟破財，產生人事關係劇變。

6. 疾厄宮

　　疾厄宮無主星，天鉞、鈴星坐守，借入太陽、巨門、文曲化忌，為火氣大，口舌發炎。鈴星心臟之疾，文曲化忌，易有血路不通之象。

　　行限 52～61 歲，大限命宮無主星，天鉞、鈴星坐守。借入對宮太陽巨門，為巨日的宮垣，最喜見天魁天鉞，其興盛乃由按步就班，受人賞識而來。雖然有文曲化忌沖照，三不五時因票據法或偽造文書，坐點小牢，還算是順利。

　　此限宮干「壬」，天梁化祿在財帛宮，遇生年天梁化科，財帛「科祿相逢」，先名後利，主富貴。事業宮天同、太陰、文昌、天魁在子宮，為「水澄桂萼」局，由小而大。**鬼谷子**　行藏：自從得祿久淹留，運限逢雞漸出頭。惟有晚來風勢好，一番勳業上林收。

7. 遷移宮

　　遷移宮無主星，擎羊坐守。擎羊獨守遷移宮，在外積極有強烈的奮鬥決心，但擎羊星性質剛烈，易有爭執、競爭，在外多是非糾紛。

　　行限 62～71 歲，無主星，擎羊在大限命宮，借入對宮武曲化祿、貪狼化權，左輔、右弼、火星、地空。火星遇貪狼同度，形成「火貪格」，再見地空同度，則可發揮「火空則發」的爆發力，左輔、右弼二星，可得貴人相助。

　　此限宮干「辛」太陽化權、巨門化祿，來夾財帛宮的天相，再見生年文曲化忌與天梁化科，使財帛宮天相，形成「科權祿忌夾印」。事業宮天府、天馬，與遷移宮的武曲化祿，形成「祿馬交馳」，事業亨通，大器晚成。**鬼谷子**　老運亨通，名垂久遠。行藏：自從得祿久淹留，運限逢雞漸出頭。惟有晚來風勢好，一番勳業上林收。

8. 交友宮

交友宮無主星，祿存坐守。祿存入僕役位，多為人作嫁。 鬼谷子 心熱惹是招非。要好吃人虧毆氣。用真心反成不是。管閒事到惹憂愁。

9. 事業宮

紫微七殺在事業宮，陀羅同度。紫微七殺二星，可以視為權力的代表，工作上不喜歡受限制性，喜歡自己當老闆。但遇陀羅同度，不宜創業，一生事業多反覆挫敗。

10. 田宅宮

天機、天梁化科在田宅宮。能置產但不持久，產業時時變動，六十歲後產業始能增加。

11. 福德宮

天相在福德宮。有正義感及同情心。天相在卯宮，對宮廉貞、破軍、地劫，三方擎羊、天馬，內心不得清閒。 鬼谷子 身安心不閒。內急外頭寬。

12. 父母宮

太陽巨門在父母宮，文曲化忌同度，溝通不良，易爭執。

六、鬼谷子全盤印證

第五十七數　己庚　臨卦　庚戌　老運亨通，名垂久遠。

判斷：

此命為人喬木標格。孤月精神。見事至誠。為人質直。兄弟少和。骨肉相疏。心熱惹是招非。要好吃人虧毆氣。用真心反成不是。管閒事到惹憂愁。一生好事多磨。件件虎頭蛇尾。身安心不閒。內急外頭寬。莫怨生來未遇時。

▲雨打荷花格

詩云： 此命生來不遇時，荷花雨打葉離披。

　　　　無情鴻雁多分散，有意鴛鴦不肯飛。

　　　　火發離宮煨爐木，金生兌上復生根。

　　　　只愁紅蕊風零落，不見成陰有子時。

基業：天祿朝元不用憂，青松翠柏自優游。
　　　　桑榆多少閒田地，芝桂芬芳一樹收。

兄弟：三雁斜飛吳越去，孤鴻獨唳向天邊。
　　　　知音一薦聲名遠，得祿知機會善緣。

行藏：自從得祿久淹留，運限逢雞漸出頭。
　　　　惟有晚來風勢好，一番勳業上林收。

婚姻：昔日相依祿自隨，鴛鴦中路各分飛。
　　　　塘邊鷗鷺紛紛立，明月清風聽子規。

子息：檻前果子總然鮮，雨驟風狂未必妍。
　　　　惟有陰功培栽植，龍飛鳳舞向重天。

收成：澗水溪流多茂盛，是處棲遲樂性真。
　　　　猿鶴相依天外澗，桃花源裏有漁人。

21 武曲天相在寅申坐命：
為「紫府朝垣」，能因人而貴

一、星系結構

武曲天相在寅申坐命，對宮為破軍，財帛廉貞天府在辰戌，事業紫微在子午。

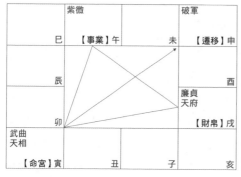

武曲天相在寅宮坐命

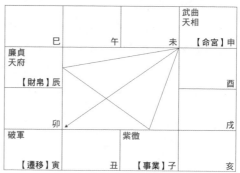

武曲天相在申宮坐命

二、格局特質分析

特質 1 武曲天相在寅申，三合紫微、天府會照，構成了「紫府朝垣」格局。

武曲天相在寅申坐命，武曲性質剛毅，天相性質寬容，二星同度，天相能調和武曲星的孤剋之性，處事變的較為隨和，雖不如武曲天府同度的剛柔並濟，卻樂於助人，有正義感，為人注重形象，談吐優雅，氣度從容，為甚佳的幕僚輔佐之人才。

此組星系紫微星在事業宮，廉貞天府在財帛宮，三合受到紫微、天府會照，構成了「紫府朝垣」的格局，能攀龍附鳳「因人而貴」，可受到有權勢的人士提拔，或父祖輩的庇蔭，容易在上流社會取得富貴。此局是否能遇貴並得貴人的提攜，有著極為關鍵性的影響力。

特質 2 武曲天相，一財一印，皆為衣祿之神，且有權有勢，具有權威性。

武曲為財星，象徵勇敢與財富。天相為印星，象徵權力。一財一印，皆為衣祿之神，且有權有勢，具有權威性，利於事業上的衝刺，可任要職，富貴雙全。

但此格局紫微星在事業宮獨坐，權力慾望大，有過於爭權之象，須遇左輔右弼吉星的輔助，才能執掌威權，可榮華富貴。或命宮有「財蔭夾印」及「祿馬交馳」等，良好的格局，才能使武曲財星施展身手，追求權勢與地位，顯現其功能，表現的有聲有色。否則也只是自我膨脹的爭權者。

特質 3 武曲天相之人，為君臣和樂之宿，折衝力強，且能夠忠於職守。

武曲天相在寅申坐命，雖受事業宮紫微星獨坐的影響，主控力強，不太願意受他人的指揮與約束，喜自己獨當一面。但武相之人，君臣和樂，折衝力強，能認清現實情況，調整自己，來創造出最為有利的形勢與地位，且能夠忠於職守，善用於權限分際的掌握，為長官、上司身邊得力的助手，屬於最佳的幕僚人員。

只是天相這顆宰輔星，容易受客觀環境的影響，而隨波逐流，逢善則善，遇惡則惡。就怕四化對武曲有利時，天相又受刑忌所夾，讓天相的性質變的更加軟弱，缺少了自制力，順隨武曲的剛毅，獨斷獨行，產生剛柔未濟，導致人生際遇坎坷，或難以得志。

三、此星系出生年，天干能量特點

1.武曲天相在寅申坐命，甲年生人

武曲化科在命宮，個性圓融，聲譽佳。破軍化權在遷移宮，廉貞化祿在財帛宮，為「三奇佳會」的格局，出將入相，財官雙美格。但祿存在寅位命遷線上，主觀性強，喜爭權，易遭小人傾擠。

2.武曲天相在寅申坐命，己年生人

武曲化祿在命宮，能調合武曲的剛毅之性，增添隨和，且善於生財。天

梁化科在父母宮，形成「科蔭夾印」，聲譽佳。祿存在午宮夫官線上，雙祿相逢，可經商，事業有成，宜代理貿易。申宮之人，天鉞在命宮，天魁在子宮入事業宮，宜金融業。

3.武曲天相在寅申坐命，辛年生人

巨門化祿在兄弟宮，太陽化權在父母宮，為「權祿夾命」，形成「財蔭夾印」及「權蔭夾印」，使武曲天相剛柔並濟，一生富貴堪期。

四、此星系吉凶注意事項

1. 武曲天相在寅申坐命，武曲星性質剛毅，天相星性質柔和，二者同度剛柔必須調和。若過剛或過柔，則易產生進退失據，導致人生易生波折，際遇坎坷難以得志。須「剛柔並濟」才能構成良好的格局。最喜武曲化祿，能調合武曲星的剛毅之性，增添隨和與圓融，使武曲天相性質，相互調和，剛柔並濟。武曲化權或化科，則有利於武曲星，使天相的性質變的更加軟弱，卻增加武曲的剛毅，讓武曲天相性質難調和，產生剛柔未濟。最怕武曲化忌，必會照紫微化權，有「過剛則折」之象，使武曲天相二星產生孤剋，其人好弄權，而才能又不足以濟事。

   天相性質柔和，則喜「財蔭夾印」或見輔佐吉曜，則能使天相柔弱的性質轉化為能力，並能調和武曲天相，產生剛柔並濟。然而天相若為「刑囚夾印」或見羊陀、火鈴的煞曜，則天相柔弱的性質更加柔弱，缺少了自制力，因此助長武曲的剛毅，產生剛柔未濟，行事進退失據，際遇坎坷難以得志。

2. 武曲天相在寅申坐命，紫微星在事業宮，廉貞天府在財帛宮，三合紫微、天府會照命宮，構成了「紫府朝垣」的格局，一生事業平隱，且易受上司老闆提拔而位居高位。

   此局最喜甲、己年生人，財官雙美。或命宮三方四正有祿存、科權祿、輔弼、昌曲、魁鉞等，吉星的輔助而未遇煞，為最佳的宰輔人才，宜政界發展，能得遇貴人的提攜與庇蔭。若遇煞忌，則宜巧藝安身。

3. 武曲天相在寅申坐命，對宮遷移為破軍星，破軍星是一顆動盪不定的星曜，易影響天相星帶惡性的敏感，遇事喜從壞處著想，且易生改變之心，

若遇煞忌星曜，則一生中易有重大災難發生，不宜自己創業，反增加武曲天相的辛勞，宜上班族為佳。

4. 武曲天相在寅申坐命，遇文昌文曲同宮或會照，則主聰明巧藝，古曰：「武曲天相，逢昌曲，主聰明巧藝。」若再見左輔右弼，則執掌威權，可榮華富貴。

5. 武曲天相在寅申坐命，武曲化祿或見祿存，再遇天馬，則形成「祿馬交馳」，宜遠方求財，古曰：「祿馬交馳，發財遠郡。」

五、命盤實例解析

1. 命宮

武曲天相在寅宮坐命，天馬同度。命主身、命在寅宮四馬地，又逢天馬同度，一生多動少靜，整日忙忙碌碌，心神不定。**鬼谷子** 身心不足。兩足常忙。

命主「丙」年生人，天同化祿在兄弟宮夾命，形成「財蔭夾印」，能使天相柔弱的性質轉化為能力。但三方財帛宮必見廉貞化忌，宜凶事求財，否則易受人拖累而生糾紛。事業宮紫微、擎羊同度，適合軍警、武職或工程、科技人員。遷移宮破軍、火星同度，靜守為宜，奔走無力，動輒得咎，只宜巧藝為生。**鬼谷子** 易榮枯，多翻覆。

命主早年在航空公司上班，後辭去工作自行創業，卻經營不善公司倒閉，命主外語能力佳，公司倒閉後，命主身兼多家外語家教，晚年賣牛肉麵。

命主武曲天相在寅宮坐命，「丙」年生人，天同化祿來夾命宮，形成「財蔭夾印」的格局，能使武曲天相，相互調和，剛柔並濟，使君臣和樂。**鬼谷子** 此命風雲際會之星，君臣和好之宿。

為良好的輔佐之才，以上班族為佳，不適合自己創業。但受事業宮紫微星獨坐的影響，權力慾望過大，主控力強，不甘心受他人的指揮與約束，命主寧為個體戶，也不願在大企業中任職，喜自行創業當老闆。

命主辭去工作與先生自行創業，公司卻經營不佳，49 歲時與合夥人因財起紛爭而拆夥，卻也背負大量債務。但武相之人，為衣祿之神，折衝力強，很快就能認清現實，面對經濟壓力，命主只要有工作機會就做，且身兼

天祿地地　　　天 機存劫空　　　官 平廟 權 **田宅宮** 93-102　　　癸巳	紫擎 微羊 廟陷 **官祿宮** 83-92　　　甲午	天紅寡天 姚鸞宿傷 得陷 **奴僕宮** 73-82　　　乙未	破火　　　　　封 軍星　　　　　誥 得陷 **遷移宮** 63-72　　　丙申
七右文陀鈴　三蜚 殺弼昌羅星　台廉 廟　得廟陷 　　科 **福德宮** 103-112　　　壬辰			天　　　　恩破天 鉞　　　　光碎使 **疾厄宮** 53-62　　　丁酉
太天　　　　天天 陽梁　　　　刑貴 廟廟 **父母宮** 113-122　　　辛卯			廉天左文　　八天 貞府輔曲　　座哭 利廟　陷 忌 **財帛宮** 43-52　　　戊戌
武天天　解天陰天鳳 曲相馬　神巫煞虛閣 得廟 **命宮** 3-12　　　庚寅	天巨　　　　　天 同門　　　　　喜 不不 祿 **兄弟宮** 13-22　　　辛丑	貪　　　　台天龍 狼　　　　輔福池 旺 **夫妻宮** 23-32　　　庚子	太天　　　　天孤 陰魁　　　　月辰 廟 **子女宮** 33-42　　　己亥

多家外語家教。武曲天相寅宮坐命，陰煞同度，三方再遇擎羊、火星，則屈志以求財。 鬼谷子 此命風雲際會之星，君臣和好之宿，所憎邪佞，會解凶災。作事不肯縮頭，能會擺布。平生事業。如同燕子營巢，一世親情，好似小兒藏面，身心不足。兩足常忙，易榮枯。多翻覆，傷妻害子，破祖成家之命也。

2. 兄弟宮

天同化祿、巨門在兄弟宮。命主常有與人合作創業的衝動，雖兄弟宮有天同化祿，也只是一時之助力，故不宜長期合作，易起紛爭。時間點在太陰之年限，此限宮干「己」，文曲化忌在兄弟宮，遇生年廉貞化忌，易因錢財而致生糾紛。 **鬼谷子** 兄弟：風送鴻雁自飛去，偏宜最早得高風，終須振作聲名遠，棠棣芬芳到日紅。

3. 夫妻宮

貪狼在夫妻宮。貪狼在子宮與咸池同度，對宮擎羊會照，為泛水桃花的格局，婚前多彩多姿，婚後卻多糾紛。三方再遇火星、鈴星、陀羅，主刑剋，晚婚為宜，或婚前曾經波折，則可免。三方福德宮文昌化科遇鈴星、陀羅煞曜同度，丈夫為人言語多吹噓，虛華不實，喜出風頭，愛面子，多心機。 **鬼谷子** 婚姻：方擺鴛鴦同戲水，豈期一隻早分離，草塘鷗鷺紛紛立，日暮桑榆不用悲。

貪狼星坐落夫妻宮，在交往對象上，較欣賞懂得營造浪漫氣氛的對象。但命主夫妻宮三方煞曜多，容易陷入甜言蜜語的愛情陷阱，在感情婚姻經營基礎上，必容易遇到虛華不實的花心大蘿蔔。

行限 23～32 歲，貪狼在大限命宮。貪狼子宮，三方火星、鈴星會照，形成「火貪」及「鈴貪」格，命主大學畢業，就順利考上某大航空公司。此限感情雖多彩多姿，也多糾紛波折，命主與配偶戀愛時分分合合，多波折。

4. 子女宮

太陰在子女宮，天魁同度。太陰在亥宮入廟，天魁同度，子女貴顯。對宮天機化權、地空、地劫、祿存同度，子女遠離膝下，遲得為宜。也表跟隨自己的下屬及晚輩稀少，或時時更換。 **鬼谷子** 子息：庭畔春花結一果，清陰修行長龍孫，兩年朱紫盈門戶，一炷天香謝聖恩。

行限 33～42 歲，太陰、天魁在大限命宮。太陰在亥宮入廟，為「月朗天門」格。事業宮太陽天梁在卯宮入廟，為「日出扶桑」，主官貴。此限雖表面朝向正面發展，但對宮遷移天機化權、地空、地劫、祿存會照。此限宮干「己」，文曲化忌在兄弟宮，遇生年廉貞化忌，並不是賺不到錢，而是同事之間相互聯保受拖累，財來財去。

5. 財帛宮

廉貞化忌、天府在財帛宮，左輔、文曲同度。廉貞化忌在財帛宮，因財生災，易被人侵吞財物，或替人背債，且易生詞訟而破財。左輔、文曲同度，反有摧化廉貞星的負面作用，吉凶諸曜交集，較為浮華。命主文昌、文曲在財福線上，一坐一照，易華而不實，一生追逐財富，但天府星卻未見祿，為空庫，只得一時的表面風光而已。

行限 43～52 歲，廉貞化忌、天府、左輔、文曲在大限命宮。廉貞化忌，易有血光之災。三方又形成「鈴昌陀武」格，古曰：「鈴昌陀武，限至投河。」不一定是投河自盡，而是指自己的作為，將自己引導致失敗。

命主辭去航空公司的工作，自行創業，卻經營不善。49 歲與合夥人因財起紛爭而拆夥，當日也在高速公路上發生車禍。此限宮干「戊」天機化忌在疾厄宮，再見空劫。

6. 疾厄宮

疾厄宮無主星，天鉞坐守，少病災。對宮太陽天梁，太陽為陽火，天梁為陽土，二者相燥的組合，稍有內分泌失調，如心臟、腸胃、甲狀腺腫大之類。

行限 53～62 歲，無主星，天鉞在大限命宮。借入對宮太陽天梁，此限宮干「丁」太陰化祿在福德宮，女命出外賺錢。天同化權、巨門化忌在事業宮，遇生年天同化祿。天機化科在財帛宮，遇生年天機化權與祿存，雖財帛宮科權祿「三奇佳會」，卻有空劫同度，並不是賺不到錢，而是入不敷出。

命主外語能力佳，公司倒閉後，命主身兼多家外語家教，整日忙忙碌碌出外賺錢，配偶卻閒閒在家。

8. 交友宮

交友宮無主星，在未宮三合「日卯月亥」來朝，為「明珠出海」格，能認識有權勢或有地位的上流人士，借入對宮天同化祿、巨門。天同化祿，只是一時的助力，故不宜長期合作，易起紛爭。 鬼谷子 鳳閣龍樓人事好，休疑晦滯自淒淒。

9. 事業宮

紫微在事業宮，擎羊同度。三方見廉真化忌，一生多挫折，應以技藝專

長安身，較為安定。

或從凶事以求財，如飲食、醫藥、外科、化驗等。且須以服務於人的性質。 **鬼谷子** 基業：天然成就安閒福，得祿成名東復西。鳳閣龍樓人事好，休疑晦滯自淒淒。

10. 田宅宮

天機化權在田宅宮，地空、地劫、祿存同度，天機在巳宮弱陷，產業多變動，且易有時時遷動或時買時賣，甚至是時時變換工作環境。天機化權與祿存同度，三方再遇天同化祿，天魁天鉞，有祖業能繼承，為華麗的樓房或土地，且能對自己的發展有助益。

但地空、地劫同度，則動輒得咎，且居家多糾紛，再見祿存同度，易與鄰居不合。

11. 福德宮

七殺在福德宮，右弼、文昌化科、鈴星、陀羅同度。七殺在辰宮入廟，行動積極，有理想，卻不利於婚姻。鈴星、陀羅同度，多是非糾紛。文昌化科同度，聰明有才藝。右弼同度，有權柄。

12. 父母宮

太陽天梁在父母宮。太陽天梁在卯宮，為「日出扶桑」，三方再見天魁天鉞貴星，父母有不錯的身份地位，對自己發展有所助益。命主童年受父母愛護，且得父母蔭庇之力甚大，命主午時生人更吉。見天刑同度，父親為軍官，再見天貴同度，則更上一層，主官貴，命主父親官拜將軍。

六、鬼谷子全盤印證

第二十一數　丙甲　噬嗑卦　甲午　逍遙自在，後福無量。
判斷：
此命風雲際會之星，君臣和好之宿，所憎邪佞，會解凶災。作事不肯縮頭，能會擺布。平生事業。如同燕子營巢，一世親情，好似小兒藏面，身心不足。兩足常忙，易榮枯。多翻覆，傷妻害子，破祖成家之命也。

▲蓋水雙蓮格

詩云： 赤腳望前命可知，蓮花出水不沾泥。
變更世事生涯好，勞役身心事業遲。
鴻雁斷雲成聚散，鴛鴦交頸見分離。
君還欲問平生事，好向雲間借月梯。

基業： 天然成就安閒福，得祿成名東復西。
鳳閣龍樓人事好，休疑晦滯自淒淒。

兄弟： 風送鴻雁自飛去，偏宜最早得高風。
終須振作聲名遠，棠棣芬芳到日紅。

行藏： 一身踐履何時立，立向雲程自有梯。
得祿江濱身價闊，高人青白自提攜。

婚姻： 方擺鴛鴦同戲水，豈期一隻早分離。
草塘鷗鷺紛紛立，日暮桑榆不用悲。

子息： 庭畔春花結一果，清陰修行長龍孫。
兩年朱紫盈門戶，一炷天香謝聖恩。

收成： 時值運逢相合處，乘牛騎馬上青天。
知音正好同謀用，別調風吹問釣船。

22　武曲七殺在卯酉坐命：「因財持刀」格

一、星系結構

武曲七殺在卯酉坐命，對宮為天府，事業紫微破軍在丑未，財帛廉貞貪狼在巳亥。

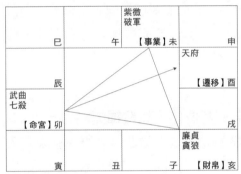

武曲七殺在卯宮坐命

武曲七殺在酉宮坐命

二、格局特質分析

特質 1 武曲七殺二星皆為戰將，帶有蕭煞之氣。

武曲為將星，孤剋剛強。七殺為上將，成敗孤辰。二星皆為戰將，帶有蕭殺之氣。

這兩顆將星在卯酉同宮，戰鬥性質極強，好勝心強，喜爭鬥，不易屈服妥協，雖魄力與衝勁十足，卻是強悍剛硬的組合，造成有謀略卻缺乏遠見，容易陷入孤立無援。因此有「因財持刀」的性質，是帶危險性質的星系結構。

在卯宮還有「木壓雷驚」的格局。

特質 2 武曲七殺在卯酉坐命，個性帶有幾分叛逆。

　　武曲七殺在卯酉坐命，個性剛毅果決，有膽識，敏銳度強，精明能幹，並不是沒有謀略，而是好勝爭強，性急猛幹，容易與人發生爭端、糾紛，甚而動干戈，一生的起伏很大。

　　所以，須有祿存同度或會照，才能柔化武曲七殺的剛暴，且化解其凶險，或有吉星加會來扶助，其人個性較為圓融，處事多留有餘地，不至於短慮薄情。

　　雖有氣魄卻不失理智，能攻擅守，有膽識與衝勁之外，還有計謀，善於策劃，能有所作為。

　　若反之，此格局本就帶有幾分叛逆，在此種情況下，若再遇羊陀、火鈴、化忌來引動，則過剛則折。在古曰：「武曲七殺卯酉同，見擎羊，因財持刀」或「武曲七殺火星同，因財被劫。」其人短慮薄情，容易衝動、莽撞，做事缺乏周詳的計劃，待人處事缺少圓融性，容易因錢財或事業上，與人爭利而動干戈，因此招惹禍端。

特質 3 此局事業宮紫微破軍在丑未，其位佳，能發揮開創力。

　　武曲七殺在卯酉坐命，一生以事業為重，其事業紫微破軍在丑未宮入廟，其位雖佳，但與上司有過於爭權之象，行為較叛逆，喜自我開創，雖能獨當一面，具有披荊斬棘的實力，但道路不免阻力重重，倍感辛勞，故喜輔弼同度，可獲得助力，減少勞累，並且能安定其浮動性。

　　紫微破軍在事業宮，能發揮開創力，以嶄新手法憑空開創出局面，且能不斷攀新。但主攻而不主守，只是造福它人，實際收成卻不佳，此格財帛宮廉貞貪狼在巳亥陷地，其人手面雖闊綽，卻有虛浮的現象，易有名大財虛之憾。

三、此星系出生年，天干能量特點

1. 武曲七殺在卯酉坐命，乙年生人

　　祿存在卯宮命遷線上，可穩定發展，創業興家，紫微化科在事業宮，增加聲譽與貴顯，福厚，財官雙美。

2. 武曲七殺在卯酉坐命，辛年生人

祿存在酉宮命遷線上，可穩定發展，創業興家，福厚，財官雙美。

四、此星系吉凶注意事項

1. 武曲七殺在卯酉坐命，此格局本就帶有幾分叛逆，必須有化祿或祿存同度或會照，得祿開創才有收穫，人生的際遇才能順暢。更喜遇輔弼、魁鉞、昌曲吉曜的調和，其人個性較為圓融，處事多留有餘地，才不至於短慮薄情，此為英雄末路得遇貴人之象。但此格局昌曲僅喜與天府同度，才不會破壞武殺之人的開創力。若見「祿馬交馳」，宜異鄉發財。

2. 武曲七殺在卯酉坐命，性質強悍剛硬，帶有蕭殺之氣。容易衝動、莽撞，甚而動干戈的危險，在此種情況下若再見羊陀、火鈴、化忌的引動，則過剛則折，易因財持刀，人生多起伏波折。宜武職、軍警、屠夫、外科手術等行業可轉化。

3. 武曲七殺在卯酉坐命，見武曲化祿、廉貞化祿或貪狼化祿，皆主開創而致富。若不能開創出局面，則僅事業波動幅度大。其人手面闊綽，而實際收成卻不大。破軍化祿，則主兼職、兼差，且易無心插柳柳卻成蔭而起家。

五、命盤實例解析

1. 命宮

武曲七殺在酉宮坐命，乙年生人，祿存在遷移宮，能調和武曲七殺之人，個性較為圓融，處事多留有餘地，不至於短慮薄情。雖有氣魄與衝勁，卻不失理智，能攻擅守，衝勁之外，有計謀、善策劃，能在穩定發展中創業興家。

命主遷移宮天府、祿存同度，府庫充盈，宜離鄉在外創業興家，可穩步發展。且祿存與財帛宮的天馬，形成「祿馬交馳」，為商業周轉之財，進出大，能在異鄉發跡，名揚他邦，名利雙收。紫微化科在事業，能增加命主貴顯與聲譽。

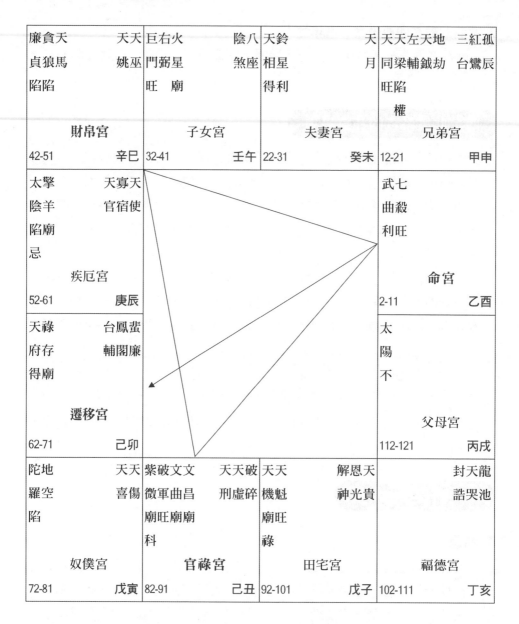

廉貪天　　　　天天 貞狼馬　　　　姚巫 陷陷 　　財帛宮 42-51　　　　辛巳	巨右火　　　陰八 門弼星　　　煞座 旺　廟 　　子女宮 32-41　　　　壬午	天鈴　　　　　天 相星　　　　　月 得利 　　夫妻宮 22-31　　　　癸未	天天左天地　三紅孤 同梁輔鉞劫　台鸞辰 旺陷 　權 　　兄弟宮 12-21　　　　甲申
太擎　　　　天寡天 陰羊　　　　官宿使 陷廟 忌 　　疾厄宮 52-61　　　　庚辰			武七 曲殺 利旺 　　　命宮 2-11　　　　乙酉
天祿　　　台鳳蜚 府存　　　輔閣廉 得廟 　　遷移宮 62-71　　　　己卯			太 陽 不 　　父母宮 112-121　　　丙戌
陀地　　　　天天 羅空　　　　喜傷 陷 　　奴僕宮 72-81　　　　戊寅	紫破文文　天天破 微軍曲昌　刑虛碎 廟旺廟廟 科 　　官祿宮 82-91　　　　己丑	天天　　解恩天 機魁　　神光貴 廟旺 祿 　　田宅宮 92-101　　　戊子	封天龍 　　　　誥哭池 　　福德宮 102-111　　　丁亥

　　命主 40 歲之後在大陸所經營的商品，已逐漸有進展，並獲好評。且命主一路累積良好的人脈關係，晚年在台商界小有知名度，且幫助台商遊走兩岸公關。命主從窮困潦倒的小商人，成功轉型為台商界之名人。

　　命主紫微破軍在事業宮，雖開創力佳，卻遇昌曲同度，產生相互矛盾，反破壞其決斷力，讓命主變為憂柔寡斷。在商場上常錯失良機，缺少武曲七

殺之人，斬釘截鐵，堅決的果斷力。只宜文化、藝術、學術，或經紀等發展。 鬼谷子 此命鑿山開路。掘井汲泉。用盡功夫心力。會施為。能擺布。知輕重。別賢愚。雖則智量深沉。奈何運限駁雜。蝦蚣會走。不如蜓蚰。身如不繫舟，命如初生月。莫恨所為多進退。只因時節未相逢。

命主命宮與三方皆未遇煞，個性較為圓融，處事多留有餘地，不至於短慮薄情，且具有披荊斬棘的實力。但也未遇輔弼、魁鉞的吉曜，在開創過程中欠缺助力，難免勞碌辛苦，早年一波三折，困難重重。行運至財帛宮，遇廉貞、貪狼兩大桃花的組合，能調和命主孤剋之性，使個性大為轉變，社交活躍，多交際應酬，此為英雄末路得遇貴人。 鬼谷子 瀟湘夜雨花零落，楚岫寒風雁陣高。待得一陽回復卦，不堅牢處也堅牢。

2. 兄弟宮

天同、天梁化權在兄弟宮，左輔，地劫同度。表面相處融洽。地劫同度，不宜為兄弟或友人背書、擔保，需防被拖累。 鬼谷子 兄弟：雁過關山去路遠，孤飛別宿有誰知。雖然吳越知音少，飛到衡陽是盡期。

3. 夫妻宮

天相在夫妻宮，鈴星同度。配偶為職業婦女，命主在創業時，能幫助穩定家中的經濟。鈴星同度，婚姻有波折。 鬼谷子 婚姻：鴛侶池中交頸處，隄防風雨驟相驚。雲開千里看明月，簾外榴花照眼明。

4. 子女宮

巨門在子女宮，右弼、火星同度，一子，易頂嘴，多有代溝。右弼同度，命主在大陸恐有非婚生子女。 鬼谷子 子息：二果交枝一果結，與君實說一枝牢。陰功久積於門盛，官顯身榮勢漸高。

行限 32～41 歲，巨門、右弼、火星在大限命宮。事業太陽在戌宮獨坐，對宮太陰化忌沖照，三方形成「巨火羊」惡格。此限事業多波折，命主經商投資失敗。財帛宮無主星，地空、陀羅坐守，錢財波折損失甚大。此限宮干「壬」，武曲化忌在田宅，因經商投資失敗而變賣房產，引起夫妻的爭執。 鬼谷子 收成：君身若見牛騎「馬」，渺渺茫茫路更遙。猿鶴往來相對舞，一聲笛韻徹雲霄。

5. 財帛宮

廉貞、貪狼在財帛宮，天馬同度。為商業周轉之財，錢財進出大。

行限 42～51 歲，廉貞、貪狼、天馬在大限命宮。廉貞貪狼為兩大桃花的組合，此限能調和命主孤剋之性，再見天馬同度，社交活耀，多交際應酬。

此限宮干「辛」，天鉞在大限命宮，天魁在夫妻宮，二星會照事業宮，使命主事業得遇貴人的提攜。祿存在事業宮與武曲七殺同度，使事業能在穩定中順利發展，且祿存與大限命宮天馬，形成「祿馬交馳」，此限名利雙收。 鬼谷子 行藏：平生榮辱曾經過，馬畔龍邊志氣高。若得功名南埴好，不堅牢處也堅牢。

6. 疾厄宮

太陰化忌在疾厄宮，擎羊同度。太陰屬陰水，故主腎臟虧損，或主神經系統方面疾病，須注意腎虛腰酸的毛病。擎羊同度，眼睛之疾。

行限 52～61 歲，太陰化忌、擎羊在大限命宮。太陰為財星，不喜見化忌。擎羊同度，多競爭，主破耗，但處於辰宮羅網之位，雖有受阻、受制之意味，卻也受到羅網位的保護。此限宮干「庚」，太陰化科在命宮，遇生年太陰化忌，太陽化祿在遷移，祿存入事業宮，能穩定事業的變動。

命主雖想突破創新，卻受環境的限制與牽絆，想動卻無法動。此限安靜休息為吉，若浮躁盲動，則破耗大。財帛宮天機化祿、天魁同度，此財為唇舌的經紀財。

7. 遷移宮

天府在遷移宮，祿存同度。府庫充盈，宜離鄉，在外創業興家。

8. 交友宮

交友宮無主星，地空、陀羅坐守，借入對宮天同、天梁化權、左輔、天鉞、地劫。部屬、同僚雖有助力，卻見空劫同度，易受牽連而招致損失。

9. 事業宮

紫微化科、破軍在事業宮，文昌、文曲同度。事業宮紫微破軍，雖積極有衝勁，開創力佳，卻見昌曲二星產生相互矛盾，反破壞其決斷力，讓命主

變為憂柔寡斷。

在商場上常錯失良機，缺少武曲七殺之人，斬釘截鐵，堅決的果斷力。只宜文化、藝術、學術或經紀性質等發展。命主晚年幫助台商遊走兩岸公關，為經紀性質之工作。

10. 田宅宮

天機化祿在田宅宮，天魁同度。能退祖自興，天魁同度，產業能增加。天機為動星，易時時遷動或常更換工作環境。

11. 福德宮

無主星，情緒較不穩定。借入對宮廉貞、貪狼、天馬，在忙碌中自得其樂。

12. 父母宮

太陽在父母宮。太陽在戌宮，日月反背，與父母緣淡薄。

六、鬼谷子全盤印證

第十六數　乙己　觀卦　巳酉　患難已過，後福無量。

判斷：

此命鑿山開路。掘井汲泉。用盡功夫心力。會施為。能擺布。知輕重。別賢愚。雖則智量深沉。奈何運限駁雜。蜈蚣會走。不如蜓蚰。身如不繫舟，命如初生月。莫恨所為多進退。只因時節未相逢。

▲籬外海棠格

詩云：重臺仰望碧雲高，風捲長江起浪濤。

　　　　若問平生名利逐，奈何中限是非招。

　　　　瀟湘夜雨花零落，楚岫寒風雁陣高。

　　　　待得一陽回復卦，不堅牢處也堅牢。

　　　　性直稟於天，輕輕出自然。

　　　　雁分飛別浦，琴抱換朱絃。

　　　　親祖原無分，他人却有緣。

　　　　利名重創立，碧沼結雙蓮。

基業：重臺遙望九天高，風捲長江起怒濤。
　　　　鷗化鵬飛千萬里，龍樓鳳閣自英豪。

兄弟：雁過關山去路遠，孤飛別宿有誰知。
　　　　雖然吳越知音少，飛到衡陽是盡期。

行藏：平生榮辱曾經過，馬畔龍邊志氣高。
　　　　若得功名南埴好，不堅牢處也堅牢。

婚姻：鴛侶池中交頸處，隄防風雨驟相驚。
　　　　雲開千里看明月，簾外榴花照眼明。

子息：二果交枝一果結，與君實說一枝牢。
　　　　陰功久積於門盛，官顯身榮勢漸高。

收成：君身若見牛騎馬，渺渺茫茫路更遙。
　　　　猿鶴往來相對舞，一聲笛韻徹雲霄。

23 武曲在辰戌坐命：為將星得地格

一、星系結構

武曲在辰戌坐命，對宮為貪狼，事業紫微天府在寅申，財帛廉貞天相在子午。

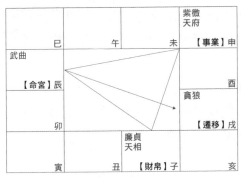

武曲在辰宮坐命

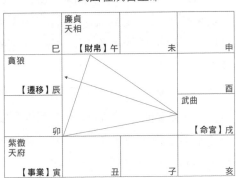

武曲在戌宮坐命

二、格局特質分析

特質 ① 武曲星性情剛烈，帶蕭殺之氣。喜落辰戌羅網位，反使剛烈之性收斂。

武曲在辰戌獨坐，是武曲星系唯一獨坐的宮位，此結構性質單純，最能充分發揮武曲星的特性。

武曲星性情剛烈、耿直，處事積極果決，固執不易妥協，帶有蕭殺之氣。喜落入辰戌天羅地網之位，其人受到家庭的牽絆，環境的限制，社會的規範等等，使其剛烈之性收斂，性格也較容易接近，且同樣有耿直豪爽的性格，在外際遇也較為順遂，反可減少人生波動，有助其安定。

特質 ② 武曲在辰戌獨坐，對宮貪狼，為武貪的暗格。

武曲在辰戌獨坐，對宮貪狼，為武貪的暗格。主要的星曜會合，雖與丑

未宮的武貪相同，但武曲在辰戌，因三方未見破軍星，所以性質較穩定而少波折。但也須經歷磨練才能成為棟樑，因此發跡較晚。古云：「武曲墓中居，三十才發福。」意謂著武曲星，必須歷經磨練才能大器有成。

武曲星在辰戌宮，星曜入廟，為「將星得地」格，有卓越的智謀，組織領導能力強，能攻擅守，權威能服眾，古曰：「將星入廟實為祥，位正高官到處強；守地攻城多妙策，威風八面揚邊疆。」此格最宜軍警武職，能有很好的發展空間。

特質 3 武曲在辰戌宮，為「天羅地網」之位，既受束縛，也受保護。

武曲為財星，主動積極，善於開創生財，落入辰戌天羅地網位，其人雖受到束縛，但也受到羅網結構的保護，可減少人生動盪波動。但武曲星在辰戌宮，受羅網結構的保護，已經削減衝勁的優勢，因此不喜武曲化祿，嫌其受化祿的因循羈縻，沿續舊習，僅求安穩，不思改革，缺少戰鬥的拼搏力，只埋頭於實際工作，不知不覺中令武曲之人，失去雄心壯志。尤其是「己」年生人，武曲化祿在命宮，不宜再見文曲化忌同度，行事易敷衍草率，往往不良不莠。亦不喜武曲化科，易藉由一藝謀生，得小名小利而不思進取，短慮而固執，很容易變成因循苟且。

武曲星落入天羅地網位，受羅網結構的保護，衝勁削減，卻喜武曲化權，能增強其企圖心，積極奮發進取，即可衝破天羅地網。

三、此星系出生年，天干能量特點

1. 武曲在辰戌坐命，甲年生人

武曲化科在命宮，巧藝馳名，文武皆宜。廉貞化祿在財帛宮，破軍化權在福德宮，祿存在寅宮夫官線上。事業宮位「雙祿相逢」，為財官雙美格。

2. 武曲在辰戌坐命，乙年生人

擎羊在辰宮命遷線上，擎羊星，有驚人的衝勁與毅力，可促使武曲星積極進取，早日衝出羅網，為自己開創出奇蹟，但有不擇手段的嫌疑。紫微化科在事業宮，名大於利，多競爭。

四、此星系吉凶注意事項

1. 武曲在辰戌坐命，落入天羅地網位，此星系重點在於武曲星，是否能突破天羅地網破繭而出。武曲星重視當下，是極入世的星曜，拼勁十足，因此對四化有著敏銳的反應。但當武曲星落入辰戌「天羅地網」宮位時，受到羅網結構的限制與保護，已經削減武曲星進取的衝勁。武曲為財星，雖最喜化祿，但此格受羅網結構的保護，反不喜武曲化祿，嫌受化祿的因循羈縻，因小名小利而不思進取，很容易變成因循苟且。反喜武曲化權或煞忌，都可刺激武曲星，積極奮發進取，衝破天羅地網。但武曲為財星重視錢財，遇煞忌，則有取財不擇手段之嫌疑，易與人有金錢糾葛，錢財難聚守易破耗，所以遇煞宜技藝安身。

2. 武曲在辰戌坐命，最喜有輔弼、魁鉞、昌曲拱照或同度，若再得科、權、祿者，富貴雙全，最為上格，容易出人頭地。

3. 武曲在辰戌坐命，事業宮為紫微天府，喜紫微化科，有聲譽。而不喜紫微化權，權力慾過大。雖二者皆為進取的本質，但紫微化權勢必武曲化忌，錢財多糾紛，人生道路多崎嶇，必須經過一波三折後，才能有所成就。

4. 武曲在辰戌坐命，戊年生人，貪狼化祿在對宮會照，雖能加強武曲星的積極進取，但天機化忌在田宅宮，往往為離鄉背井，改變命運的徵兆。

5. 武曲在辰戌坐命，對宮貪狼星喜火星、鈴星同度，形成「火貪」、「鈴貪」格照會，能讓武曲星早日突破羅網。

五、命盤實例解析

1. 命宮

　　武曲化祿在戌宮坐命，對宮遷移貪狼化權，財帛宮廉貞天相、祿存、火星同度，事業宮紫微天府，地劫同度。命主武曲化祿在戌宮坐命，三方遷移宮貪狼化權，與財帛宮火星，形成「火貪」格，再見事業宮的地劫星，則可發揮「火空則發」的爆發力，但「火空則發」的爆發力，如同泡沫短暫而不實。命主遇宗教界德高之人提攜在身邊，權勢與地位皆是來自於他人，虛名受蔭，脆弱而不實，造成命運起伏波動大。 鬼谷子 此命權於俯仰。

巨陀　　　封天龍天 門羅　　　誥哭池使 旺陷 疾厄宮 56-65　　　　　己巳	廉天祿火　　　　解 貞相存星　　　　神 平旺廟廟 財帛宮 46-55　　　　　庚午	天文文擎　　　　天 梁曲昌羊　　　　虛 旺旺利廟 科忌 子女宮 36-45　　　　　辛未	七天地　　　　天天 殺鉞空　　　　刑喜 廟 夫妻宮 26-35　　　　　壬申
貪　　　　　　陰 狼　　　　　　煞 廟 權 遷移宮 66-75　　　　　戊辰			天　　　台天鳳蜚 同　　　輔官閣廉 平 兄弟宮 16-25　　　　　癸酉
太左　　　　八天 陰輔　　　　座傷 陷 奴僕宮 76-85　　　　　丁卯			武　　　　　　寡 曲　　　　　　宿 廟 祿 命宮 6-15　　　　　甲戌
紫天地　天恩天紅孤 微府劫　福光貴鸞辰 旺廟 官祿宮 86-95　　　　　丙寅	天鈴　　　　　破 機星　　　　　碎 陷得 田宅宮 96-105　　　　丁丑	破天　　　　　天 軍魁　　　　　姚 廟 福德宮 106-115　　　　丙子	太右天　　　天三 陽弼馬　　　巫台 陷 父母宮 116-125　　　　乙亥

　　命主武曲化祿坐命，生活穩定，對事業缺少奮發拼搏的心，整日在宗教、社團裡混不思進取，恐須經歷較長時間的磨練，才能積極奮鬥。 鬼谷子 一生好行善事。命主武曲化祿為正財，有賺錢的頭腦，從商雖可大吉大利、大富大貴，但行運太早，未經磨練人生經驗不足，容易遭遇失敗，且精神易陷於孤立中。

　　命主武曲化祿在戌宮坐命，早年在嘉義，從事糕餅業，小有名氣，卻因生活穩定，不思創新突破，整日因循苟且，在宗教、社團裡混，對事業缺少奮發拼搏的心。 鬼谷子 此命權於俯仰。內觀不足。外觀有餘。作事有勞無功。所為有頭無尾。財若浮雲聚散。親若秋葉蕭條。獨將當鋒。難為敵愾。萬事蹉跎皆是命。莫嫌時運到來遲。

　　命主 26～35 歲，行運大限七殺在申宮，為「七殺朝斗格」，能得遇貴人的提攜，因人而貴，平步青雲。紫微天府在遷移宮，雖出外能遇貴人提攜，但地劫同度，在外多是非糾紛難安寧，錢財多破損。卻三方未見輔佐星曜，為孤軍，未能真正掌握實權，只是宗教界德高之人，身邊的跟班而已。 鬼谷子 行藏：人來投我我投人，瞬息光陰過早春。終遇天真高貴客，提攜聲譽到江濱。

2. 兄弟宮

　　天同在兄弟宮。天同在酉宮落陷，無力，同事、友人皆無助力。 鬼谷子 獨將當鋒。難為敵愾。

3. 夫妻宮

　　七殺在夫妻宮，地空、天鉞同度。配偶性格強烈，非常能幹，精明有為，事業心強，為職業婦女，夫妻共事，易婦奪夫權。天鉞同度，莊重有威，幫夫益子。見地空同度，晚婚為宜。 鬼谷子 婚姻：成對鴛鴦游碧水，晚來一隻遶清波。白雲本是無心物，孤月清光照五湖。

　　行限 26～35 歲，七殺、地空、天鉞在大限命宮。七殺在申宮，為「七殺朝斗格」，喜見天鉞同度，能得遇貴人提攜，因人而貴，平步青雲。遷移宮紫微天府，地劫同度，在外能遇宗教界德高之人的提攜。

　　此限宮干「壬」武曲化忌在福德宮，遇生年武曲化祿，「祿忌相沖」多是非糾紛與錢財的破損。紫微化權在遷移宮，地劫同度，未能真正掌握實權，只是宗教界德高之人，身邊的跟班而已。 鬼谷子 行藏：人來投我我投人，瞬息光陰過早春。終遇天真高貴客，提攜聲譽到江濱。

　　行運夫妻宮見天喜，命主 28 歲結婚，婚後事業多交由妻子管理，自己整日在宗教、社團裡混，對事業缺少奮發拼搏的心。

4. 子女宮

天梁化科在子女宮，文曲化忌、文昌、擎羊同度。天梁化科在子女宮，子女秀發，聰明多才，既富且貴，但文曲化忌、擎羊同度，子女個性頑固，一意孤行，不易溝通，早有刑剋，子女多病災。**鬼谷子** 子息：春盡花殘留子在，紛紛庭下弄青黃。逢龍見犬多榮貴，丹桂敷榮近御香。

行限 36～45 歲，天梁化科，文曲化忌、文昌、擎羊在大限命宮。天梁化科，此十年內能創造聲譽，但同時見煞忌，亦必同時發生麻煩困擾之事件，且每多來勢洶湧，可以影響後運的吉凶。

此限宮干「辛」，巨門化祿在夫妻宮，太陽化權在事業宮。文曲化科、文昌化忌在命宮，遇生年天梁化科，文曲化忌。此限命宮疊科、疊忌，事業宮太陽在亥宮落陷，遇科權祿忌「四化齊會」。命主與宗教裡德高之人，一起募款，買了一塊土地，作為師兄弟共修場所，後因理念不和發生糾紛而招怨，成為眾人所指責的對象。**鬼谷子** 收成：逢時正在九九上，休說豬「羊」運不通。善世善人多福慶，林泉一笑醉春風。

5. 財帛宮

廉貞天相在財帛宮，火星、祿存同度。廉貞天相在財帛宮，火星同度又受鄰宮文曲化忌夾印，使命主在錢財上多糾紛，且易受欺負，財來財去不聚守。**鬼谷子** 財若浮雲聚散。幸有雙祿相逢，較不缺錢用。

行限 46～55 歲，廉真、天相、火星、祿存在大限命宮。命主受上運事件影響，使此限受人傾擠、冤枉。此限祿存在命宮，左右鄰宮必受羊陀二星來夾，易遭小人傾擠，較為孤獨。鄰宮文曲化忌，火星同度，也使廉貞天相，形成「刑忌夾印」，易受冤枉。

命主雖受上運事件影響，受人傾擠、冤枉，但此限宮干「庚」武曲化權在事業宮，遇生年武曲化祿，「權祿相逢」主富，雖受傾擠、冤枉，但反能激勵命主，反奮發進取，命主畢竟是武曲化祿坐命，有賺錢的頭腦。

6. 疾厄宮

巨門在疾厄宮，陀羅同度，一生多災病，膿血之厄，耳目之疾。

行限 56～65 歲，巨門、陀羅在大限命宮，巨門為是非暗曜，又見陀羅同度，多口舌是非、鬥爭，三方所會的星曜又皆為弱陷，此限不利過份進

取，只宜低調休養生息。

7. 遷移宮

貪狼化權在遷移宮，對宮武曲化祿，出外快樂，人緣廣結。三方見魁鉞二星，出外遇貴人發財。

行限 66～75 歲，貪狼化權在大限命宮。對宮武曲化祿，三方所會的星曜皆入廟，此為得意的運限。此限宮干「戊」，貪狼化祿在命宮，遇生年貪狼化權，出外長袖善舞，三方再遇天魁天鉞二星，能遇貴人而發財。

8. 交友宮

太陰在交友宮，左輔同度。三方見天梁化科、右弼、文昌，可因人成事，但也見文曲化忌、擎羊，吉凶交集，成也蕭何，敗也蕭何。

9. 事業宮

紫微天府在事業宮，地劫同度。紫微天府為南北斗主星，在事業宮須要有「百官朝拱」才能有所成就。

命主三方只見天鉞吉星，雖能得遇貴人提攜，但地空、地劫，這兩顆幻想的星曜，使紫微天府兩顆帝王之星，昇華為「西方極樂世界」，有出世尋找真理的精神，使命多有不切實際的幻想，主整日在宗教、社團裡混，實際工作卻敷衍。 鬼谷子 一生好行善事。

命主此格三方雙祿會照，多有賺錢頭腦，卻因生活穩定，而不思進取，須經歷挫折磨練之後，才能積極奮鬥，為大器晚成。 鬼谷子 基業：疎却相親親却疎，離南往北任安居。桑榆芝桂花榮茂，會向前行福有餘。

10. 田宅宮

天機在田宅宮，鈴星同度。田宅多是非糾紛，退祖而自興，文曲化忌沖照，不宜擔保。

11. 福德宮

破軍在福德宮，天魁同度。破軍在福德宮，凡事喜親力親為，勞心勞力而不辭，但易生改變之心。 鬼谷子 作事有勞無功。所為有頭無尾。

天魁同度，一生有人拂照，晚年富貴聲揚。

12. 父母宮

太陽在父母宮，右弼同度。太陽在亥宮雖弱陷，但右弼同度，能稍得先人餘蔭。

六、鬼谷子全盤印證

第六十二數　庚乙　大過卦　乙卯，一生好行善事。

判斷：

此命權於俯仰。內觀不足。外觀有餘。作事有勞無功。所為有頭無尾。財若浮雲聚散。親若秋葉蕭條。獨將當鋒。難為敵怯。萬事蹉跎皆是命。莫嫌時運到來遲。

▲鶯語東風格

詩云：疎却成親親却疎，枝南枝北費工夫。
　　　　知君本是山中客，伴我聊從都外居。
　　　　戲水鴛鴦終有散，失羣鴻雁豈無書。
　　　　時來暮去深谷裏，長得金衣一個雛。

基業：疎却相親親却疎，離南往北任安居。
　　　　桑榆芝桂花榮茂，會向前行福有餘。

兄弟：風吹兩雁過江邊，吳越分飛各自然。
　　　　幸有五湖通大海，清秋萬里好歸源。

行藏：人來投我我投人，瞬息光陰過早春。
　　　　終遇天真高貴客，提攜聲譽到江濱。

婚姻：成對鴛鴦游碧水，晚來一隻逸清波。
　　　　白雲本是無心物，孤月清光照五湖。

子息：春盡花殘留子在，紛紛庭下弄青黃。
　　　　逢龍見犬多榮貴，丹桂敷榮近御香。

收成：逢時正在九九上，休說豬羊運不通。
　　　　善世善人多福慶，林泉一笑醉春風。

24 武曲破軍在巳亥坐命：一生多動盪、變遷

一、星系結構

武曲破軍在巳亥坐命，對宮為天相，事業紫微貪狼在卯酉，財帛廉貞七殺在丑未。

武曲破軍在巳宮坐命

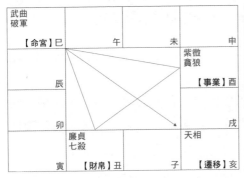

武曲破軍在亥宮坐命

二、格局特質分析

特質 1 武曲破軍在巳亥坐命，一生多動盪、變遷。

武曲破軍在巳亥坐命，武曲為金、破軍為水，二星在巳亥同度，武曲金來生破軍水，更加強破軍的動盪與不定特性，產生破軍星的改變動力，且又居於四馬之地，一生多動盪、變遷，不安定。武曲星處事重視當下，遇事積極果決，勇於開創，拼勁十足，執行力強。破軍為耗星，以爭奪破壞為目的，凡事喜歡一馬當先。

二星皆剛強又具冒險精神，做事衝動，速戰速決，果斷的個性，常有孤注一擲的趨向，成敗決定在一夜之間，所以容易大成或大敗，使人生處於大幅度的波動。

特質 2 武曲破軍性質多動盪，環境的變化是否能善於適應，至為重要。

武曲破軍在巳亥坐命，個性剛毅帶叛逆之性，有衝鋒陷陣的膽識，開創力甚為強烈，喜破壞現狀再加以變化改革，好競爭取勝，在堅強中帶有一種「只要我喜歡，有什麼不可以」的自負與任性，喜隨心所欲，一生成敗多端，多動盪、變遷。因此對武曲破軍命局來說，環境的變化是否能善於適應，至為重要。

武曲破軍二星，性質剛毅帶叛逆，必須見祿，有祿的羈縻，為達目的則能適應環境的壓力與限制，且善於運用手段來調整環境的適應，開創力甚為強烈，順逆境時皆能開創。最適合武職，在動亂中成就事業，宜早年離鄉求發展，可白手起家，辛勤致富，幼年辛苦，中年以後有所成就。

特質 3 此局事業宮紫微貪狼，有權謀與企圖心，能帶頭領軍，開創新機。

武曲破軍在巳亥坐命，事業宮為紫微貪狼，有權謀與企圖心，能帶頭領軍，開創新機，適合擔任企業的開發先鋒，宜變動性較大的工作，最能發揮命宮開創的特質。尤其是消費性行業最適合，如食品、衣服、鞋子、手機、甚至是清潔用品等，日常生活使用的物品最能發揮。或是個人的創意工作室，以生活實用性高的創意商品為佳，如飾品、服裝或手機套等，為藝術工作者。

但命宮武曲破軍性質動盪，不適合自己創業，宜上班為佳，若創業應以個體戶或自由業較佳，可以減緩動盪。

特質 4 此局財帛宮為廉貞七殺，為積富之格局，善積財而不善理財。

武曲破軍在巳亥坐命，財帛宮為廉貞七殺，受殺破狼格局的組合影響，具有鬧中取財，動而發達的特性，其錢財是很忙碌地賺來的。廉貞七殺在未宮，為「雄宿乾元格」，若遇祿則可成為富局，但仍需歷經艱辛，早年辛苦，中晚年富足。廉貞七殺在丑宮，其財源不如未宮順暢，但遇祿亦可成富。廉貞七殺在財帛宮，一生錢財皆由慢慢累積而來，其人善積財而不善理財，為積富之格局。須遇輔佐諸曜同會，才有理財能力。若逢煞星則波折大，不能有所儲蓄。

三、此星系出生年，天干能量特點

1.武曲破軍在巳亥坐命，戊年生人

　　祿存在巳宮命遷線上，事業宮貪狼化祿，天魁天鉞在財福線上，財福富厚，財官雙美。若再見天馬，則形成「祿馬交馳」，更加富貴。

2.武曲破軍在巳亥坐命，己年生人

　　武曲化祿在命宮，貪狼化權在事業宮，開創力甚為強烈，為財官雙美格，名利雙收。若再見天馬，則形成「祿馬交馳」，更加富貴。

3.武曲破軍在巳亥坐命，壬年生人

　　武曲化忌在命宮，祿存在亥宮命遷線上，宜技藝謀生。紫微化權在事業宮，非常積極，是武曲破軍的反背格局，反為吉祥。天魁在夫官線上，天鉞在命遷線上，一生多貴人扶助，福厚，財官雙美。

四、此星系吉凶注意事項

1. 武曲破軍在巳亥宮位，星曜陷弱，難貴顯，屬較不利的組合結構。最宜把人生的焦點，擺在創作或發揮個人才藝上，有較佳的特殊天賦，能專業性質取勝，可富大於貴。
2. 武曲破軍在巳亥坐命，武曲為財星、破軍為耗星、財耗兩星同度，其人個性愛揮霍、擺闊，對錢財無概念，錢財易遭破耗，不宜經商，宜手藝安身，以減緩武破的動盪。
3. 武曲破軍在巳亥坐命，個性帶叛逆之性，但最怕再遇化忌，若遇廉貞化忌叛逆尤甚，一生命運坎坷，行運至福德位時，易有重大災難。貪狼化忌，必見破軍化祿在命宮，僅主事業不如理想，多惹競爭。武曲化忌，事業宮紫微必見化權，是武破的反背格局，艱辛有成。
4. 武曲破軍在巳亥坐命，不見吉化，但無煞忌諸曜同度，而有輔佐諸曜會合，亦具有適應力，唯成就不如吉化者之大。
5. 武曲破軍在巳亥坐命，若無輔佐吉曜同度，又不見吉化，卻見羊陀、火鈴、空劫同會（尤忌空劫二星同度於命宮），則具叛逆之性，往往因自作

主張，反潮流，逆趨勢，因而招致打擊。

6. 武曲破軍在巳亥坐命，不喜逢文昌文曲同度，為一生「寒士格」，時生懷才不遇之心，宜巧藝安身。尤其是武曲破軍在亥宮，亥宮為水域，又遇文曲化忌，則易遭逢重大挫折。古曰：「與文曲入於水域，殘疾離鄉。」

五、命盤實例解析

1. 命宮

武曲破軍在亥宮坐命，武曲屬金，破軍屬水，金來生水，又在亥宮水，更加強水的飄蕩不定特性，一生多是非與動盪。父母宮在子位，太陽弱陷，蔭庇之力較不足，難受長官的提攜與賞識。但命主「壬」年生人，為武曲破軍的「反背格局」，與命宮能有良好配合，反為吉祥。「壬」年生人，天梁化祿在疾厄宮，使父母宮的太陽，得到天梁化祿來會照，讓命主反能得到遇貴人的提拔與賞識。

命主武曲化忌、破軍在亥宮坐命，左輔、祿存、火星同度。武曲化忌在命宮，雖性格剛毅帶叛逆，但命宮同時有祿存同度，為人私心較重，見利忘義，且命主身宮在財帛，一生重視錢財，所以折衝能力強，能認清現實，反而能屈能伸，具有很強的適應力。<mark>鬼谷子</mark> 財帛可圖。利名不失。

雖少年時期叛逆性重，但招致打擊後，反能安穩，白手成家，辛勤致富。（命主在 35 歲就已買了三棟房子。）且此命盤中還見輔弼、魁鉞四吉星的會合，使命主對環境的適應能力更強，在順逆境皆能有良好的適應能力，且一生多有貴人相助。命主祿存在命宮，左右鄰宮受羊陀二星的夾制與保護，能減弱武曲破軍的動盪與不安，一生福厚，財官雙美。<mark>鬼谷子</mark> <mark>一生得享安閒之福。</mark>

命主紫微化權、貪狼在事業宮，右弼、天魁同度，夫妻可以合作共同創業。命主事業雖紫微化權，但僅獨立性強或獨當一面，事業主體還須以配偶為主。事業宮紫微貪狼，三方遇火星，雖能突發，但也遇地劫，易橫發橫破。<mark>鬼谷子</mark> <mark>此命有機謀操略。會用施為。財帛可圖。利名不失。堅心守耐。心正不怕壁邪。只防骨肉。親者如同陌路人。若是離鄉千里去。不精神處也精神。</mark>

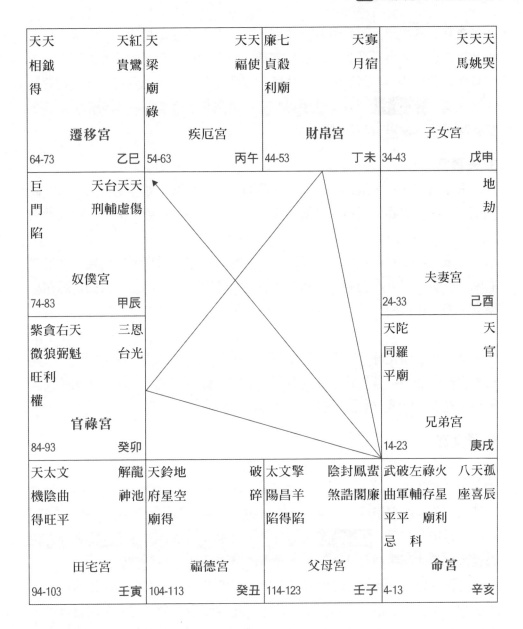

天天　　　　天紅	天　　　　　天天	廉七　　　　天寡	天天天
相鉞　　　　貴鸞	梁　　　　　福使	貞殺　　　　月宿	馬姚哭
得	廟	利廟	
	祿		
遷移宮	疾厄宮	財帛宮	子女宮
64-73　　　　乙巳	54-63　　　　丙午	44-53　　　　丁未	34-43　　　　戊申

巨　　　　天台天天			地
門　　　　刑輔虛傷			劫
陷			
奴僕宮			夫妻宮
74-83　　　　甲辰			24-33　　　　己酉

紫貪右天　　　三恩			天陀　　　　　天
微狼弼魁　　　台光			同羅　　　　　官
旺利			平廟
權			
官祿宮			兄弟宮
84-93　　　　癸卯			14-23　　　　庚戌

天太文　　　解龍	天鈴地　　　　破	太文擎　　陰封鳳蜚	武破左祿火　八天孤
機陰曲　　　神池	府星空　　　　碎	陽昌羊　　煞誥閣廉	曲軍輔存星　座喜辰
得旺平	廟得	陷得陷	平平　廟利
			忌　　科
田宅宮	福德宮	父母宮	命宮
94-103　　　　壬寅	104-113　　　癸丑	114-123　　　壬子	4-13　　　　辛亥

2. 兄弟宮

　　天同在兄弟宮，陀羅同度。天同為水在戌宮土位，兄弟稀少，再見陀羅
煞曜，命主為獨生女。天同在戌宮處弱位，對宮為巨門，命主與同學或友人
間，常有無謂的爭執。陀羅同度，多是非，孤獨，無助力。

　　行限 14～23 歲，天同、陀羅在大限命宮。此限宮干「庚」，太陽化祿

在福德宮，遇生年天梁化祿在財帛宮，財福線上「雙祿相逢」。太陰化科在事業宮，事業能得長輩貴人的提拔賞識。但對性格帶叛逆的武曲破軍之人，未經磨練就行佳運，行事易專制武斷，導致挫折失敗，受到打擊後反利於命主的後運。 鬼谷子 收成：逢牛遇「犬」不須忙，自有高人為主張。誰道平登多路遠，豈期風雨動離腸。

3. 夫妻宮

夫妻宮無主星，地劫坐守，配偶體弱多病，或聚少離多。借入對宮紫微化權、貪狼、右弼、天魁。紫微化權丈夫有統治慾。右弼、天魁，配偶助力大。

行限 24～33 歲，大限命宮無主星，地劫坐守，對宮紫微化權、貪狼、右弼、天魁，三方府相朝垣，為扶助之運。此限宮干「己」，武曲化祿在福德宮，遇生年武曲化忌，福德宮「祿忌相沖」，前段辛勞，後段順遂。貪狼化權在遷移宮，遇生年紫微化權，出外積極，多有助力。天梁化科在子女宮，遇生年天梁化祿，科祿會照田宅宮，田宅太陽、文昌、擎羊同度，太陽在子宮雖弱陷，但有科祿、天馬會照，形成「祿馬交馳」，命主與配偶共同打拼，在 35 歲就已買了三棟房子。

4. 子女宮

子女宮無主星，子女緣份較薄，命主一女一子，子女聰明。天馬坐守，主子女遠離膝下。命主子女宮無主星，是屬於相依的宮位。在三方中，太陽在子宮弱陷，與兒子緣份較薄。寅宮天機、太陰旺位，女兒聰明。辰宮巨門弱陷，感情有隔膜。 鬼谷子 只防骨肉。親者如同陌路人。子息：庭畔好花空艷冶，鶯啼綠柳數聲嬌。借庇西牆終未穩，只因鬪馬上平橋。

行限 34～43 歲，大限命宮無主星，天馬坐守。天馬星，性質積極，多動少靜。無主星，借入對宮天機太陰，二星性質帶浮動，使命主終日奔忙，多勞心勞力。此限宮干「戊」，太陰化權、天機化忌在遷移宮，權忌會照命宮，宜低調守靜為吉，緩步發展而得益，奔動雖得財，卻多是非與挫折。

5. 財帛宮

廉貞七殺在財帛宮，未宮為「雄宿乾元格」，三方遇祿存，能累積至富。且又有左輔、右弼、天魁，輔佐諸曜會照，積財與理財能力皆佳，中晚

年積財豐厚。

行限 44～53 歲，廉貞、七殺在大限命宮，三方紫微化權、武曲化忌會照，星曜性質過剛，能力不足，卻想掌權，產生動盪不安。事業宮武曲化忌、破軍、左輔、祿存、火星同度。財帛宮紫微化權、貪狼、右弼、天魁同度。遷移宮天府、地空、鈴星同度。大限命宮三方雖遇火星、鈴星、貪狼，形成「火貪」及「鈴貪」格，在遇地空，則形成「火空則發」的爆發力，雖能突發，但虛空而不實。

命主本業穩定，卻野心過大，想轉投資自己不擅長的行業，因此未能依理想而發展。此限宮干「丁」，巨門化忌在子女宮，會照田宅宮，需防家中出現傷害感情的打擊。

6. 疾厄宮

天梁化祿在疾厄宮，消化不良及胃病或偏食。

行限 54～63 歲，天梁化祿在大限命宮。三方所會之星曜，皆為柔順，能穩定發展。命主性格雖剛毅帶叛逆，但對環境的適應能力極佳，能屈能伸，受上運事件的影響，此限行事謹慎柔順。此限宮干「丙」，天同化祿在事業宮，天同有更新之意，在大限事業宮遇吉有良好的變動。天機化權在財帛宮，為轉行、轉業、轉換財源，且財帛宮三方形成「祿馬交馳」遠方發財。文昌化科在遷移，出外發貴。三方形成科權祿「三奇佳會」，能獨當一面。 **鬼谷子** 花枝攀折曾經手，名利贏輸未稱心。只待跟隨牛「馬」足，一呼百若萬人欽。

7. 遷移宮

天相在遷移宮，天鉞同度。出外近貴得利，受人提拔。天相又受鄰宮天梁化祿夾印，形成「財蔭夾印」格局，有現成的機會，但僅利與人合作或退居佐貳之位，以不出鋒頭為宜，否則易受排擠。 **鬼谷子** 若是離鄉千里去。不精神處也精神。

8. 交友宮

巨門在交友宮，奴僕暗逆，友人或下屬皆不得力，彼此間多口舌是非。宜從事「口舌求財」，可轉換不良的性質。

9. 事業宮

紫微化權、貪狼在事業宮，右弼、天魁同度。紫微化權、貪狼在事業宮，逢右弼、左輔、天魁，則構成「百官朝拱」的良好之格局。三方火星與貪狼，形成「火貪格」，事業有突發之象。紫微化權在事業宮，能獨當一面，三方再遇祿存，為財官雙美格。鬼谷子 有機謀操略。會用施為。財帛可圖。利名不失。

10. 田宅宮

天機太陰在田宅宮，文曲同度。退祖自興，白手起家，自置產業。文曲同度，則主遷動吉利。三方喜遇天梁化祿與對宮天馬，形成「祿馬交馳」，使命主買賣田宅皆可獲利。

11. 福德宮

天府在福德宮，鈴星、地空同度。天府星，行事謹慎，重視安全感。鈴星同度，則主內心多焦慮煩悶，對自己的決定多憂煎。地空同度，思想獨特，雖未必不吉，卻常有無事奔忙之象，即廣府人的所謂「煲無米粥」。日月、昌曲相夾，鬧中安身，一生優渥。鬼谷子 一生得享安閒之福。

12. 父母宮

太陽在父母宮，文昌、擎羊同度。太陽在子宮弱陷，與父親緣份薄，易有早年離家之象。命主「壬」年生人，得對宮天梁化祿會照，可得母親的庇蔭。擎羊同度與父母，溝通不良，有時會吵架。

六、鬼谷子全盤印證

第八十一數　壬甲　屯卦　甲戌　一生得享安閒之福。

判斷：

此命有機謀操略。會用施為。財帛可圖。利名不失。堅心守耐。心正不怕壁邪。只防骨肉。親者如同陌路人。若是離鄉千里去。不精神處也精神。

▲松透舊林格

詩云：喬松直達歲寒林，江畔嚴凝不可侵。

　　　　水面鴛鴦情默默，天邊鴻雁影沉沉。

花枝攀折曾經手，名利贏輸未稱心。

只待跟隨牛馬足，一呼百若萬人欽。

基業： 瀟湘雁叫迷蹤跡，吳越相離南北遙。

孤鶩晚霞相映照，一聲鶴唳在雲皋。

兄弟： 天變雁叫聲嘹嚦，兩兩雙飛向楚天。

日暮鴻歸紅蓼岸，幾多鷗鷺下平田。

行藏： 雨霽園林花發遲，春歸鶯燕逐芳菲。

江邊有鹿可相伴，獨把絲綸上釣磯。

婚姻： 映水桃花澈底明，鴛鴦成對好相侵。

誰知雨驟風狂後，月缺花殘兩背盟。

子息： 庭畔好花空豔冶，鶯啼綠柳數聲嬌。

借庇西牆終未穩，只因鬥馬上平橋。

收成： 逢牛遇犬不須忙，自有高人為主張。

誰道平登多路遠，豈期風雨動離腸。

25 天同太陰在子午坐命：
午宮有「馬頭帶箭」的大格局。

一、星系結構

　　天同太陰在子午坐命，對宮無主星，財帛在寅申無主星，事業天機天梁在辰戌。

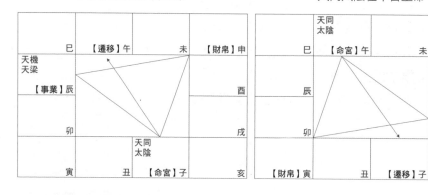

天同太陰在子宮坐命　　　　　　　　　　天同太陰在午宮坐命

二、格局特質分析

特質 1 天同太陰二星同度，感情豐富，多有浪漫情懷。

　　天同太陰在子午同度，同陰二星皆為水，主智、主多情。天同星資質聰明，善於想像，為天真浪漫的星曜。太陰主智，性質陰柔夢幻，沉穩而優雅，喜歡沉浸在夢想中。天同太陰坐命之人，感情豐富，多有浪漫情懷，對感情的憧憬，易流於過度感性，而沉溺在虛浮不實的夢幻臆想中。

　　其人個性平易近人，溫文有禮，幽默帶浪漫，因此容易招惹感情的紛擾。尤其是天同太陰在子宮，二星皆為水，水星入水宮，會使人更加多情，男女婚姻皆不美。這是「水澄桂萼」格局的「瑕疵」。

特質 2 此星系午宮有「馬頭帶箭」，子宮有「水澄桂萼」之格局。

天同太陰在子午坐命，午宮有「馬頭帶箭」的大格局，子宮有「水澄桂萼」清貴之格局。這是斗數中的兩個大格局，但兩者差別很大。子宮天同太陰二星皆入廟，午宮天同太陰二星皆為弱陷，所以性質截然不同，兩者更是有天壤之別。

天同太陰在午宮坐命，水星入午宮火地，造成水火相剋，難以協調，使性質柔弱，容易流於感性，趨向虛浮不實的幻想世界中。

其人欠缺事業心，感情生活占據了整個心思，不肯積極務實面對生活，一生漂泊，動盪難安。所以喜遇擎羊星的激發，古曰：「天同太陰居午垣，擎羊同度，為馬頭帶箭，主威鎮邊疆。」這是斗數中的大格局。

天同太陰二星，稟性溫和，不畏擎羊星的激發，在午宮與擎羊同度，稱為「馬頭帶箭」格局，反能成為開疆闢土的名將，掌握兵權，主威鎮邊疆，現代除了是武職，也亦能在企業中闖出局面。但「馬頭帶箭」的格局，主先歷經艱難而後才能有大成就，為否極泰來的格局。這是「馬頭帶箭」格局的最大特色。

天同太陰在子宮坐命，二星皆為水，水星入水宮，柔和而順暢，水靜而清，稱為「水澄桂萼」局。

其人性格溫和，不喜與人爭鬥，廉潔公正，清高無私，人緣佳。在古書曰：「太陰居子，號曰水澄桂萼，得清要之職，忠諫之材。」

此格清淨祥和，不須擎羊的激發，喜見祿存同度，與輔佐諸曜，一生安逸，主清貴，能得清要的職位，且忠於職守。丙丁己年生人，財官雙美，唯對感情較為執著。

特質 3 天同太陰在子午，為「機月同梁」格的組合。

天同太陰在子午坐命，三方所會的，事業宮為天機天梁，這是「機月同梁」格的組合，為幕僚輔佐之人材，協調能力佳，適合在公家機構或大規模企業中任職，能有所表現。

事業宮天機天梁，宜醫藥、宗教或專業技能。財帛宮無主星，借入對宮太陽巨門為巨日的組合，可從事與外國人有關的事務，或受外國人提拔。若巨門化忌見刑曜者，則可成為律師或從事司法、立法之事務。

三、此星系出生年,天干能量特點

1.天同太陰在午宮坐命,丙年生人

天同化祿在命宮,擎羊同度,為「馬頭帶箭」格局,可白手興家。天機化權在事業宮。宜武職貴顯,能掌握實權,主威鎮邊疆。

2.天同太陰在午宮坐命,戊年生人

太陰化權在命宮,與擎羊同度,祿存在巳宮、貪狼化祿在未宮,命宮左右兩鄰「雙祿相夾」。

天機化忌在事業宮,不可再遇其他煞曜,為「馬頭帶箭」格局,才為合格,否則人生多坎坷,有吉曜加會更吉。

3.天同太陰在子宮坐命,丙年生人

天同化祿在命宮,白手興家。天機化權在事業宮,擎羊在遷移宮,宜武職貴顯,掌握實權。但廉貞化忌在子女宮,則增加感情困擾的力量。

4.天同太陰在子宮坐命,丁年生人

太陰化祿、天同化權在命宮,命宮「權祿相逢」。

天機化科在事業宮,三方形成科權祿「三奇佳會」,祿存入遷移宮,為「水澄桂萼」格局,一生安逸,主清貴,能得清要的職位,功名富貴雙全。

5.天同太陰在子宮坐命,己年生人

天魁在命宮,天鉞在財帛宮,宜財務工作,天梁化科在事業宮,祿存入遷移宮,一生安逸,主清貴,能得清要的職位,名利雙全。

四、此星系吉凶注意事項

1. 天同太陰在子午坐命,此星系感情豐富,善於想像,又多有浪漫情懷。不宜再見空劫易引動其人,豐富的想像力,過沉溺於美妙虛浮不實的臆想世界中,而脫離務實化。喜見輔佐諸曜,來加強其才藝與助力,拉大其格局。

2. 天同太陰在午宮坐命，甲丁己辛癸年生人，財官雙美。丙戊年生人，為「馬頭帶箭」格局，此局須歷經艱難後才能有大成就，為否極泰來之格局。但人在經歷艱困的環境之後，須提防心態無法平衡，易有多疑多忌，悲觀的負面思想，使人生觀價值產生負面扭曲。

3. 天同太陰在午宮坐命，有藝術天賦。但二曜皆落陷，若再逢煞忌，幼年多病，一生勞碌奔波，多有創傷。若日生人更甚，則宜技藝營生。

4. 天同太陰在子宮坐命，太陰星內斂潛藏，心思縝密，善計謀，在子宮入廟，其計謀多用於正確方向，心無私取，這優點便更能發揮，若再得化科、文昌、天才等，更為佳。尤其是夜生時，太陰的能量最能發揮，丙丁己辛癸年生人，得清要之職，有忠諫之材。一生富裕，事業平順，富貴雙全。

5. 天同太陰在子午同度，天同本身有著更新之意，大限、流年逢之，會吉，事業有良好的變動，動靜皆宜，但有時卻為感情上的「更新」，若逢四煞刑耗空劫，則先破後成，有時僅主精神上的困擾，或主疾病。

五、命盤實例解析

1. 命宮

　　天同化祿、太陰在午宮坐命，右弼、擎羊同度，為「馬頭帶箭」格局，主威鎮邊疆。天同太陰二星稟性溫和，在午宮弱陷，性質柔弱，雖喜擎羊星的激發，但卻有一定的條件，並不是所有的天同星，都喜擎羊星的激發。命主丙年生人，天同化祿，有祿的羈縻，再見右弼同度，三方有文昌化科、天機化權吉曜而無煞，才喜擎羊星的鞭策與衝擊，否則易產生傷害，對人生影響甚大。

　　命主受擎羊星同度的影響，遇事積極果決，行動力強，個性表面溫和謙虛，內在卻倔強固執。個性上與單純的天同太陰在午宮坐命之人，大不相同，並非柔弱之人，而是會表現出積極的執著力。**鬼谷子** 作事不肯縮頭。

　　命主丙年生人，天同化祿在命宮，天機化權在事業宮，五月生人，事業宮再見文昌化科，三方形成科權祿「三奇佳會」的吉格，再見右弼、文昌輔

天祿　　天天天破 府存　　姚巫官碎 得廟 兄弟宮 114-123　　　　癸巳	天太右擎　陰台八 同陰弼羊　煞輔座 陷不　陷 祿 命宮 4-13　　　　　甲午	武貪　　　　天天 曲狼　　　　月空 父母宮 14-23　　　　乙未	太巨左天　　三孤 陽門輔馬　　台辰 得廟 福德宮 24-33　　　　丙申
文陀　　　鳳寡 曲羅　　　閣宿 得廟 夫妻宮 104-113　　　　壬辰			天天　　　恩紅 相鉞　　　光鸞 陷 田宅宮 34-43　　　　丁酉
廉破鈴　　天天 貞軍星　　貴喜 平陷利 忌 子女宮 94-103　　　　辛卯			天天文　　　龍 機梁昌　　　池 利廟陷 權　科 官祿宮 44-53　　　　戊戌
封蜚 　　　　誥廉 財帛宮 84-93　　　　庚寅	火　　　　天天 星　　　　刑使 旺 疾厄宮 74-83　　　　辛丑	解天天天 　神福哭虛 遷移宮 64-73　　　　庚子	紫七天地地　天 微殺魁劫空　傷 旺平 奴僕宮 54-63　　　　己亥

佐吉曜，而三方無煞曜，為「馬頭帶箭」格局，主威鎮邊疆。但天同太陰在午宮坐命，日月反背，一生較勞碌。身命同宮，易起易落。廉貞化忌在子女宮，增加命主感情的困擾力量，一生多為情所困。

　　命主為「馬頭帶箭」格局，主威鎮邊疆。宜出外發展，在外奔馳，名利雙收。命主婚後卻受妻子、兒女感情所困，在家成立工作室，反使命主陷於

困境中，事業難以發展，造成莫大的困擾。使命主 34～43 歲，這十年多有壯志難伸之感慨。 鬼谷子 此命風雲際會之星，君臣和好之宿，所憎邪佞，會解凶災。作事不肯縮頭，能會擺布。平生事業。如同燕子營巢，一世親情，好似小兒藏面，身心不足。兩足常忙，易榮枯。多翻覆，傷妻害子，破祖成家之命也。

2. 父母宮

武曲貪狼在父母宮，三方多見煞曜，與父母緣薄，命主早年離家創業。

行限 14～23 歲，武曲、貪狼在大限命宮，與對宮火星，形成「火貪格」，命主此限積極進取，行動力強，出外離家發展。但三方煞忌多，多周折與磨練。

3. 福德宮

太陽巨門在福德宮，左輔、天馬同度。太陽巨門在福德宮，性急好動，多勞心費神。再見天馬同度，天馬星活動力強，性質多動少靜，具有強大的機動力，喜歡不停的奔動，使命主身心更難以安定。 鬼谷子 身心不足。兩足常忙。左輔同度，一生多助力。

行限 24～33 歲，太陽、巨門、左輔、天馬在大限命宮。此限宮干「丙」，天同化祿在夫妻宮會照事業宮，事業在子宮無主星，對宮天同化祿會照，與大限命宮天馬，三方形成「祿馬交馳」，動而得財。天機化權、文昌化科在福德宮，會照財帛宮，此限名利雙收。

命主在婚紗攝影公司，受老闆的提攜，賺進人生第一桶金，買下人生第一間房。 鬼谷子 收成：時值運逢相合處，乘牛騎馬上青天，知音正好同謀用，別調風吹問釣船。

4. 田宅宮

天相在田宅宮，天鉞同度。左右鄰宮天機化權、文昌化科來夾印，形成「權蔭夾印」及「科蔭夾印」，能自購房宅，且有餘蔭。三方天府見祿存同度，財庫充盈。

行限 34～43 歲，天相、天鉞在大限命宮。天相在酉宮，雖弱陷無力，但天鉞同度，又受鄰宮天機化權、文昌化科夾印，形成「權蔭夾印」及「科蔭夾印」。

命主大限命宮雖甚吉，生活安定。但對宮遷移廉貞化忌、鈴星沖照，為情所困事業無法發展。命主 35 歲結婚，婚後離開婚紗公司，自行創業。婚後雖得妻子與妻家相助，卻陷於困境中，使事業難以發展，多有壯志難伸之感慨。

5. 事業宮

天機化權、天梁在事業宮，文昌化科同度。天機天梁在事業宮，事業多變，不宜獨自經營。天機化權，能增加穩定性，但亦必先發生一次改變後，才能較為穩定。文昌化科同度，能在文化界因名氣而帶來機遇。

行限 44～53 歲，天機化權、天梁、文昌化科在大限命宮。財帛宮為天同化祿、太陰、擎羊、右弼同度，三方構成科權祿「三奇佳會」的吉格，雖能有一番作。

但此限宮干「戊」，天機化忌在命宮，遇生年天機化權、文昌化科，易名大招忌，受毀謗。此限科權祿忌四化齊會，樹大招風，名氣伴隨是非而來。

6. 交友宮

紫微七殺在交友宮，地空、地劫同度。三方再遇廉貞化忌，因朋友招惹是非糾紛，而破財。

7. 遷移宮

遷移宮無主星，命宮天同化祿、太陰在午宮坐命，右弼、擎羊同度，為「馬頭帶箭」的格局，主威鎮邊疆。宜出外發展，多有助力。**鬼谷子** 行藏：一身踐履何時立，立向雲程自有梯，得祿江濱身價闊，高人青白自提攜。

8. 疾厄宮

疾厄宮無主星，火星坐守，易發炎。

9. 財帛宮

財帛宮無主星，對宮太陽巨門、左輔、天馬同度，白手起家，競爭得財。

　　三合天同化祿與對宮天馬，形成「祿馬交馳」，離鄉發展，白手成富。天機化權，專業技能工作。文昌化科，因名氣帶來財富。

10. 子女宮

　　廉貞化忌、破軍在子女宮，鈴星同度，子女緣薄。 鬼谷子 子息：庭畔春花結一果，清陰修行長龍孫，兩年朱紫盈門戶，一炷天香謝聖恩。

11. 夫妻宮

　　夫妻宮無主星，文曲、陀羅坐守，借入對宮天機化權，天梁、文昌化科。妻子聰明賢慧，婚後多得妻助。但無主星，又遇陀羅坐守，緣分較薄。 鬼谷子 婚姻：方擺鴛鴦同戲水，豈期一隻早分離，草塘鷗鷺紛紛立，日暮桑榆不用悲。

12. 兄弟宮

　　天府在兄弟宮，祿存同度。能受兄弟、友人的蔭庇。 鬼谷子 此命風雲際會之星，君臣和好之宿。

六、鬼谷子全盤印證

　　第二十一數　丙甲　噬嗑卦　甲子　幸遇救星，故能脫險。

　　判斷：

　　此命風雲際會之星，君臣和好之宿，所憎邪佞，會解凶災。作事不肯縮頭，能會擺布。平生事業。如同燕子營巢，一世親情，好似小兒藏面，身心不足。兩足常忙，易榮枯。多翻覆，傷妻害子，破祖成家之命也。

　　▲蓋水雙蓮格

　　詩云：

　　　　　　赤腳望前命可知，蓮花出水不沾泥。
　　　　　　變更世事生涯好，勞役身心事業遲。
　　　　　　鴻雁斷雲成聚散，鴛鴦交頸見分離。
　　　　　　君還欲問平生事，好向雲間借月梯。

　　基業：天然成就安閒福，得祿成名東復西。
　　　　　　鳳閣龍樓人事好，休疑晦滯自淒淒。

兄弟：風送鴻雁自飛去，偏宜最早得高風。
　　　　終須振作聲名遠，棠棣芬芳到日紅。

行藏：一身踐履何時立，立向雲程自有梯。
　　　　得祿江濱身價闊，高人青白自提攜。

婚姻：方擺鴛鴦同戲水，豈期一隻早分離。
　　　　草塘鷗鷺紛紛立，日暮桑榆不用悲。

子息：庭畔春花結一果，清陰修行長龍孫。
　　　　兩年朱紫盈門戶，一炷天香謝聖恩。

收成：時值運逢相合處，乘牛騎馬上青天。
　　　　知音正好同謀用，別調風吹問釣船。

26 天同巨門在丑未坐命：象徵著隱痛

一、星系結構

天同巨門在丑未坐命，對宮無主星，財帛在卯酉無主星，事業天機在巳亥宮。

天同巨門在丑宮坐命

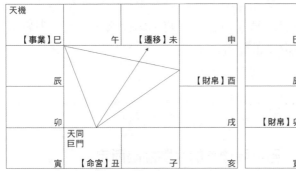

天同巨門在未宮坐命

二、格局特質分析

特質 ❶ 天同為情緒星曜，巨門為暗曜，二星同度情緒變化大。

天同巨門在丑未坐命，象徵著隱痛。天同為情緒星曜，孩子氣重，過於情緒化，容易受到其他星曜的影響。其中以天同巨門的組合，情緒變化最大，因巨門為暗曜，口舌是非之星。當情緒無法有效的控制時，很容易禍從口出，替自己惹來不必要的麻煩，導致內心時常糾結無法釋懷，且常常生活在過去的陰影裡，造成負面循環，便成為情緒與感情上的困擾，並加強其惡化性，使傷口無法痊癒，成了內心永難忘懷的隱痛。故應多培養開朗的心胸來調和於其間。

特質 ❷ 此星系之人，暗藏感情與錢財的隱憂。

天同巨門在丑未坐命，二星皆為「弱陷」，星曜毫無亮光，產生優點難

以發揮喪失其作用，反加強巨門星，是非暗曜的力量，與天同星的情緒化。其人個性表面隨和，內心固執剛強，多疑，心性難明，缺乏豁達的心，對人、事、物的動機，卻趨向消極面，反抗性強，好說謊，虛榮心重。一生中有感情與錢財上的隱憂，多有不足為外人道的痛苦。

天同巨門在丑未坐命，夫妻宮為太陰星，其人重感情，對感情也易有不切實際的幻想。配偶心性卻內斂而沉著，這與同巨之人，特質產生差異，導致其人缺乏安全感，因此成為感情上的隱痛。尤其是女命，太陰星入夫妻宮，配偶較為柔弱，感情多困擾。

此格遷移宮與財帛宮，皆無主星，事業宮天機在巳亥又為弱陷，謀求較不順，若三合無祿存會照，恐有懷才不遇。財帛宮無主星，錢財較難守，借入對宮的太陽天梁二星皆為清貴之星，對金錢的觀念比較淡薄，一生中恐常有財物吃緊之象，於是成為錢財上的隱憂。

事業宮天機在巳亥弱陷，一生事業多變動，不穩定，若再遇火鈴、空劫同度，則事業變動頻繁或時常調換工作單位。宜公職或服務於大機構，有固定的收入，才能減緩財物吃緊之象。若從商則宜技藝發展。

特質 3 此星系格局的高低，應以福德宮的太陽廟陷而定。

天同巨門在丑未坐命，二星皆屬「弱陷」，讓此星系的人在感情上，多有不為人知的陰暗面和情緒困擾，故須有太陽的光和熱來解其陰暗。同巨之人，福德宮為太陽天梁在卯酉宮。

福德宮是人起心動念的宮位，象徵潛意識的個性與精神修養，福德宮若不好，對人、事、物的判斷容易以負向觀念切入，抱持懷疑的態度，遇到挫折容易產生灰色思維與憂鬱情結，並影響財帛、婚姻與外在的人緣。因此天同巨門在丑宮優於未宮，丑宮之人，福德宮太陽天梁在卯宮，其太陽處在廟旺之地，光和熱能化解巨門星的陰暗，格性較為明朗。而未宮之人，福德宮太陽天梁在酉宮，酉時太陽已屬日落西山，光與熱的力量不足於化解巨門星的陰暗，便不如卯宮的太陽天梁。因此天同巨門在丑宮坐命的人，受福德宮廟旺的太陽之影響較為明朗，而明朗的天同巨門，較不畏煞曜。因此同巨坐命之人，格局的高低，應以太陽的廟陷而定，其次為四化。

三、此星系出生年，天干能量特點

1.天同巨門在丑未坐命，丙年生人

天同化祿在命宮，較為樂觀，且增加享受。天機化權在事業宮，祿存在巳宮、天魁在亥宮，夫官線上。天鉞在酉宮財福線上。事業能有所成就，財祿豐盈。

2.天同巨門在丑未坐命，辛年生人

巨門化祿在命宮，能言善道，能減輕巨門的陰暗。太陽化權在福德宮，格性明朗，可拉大其格局。祿存在酉宮，財福線上。「雙祿相逢」財祿豐盈，為大富之局。

3.天同巨門在丑未坐命，癸年生人

巨門化權在命宮，減少了陰暗面，增加言語的說服力，宜從事口才為主的工作，如外交、教育、傳播等，表達能力強且具有權威性。

4.天同巨門在丑未坐命，丁年生人

天同化權、巨門化忌在命宮。擎羊在未宮命遷線上，古曰：「巨破擎羊性必剛。」其人權、忌兩股不同的能量進入命宮，自視甚高，喜與人爭論，增加了口舌是非的色彩。

天機化科在事業宮，太陰化祿在夫妻宮會照事業，事業宮科祿一坐一照，為「暗裡生財」。若結構佳能見六吉，則能成為企業、教育、傳播界，獨當一面的領導人物。這是個特殊的格局，天同巨門之人，已有雙重人格的特質，再遇丁年生人，更為明顯。

四、此星系吉凶注意事項

1. 天同巨門在丑未坐命，二星皆屬「弱陷」，在本質上已經有一定的弱點，在三方中又只見弱陷的天機星，一生較為辛勞，三方須遇祿存為吉，否則恐有懷才不遇之象。
2. 天同巨門在丑未坐命，巨門化吉優於天同化吉。天同化吉，必須經波折後

面。才能白手興家，比較上，不及巨門化吉為佳，但二者皆可減少巨門的陰暗

3. 天同巨門在丑未坐命，多出生於富裕的家境。父母宮、福德宮，若無煞遇吉，能得先人餘蔭，且能有所成就。若無吉聚，則少年風光，而後漸走下坡，一生較為辛勞，白手起家，成就須靠自己。

4. 天同巨門在丑未坐命，若命宮有桃花星曜，再見文昌、文曲同度或會照，則可從事演藝工作或在文化界成名。

5. 天同巨門在丑未坐命，二星皆落陷，不喜再見羊陀、火鈴，則形成「巨火羊」的壞格局。一生多口舌是非，且易有意外災傷，如果再與天刑同度，更易招災惹禍，觸犯刑法官司，一生辛苦勞碌。

6. 天同巨門在丑未坐命，此格太陰在夫妻宮，男命較佳，若妻宮太陰文曲同度，則有蟾宮折桂之榮，能因婚姻而貴。女命太陰星入夫妻宮較不吉，配偶柔弱，感情多困擾。

五、命盤實例解析

1. 命宮

天同巨門在丑宮坐命，文昌、文曲二星同度。其人聰明口才佳，多才多藝，昌曲二星皆為科甲星，能增加命主的聲譽與知名度。 鬼谷子 名誇里巷。德譽鄉鄰。

命主命宮三方四正，皆無煞忌且遇吉曜，出生家境富裕，能得先人餘蔭，且能在商場上有所成就。事業宮天機遇天鉞同度，能得遺產繼承，且能在現成局面下發展。 鬼谷子 此命五行安穩。四柱和平。財帛現成。鎡基守舊。

命主「壬」年生人，福德宮太陽、天梁化祿、天魁同度。天梁化祿之財來自於繼承，再見天魁同度，必出生於富裕家庭，能得先人餘蔭。

天梁化祿雖有意外之財，但天梁為監察御史，故不喜化祿，謀財多巧計，得財之後必有是非的困擾，故不宜經商，易遭人指責。 鬼谷子 一生多是多非。忙忙碌碌，到處都是逆境。

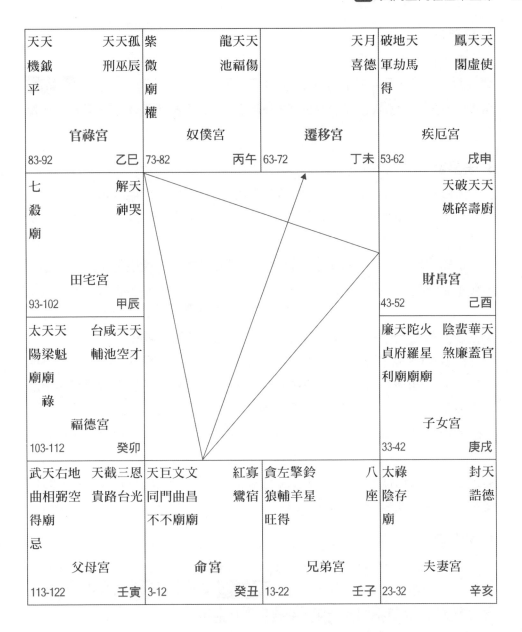

天天　　　天天孤 機鉞　　　刑巫辰 平 　　官祿宮 83-92　　　　乙巳	紫　　　　龍天天 微　　　　池福傷 廟 權 　　奴僕宮 73-82　　　　丙午	天月 　　　　　　喜德 　　遷移宮 63-72　　　　丁未	破地天　　　鳳天天 軍劫馬　　　閣虛使 得 　　疾厄宮 53-62　　　　戊申
七　　　　　解天 殺　　　　　神哭 廟 　　田宅宮 93-102　　　甲辰			天破天天 　　　　　姚碎壽廚 　　財帛宮 43-52　　　　己酉
太天天　　台咸天天 陽梁魁　　輔池空才 廟廟 　祿 　　福德宮 103-112　　　癸卯			廉天陀火　陰蜚華天 貞府羅星　煞廉蓋官 利廟廟廟 　　子女宮 33-42　　　　庚戌
武天右地　　天截三恩 曲相弼空　　貴路台光 得廟 忌 　　父母宮 113-122　　　壬寅	天巨文文　　　紅寡 同門曲昌　　　鸞宿 不不廟廟 　　命宮 3-12　　　　癸丑	貪左擎鈴　　　八 狼輔羊星　　　座 旺得 　　兄弟宮 13-22　　　　壬子	太祿　　　　封天 陰存　　　　誥德 廟 　　夫妻宮 23-32　　　　辛亥

　　命主此命盤，只宜堅守正道，多修心養性，福祿自來，方可平安，否則一生口舌是非纏身，難以順遂。　鬼谷子　此命五行安穩。四柱和平。財帛現成。鑢基守舊。名誇里巷。德譽鄉鄰。只因星犯天災。合見身生暗疾。財帛易散。一生多是多非。雖然作事退神多。終究還他生富貴。

2. 兄弟宮

貪狼在兄弟宮，左輔、擎羊、鈴星同度。貪狼在兄弟宮，兄弟和睦。左輔、鈴星同度，兄弟或合作夥伴能益蔭。擎羊同度，多酒肉之交。 **鬼谷子** 兄弟：飄零三雁蘆花去，一隻風吹下遠洲，嶺上寒梅花正發，小樓日望送歸舟。

3. 夫妻宮

太陰在夫妻宮，祿存同度。太陰在亥宮與祿存同度，能因婚姻而富貴，但太陰心性被動且沉著，再見祿存同度，處事嫌過分被動，保守而缺乏魄力。

這與同巨之人，特質產生差異性大，導致其配偶婚後極可能後悔，產生婚變可能性極高，雖能幸運的因婚姻而富貴，擁有很不錯的佳偶，但是否能天長地久，須視同巨之人，能否懂得珍惜。 **鬼谷子** 婚姻：花發忽然驚驟雨，一雷震動兩鴛鴦，白蘋紅蓼相依處，明月清風夜更長。

行限 23～32 歲，太陰、祿存在大限命宮。太陰在亥宮，稱之為「月朗天門」格，與祿存同度，此限順遂且大豐收，能遇賢夫，因婚姻而富貴，為人生高點。此限宮干「辛」，巨門化祿、文曲化科、文昌化忌在福德宮。

太陽化權在事業宮，遇生年天梁化祿、天魁同度，事業順遂。財帛宮在未宮，無主星，對宮天同、巨門化祿、文曲化科、文昌化忌，三合卯宮的太陽化權、天梁化祿、天魁，與亥宮的太陰、祿存，形成「明珠出海」的格局。此限事業順遂，財祿大豐收。

4. 子女宮

廉貞天府在子女宮，陀羅、火星同度。廉貞天府在子女宮，子女優秀。陀羅、火星同度，多有刑剋，一子。 **鬼谷子** 子息：檻畔有花開數朵，晚來一果寄枝頭，青黃相間多蜂蝶，福祿穰穰自未休。

行限 33～42 歲，廉貞、天府、陀羅、火星在大限命宮。命主受上運事業順遂，財祿大豐收的影響，野心過大，持續擴大事業上的投資，卻失敗遭致重大損失，夫妻感情受到創傷而離婚。此限事業在寅宮，武曲化忌、天相、右弼、地空同度，命主從事房地產行業，在 921 之前大量投資山坡地的房產，受 921 的影響房價大跌，投資失敗而擱淺，情緒難以平衡。此限夫妻

在申宮，破軍、地劫，會照武曲化忌，夫妻感情也多挫折而離婚。 **鬼谷子**
婚姻：花發忽然驚驟雨，一雷震動兩鴛鴦，白蘋紅蓼相依處，明月清風夜更
長。

　　此限宮干「庚」天同化忌在田宅宮。天同巨門的星系結構，本就不利田
宅，又見天同化忌，置產必招損失，甚易引起官非訴訟。

5. 財帛宮

　　財帛宮無主星，錢財較難守，借入對宮的太陽、天梁化祿、天魁。太陽
主散，錢財難聚守，一生剝削重，錢財的損失多與感情有關。天梁化祿、天
魁，錢財來自於繼承。

　　行限 43～52 歲，大限命宮無主星，借入對宮的太陽、天梁化祿、天
魁。太陽天梁主競爭、爭奪，若能有良好的聲譽或商譽，則能在競爭中取得
勝利，因此喜天梁化科不喜天梁化祿，天梁化祿謀財多巧計，難為他人所敬
服，易受指責多尤怨，造成是非困擾。此限宮干「己」，文曲化忌在事業
宮，多有是非刑訟之事。命主 49 歲，參選里長，大敗落選。 **鬼谷子** **收**
成：運至乘牛騎馬去，水「難」終惹一場愁，高山流水知音少，雨復漁翁晚
未休。

6. 疾厄宮

　　破軍在疾厄宮，地劫、天馬同度。破軍在疾厄宮，幼年多膿血之災（跌
撲之傷）。地劫、天馬同度，對宮武曲化忌沖照，三方又見諸多煞曜，須定
期做防癌檢查。

　　行限 53～62 歲，破軍、地劫、天馬在大限命宮。破軍為去舊換新的大
限，地劫、天馬同度，對宮武曲化忌沖照，事業停頓，無法推動，有舟擱淺
灘，推動不得之感。此限宮干「戊」，貪狼化祿在事業宮，遇生年左輔化
科、擎羊、鈴星。事業在破敗危機時，卻能變化出新的機遇。

7. 遷移宮

　　遷移宮無主星，三合「日卯月亥」，為「明珠出海」格。且有雙祿會
照，利於出外發展，多有貴人相助。

　　行限 63～72 歲，大限命宮無主星，對宮天同、巨門、文昌、文曲，三合
日卯月亥，為「明珠出海」格，利於出外發展，多有貴人相助，財祿豐收。

　　但此限宮干「丁」，巨門化忌在遷移會照，化忌在遷移宮，命主享受不到成果，且出外也多口舌是非。 鬼谷子 行藏：驀地貴人來舉問，相逢千里獲黃金，兩重奇遇足心願，即鹿江邊有好音。 夕陽斜處風光好，只恐年來不待時。

8. 交友宮

　　紫微化權在交友宮，交友宮星系太權威，有奴欺主之象，對自己不利。三方煞忌會照多，人際關係惡劣。

9. 事業宮

　　天機在事業宮，天鉞同度。天機在巳宮與天鉞同度，為遺產、遺業繼承，在現成局面下發展。 鬼谷子 鎡基守舊。

10. 田宅宮

　　七殺在田宅宮，三方遇貪狼、火鈴，形成「火貪格」，但見煞曜諸多，有橫發橫破之象。七殺在辰宮入田宅宮，不利於置業，更不利從事物業買賣。對宮天府星見煞曜，不吉，產業易破敗。

11. 福德宮

　　太陽、天梁化祿在福德宮，天魁同度。卯宮的太陽入廟，光和熱能化解，同巨之人的陰暗，格性較為明朗陽光，但自尊心強。天梁化祿在福德宮，雖有意外之財，但卻增加是非的困擾，不宜強出頭，易招尤怨。此格女命佳，早配賢夫。

12.父母宮

　　武曲化忌、天相在父母宮，右弼、地空同度。武曲化忌，又見地空，與父母刑剋重。鄰宮天梁化祿來夾印，形成「財蔭夾印」，父母家境佳。

六、鬼谷子全盤印證

　　第九十數　壬癸　蹇卦　癸酉　忙忙碌碌，到處都是逆境。
判斷：
此命五行安穩。四柱和平。財帛現成。鎡基守舊。名誇里巷。德譽鄉

鄰。只因星犯天災。合見身生暗疾。財帛易散。一生多是多非。雖然作事退
神多。終究還他生富貴。

▲花柳同榮格

詩云：萬里關山東復西，從前世事盡成非。

風吹鴻雁離羣去，雨打鴛鴦各自飛。

春草花開難結子，秋深葉落獨留枝。

夕陽斜處風光好，只恐年來不待時。

基業：重理園林長巨材，經霜帶露費培栽。

一朝大匠加斤斧，斷削光華創鳳臺。

兄弟：飄零三雁蘆花去，一隻風吹下遠洲。

嶺上寒梅花正發，小樓日望送歸舟。

行藏：驀地貴人來舉問，相逢千里獲黃金。

兩重奇遇足心願，即鹿江邊有好音。

婚姻：花發忽然驚驟雨，一雷震動兩鴛鴦。

白蘋紅蓼相依處，明月清風夜更長。

子息：檻畔有花開數朵，晚來一果寄枝頭。

青黃相間多蜂蝶，福祿穰穰自未休。

收成：運至乘牛騎馬去，水雞終惹一場愁。

高山流水知音少，雨復漁翁晚未休。

27 天同天梁在寅申坐命：福蔭同聚

一、星系結構

天同天梁在寅申坐命，對宮無主星，財帛太陰在辰戌，事業天機在子午。

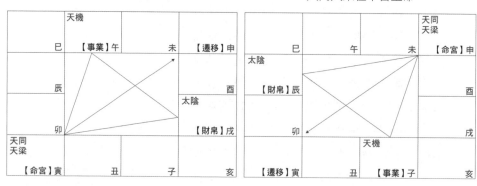

天同天梁在寅宮坐命　　　　　　　　　天同天梁在申宮坐命

二、格局特質分析

特質 1 天同天梁在寅申坐命，為「福蔭同聚」，二星皆為否極泰來的星曜。

天同天梁在寅申坐命，為「福蔭同聚」。天同為福星，此福為先貧後富或先無後有的現象，所以天同的人生須經一番寒徹骨，才能得梅花撲鼻香。天梁為蔭星，此蔭庇之力，仍含有災難先來，然後得化解的意味。

此二星皆為否極泰來的星曜，人生往往須要經歷過一段艱辛的過程，才能有所成就。

特質 2 天同天梁在寅申坐命，亦有孩童與老人雙重性格的調和。

天同星天真浪漫，樂天知命，孩子氣重，帶著任性與隨性，為福星。天梁星主原則與紀律，成熟懂事，彬彬有禮，為較理想主義者，有剛剋的特

質。

二星在寅申同度，隱含矛盾性質，亦有雙重性格的調和，彷彿孩童與老人的兩項特質，產生相互制約或輔佐，須觀察星系性質的變化，是帶浪漫色彩或帶原則紀律，二者有截然不同的特性，對於行藏出處影響甚大。

特質 3 天同天梁在寅宮，以天梁為主，天同為輔。

天同天梁在寅宮坐命，天梁星入廟，天同星處平勢。天梁星力量較天同星為強，星系性質以天梁星為主，天同星為輔。所以原則紀律強，為人積極，易有長輩扶持，容易形成較佳的格局，且有天同星的輔佐，能彌補天梁的孤僻與固執。

逢吉為財官雙美，一生福壽雙全，較不怕凶危，能有中上成就。且天同天梁在寅宮，「日月並明」，較順心如意，福德宮的太陽在辰宮旺位，可化解巨門的幽暗，減輕夫妻感情的困擾。但天梁星有愛當老大與好激辯的特性。

特質 4 天同天梁在申宮，天梁落陷，無法彰顯自身的原則性。

天同天梁在申宮坐命，天梁星弱陷，天同星入廟，天同星力量較天梁星為強，星系性質以天同星為主，天梁星為輔，為人開朗浪漫，豁達隨性，在生活上較多快樂與享受。但天梁星落陷，無法彰顯自身的原則性，難以激發天同的慵懶，處事欠積極。且天同天梁在申宮，「日月反背」，人生也較辛勞，太陽在戌宮失輝，無法化解夫妻宮的巨門之暗，對婚姻較不利。

天梁在申宮弱陷又居於四馬之地，一生多漂泊，且化解困難的力量也較小，平生易有凶險之事，需要化解，因此倍增煩擾，但皆能遇難呈祥。

特質 5 此格為「機月同梁」的正格。

天同天梁在寅申坐命，事業宮為天機星，財帛宮為太陰星。這亦是「機月同梁」的正格，其人心思細密，具有文藝才華，協調能力強，為良好的佐理之才。

宜公職為佳，或大機構中任職，追隨強而有力的人做事，易有所成就，而不適宜自己創業。天同天梁在寅申，居於四馬之地，此格帶有浮動的性質，若無祿存或化祿者，則事業多變動，經濟起伏大。

三、此星系出生年，天干能量特點

1.天同天梁在寅申坐命，丙年生人

天同化祿在命宮，多有長輩協助與扶持，更增加本身的隨性與享受。天機化權在事業宮，能增加其穩定性，減少事業的變動。福壽雙全。

2.天同天梁在寅申坐命，丁年生人

天同化權在命宮，太陰化祿在財帛宮，天機化科在事業宮，為科祿權「三奇嘉會」，祿存在午宮，寅宮坐命者「雙祿相逢」較優，申宮次之。為福壽雙全。

3.天同天梁在寅申坐命，己年生人

天梁化科在命宮，帶來聲名與榮譽，能在文化、藝術方面發展。武曲化祿在父母宮，出身家境良好。

祿存在午宮夫官線上，寅宮坐命者佳，祿存入事業宮，能減少事業的變動。富貴聲揚。

四、此星系吉凶注意事項

1. 天同天梁在寅申坐命，天同樂天知命，活在當下，生性安逸。天梁性質帶孤忌，有「刑」星的特質，二星同度，已產生相互制約與輔佐，因此不喜見六煞星，尤其火星、鈴星，這兩顆煞星性質剛毅暴躁，遇之多逆境而困難重重，使命主多憂心焦慮。

2. 天同天梁在寅申坐命，亦有雙重性格的調和，若是庚年生人，申宮坐命者，命宮天同化忌與祿存同度，形成「羊陀夾忌」，則其人徘徊於浪漫及紀律原則之間，易變得慳貪鄙吝，自私自利。應多修身養來調和於其間。

3. 天同天梁在寅申坐命，居於四馬之地，帶有浮動性質。若未遇祿存或化祿者，事業多變動，經濟起伏大。宜公職為佳，易有所成。否則一生飄蕩不安。

4. 天同天梁在寅申坐命，見輔弼、魁鉞，其人心地善良，厚重隨和，雍容大度，宜為公務人員或大眾事業。

5. 天同天梁在寅申坐命，居於四馬之地，帶浮動性質，若見昌曲、祿馬，或

桃花星曜，則易成風流浪子，一事無成。若見煞忌，則內心多焦燥。最喜祿、權、科及吉曜來會，其人雍容大度，心地善良，厚重而隨和，則精神愉快，事業有成，財官雙美格。

五、命盤實例解析

天鉞 地劫 地空　　恩光 孤辰 **田宅宮** 34-43　　　　乙巳	天機廟　　　　天福 龍池 **官祿宮** 44-53　　　　丙午	紫微廟 破軍旺 火星　天姚 天喜 天傷 權 **奴僕宮** 54-63　　　　丁未	天馬　　　封誥 天虛 鳳閣 **遷移宮** 64-73　　　　戊申
太陽旺 右弼 文昌得　　天哭 **福德宮** 24-33　　　　甲辰			天府旺 鈴星得　　破碎 天使 **疾厄宮** 74-83　　　　己酉
武曲利 七殺旺 天魁　　天刑 忌 **父母宮** 14-23　　　　癸卯			太陰旺 左輔 文曲陷 陀羅廟　天蜚 官廉 科 **財帛宮** 84-93　　　　庚戌
天同利 天梁廟　解神 天巫 陰煞 八座 祿 **命宮** 4-13　　　　壬寅	天相廟　　　紅鸞 寡宿 **兄弟宮** 114-123　　　癸丑	巨門旺 擎羊陷　　台輔 三台 **夫妻宮** 104-113　　　壬子	廉貞陷 貪狼陷 祿存廟　天月 天貴 **子女宮** 94-103　　　辛亥

1. 命宮

天同天梁在寅宮坐命，天梁星入廟，天同星在利位，處於平勢，天梁星力量較天同星強。命主「壬」年生人，又有化祿能量進入天梁星，命主此命盤星系性質以天梁星為主，天同星為輔。天梁有刑法紀律的性質，被稱為監察御史，為清顯之星，不喜見化祿，形成本質上的矛盾。易讓命主因財招惹其是非紛爭。

命主天梁化祿，雖可財源廣進，但亦主散財，財運並不佳，其財源來至於繼承，且易因財惹禍，而橫生枝節。

命主天同、天梁化祿在寅宮坐命，個性孤高固執，原則性強，獨斷獨行，喜受人尊敬，常有付錢當老大的心態，雖是樂於助人，卻有偽善之散財，結果是施恩反遭怨，形成是非紛爭，反造成人際關係的不佳。 `鬼谷子` 此命有機謀操略。會用施為。財帛可圖。利名不失。堅心守耐。心正不怕壁邪。

天同天梁在寅宮坐命，二星皆為動星，主多漂泊。命主壬年生人，天梁化祿，再遇對宮天馬會照，形成「祿馬交馳」，雖有意外之財可得，但卻不利於事業與家庭，人生多漂泊，事業多變動，不穩定。天梁化祿之人，喜自創業當老闆，但經商必是波折重重，凶險不斷。因天梁為「蔭星」，雖能發揮逢凶化吉的力量。但無災何須解，此蔭庇之力，乃含有災難先來，然後得化解的意味。並不適合經商，經商多波折，驚險重生，使命主倍增辛勞，須歷經艱危後才可成功，但多敗少成，因此錢財流出也甚大。 `鬼谷子` 此命有機謀操略。會用施為。財帛可圖。利名不失。堅心守耐。心正不怕壁邪。只防骨肉。親者如同陌路人。若是離鄉千里去。不精神處也精神。

2. 父母宮

武曲化忌、七殺在父母宮，天魁同度。武曲化忌、七殺在父母宮，與父母緣份較薄，易有刑傷。天魁同度，可得父母長輩的庇蔭。

3. 福德宮

太陽在福德宮，右弼、文昌同度。太陽為官祿主，事業心重，勞神忙碌。太陽在辰宮旺位，能得祖父母庇蔭，繼承遺產。右弼同度，多助力。文昌同度，增添其貴顯。

　　行限 24～33 歲，太陽、右弼、文昌在大限命宮。太陽為中天主星，喜得輔弼、昌曲四吉星，雖能得到眾人的支持，卻是勞碌奔波。此限宮干「甲」，太陽化忌在命宮，有如烏雲遮日，在事業與感情上多生波折，且懷才不遇，多是非糾紛。

4. 田宅宮

　　田宅宮無主星，地空、地劫、天鉞坐守。見天鉞，能得祖業。見空劫二星，祖業易敗。

　　行限 34～43 歲，大限命宮無主星，地空、地劫、天鉞坐守。此限無主星，地空、地劫二星坐守，虛浮而飄蕩，多波折，起伏大。借入對宮廉貞、貪狼、祿存，多交際應酬而得財。

　　事業宮天府鈴星同度，多波動。財帛宮天相，受鄰宮天梁化祿與擎羊所夾，形成「財蔭夾印」與「刑忌夾印」，雖能掌握財權，但權力也受到母親的牽制。

5. 事業宮

　　天機在事業宮。天機為動星，在事業宮多變動，不穩定，不宜經商。命主田宅宮無主星，地空、地劫二星坐守，祖業易敗。**鬼谷子** 花枝攀折曾經手，名利贏輸未稱心。只待跟隨牛馬足，一呼百若萬人欽。

　　對宮巨門、擎羊會照，多競爭波折，勞心費神。三方見左輔化科，天梁化祿，能名揚有成就。**鬼谷子** 基業：瀟湘雁叫迷蹤跡，吳越相離南北遙。孤鶩晚霞相映照，一聲鶴唳在雲臬。

　　行限 44～53 歲，天機在大限命宮。此限宮干「丙」，天機化權在命宮，能增加其穩定性。天同化祿在財帛宮，遇生年天梁化祿，財帛宮「雙祿相逢」。事業太陰在戌宮，左輔化科、文曲，陀羅同度。

　　命主此限棄商從政，進入政府機關，也繼承祖父母大筆遺產，財官雙美，吉祥如意。只是遷移宮巨門、擎羊同度，出外喜爭鬥，好激辯，多橫生枝節。此限宮干「丙」，廉貞化忌在交友宮，易因友而招致破耗。

6. 交友宮

　　紫微化權、破軍交友宮，火星同度。部屬、同僚或合夥人，強勢且霸道，為惡奴欺主。且易獨立發展而損及自身利益。

行限 54～63 歲，紫微化權、破軍、火星在大限命宮。紫微化權在命宮，可增加聲勢與領導力，但性質產生動盪，人際關係不佳。財帛宮武曲化忌，錢財多破敗，雖事業宮廉貞、貪狼、祿存同度，多交際應酬。但此限宮干「丁」，巨門化忌在交友宮，見擎羊同度，多口舌是非紛擾。命主退休失業，在宗教團體服務，當任董事。 鬼谷子 暮年尚有憂患。

7. 遷移宮

遷移宮無主星，天馬坐守。命宮天同天梁二星皆為動星，主多漂泊。遷移宮無主星，又逢天馬坐守，一生飄蕩不安，命主喜愛流連於青山綠水間。

8. 疾厄宮

天府在疾厄宮，鈴星同度。天府屬土，為腸胃消化系統之疾。鈴星同度，則膽疾。

9. 財帛宮

太陰在財帛宮，左輔化科、文曲，陀羅同度。先有錢後有社會地位。太陰在戌宮，雖不缺錢，但也不是很富裕，因田宅宮地空、地劫二星坐守，祖業易敗。左輔化科、文曲同度，在投資理財上，能增加其助力與知名度。陀羅同度，多糾紛。

10. 子女宮

廉貞貪狼在子女宮，祿存同度。子女緣份較薄。 鬼谷子 只防骨肉。親者如同陌路人。子息：庭畔好花空豔冶，鶯啼綠柳數聲嬌。借庇西牆終未穩，只因闊馬上平橋。

11. 夫妻宮

巨門在夫妻宮，擎羊同度。多口舌刑剋，而生離。 鬼谷子 婚姻：映水桃花徹底明，鴛鴦成對好相侵。誰知雨驟風狂後，月缺花殘兩背盟。

12. 兄弟宮

天相在兄弟宮。天相受左右兩鄰宮，天梁化祿與擎羊所夾，形成「財蔭夾印」與「刑忌夾印」，兄弟、同僚有助力，也有主刑剋。 鬼谷子 兄弟：天變雁叫聲嘹嚦，兩兩雙飛向處天。日暮鴻歸紅蓼岸，幾多鷗鷺下平田。

六、鬼谷子全盤印證

第八十一數　壬甲　屯卦　甲午　暮年尚有憂患。

判斷：

此命有機謀操略。會用施為。財帛可圖。利名不失。堅心守耐。心正不怕壁邪。只防骨肉。親者如同陌路人。若是離鄉千里去。不精神處也精神。

▲松透舊林格

詩云： 喬松直達歲寒林，江畔嚴凝不可侵。
　　　　水面鴛鴦情默默，天邊鴻雁影沉沉。
　　　　花枝攀折曾經手，名利贏輸未稱心。
　　　　只待跟隨牛馬足，一呼百若萬人欽。

基業： 瀟湘雁叫迷蹤跡，吳越相離南北遙。
　　　　孤鶩晚霞相映照，一聲鶴唳在雲皋。

兄弟： 天變雁叫聲嘹嚦，兩兩雙飛向楚天。
　　　　日暮鴻歸紅蓼岸，幾多鷗鷺下平田。

行藏： 雨霽園林花發遲，春歸鶯燕逐芳菲。
　　　　江邊有鹿可相伴，獨把絲綸上釣磯。

婚姻： 映水桃花徹底明，鴛鴦成對好相侵。
　　　　誰知雨驟風狂後，月缺花殘兩背盟。

子息： 庭畔好花空豔冶，鶯啼綠柳數聲嬌。
　　　　借庇西牆終未穩，只因鬥馬上平橋。

收成： 逢牛遇犬不須忙，自有高人為主張。
　　　　誰道平登多路遠，豈期風雨動離腸。

28 天同在卯酉坐命：樂天享受

一、星系結構

天同在卯酉坐命，對宮為太陰，財帛巨門在巳亥，事業天機在丑未。

天同在卯宮坐命

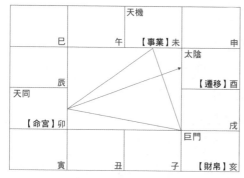

天同在酉宮坐命

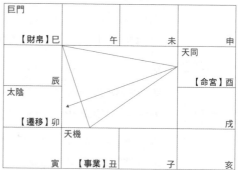

二、格局特質分析

特質 1 天同在卯酉宮，星曜處於平位，性質軟弱而易灰心。

天同星，性情溫良敦厚，平易近人，稟性聰明，反應靈敏，卻多幻想而不務實，多學而不精，且欠積極，缺乏決斷力與實踐力，難承擔精神壓力。

天同在卯酉二宮，星曜皆處於平位，較為弱勢，其缺點易於彰顯。在精神與婚姻感情方面，易產生困擾。又受對宮太陰星陰柔性質的影響，軟弱而易灰心，難承擔精神壓力，缺乏積極進取心，在生活上喜聽天由命，安於現狀。

雖是循規蹈矩的人，但缺乏競爭力，在精神上，易逐漸走向萎靡不振的型態。

所以偶爾須展現一下，破釜沉舟的決心與行動力，讓自己的生活充一充電，來補充精神元氣，說不定因此能有意外的收穫。

特質 2 天同在卯宮優於酉宮，卯宮福德太陽在巳位入廟，一生平順安享。

天同在卯酉坐命，卯宮優於酉宮，卯宮之人，福德宮太陽在巳位入廟，得到有力的太陽，為人較積極，個性直爽、活潑，一生平順安享。且巳宮的太陽處於旺勢，能解夫妻宮天梁星的孤剋，婚姻感情較和美。

天同在酉宮坐命，福德宮太陽在亥位弱陷，此時太陽全無亮度，且與天同相對的太陰也處於落陷，日月反背。

個性柔弱，依賴心重，做事被動而慵懶，使命運多咎。且亥宮的太陽失輝，無力解夫妻宮的天梁星，難以溫暖天梁星所帶來的孤剋，多是非挫折。

特質 3 天同在卯酉坐命，夫妻宮為天梁，感情生活南猿北轍。

天同星，天真浪漫，孩子氣重，在卯酉宮坐命，其夫妻宮卻是老人星之稱的天梁星，在感情生活上南猿北轍差異甚大。天同為情緒星曜，本身較感性，天梁星卻是穩重而務實，兩人對婚姻的觀念及生活態度，易背道而馳。

但天同之人，又容易附和別人的意見，在婚姻的過程中恐處於弱勢，較無力表示意見，主控權在配偶身上，婚後的感情生活，必是平淡而務實，這與天同星的浪漫差異甚大。因此其人常為情所苦，讓婚姻與感情備受傷害。

天梁星本身帶災難性質，在夫妻宮所帶的災難，需視所會星曜組合而定。天梁星在夫妻宮以遲婚為宜，若女命則長配為佳。

特質 4 此格個性軟弱，需在穩定安逸的環境中，安身立命。

天同在卯酉坐命，喜聽天由命，安於現狀，生活態度被嫌過度隨性而欠積極，宜在穩定安逸的環境中，安身立命。不宜創業，適合在公家機構或大規模企業中任職，若創業則需穩定性高的行業。因事業宮天機在丑未宮弱陷，天機為動星，在丑未宮弱陷，更加強其浮動性，因此較適合靜中帶動的行業，利用工作的變動性，來減少天機浮動的性質。

其人財帛為巨門星，適合動口生財的工作，如門市部、導遊、公關或大眾傳播之行業。循序漸進穩定中成長，可減少天機的浮動性質，才能使天同在穩定中安身立命。

三、此星系出生年，天干能量特點

1.天同在卯酉坐命，乙年生人

祿存在卯宮命遷線上，穩定中安身立命。天機化祿在事業宮，「雙祿相逢」，一生經濟平順。

天梁化權在夫妻宮會照事業宮，事業穩定中有所表現，為財官雙美，樂天享受。

2.天同在卯酉坐命，丙年生人

天同化祿在命宮，祿存在巳宮財福線上，天魁天鉞在酉亥宮，能得長輩協助與扶持，一生經濟平順。

天機化權在事業宮，能增加其穩定性，減少事業的變動，為財官雙美，樂天享受。

3.天同在卯酉坐命，辛年生人

祿存在酉宮命遷線上，穩定中安身立命。巨門化祿在財帛宮，太陽化權在福德宮，喜 2、6、10 月生人，天馬在巳宮，4、8、12 月生人，天馬在亥宮，形成「祿馬交馳」，雖奔波勞碌，卻是富貴雙全，財官雙美，樂天享受。

四、此星系吉凶注意事項

1. 天同星在卯酉，處於弱陷宮位，性質軟弱，難承擔精神壓力，容易流於安逸，缺乏積極進取心。喜化權的能量進入，讓原本安逸的個性，轉變成積極。或三方有一兩顆煞曜來刺激，則能激發其行動力。但不宜有過多煞曜來刺激，易在嚴重壓力下，可能出現沉淪或疾病。
   因天同星見煞曜，則無福可享，且易增添不少艱辛的遭遇，使性質軟弱的天同難承擔壓力，出現沉淪或疾病。
2. 天同為浪漫星曜，想像力豐富，在卯酉宮坐命，又受對宮太陰星的影響，感情豐富，更增加其浪漫情懷，喜沉浸於夢幻的臆想世界中，易惹起感情紛擾。

若再見桃花星曜，入身、命、福德宮，則桃花過重，婚姻感情易產生困擾。

3. 天同在卯酉坐命，其人個性柔弱，依賴心重，缺乏積極進取心，若無煞星引動，反而容易過份安逸享受。因此三方若有一、二顆煞曜來刺激，則反能有效激發其行動力，雖使生活增添不少艱辛的遭遇，但經過辛勤耕耘之後必有所收穫。

4. 天同在卯酉坐命，須見祿，才能財福雙美，最為上格，主樂天享受。

5. 天同在卯酉坐命，三方遇文昌、文曲，風雅星曜的組合，可在藝術界發展。

五、命盤實例解析

1. 命宮

　　天同在酉宮坐命，右弼同度。天同星，性情溫良敦厚，平易近人，再見右弼同度，為人圓融、人緣佳，三方再見左輔、天鉞輔佐吉曜，一生多有貴人扶持，福氣佳。但三方也見羊陀、空劫四煞曜，人生道路崎嶇不平，增添不少艱辛的遭遇，使命主無福可享，且產生精神上的空虛，需有宗教的信仰的力量，來安撫其心靈。天同星性質軟弱，難承擔精神壓力，命主在酉宮坐命處於弱陷，又見羊陀、空劫四煞曜，在煞曜過多的刺激下，產生嚴重的壓力，使命主出現神經衰弱的疾病。

　　命主事業天機在丑宮，天魁、陀羅同度。天魁天鉞在丑未宮，夫官線上，坐貴向貴，三方再見左輔右弼會照，命主得四吉星扶持，有實力且能發揮。鬼谷子 辦事有實力，能起家立業。但陀羅同度，再見空劫二星，一生多波折反覆。鬼谷子 基業：陸地行舟去必難，空勞心事把門關。牽牛跨馬登途遠，雪路迢迢隔兩山。

　　天同在酉宮坐命，右弼同度。雖性情溫良敦厚，平易近人，多貴助。但天同在酉宮處於平位，個性軟弱而易灰心，難承擔精神壓力，缺乏積極進取心。不宜自己創業，缺乏競爭力，宜在穩定安逸的環境中安身立命。

　　命主三方四正皆未見祿，財帛宮又見空劫二星，宜務實的薪水收入為佳，穩定而循序漸進中去發展事業，必能有所成就。而不是在幻想中，產

巨左地地　天天天孤 門輔劫空　廚月喜辰 旺 **財帛宮** 44-53　　　　己巳	廉天　　　八恩鳳蜚 貞相　　　座光閣廉 平廟 　祿 **子女宮** 34-43　　　　庚午	天天　　　　　　天 梁鉞　　　　　　官 旺旺 **夫妻宮** 24-33　　　　辛未	七火　　　解天封三龍 殺星　　　神巫誥台池 廟陷 **兄弟宮** 14-23　　　　壬申
貪文鈴　　　　　天 狼昌星　　　　　使 廟得陷 **疾厄宮** 54-63　　　　戊辰			天右　　　　　　天 同弼　　　　　　福 平 **命宮** 4-13　　　　癸酉
太擎 陰羊 陷陷 **遷移宮** 64-73　　　　丁卯			武文　　　　　天天 曲曲　　　　　刑虛 廟陷 科 **父母宮** 114-123　　　甲戌
紫天祿天　　天天天 微府存馬　　姚哭傷 旺廟　廟 **奴僕宮** 74-83　　　　丙寅	天陀天　　　寡破 機羅魁　　　宿碎 陷廟 **官祿宮** 84-93　　　丁丑	破　　　　陰台天 軍　　　　煞輔貴 廟 權 **田宅宮** 94-103　　　丙子	太　　　　　　紅 陽　　　　　　鸞 陷 忌 **福德宮** 104-113　　　乙亥

生的雄心壯志去開創事業，讓自己的人生如風中之燭，波動起伏，一生奔波勞碌。 鬼谷子 此命乃名利之曜。福祿之星。自成規矩。自創門庭。風中敗葉。水上浮萍。三遲三早之命。即當家早。勞心早。憂慮早。發祿遲。妻子遲。享福遲。命中有救神。不犯官刑。凶事不成凶。好處不見好。若要事十全。直待壽年老。

2. 兄弟宮

七殺在兄弟宮，火星同度，兄弟刑剋不和，主孤單。 鬼谷子 兄弟：空中羣雁各東西，一個孤鴻獨自飛。明月清風多少興，聲聲牧笛勸人歸。

3. 夫妻宮

天梁在夫妻宮，天鉞同度。丈夫雖年長，但能因婚姻而富貴。 鬼谷子 婚姻：一對鴛鴦水上浮，鴛儔鴦懶困何休。晚來鷗鷺紛紛去，飛向白蘋紅蓼洲。

行限 24～33 歲，天梁、天鉞在大限命宮。天魁、天鉞在命遷線上，一坐一照「坐貴向貴」。此限宮干「辛」，巨門化祿在夫妻宮，太陽化權在事業宮，遇生年太陽化忌。文曲化科在田宅宮，遇生年武曲化科。

命主此限結婚生子，得貴夫，因婚姻而富貴。但此限丈夫因病過世，命主因此接手丈夫的事業。 鬼谷子 當家早。勞心早。 基業：陸地行舟去必難，空勞心事把門關。牽牛跨「馬」登途遠，雪路迢迢隔兩山。

4. 子女宮

廉貞化祿、天相在子女宮。三方武曲化科、破軍化權會照，形成科權祿「三奇佳會」，再見天馬，形成「祿馬交馳」。子女優秀有成，且感情佳。 鬼谷子 子息：花發樹茂兩三枝，雙雙伴葉銷金玉。龍樓鳳閣往來人，引領群仙有清福。

行限 34～43 歲，廉貞化祿、天相在大限命宮。破軍化權在遷移宮，武曲化科、文曲在事業宮，三方形成科權祿「三奇佳會」，財帛宮紫微天府、天馬、祿存同度，形成「祿馬交馳」。

此限雖財官雙美，但命主個性軟弱，難承擔壓力，使命主出現精神衰弱症狀。 鬼谷子 凶事不成凶。好處不見好。若要事十全。直待壽年老。

5. 財帛宮

巨門在財帛宮，左輔、地空、地劫同度。易受騙，使錢財遭受重大的損失，不宜與人合夥或為它人經手錢財，多是非且易受騙。

行限 44～53 歲，巨門、左輔、地空、地劫在大限命宮。此限波動起伏大，錢財遭受重大的損失。此限宮干「己」武曲化祿、文曲化忌在交友宮，遇生年武曲化科，命主與人合夥受騙，使錢財遭受損失。命主個性軟弱，丈

夫過世後，雖接手丈夫的餐飲事業，卻難以承受壓力，迫使命主想另起爐灶，轉投資卻受騙。

6. 疾厄宮

貪狼在疾厄宮，文昌、鈴星同度。天同為情緒星曜，在酉宮弱陷，命主遇四煞星曜來刺激，在嚴重壓力下易出現，神經衰弱疾病。貪狼、鈴星為肝疾，文昌為筋骨。

行限 54～63 歲，貪狼、文昌、鈴星在大限命宮。對宮遷移武曲化科、文曲會照，財帛宮破軍化權。此限宮干「戊」，貪狼化祿在命宮，鈴星同度，形成「鈴貪格」，三方再見武曲化科、破軍化權，形成科權祿「三奇佳會」，命主此限在餐飲業，已大有所收穫，且名利雙收。鬼谷子 「龍」羊犬牛會，黃菊滿東籬。

7. 遷移宮

太陰在遷移宮，擎羊同度。太陰主靜，主藏，見擎羊同度。在外奔忙而無功，且多遭陷害損失。

8. 交友宮

紫微天府在交友宮，天馬、祿存同度，其部屬、同僚或合夥人皆為貴，但須勞碌奔波，打躬作揖，辛苦的經營人際關係。

9. 事業宮

天機在事業宮，天魁、陀羅同度。天魁在事業宮對宮天鉞會照，形成「坐貴向貴」，三方再遇左輔右弼會照，命主有實力且能有所發揮。鬼谷子 辦事有實力，能起家立業。

但天機為動星，在丑宮弱陷，更加強其浮動性。命主從事餐飲業，客人流動性大。陀羅同度，一生多波折反覆。鬼谷子 凶事不成凶。好處不見好。若要事十全。直待壽年老。

10. 田宅宮

破軍化權在田宅宮。為舊宅拆建翻新。對宮廉貞化祿會照，產業能增加。三方火鈴會照，產業也易有損失，不宜作保。

11. 福德宮

　　太陽化忌在福德宮。對宮空劫二星會照，無事奔忙，多招口舌是非，且理想未能實現，產生困擾自卑而煩躁不寧，一生多勞碌。

12. 父母宮

　　武曲化科在父母宮，文曲同度。可得父母之餘蔭。

六、鬼谷子全盤印證

　　第九數　甲壬　解卦　壬午　辦事有實力，能起家立業。

判斷：

此命乃名利之曜。福祿之星。自成規矩。自創門庭。風中敗葉。水上浮萍。三遲三早之命。即當家早。勞心早。憂慮早。發祿遲。妻子遲。享福遲。命中有救神。不犯官刑。凶事不成凶。好處不見好。若要事十全。直待壽年老。

　　▲芳草逢春格

詩云：春來芳草依然綠，雪裡園花見枯木。
　　　　親生兄弟有如無，只為生來命孤獨。
　　　　雨裡桃花風裡燭，碌碌區區心未足。
　　　　枝頭花發兩三枝，只許一枝紅又綠。
　　　　事業獨撐持，成中有石皮。
　　　　龍羊犬牛會，黃菊滿東籬。

基業：陸地行舟去必難，空勞心事把門關。
　　　　牽牛跨馬登途遠，雪路迢迢隔兩山。

兄弟：空中羣雁各東西，一個孤鴻獨自飛。
　　　　明月清風多少興，聲聲牧笛勸人歸。

行藏：雨裡夭桃風裡燭，平生到處心不足。
　　　　桑榆茂處好歸耕，野渡橫舟鶑出谷。

婚姻：一對鴛鴦水上浮，鴛傭鴦懶困何休。
　　　　晚來鷗鷺紛紛去，飛向白蘋紅蓼洲。

子息：花發樹茂兩三枝，雙雙伴葉銷金玉。

龍樓鳳閣往來人，引領群仙有清福。

收成： 若遇牛羊方始閒，好騎牛背上青山。

逍遙路上花如錦，月照梅花影過閒。

29 天同在辰戌坐命：為「反背」格局

一、星系結構

天同在辰戌坐命，對宮為巨門，財帛天梁在子午，事業天機太陰在寅申。

天同在辰宮坐命

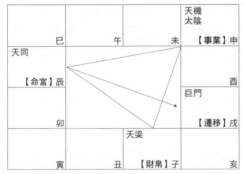

天同在戌宮坐命

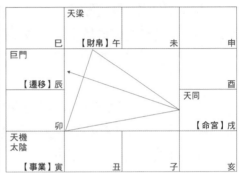

二、格局特質分析

特質 1 天同為福星，在辰戌宮處於弱陷，享福程度降低，卻易彰顯其軟弱。

天同為福星，但其「福」卻有慵懶與依賴心重的缺點，雖常有雄心壯志卻不積極，愛沉溺於安樂中，性情溫良少有爭執，卻易受其它星曜的影響，給人任性與情緒化的印象。尤其是天同在辰戌坐命，處於弱陷宮位，使天同星享福程度降低，卻易彰顯天同星的軟弱，又受對宮巨門星弱陷的影響。

巨門為口舌是非之星，在遷移宮最畏弱陷，易因環境而造成糾紛，必須注意人際關係的調和。尤其是巨門在戌宮，必見太陽在午宮入廟，光芒外露，易強出頭，而招人尤怨或無端招惹是非。

天同在辰戌坐命，太陽在福德宮，重顏面，自尊心強，又受對宮天梁星

的影響，榮譽感重。若見煞忌星曜同度，強烈的自尊心，易發展成自卑情結，喜出風頭，卻欠缺實力，易引起他人反感。讓遷移宮的巨門星，更增加其波折不順，連帶影響到命宮的天同星。天同為情緒星曜，孩子氣重，在辰戌處於弱陷宮位，更易彰顯其情緒化，很容易將自己心理上的創傷，反映在情緒上，再受對宮巨門星的影響，容易禍從口出，惹來不必要的麻煩，影響工作和人際關係，造成日後的隱患，於是，便成為精神上的困擾與隱痛，多不足為外人道。

特質 ❷ 天同在戌宮坐命，丁年生人，為「反背」格局，主大貴。

　　天同為精神型的星系，最大特質是，能安於處境且悠然自得。當天同在辰戌宮處於弱陷，其優點難以發揮，缺點卻易彰顯，個性容易軟弱無力，產生依賴性，精神易轉向於空幻，缺乏鬥志。因此喜見煞曜及化忌來激發，雖會使天同星無福可享變為勞碌辛苦，但反能刺激好逸惡勞的惰性，然後始有奮發之心，才能成就大業。

　　但須在見祿或諸吉的情形下，才宜見煞曜加以激發，並不是都喜見煞曜。因天同星較難承擔精神壓力，若煞重，則飽受精神壓力困擾或疾病。

　　天同在戌宮坐命，丁年生人，為「反背」格局，主大貴。古曰：「天同戌宮為反背，丁人化吉主大貴。」丁年生人，天同化權在命宮，天同最喜化權，化權的能量，能促發積極性，並且平穩天同的情緒。太陰化祿、天機化科在事業宮。祿存在財帛宮，命宮「雙祿朝垣」，有祿的羈縻，才喜巨門化忌來激發，轉化為良好格局，此局須經歷困苦艱難才能成就大業，為否極泰來的命局。

　　天同在辰宮坐命，福德宮的太陽在午宮入廟，人生較順遂，所以少了「否極泰來」成就大業的性質。丁年生人，天同化權在命宮，太陰化祿、天機化科在事業宮，巨門化忌在遷移宮，雖四化齊會，但太陰化祿在申位，生財力較小。成就不如戌宮坐命者。天同在戌宮坐命，人生早期的境遇，雖比辰宮坐命者更為艱苦，可是中年以後的成就卻非辰宮坐命者可比。

三、此星系出生年，天干能量特點

1.天同在辰戌坐命，丙年生人

天同化祿在命宮，天機化權在事業宮，個性豁達，韌力強，能歷經艱辛而否極泰來。

子午時生人，文昌、文曲在命遷線上，文昌化科，形成科祿權「三奇嘉會」，加吉，為上格，一生事業順遂。

2.天同在辰戌坐命，丁年生人

天同化權在命宮，太陰化祿、天機化科在事業宮，巨門化忌在遷移宮，四化齊會，辰戌二宮都有「反背」的格局，戌宮成就較高，主大貴。此局須歷經艱辛才有甚高的成就，為「否極泰來」的命局。

四、此星系吉凶注意事項

1. 天同在辰戌坐命，遷移宮巨門為暗曜。巨門在辰戌宮，為弱陷，多是非刑訟難免，化解之道，應從事口舌性質的工作，如民代、名嘴、教師、推銷、公關、傳播等行業，可減化巨門的口舌是非。

2. 天同在辰戌坐命，事業宮為天機太陰，財帛宮為天梁，三方形成「機月同梁」格，古曰：「機月同梁做吏人。」
   適合在公家機構或大規模企業中任職。事業較穩定，少風險。格局佳者，富貴不小。

3. 天同在辰戌坐命，事業宮天機太陰在寅申宮，左右兩鄰受紫府相夾，形成了「紫府夾貴」的格局，能攀龍附鳳，可得貴人扶持與幫助。
   辰宮坐命者，福德宮太陽在午宮「日麗中天」，喜日生人，格局佳者，有「專權之貴」，能近貴榮財，其財源得自貴人。

4. 天同在辰戌坐命，其人多對政治有興趣。遷移宮為巨門暗曜，巨門弱陷，多是非刑訟，宜口舌爭論為職。若三方遇權祿、魁鉞、輔弼、昌曲，可為民意代表。

5. 天同在辰戌坐命，對宮為巨門，二星本質衝突，彼此有刑剋。若遷移宮巨

門得吉化，則宜離鄉發展為吉。

6. 天同在辰戌坐命，此格最喜祿存會照，財福雙美。

7. 天同在辰戌坐命，對宮為巨門，若未見吉星，一生口舌是非難免，易為財勞碌，且感情多是非困擾。

五、命盤實例解析

1. 命宮

天同在辰宮坐命，處於弱陷宮位，使天同星享福的程度降低，卻易彰顯天同星的軟弱，又受對宮巨門星弱陷的影響，給人任性與情緒化的印象。

命主命宮三方四正，皆未見吉曜，卻見地劫煞星，一生多口舌是非，事業多變動，財物不穩定，使感情婚姻多波折困擾。命主事業宮天機、太陰、地劫同度。天機太陰在申宮，左右兩鄰受紫府相夾，能攀龍附鳳，因人而貴的格局。但地劫同度，貴人難以持久，其際遇也常落得是非尤怨，讓事業多變動，財物不穩定。

命主事業宮的地劫星，易引動命宮天同星天真的想像力，理想雖遠大，卻脫離務實化，心存僥倖。命主雖常有雄心壯志，卻不積極，愛沉溺於安樂中，依賴心重，難承擔壓力與欠缺恆心，其際遇當然也落得被貴人輕棄。鬼谷子 作事無恒，動輒被人輕棄，有貴人酒食緣。無貴人財帛分。

命主甲年生人，太陽化忌在福德宮。太陽在午宮，稱之為「日麗中天」，志向遠大，光芒外露，常喜強出頭。但太陽化忌，如烏雲遮日，讓命主強烈的自尊心，發展成自卑情結，重自我榮譽而輕忽他人，欠缺涵養，常因追求功名與權貴，易表現過頭，引起他人反感，招受是非尤怨，讓命主飽受精神壓力。又受對宮巨門星影響，易將自己心理上的創傷，反映在情緒上常禍從口出，影響工作和人際關係，造成貴人難以持久，事業多變動，財物不穩，成為命主的困擾與隱痛，多不足為外人道。鬼谷子 此命性格恬淡。膽氣英豪。凡事不能深思遠慮。幾番有始無終。被人當面相識。因此改變重重。凶處不凶。美處不美。初年壯健精神。中年心灰意懶。好事多磨。災危淹滯。巧中成拙。是處成非。縱使成家立業。不免離別妻子。有貴人酒食緣。無貴人財帛分。只好半空半俗。此造化所招也。

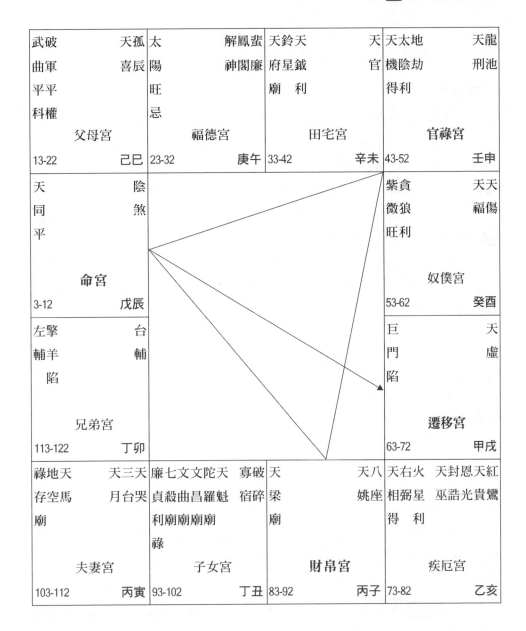

武破　　　天孤 曲軍　　　喜辰 平平 科權 父母宮 13-22　　　　己巳	太　　解鳳蜚 陽　　神閣廉 旺 忌 福德宮 23-32　　　　庚午	天鈴天　　　天 府星鉞　　　官 廟　利 田宅宮 33-42　　　　辛未	天太地　　天龍 機陰劫　　刑池 得利 官祿宮 43-52　　　　壬申
天　　　　　陰 同　　　　　煞 平 命宮 3-12　　　　戊辰			紫貪　　　天天 微狼　　　福傷 旺利 奴僕宮 53-62　　　　癸酉
左擎　　　　台 輔羊　　　　輔 　陷 兄弟宮 113-122　　　丁卯			巨　　　　　天 門　　　　　虛 陷 遷移宮 63-72　　　　甲戌
祿地天　　天三天 存空馬　　月台哭 廟 夫妻宮 103-112　　　丙寅	廉七文文陀天　寡破 貞殺曲昌羅魁　宿碎 利廟廟廟廟 祿 子女宮 93-102　　　丁丑	天　　　　　天八 梁　　　　　姚座 廟 財帛宮 83-92　　　丙子	天右火　天封恩天紅 相弼星　巫誥光貴鸞 得　利 疾厄宮 73-82　　　乙亥

2. 父母宮

　　武曲化科、破軍化權在父母宮。父母個性剛硬。命主甲年生人，武曲化科、破軍化權在父母宮，三方遇廉貞化祿，形成「三奇佳會」，父母個性雖剛硬，但並不主刑剋且有地位，文昌文曲二星會照，父母有學識且疼愛子女。但與上司、老闆關係，卻易疏離。

　　行限 13～22 歲，武曲化科、破軍化權在大限命宮。三方遇廉貞化祿，形成「三奇佳會」，再見昌曲二星會照，學業順遂。

3. 福德宮

　　太陽化忌在福德宮。太陽主散，在午宮，「日麗中天」，光芒外露，自尊心強，榮譽感重，喜出風頭。但太陽化忌，如烏雲遮日，事與願違。讓命主強烈的自尊心，發展成自卑情結，重自我榮譽而輕忽他人，欠缺涵養，常因追求功名與權貴，易表現過頭，常惹來是非麻煩，影響事業與人際關係，徒增困擾。三方在見地空與天馬，無事奔忙，心緒不寧，勞而無功。鬼谷子 有貴人酒食緣。無貴人財帛分。只好半空半俗。此造化所招也。

　　行限 23～32 歲，太陽化忌在大限命宮。太陽在午宮，日中之極，光芒外露，命主急於追求功名與權貴，常表現過頭，引起他人反感。太陽化忌，烏雲遮日，事與願違。此限宮干「庚」，太陽化祿在大限命宮，遇生年太陽化忌，「祿忌相沖」多是非紛爭困擾。天同化忌在夫妻宮，沖照事業宮。事業巨門在戌宮弱陷，逢化忌沖照，職場上多是非官訟，精神壓力大，命主 28 歲，被迫退離官場。

4. 田宅宮

　　天府在田宅宮，天鉞，鈴星同度。天府在田宅宮，有祖業，對宮廉貞化祿，可置產得利。見鈴星同度，先得後破。

　　行限 33～42 歲，天府、天鉞、鈴星在大限命宮。此限天魁、天鉞在命遷線上「坐貴向貴」，對宮廉貞化祿，使天府星見祿，財庫富足。三方再見六吉齊集，構成「君臣慶會」的格局，但煞曜也不少。天府遇煞曜，使天府的性質變得善用手段，外表圓融，但內心多權術，讓命主自取凶悔，帶來了逆境，多奔波勞碌，卻傾敗。命主企圖心過大，貪得無厭，反讓自己多生波折動盪。鬼谷子 行藏：寅尾卯頭君復發，牛「羊」運至問佳名。雖然涉險桑榆下，引領羣仙入化城。

5. 事業宮

　　天機太陰在事業宮，地劫同度。天機太陰在申宮，左右兩鄰受紫府二星相夾，為攀龍附鳳，因人而貴的格局。但地劫同度，貴人難以持久，其際遇也常落得是非尤怨，讓事業多變動，財物不穩。鬼谷子 基業：綠楊冉冉遠

重成，飛絮飄颻逐燕輕。縱有狂風吹不散，營家雖破破還成。

　　行限 43～52 歲，天機、太陰、地劫在大限命宮。天機太陰在申宮，左右兩鄰受紫府相夾，為攀龍附鳳，因人而貴的格局。命主 47 歲，獲得某議員相助，選上市民代表，但地劫同度，多變動難以持久，富貴如曇花一現。此限宮干「壬」，天梁化祿在事業宮，多是非困擾。天梁為監察御史，清顯之星，不宜見祿，難為他人所敬服。命主 51 歲，再度競選里長卻落敗。 鬼谷子 行藏：寅尾卯頭君復發，牛羊運至問佳名。雖然涉險桑榆下，引領羣仙入化城。

6. 交友宮

　　紫微貪狼在交友宮，三方見科權祿「三奇佳會」，再見文昌、文曲、天魁、左輔為「百官朝拱」，交友宮星系過強、權威性重。命主其友人雖皆貴，能在高官貴人中，攀龍附鳳，因人而貴。但卻需打躬作揖，讓命主感受到壓制。三方見擎羊、陀羅為惡奴欺主，且多酒肉之交。早年友人無力，中晚年較佳。

　　行限 53～62 歲，紫微、貪狼在大限命宮。三方遇科權祿「三奇佳會」，再逢文昌、文曲、天魁、左輔，為「百官朝拱」，此限雖能有一番作為，地位也能增進。但此限宮干「癸」，貪狼化忌在命宮，多有不切實際的慾望，須防野心過大，一波三折，勞而無功。 鬼谷子 引領羣仙入化城。

7. 遷移宮

　　巨門在遷移宮。巨門在戌宮，弱陷無力，出外口舌是非多，閒事勿管。

8. 疾厄宮

　　天相在疾厄宮，右弼、火星同度。天相五形為陽水，在亥宮水過多，皮膚易過敏、濕熱或泌尿系統之疾。

9. 財帛宮

　　天梁在財帛宮。天梁為蔭星，其財源能得自長輩貴人的蔭庇而生財。天梁在子宮，對宮太陽化忌沖照，三方遇地劫，錢財多起伏破耗，不宜投機冒險。須多加強自身的技能與知識。

10. 子女宮

廉貞化祿、七殺在子女宮，文昌、文曲、天魁、陀羅同度。子女成就大，且感情深厚。陀羅同度，一女。 鬼谷子 子息：天挑花發何多豔，馬首方知兩果成。鳳閣龍樓知有分，腰金衣紫上官京。

11. 夫妻宮

夫妻宮無主星，地空、天馬、祿存坐守，夫妻生離。天馬、祿存，能得賢能之妻，在事業上、經濟上，皆可得到妻子的幫助。 鬼谷子 婚姻：經雨鴛鴦慵困倦，也應春意不棲和。蓮池草綠容歐鷺，驚起烏飛白項多。

12. 兄弟宮

兄弟宮無主星，左輔、擎羊坐守，兄弟姊妹人數少。擎羊，兄弟中有人個性較剛硬暴躁。左輔同度，兄弟姊妹間，能互助。

六、鬼谷子全盤印證

第二數　甲乙　恆卦　乙酉　作事無恒，動輒被人輕棄。

判斷：

此命性格恬淡。膽氣英豪。凡事不能深思遠慮。幾番有始無終。被人當面相譏。因此改變重重。凶處不凶。美處不美。初年壯健精神。中年心灰意懶。好事多磨。災危淹滯。巧中成拙。是處成非。縱使成家立業。不免離別妻子。有貴人酒食緣。無貴人財帛分。只好半空半俗。此造化所招也。

▲流水鴛鴦格

詩云： 一雙鴻雁兩東西，雨打鴛鴦各自飛。

每怪洞深雲出晚，應嫌海闊浪來遲。

纔逢鬼宿雙繩斷，落到龍門一跳追。

葉謝花殘根本在，更深秋月始揚揮。

壽本松柏齊，天齡不待時。

鰲魚游淺水，平步上雲梯。

基業： 綠楊冉冉遶重成，飛絮飄颻逐燕輕。

縱有狂風吹不散，營家雖破破還成。

兄弟：風吹四雁高飛遠，回首沙汀一隻孤。
　　　來看江山千萬里，歸還依舊下平蕪。

行藏：寅尾卯頭君復發，牛羊運至問佳名。
　　　雖然涉險桑榆下，引領羣仙入化城。

婚姻：經雨鴛鴦慵困倦，也應春意不棲和。
　　　蓮池草綠容歐鷺，驚起鳥飛白項多。

子息：夭挑花發何多豔，馬首方知兩果成。
　　　鳳閣龍樓知有分，腰金衣紫上官京。

收成：天齡永命齊松柏，四季蒼蒼風月閒。
　　　人道鰲魚今透海，南柯一夢再驚還。

30 天同在巳亥坐命：福星獨坐，見煞為奇

一、星系結構

天同在巳亥坐命，對宮遷移為天梁，財帛在丑未無主星，事業天機巨門在卯酉。

天同在巳宮坐命

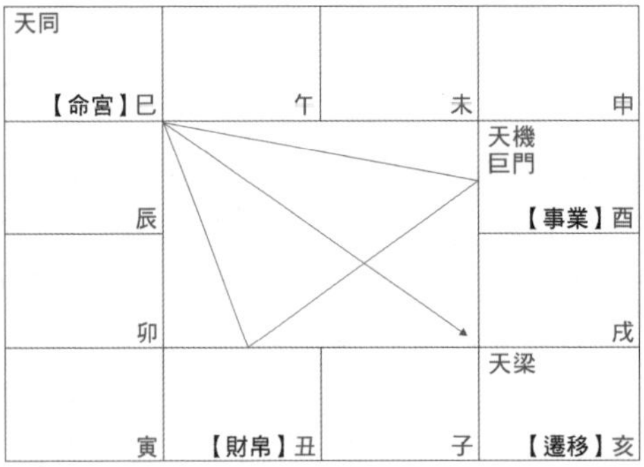
天同
【命宮】巳
午
未
申
天機
巨門
【事業】酉
辰
卯
戌
寅
【財帛】丑
子
天梁
【遷移】亥

天同在亥宮坐命

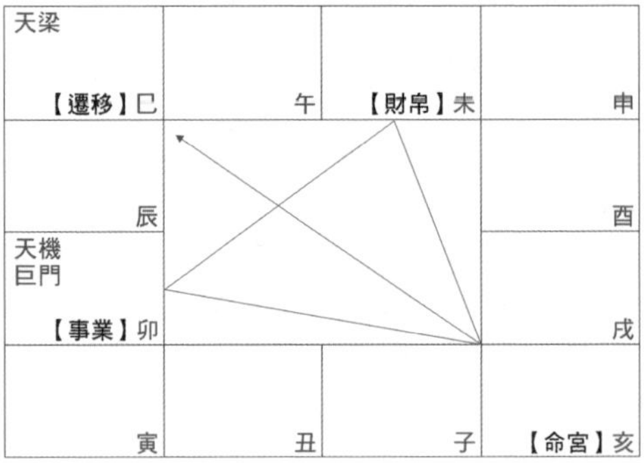
天梁
【遷移】巳
午
【財帛】未
申
辰
酉
天機
巨門
【事業】卯
戌
寅
丑
子
【命宮】亥

二、格局特質分析

特質 1 天同在巳亥宮，星曜入廟，其人聰明而有才華。

天同在巳亥宮，星曜入廟，其人聰明，有才華。天同為精神型的星曜，樂天知命，活在當下，生性安逸，有福就享隨遇而安，被嫌過度慵懶隨性而欠積極。對宮為天梁星，主原則與紀律，較理想主義，有剛剋特質。此二星隱含矛盾的性質，其人外表溫順平易近人，內心則帶有天梁的剛強與固執。但天梁在巳亥宮處於弱陷之位，原則紀律減弱，難以激發天同的慵懶隨性，且天梁星本身「蔭」它性過強，較無力扶助天同星。所以此星系之人，喜歡悠閒淡雅的生活，缺乏進取心，凡事喜聽天由命，安於現狀。

特質 2 此星系夫妻宮、財帛宮為空宮，是問題及隱憂所在的宮位。

天同星感情豐富，浪漫而感性。這種豐富的感情很容易發生在感情、生活、工作上，使天同的人生，出現不穩定的波動。天同在巳亥坐命，此星系夫妻宮、財帛宮皆無主星，是問題及隱憂所在的宮位。天同之人，感情豐富，浪漫多情，愛幻想，在感情上的波折較一般常人為多。天同在巳亥坐命，對宮天梁弱陷，使天梁原則紀律性減弱，加強天梁的孤剋性，轉變為飄蕩，古云：「同梁巳亥，主飄蕩。」其人心性浮蕩不安定，不喜受拘束的生活，易影響婚姻與感情的穩定性。若再見天馬星，人生動盪變化更大，其人喜變動性質大的工作，或到處流連漂泊經常不在家，因此感情模式也容易動盪。

財帛宮無主星，對錢財無觀念，花錢隨心所欲。借入對宮太陽太陰，一陰一陽，錢賺得多也花的多。事業宮天機巨門，二星性質浮動，事業多變動，在順境時尚可，若遇逆境則讓自己身陷財務危機。

特質 3 事業宮天機巨門，二星性質浮動，事業多變動。

天同在巳亥坐命，事業宮天機巨門，二星性質浮動，事業變動多端，較無法以一事一職終其一生。但可在工作中求變化去破解，利用工作的變動性質，可減少天機巨門的浮動性質，如需南來北往奔馳的旅遊、運輸、交通事業，或是腦力激盪的高度智慧性質工作。因天同秉性聰明，有才華，其人反應迅速靈敏，適合靠動腦筋及口舌生財的工作，如律師、政治家或文化事業、大眾傳播，以及在星相、藝術上發展，以超人的頭腦，靈辯的口才，其人能說善道，得以成功。

三、此星系出生年，天干能量特點

1.天同在巳亥坐命，丙年生人

天同化祿在命宮，祿存在巳宮命遷線上，為「疊祿」格，雖有祖蔭，唯必須退祖自興，白手興家。天機化權在事業宮，有專才，且能穩定其浮動性質。天魁在亥宮命遷線上，天鉞在酉宮夫官線上，為財官雙美，宜公職或民間企業，能任主管之職，福厚。

2.天同在巳亥坐命，戊年生人

　　貪狼化祿在田宅宮，祿存在巳宮命遷線上，太陰化權在福德宮，會照財帛宮，天魁、天鉞在丑未宮財福線上，為財官雙美格。但天機化忌在事業宮，事業多變動。

3.天同在巳亥坐命，壬年生人

　　祿存在亥宮命遷線上，天梁化祿在遷移宮，天鉞在巳宮命遷線上，天魁在卯宮夫官線上，聰明踏實，為財官雙美格。此局宜離開出生地，外鄉發展以求發跡。

四、此星系吉凶注意事項

1. 天同在巳亥坐命，生性安逸，有福就享，隨遇而安，被嫌過度慵懶隨性而欠積極。對宮天梁又處於弱陷之位，原則紀律減弱，難以激發天同的慵懶隨性。所以喜一兩顆煞星來沖照，為「福星獨坐，見煞為奇」。以減低其享福的現象，可增加進取心，反能激發其事業。天同星，雖有「化福」的本能，但須在見祿或諸吉的情形下，才宜見煞曜加以激發，導正天同的慵懶隨性，始成美格，古曰：「化祿為善，逢吉為祥。」若煞忌過多入命或沖照，古曰：「天同居巳亥，會四煞，殘疾孤剋。」尤其是亥宮，天同化忌，格局最劣。

2. 天同在巳亥坐命，其人聰明，有才華，但被嫌過度慵懶隨性而欠積極。須有科權祿或吉曜來激勵，才能積極振作。否則易怠惰懶散，好逸惡勞，行事心存僥倖，易拖延得過且過。

3. 天同在巳亥坐命，遷移宮天梁弱陷，一般不利出遠門，因天梁星帶災難性質。

4. 天同在巳亥坐命，若有煞曜同宮，雖較能振作，但須防誤入歧途。

5. 天同在巳亥坐命，田宅宮貪狼在寅申，與命宮必呈六合，對家庭要求較多，且田宅在四馬地，代表變化不定，到任何地方，都覺得不合己意，只好再次遷移，如浮萍般漂蕩。貪狼坐守田宅宮，其人居所喜常整修、粉刷。

6. 天同在巳亥坐命，一生多享受。財帛宮無主星，對錢財較無觀念，花錢隨心所欲。借入對宮太陽太陰，一陰一陽，錢賺得多也花的多。太陽性質主

散，太陰主聚，早年財難聚，中晚年積財甚豐，若煞聚，則早年拮据。

五、命盤實例解析

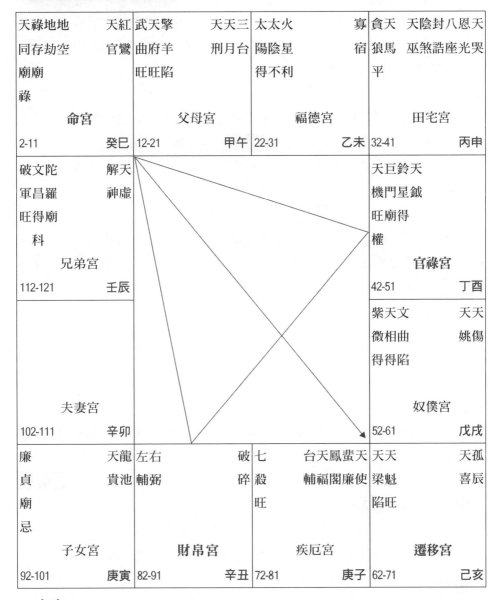

天祿地地　　　天紅 同存劫空　　　官鸞 廟廟 祿 **命宮** 2-11　　　　癸巳	武天擎　　　天天三 曲府羊　　　刑月台 旺旺陷 **父母宮** 12-21　　　　甲午	太太火　　　　寡 陽陰星　　　　宿 得不利 **福德宮** 22-31　　　　乙未	貪天　　天陰封八恩天 狼馬　　巫煞誥座光哭 平 **田宅宮** 32-41　　　　丙申
破文陀　　　解天 軍昌羅　　　神虛 旺得廟 　科 **兄弟宮** 112-121　　　壬辰			天巨鈴天 機門星鉞 旺廟得 權 **官祿宮** 42-51　　　　丁酉
			紫天文　　　天天 微相曲　　　姚傷 得得陷 **奴僕宮** 52-61　　　　戊戌
廉　　　　　天龍 貞　　　　　貴池 廟 忌 **子女宮** 92-101　　　庚寅	左右　　　　破 輔弼　　　　碎 **財帛宮** 82-91　　　　辛丑	七　　台天鳳蜚天 殺　　輔福閣廉使 旺 **疾厄宮** 72-81　　　　庚子	天天　　　天孤 梁魁　　　喜辰 陷旺 **遷移宮** 62-71　　　　己亥

夫妻宮
102-111　　　辛卯

1. 命宮

　天同化祿在巳宮坐命，地空、地劫、祿存同度。命主丙年生人，天同化

祿，祿存同度，為「疊祿」格，有祿的羈縻，才能激勵，天同之人，積極振作。三方再見天魁、天鉞、左輔、右弼四吉曜會照，一生多貴助，並且拉大其格局，更為貴顯，為財官雙美格。但午時生人，空劫二星在命宮同度。

天同星秉性聰明，想像力豐富，再遇空劫二星同度，更有超強的聯想力，且反應迅速靈敏，更加強其聰明度。但常用美化的角度來看待事情，易有過度浪漫天真，理想性過高，常常分不清現實與理想之間的差距，卻固執己見，讓自己身陷險境而多挫折，所以在古書中稱空劫二星，為「半空折翅」。

命主常在遭受到挫折之後，才激起奮發之心，因此讓自己的人生呈現起伏不定，並增添不少艱辛的遭遇。 **鬼谷子** 易榮枯。多翻覆。

天同在巳宮坐命，丙年生人，廉貞化忌在子女宮，一生多感情困擾，不宜早婚。行運 22～31 歲，太陽太陰在未宮、火星同度，此限宮干乙，太陰化忌，感情易生變。 **鬼谷子** 此命風雲際會之星，君臣和好之宿，所憎邪佞，會解凶災。作事不肯縮頭，能會擺布。平生事業。如同燕子營巢，一世親情，好似小兒藏面，身心不足。兩足常忙，易榮枯。多翻覆，傷妻害子，破祖成家之命也。

2. 父母宮

武曲天府在父母宮，擎羊同度。三方又見廉真化忌會照，此宮干「甲」，太陽化忌，父子參商。未遇空劫二星，命主可得祖蔭。

3. 福德宮

太陽太陰在福德宮，火星同度。福德宮一陰一陽同度，陰陽調和，雖然忙碌卻能忙裏偷閒，享受快樂時光。火星同度，較急躁勞碌，三方見左輔、右弼、天魁吉曜，一生常有貴人扶助，且格局高。為財官雙美格。 **鬼谷子** 逍遙自在，後福無量。

行限 22～31 歲，太陽、太陰、火星在大限命宮。此限宮干「乙」太陰化忌，易受引誘而挫敗，須耐心等待，不可躁進，否則易功敗垂成。

4. 田宅宮

貪狼在田宅宮，天馬同度。貪狼主散不主聚，不易守住祖產。天馬同度，家中親友來往川流不息。對宮廉貞化忌會照，需防家宅有流血流淚之

事。

行限 32～41 歲，貪狼、天馬在大限命宮。多奔波忙碌，事業有良好的變化，能有所發揮。但對宮廉貞化忌會照，出外多是非。

5. 事業宮

天機化權、巨門在事業宮，天鉞、鈴星同度。天機巨門二星性質浮動，喜見天機化權，有專才，能穩定浮動之性。天鉞同度，有貴人提攜，文武皆宜。鈴星同度，事業多變動。 鬼谷子 基業：天然成就安閒福，得祿成名東復西，鳳閣龍樓人事好，休疑晦滯自淒淒。

行限 43～51 歲，天機化權、巨門、天鉞、鈴星在大限命宮。此限宮干「丁」，科權祿忌「四化齊會」，太陰化祿在夫妻宮，會照事業宮。天同化權在財帛宮，見生年疊祿。天機化科、巨門化忌在命宮，遇生年天機化權。雖興發，卻勞碌波折，且諸多煩心事侵身，多口舌是非官訟，工作被迫改變，先波折後吉祥，此限為否極泰來。

6. 交友宮

紫微天相在交友宮，文曲同度。左右兩鄰受天魁天鉞兩貴星相夾，能因人成事。 鬼谷子 此命風雲際會之星，君臣和好之宿。

但三方所會子女宮廉貞化忌，下屬難依靠，須防受牽累損失或反叛。宜夫妻共同發展事業。 鬼谷子 易榮枯。多翻覆。

行限 52～61 歲，紫微、天相、文曲在大限命宮。左右兩鄰受天魁天鉞兩貴星相夾，能因人成事。但此限宮干「戊」，天機化忌在兄友線，遇生年天機化權，「權忌相沖」助力短暫，友人或事業伙伴各懷機心，行事宜低調保守，須防背面是非。

7. 遷移宮

天梁在遷移宮，天魁同度。在外受人尊敬，多機會，多助力。

8. 疾厄宮

七殺在疾厄宮。七殺屬金，帶殺氣，多呼吸系統疾患，與跌打傷痛。

9. 財帛宮

財帛宮無主星，左輔、右弼坐守。財帛宮無主星，花錢較隨心所欲。左

輔、右弼，使賺錢增加了容易度。若為上班族，在職場上能取得高位階，且能有兼差、兼職的機會，但會比一般人來得忙碌。若是自營事業，則在交易的窗口上有了助力，可經營關係企業或有多種主力產品的交易。

借入對宮太陽太陰，太陽主散，太陰主聚，為先散後聚。財帛宮一陰一陽，錢賺得多也花的多，早年財較不聚，中晚年積財甚豐。

10. 子女宮

廉貞化忌在子女宮，與子女緣份薄，須防兩代感情有創傷。 鬼谷子 子息：庭畔春花結一果，清陰修行長龍孫，兩年朱紫盈門戶，一炷天香謝聖恩。

11. 夫妻宮

夫妻宮無主星，借入對宮天機化權、巨門、天鉞、鈴星，妻子貌美有助力，可因婚姻而富貴。但易生離，晚婚為宜。 鬼谷子 婚姻：方擺鴛鴦同戲水，豈期一隻早分離，草塘鷗鷺紛紛立，日暮桑榆不用悲。

12. 兄弟宮

破軍在兄弟宮，文昌化科、陀羅同度。一個姐姐，分離兩地，各自為政。 鬼谷子 兄弟：風送鴻雁自飛去，偏宜最早得高風，終須振作聲名遠，棠棣芬芳到日紅。

六、鬼谷子全盤印證

第二十一數　丙甲　噬嗑卦　甲午　逍遙自在，後福無量。

判斷：

此命風雲際會之星，君臣和好之宿，所憎邪佞，會解凶災。作事不肯縮頭，能會擺布。平生事業。如同燕子營巢，一世親情，好似小兒藏面，身心不足。兩足常忙，易榮枯。多翻覆，傷妻害子，破祖成家之命也。

▲蓋水雙蓮格

詩云： 赤腳望前命可知，蓮花出水不沾泥。

變更世事生涯好，勞役身心事業遲。

鴻雁斷雲成聚散，鴛鴦交頸見分離。

　　　　君還欲問平生事，好向雲間借月梯。

基業：天然成就安閒福，得祿成名東復西。
　　　　鳳閣龍樓人事好，休疑晦滯自凄凄。

兄弟：風送鴻雁自飛去，偏宜最早得高風。
　　　　終須振作聲名遠，棠棣芬芳到日紅。

行藏：一身踐履何時立，立向雲程自有梯。
　　　　得祿江濱身價闊，高人青白自提攜。

婚姻：方擺鴛鴦同戲水，豈期一隻早分離。
　　　　草塘鷗鷺紛紛立，日暮桑榆不用悲。

子息：庭畔春花結一果，清陰修行長龍孫。
　　　　兩年朱紫盈門戶，一炷天香謝聖恩。

收成：時值運逢相合處，乘牛騎馬上青天。
　　　　知音正好同謀用，別調風吹問釣船。

31 廉貞天相在子午坐命：
二星相互制化，格局佳

一、星系結構

　　廉貞天相在子午坐命，對宮為破軍，財帛紫微天府在寅申，事業武曲在辰戌。

廉貞天相在子宮坐命

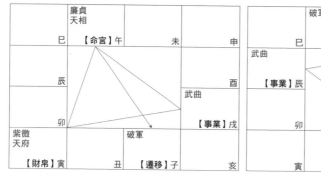

廉貞天相在午宮坐命

二、格局特質分析

特質 1 廉貞天相在子午同度，二星相互制化，轉化為聰明才藝。

　　在紫微斗數星曜中，星曜常有彼此相互制化的功能。廉貞天相在子午宮同度，二星亦能有此功能。

　　天相之水可剋制廉貞之火，使廉貞浮躁之性，受天相水調和，性情變為溫和，行事謹慎，化浮躁之性為內蘊而不表露，轉化為自身的聰明才藝，做為事業的基礎，使廉貞天相能成為良好的格局。因此在這星系中特別喜遇文昌、文曲、龍池、鳳閣、天才等星曜，可增加其人的才藝。

　　文昌、文曲若在三方拱照，則能形成「廉貞文武格」，其人文武雙全，在工作上能掌權威。

特質 2 此星系子宮優於午宮，子宮為水，更能制伏廉貞之惡。

　　廉貞天相在子午坐命，子宮優於午宮。雖然廉貞天相在子午二宮，天相星皆為入廟，而同宮的廉貞星皆處於平位，星系性質以天相為主。但午宮為火，能加強廉貞星的浮躁，易彰顯廉貞的特性。

　　子宮為水，增加天相之星情，更能有效發揮制伏廉貞之惡，所以子宮較午宮為佳，而且子宮「日月並明」，使廉貞天相之人，領導力強，多能有所表現。

特質 3 此星系廉貞受天相的影響，情感色彩甚深。

　　廉貞天相在子午坐命，廉貞受天相的影響，更加強廉貞陰柔之氣，使此星系情感色彩甚深。但三方所會合的星曜卻盡屬物質性，一生皆表現在物質方面，喜歡結交比自己有身份地位的人士，對朋友與合夥人多挑剔，在精神生活面較為空虛。因此內心感情與外在的環境，必然產生衝突。

　　在個性上易顯現出雙重的特質，有時表現得極為夢幻，有時又極為理智務實，這樣感情與理智難以調和的人，易自我矛盾，產生痛苦與遺憾的事情來。

特質 4 廉貞天相星系，雖穩定，但受對宮破軍的影響，常有意外的事發生。

　　廉貞天相在子午坐命，星系性質以天相為主，雖然穩定，但受對宮破軍星的影響，常有意外事發生。命主雖不想變動，卻總有事情發生。因此，廉貞天相星系的結構，最怕丙、戊、壬年生人，因擎羊入命，形成「刑囚夾印」、「刑忌夾印」的格局，破壞廉貞天相二星的平衡，產生「囚」星的特質，個性暴躁且脆弱，在面臨橫逆忽來之時，則內心感到困擾、痛苦，情緒不穩定，行事易衝動，因而動輒得咎，多招惹是非糾紛，甚至影響其成敗。

三、此星系出生年，天干能量特點

1.廉貞天相在子午坐命，甲年生人

　　廉貞化祿在命宮，破軍化權在遷移宮，武曲化科在事業宮，命宮形成科祿權「三奇佳會」，可任要職，職掌權威。祿存在寅宮財福線上，平步青

雲，為財官雙美格。

2.廉貞天相在子午坐命，丁年生人

祿存在午宮命遷線上，天同化權在田宅宮，太陰化祿在子女宮，會照田宅宮，天機化科在疾厄宮，使田宅宮形成，科祿權「三奇嘉會」，能平步青雲，為財官雙美格。

3.廉貞天相在子午坐命，己年生人

祿存在午宮命遷線上，武曲化祿在事業宮，貪狼化權在夫妻宮，會照事業宮，事業宮「權祿相逢」。

天梁化科在父母宮夾印，使命宮形成「科蔭夾印」，能平步青雲，為財官雙美格。

4.廉貞天相在子午坐命，癸年生人

祿存在子宮命遷線上，破軍化祿在遷移宮，巨門化權在兄弟宮來夾印，使命宮形成「權蔭夾印」，能平步青雲，為財官雙美格。

四、此星系吉凶注意事項

1. 廉貞天相在子午坐命，星系性質以天相為主，所以須重視他的左右鄰宮位。若能得巨門化祿或化權來夾印，或遇祿存在命宮，則為「財蔭夾印」主富貴。但祿存同度，左右必有羊陀夾，易遭小人傾擠，較為孤獨。
   若形成「刑囚夾印」、「刑忌夾印」，則主觀性過強，為人有偏見，思緒不開，缺乏與人溝通的誠意與耐心，故多招是非之困擾。「刑囚夾印」或「刑忌夾印」，以同宮之破壞力最大，三合亦多困擾麻煩。

2. 廉貞天相在子午坐命，最怕遇擎羊同度，則形成「刑囚夾印」或「刑杖維司」格局。
   其人會懦弱、狡猾，個性暴躁，行事衝動，缺乏深思熟慮，一生難發達。易有刑訟之事，易受冤枉，其刑杖難逃，再加官符、貫索、白虎則有牢獄之災。若行運化忌引動，易見官司，午宮的破壞力最大。大限流年逢之同論。

3. 廉貞天相在子午坐命，不宜火星、鈴星同度，易引動廉貞的浮躁之性，個

性暴躁不穩定，行事衝動，缺乏深思熟慮，易做出錯誤的決定，引發傾敗。

4. 廉貞天相在子午坐命，最忌與左輔、右弼同宮，多奸滑，反為凶惡。女命易刑夫剋子。

5. 廉貞天相在子午坐命，三方遇文昌、文曲拱照者，為「廉貞文武格」，在工作上能掌握權威，就算遇化忌也不以惡論，只是不順遂，壽元不美，感情不順，多刑傷不斷。

6. 廉貞天相在子午坐命，貪狼入夫妻宮，不可早婚，若逢煞忌沖破，則主刑剋，夫妻感情不穩定，以遲婚或婚前遇阻礙波折為宜。

7. 廉貞天相在子午坐命，三方所會合的星曜強烈，無論是否會照煞曜，皆主無祖業，縱有也易退祖自興，白手興家。

8. 廉貞天相在子午坐命，此格以天相星為主，為人善良，做事謹慎負責，按部就班，但開創力卻不足，缺少豪氣干雲的氣概，僅適合公職，或大企業財經。

9. 廉貞天相二星皆為官星，若遇祿存或化祿同度，則能任要職，且能逐漸晉升至主管首職。

五、命盤實例解析

1. 命宮

廉貞天相在午宮坐命，天相之水可剋制廉貞之火，使廉貞浮躁之性，受天相水調和，性情變為溫和，行事謹慎，化浮躁之性為內蘊而不表露，轉化為自身的聰明才藝，可做為事業的基礎。其人善良，謹慎負責，做事勤奮，按部就班，但較缺少擔當和開創力。

命主丁年生人，祿存在命宮同度，得展長才，一生事業順遂，能按部就班逐漸晉升為主管首職。 鬼谷子 平生事業。如同燕子營巢。

三方再見文昌、文曲拱照，形成「廉貞文武格」，文武雙全，在工作上能掌權威。

巨陀 門羅 旺陷 忌　　天破 巫碎 **兄弟宮** 112-121　　乙巳	廉天祿鈴 貞相存星 平廟廟廟　　三紅 台鸞 **命宮** 2-11　　丙午	天擎地 梁羊劫 旺廟　　寡 宿 **父母宮** 12-21　　丁未	七殺 廟　　解八 神座 **福德宮** 22-31　　戊申
貪左 狼輔 廟 **夫妻宮** 102-111　　甲辰			天天 同鉞 平 權　　天天 刑哭 **田宅宮** 32-41　　己酉
太地 陰空 陷 祿　　恩天 光虛 **子女宮** 92-101　　癸卯			武右 曲弼 廟　　天封 月誥 **官祿宮** 42-51　　庚戌
紫天文 微府昌 廟廟陷　　陰台天 煞輔官 **財帛宮** 82-91　　壬寅	天機 陷 科　　天天龍鳳天 姚貴池閣使 **疾厄宮** 72-81　　癸丑	破文 軍曲 廟得　　天喜 **遷移宮** 62-71　　壬子	太火天天 陽星魁馬 陷平旺平　　天孤蜚天 福辰廉傷 **奴僕宮** 52-61　　辛亥

　　命主現今已為某大企業財務經理，一生享用富足。但祿存在命宮，左右鄰宮必有羊陀夾印，事業雖順遂，卻易遭小人傾擠，較為孤獨。且丁年生人，又有巨門化忌來夾印，使命宮形成「刑忌夾印」，又見鈴星在命宮同度，必定引動廉貞的躁性，個性暴躁卻脆弱，若面臨橫逆之時，行事易衝動，缺乏深思熟慮，容易做出錯誤的決定，引發傾敗。時間點為52～56歲。

　　命主此格三方見文昌、文曲拱照，形成「廉貞文武格」，又見祿存在命宮，一生事業順遂，享用富足，卻與人寡和，感情不順遂，多招惹是非糾紛，精神欠缺安寧，需有宗教的信仰的力量，來安撫其心靈。鬼谷子 此命風雲際會之星。君臣和好之宿。所憎邪佞。會解凶災。作事不肯縮頭。能會擺布。平生事業。如同燕子營巢。一世親情。好似小兒藏面。身心不足。兩足常忙。易榮枯。多翻覆。傷妻害子。破祖成家之命也。

2. 父母宮

　　天梁在父母宮，地劫、擎羊同度。天梁為蔭星，雖有「科祿會照」，但「日月反背」福蔭之力弱。且又有地劫、擎羊同度，多有刑剋，命主父不詳。

3. 福德宮

　　七殺在福德宮。七殺在申宮，對宮紫微天府，為「七殺朝斗格」，有謀略，有理想，但須歷經艱辛才能有成就。三方皆未見煞曜，且遇文昌、文曲、左輔吉曜，能因人而貴，一生順遂，平步青雲，得展長才。

　　但七殺的理想，較偏重於個人利益，有週期性的孤獨感，不合群與憂鬱，身心兩不閒，喜忙碌而不得清閒。鬼谷子 身心不足。兩足常忙。

　　行限 22～31 歲，七殺在大限命宮。七殺在申宮，對宮紫微天府，為「七殺朝斗格」，能得遇貴人提攜，事業平順。此限宮干「戊」，貪狼化祿在財帛宮，為財官雙美。

4. 田宅宮

　　天同化權在田宅宮，天鉞同度。對宮太陰化祿會照，天機化科在疾厄宮，三方形成科祿權「三奇嘉會」，能白手起家，自置產業。

　　行限 32～41 歲，天同化權、天鉞在大限命宮。對宮遷移太陰化祿。天機化科在事業宮，三方形成科祿權「三奇嘉會」，命主此限在淡水置產，買下人生第一間房。

5. 事業宮

　　武曲在事業宮，右弼同度。武曲為財星，利於從事財經工作，喜見右弼同度，多有助力。可在企業任財經之職，而出人頭地，命主為某大企業財務

經理。

行限 42～51 歲，武曲，右弼在大限命宮。此限宮干「庚」，武曲化權在命宮，有助於命主衝開羅網，使事業奮發有成，晉升為財務經理。

6. 交友宮

太陽在交友宮，天馬、天魁、火星同度。太陽在亥宮弱陷，無力解巨門之暗，及天梁之孤剋，與人寡合，易招口舌是非。再見對宮巨門化忌沖照，更加強口舌是非的爭鬥。三方又見諸多煞曜，更容易發生是非糾紛。

行限 52～61 歲，太陽、天馬、天魁、火星在大限命宮。太陽在亥宮弱陷，無力解巨門之暗，及天梁之孤剋，與人寡合，易招口舌是非。再見對宮巨門化忌沖照，此限風波不斷，多是非糾紛。大限命宮火星，又與遷移宮巨門，財帛宮擎羊，三方形成「巨火羊」的惡格。

此限在面臨橫逆之時，必定引動廉貞的躁性，多招惹是非糾紛，且不易自我調適，情緒不穩定，個性暴躁脆弱，行事易衝動，常有不理性的行為，因而動輒得咎，產生作繭自縛，自討苦吃，甚至影響其成敗。

但太陽在亥宮雖失輝，反而有利於求富，此限宮干「辛」太陽化權在命宮，巨門化祿在遷移宮，雖可成富局。但遇生年巨門化忌沖照，且三方又見煞曜空劫，動則得咎，只宜靜守，才能持盈保泰，降低財務的風險，避免災禍，保持原來所擁有的財富，才不至於落得滿盤皆輸。

命主 52 歲急於從淡水遷出，在松山區買房住一年多，54 歲又改買中山區，買房如買衣，換來換去，出手帥氣，動輒得咎，損失大，自討苦吃。

7. 遷移宮

破軍在遷移宮，文曲同度。破軍在遷移宮，主奔波，出外能富貴，逢文曲，有水厄，不宜涉水。

行限 62～71 歲，破軍、文曲在大限命宮。有水厄，不宜涉水。事業宮貪狼、左輔同度，貪狼是顆慾望之星，有投機的特質。此限宮干「壬」，武曲化忌在夫妻宮沖照事業。命主事業受武曲化忌沖照的影響，易受阻礙，不宜投機，多有破敗損失。

命主此限是退休之年，另一種情形是把貪狼星完全轉化，趨向修心、養性的精神領域去探索，古時即指求仙學道、出家修行，或學習術數玄學，在

現代亦有可能轉變成宗教或哲學上的研究。才不會讓命主「囚」星的特質彰顯。

8. 疾厄宮

天機化科在疾厄宮。天機屬木，肝膽的疾病，肝火旺盛，性情急躁，有肝胃之疾，頭昏，耳聾，眼花等症候。

9. 財帛宮

紫微天府在財帛宮，文昌同度，財源將來自多方面。三合見祿，一生富足。

10. 子女宮

太陰化祿在子女宮，地空同度。命主單身無子女，晚年得義子。

11. 夫妻宮

貪狼在夫妻宮，左輔同度。遲婚為宜。婚前多遇阻礙波折，或有破壞者為宜，否則主刑剋。 鬼谷子 婚姻：方擺鴛鴦同戲水，豈期一隻早分離，草塘鷗鷺紛紛立，日暮桑榆不用悲。

12.兄弟宮

巨門化忌在兄弟宮，陀羅同度。巨門化忌，多口舌是非糾紛，再見陀羅同度，兄弟之間意見分歧，不易溝通形同陌路。 鬼谷子 一世親情。好似小兒藏面。有一個同母異父的哥哥。 鬼谷子 兄弟：風送鴻雁自飛去，偏宜最早得高風，終須振作聲名遠，棠棣芬芳到日紅。

六、鬼谷子全盤印證

第二十一數　丙甲　噬嗑卦　甲申　一生勞碌，作事無成。
判斷：
此命風雲際會之星。君臣和好之宿。所憎邪佞。會解凶災。作事不肯縮頭。能會擺布。平生事業。如同燕子營巢。一世親情。好似小兒藏面。身心不足。兩足常忙。易榮枯。多翻覆。傷妻害子。破祖成家之命也。
▲蓋水雙蓮格

詩云： 赤腳望前命可知，蓮花出水不沾泥。
變更世事生涯好，勞役身心事業遲。
鴻雁斷雲成聚散，鴛鴦交頸見分離。
君還欲問平生事，好向雲間借月梯。

基業： 天然成就安閒福，得祿成名東復西。
鳳閣龍樓人事好，休疑晦滯自淒淒。

兄弟： 風送鴻雁自飛去，偏宜最早得高風。
終須振作聲名遠，棠棣芬芳到日紅。

行藏： 一身踐履何時立，立向雲程自有梯。
得祿江濱身價闊，高人青白自提攜。

婚姻： 方擺鴛鴦同戲水，豈期一隻早分離。
草塘鷗鷺紛紛立，日暮桑榆不用悲。

子息： 庭畔春花結一果，清陰修行長龍孫。
兩年朱紫盈門戶，一炷天香謝聖恩。

收成： 時值運逢相合處，乘牛騎馬上青天。
知音正好同謀用，別調風吹問釣船。

32 廉貞七殺在丑未坐命：為積富之人

一、星系結構

廉貞七殺在丑未坐命，對宮為天府，財帛紫微貪狼在卯酉，事業武曲破軍在巳亥。

廉貞七殺在丑宮坐命

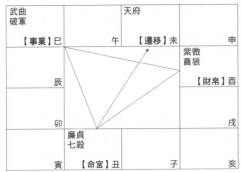

廉貞七殺在未宮坐命

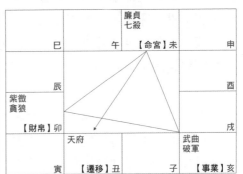

二、格局特質分析

特質 ❶ 廉貞七殺在丑未同度，能越發彰顯七殺的英華。

廉貞七殺在丑未同度，廉貞星，五行為陰火。七殺星，五行為陰金。七殺金被廉貞火所煅煉，則能越發彰顯七殺的英華，二者相制為用。可構成「雄宿乾元格」，但須見祿這是基本條件，有祿的羈縻，亦主奮發，也可調和廉殺的陽剛之氣，才始成美格。

在未宮見吉，不見四煞空劫沖破，特別是昌曲二星、化祿同會，則能文能武，為「廉貞文武格」，能成為傑出的策士或謀略家，一生富有。

特質 ❷ 廉貞七殺在丑未坐命，未宮優於丑宮，未宮可構成「雄宿乾元格」。

廉貞七殺在丑未坐命，未宮優於丑宮，未宮土仍有餘火之氣，有助力於

廉貞星的陰火，來煅煉七殺星，可構成「雄宿乾元格」，但須見祿星，這是基本條件。廉貞七殺在丑未二宮，七殺星皆入廟，而同宮的廉貞星皆處於利位，因此星系性質以七殺星為主。

七殺星智勇兼備，能征善戰，善於計謀與策劃，具有運籌帷幄的能力，有衝勁卻不失理智。但七殺的對宮必為天府，受天府星的影響，處事外表果決，內心實猶豫不決，因此須有廉貞陰火來煅煉，才有雄厚的魄力，能越發彰顯七殺的英華。

特質 3 此格局特殊，可構成「雄宿乾元格」或「路上埋屍格」。

廉貞七殺在丑未坐命，七殺為主帥，智勇兼備，能征善戰，善於運籌帷幄決戰千里。廉貞為官祿主，政治性質濃厚，天生便具有政治思想及手腕。

廉貞七殺二星在丑未同度，最能發揮其陽剛的本質，古賦曰：「廉貞遇七殺則施武功。」衝勁十足，帶有肅殺的氣息，開創力極強，是一個很特殊的格局，可構成「雄宿乾元格」或「路上埋屍格」，因此好壞吉凶不定。

廉貞七殺在丑未坐命，個性冷漠頑強，深沉自負，野心大，雖有智謀，但在行為上卻不見得如此，行事衝動，喜鬥強爭勝，帶肅殺的氣息。所以須見文昌文曲或化祿同會，可調和廉殺的陽剛之氣，能文能武，不見四煞空劫沖破，其人較理智，凡是謀定而後動，可構成「雄宿乾元格」或「廉貞文武格」。

若見煞忌星曜沖激，又無吉曜相輔，則個性固執剛戾，疏狂莽撞，行事衝動，少了戒慎之心，因此構成「路上埋屍格」，人生多波折。

三、此星系出生年，天干能量特點

1.廉貞七殺在丑未坐命，甲年生人

廉貞化祿在命宮，天魁、天鉞在命遷線上，「坐貴向貴」，破軍化權、武曲化科在事業宮，增加統御能力，能領導群倫。

三方形成科權祿「三奇佳會」，不見四煞化忌沖破，可構成「雄宿乾元格」，財官雙美。

2.廉貞七殺在丑未坐命，戊年生人

　　貪狼化祿在財帛宮，天魁天鉞在命遷線上，「坐貴向貴」，祿存在巳宮夫官線上，增加其穩定性，積財致富。

四、此星系吉凶注意事項

1. 廉貞七殺在丑未坐命，二星皆為戰將，帶有肅殺之氣，三方所會合的星曜性質又強烈，一生波動起伏頗大。若再見煞忌星曜干擾，行事衝動，少了戒慎之心。所以不喜見火星、鈴星，外表悠閒，實則內心多急躁，易引發衝突，產生重大挫折。亦不喜地空、地劫，事業起伏大，經濟多困擾。更不喜見擎羊、陀羅在命遷線上，剛愎自用，好勇鬥，易構成「路上埋屍格」，多有刑傷、意外災害發生，若再見大限、流年、廉貞化忌引動，則容易遇到重大的意外事故，應防交通意外或官司。

2. 廉貞七殺在丑未坐命，七殺為主帥，智勇兼備，能征善戰。廉貞為官祿主，政治性質濃厚，天生便具有政治思想及手腕，最宜公職且適合從政，或大企業中任職，而不宜獨立創業。

   廉貞七殺坐命，雖能征善戰，開創力強，能獨當一面，但難免過於剛毅自負，若策略得宜，則可大成，若決策失敗，難免遍體鱗傷，成敗起伏過大，對於錢財不利。因廉殺屬於積富之人，白手起家，善理財，錢財是由慢慢累積而入庫，一生錢財富足，最宜穩定中積財致富。

3. 廉貞七殺在丑未坐命，見文昌文曲，則好禮樂，能文能武，不見四煞空劫沖破，為「廉貞文武格」，能成為策士或謀略家。但因廉貞星帶桃花性質，再見文昌文曲，則更加重桃花的根性，感情不順，壽元不美，刑傷不斷，一生多浪蕩飄泊。

4. 廉貞七殺在丑未坐命，對宮天府星不宜見煞曜，若見煞曜則為「空庫」，對廉貞七殺之人，產生很大的影響，易變為固執剛戾，疏狂莽撞，行事衝動，少了戒慎之心，使人生多波折。

5. 廉貞七殺在丑未坐命，對宮遷移天府獨坐，左右兩鄰日月相夾，這樣的組合，有利於遠行，在他鄉能得助力或遇貴人之徵兆，見吉則宜離鄉發展。

五、命盤實例解析

武破陀　　天天破 曲軍羅　　刑巫碎 平平陷 **官祿宮** 83-92　　　　乙巳	太祿　　　紅天 陽存　　　鸞傷 旺廟 **奴僕宮** 73-82　　　　丙午	天擎鈴　　　寡 府羊星　　　宿 廟廟利 **遷移宮** 63-72　　　　丁未	天太地　　　天 機得劫　　　使 得利 科祿 **疾厄宮** 53-62　　　　戊申
天　　　　解 同　　　　神 平 權 **田宅宮** 93-102　　　甲辰			紫貪天　　天天 微狼鉞　　姚哭 旺利 **財帛宮** 43-52　　　　己酉
台天 　　　　　輔虛 **福德宮** 103-112　　　癸卯			巨　　　　　陰 門　　　　　煞 陷 忌 **子女宮** 33-42　　　　庚戌
右地　　　天天 弼空　　　月官 **父母宮** 113-122　　　壬寅	廉七文文　華龍鳳 貞殺曲昌　蓋池閣 利廟廟廟 **命宮** 3-12　　　　　癸丑	天左火　　　天 梁輔星　　　喜 廟　陷 **兄弟宮** 13-22　　　　壬子	天天天　　三天孤蜚 相魁馬　　台貴辰廉 得 **夫妻宮** 23-32　　　　辛亥

1. 命宮

廉貞七殺在丑宮坐命，文昌文曲同度。為「廉貞文武格」，命主能文能武，雖有才華，但三方未見祿，華而不實，雖對事業有強烈追求的慾望，卻

欠缺腳踏實地。 鬼谷子 身閒心自大。意懶志吞天。千里浪中行舟。八尺竿頭把戲。

命主祿存在僕役宮，祿存入僕役宮，喜自庖廚，為人作嫁，自身勞碌奔波，而下屬與人合作夥伴卻是安逸。且祿存入僕役宮，前後受羊陀所夾，使陀羅星入事業宮，一生事業多反覆挫敗。擎羊在遷移宮，易構成「路上埋屍格」多有刑傷、意外災害發生。

命主遷移宮，天府星見擎羊、鈴星同度，對命主影響甚大，煞曜使天府星成為「空庫」，個性深沉，剛愎自用，野心大，雖有智謀，但在行為上卻不見得如此，行事衝動、疏狂，喜鬥強爭勝，多帶肅殺之氣，且少了戒慎之心，一生事業多波折。 鬼谷子 做事傴賽，立性蹊蹺。

命主命宮廉貞七殺見文昌文曲同度，雖為「廉貞文武格」，但廉貞星帶桃花性質，重感情，再見文昌文曲，更加重桃花的根性，感情氾濫，任情放縱。命主愛養小三，影響家庭生活，一生多浪蕩飄泊，壽元不美，刑傷不斷。

廉貞星的基本性質為「感情」，當其為善時，主感情融洽，當其為惡時，主感情破裂。命主遷移宮天府、擎羊、鈴星同度，構成「路上埋屍格」，一生多浪蕩飄泊，六親冰炭。須注意 63～72 歲，此限宮干「丁」，巨門化忌在田宅。 鬼谷子 此命妨剋六親。疏遠骨肉。離祖遷居。命當孤獨。身閒心自大。意懶志吞天。千里浪中行舟。八尺竿頭把戲。歷事早。安閒遲。做事傴賽。立性蹊蹺。自家兄弟全無分。外處交遊卻有緣。上山雖費力。自有下山時。

2. 兄弟宮

天梁在兄弟宮，左輔、火星同度。天梁星帶有孤剋的性質，三方見科權祿，雖兄弟和好，但各自獨立，無互助合作的可能。 鬼谷子 自家兄弟全無分。外處交遊卻有緣。兄弟：雖則兩雁同飛舞，一個孤鴻飛過江。海鳥只宜猿鶴伴，靜看梅影上寒窗。

行限 13～22 歲，天梁、左輔、火星在大限命宮，三方見科權祿，雖求學順利，但此限宮干「壬」，天梁化祿在命宮，多是非。

3. 夫妻宮

天相在夫妻宮，天馬、天魁同度。天相在夫妻宮，易有親上加親，如同學、同事或親友介紹等，且配偶溫文有禮。天馬、天魁同度，在事業與經濟上，皆可得到妻子的幫助，易因婚姻而富貴。但天相受鄰宮巨門化忌所夾，形成「刑忌夾印」，命主桃花重，感情氾濫，一生愛養小三，影響婚姻，夫妻相敬如冰，雖同屋簷下卻如同陌生人一般。 鬼谷子 婚姻：堪歎洞房花燭夜，奈何緣淺不堅牢。直饒寬緩難回首，切莫貪財與性高。

行限 23～32 歲，天相、天馬、天魁在大限命宮，天相在亥宮，弱陷無力，又受鄰宮巨門化忌所夾，形成「刑忌夾印」，三方再見陀羅、擎羊、鈴星煞曜會照，父母在此限雙雙病喪。此限宮干「辛」，巨門化祿在鄰宮，遇生年巨門化忌，形成「刑忌夾印」與「財蔭夾印」，相互激戰，多是非麻煩，錢財不順。

4. 子女宮

巨門化忌在子女宮，命主一子一女，多有口舌言語上的衝突。三方天同化權、太陽入廟、祿存、右弼會照，子女主貴。 鬼谷子 子息：牆畔一枝梅欲發，風吹四朵綠兼紅。最是後園生果異，蟠桃一顆下天宮。

行限 33～42 歲，巨門化忌在大限命宮，多口舌是非糾紛。此限事業在寅宮，無主星，右弼、地空坐守，公司關閉，頓時失業，事業受到挫折。財帛在午宮太陽、祿存同度，此限宮干「庚」太陽化祿在財帛宮，老闆發給一筆資遣費，自己也申請失業補助金，此限事業變動，感情有隱衷。 鬼谷子 收成：遲滯可憐「庚」甲上，浩然歸去又何妨。舟橫野水無人渡，靜聽漁歌興味長。

5. 財帛宮

紫微貪狼在財帛宮，天鉞同度，財源來自多方面，財運佳，但受遷移宮天府見煞曜同度，形成「空庫」的影響，財運雖佳，卻多破耗。 鬼谷子 財若春前雪。不宜貪財而不擇手段。

行限 43～52 歲，紫微、貪狼、天鉞在大限命宮，財官雙美。此限宮干「己」，武曲化祿在財帛宮，貪狼化權在命宮，事業宮雖有文曲化忌，只是事業上人事、權力上的鬥爭，產生壓力，皆能化解。此限競爭得利，為精彩

發達的運限。命主公司關閉，業務由日商總公司接手，日商聘任命主為業務經理。

6. 疾厄宮

天機化科、太陰化祿在疾厄宮，地劫同度。太陰水生天機木，木過盛為患，肝陽上亢。天機、太陰在疾厄宮，見科祿過旺，遇地劫同度相互減弱。

行限 53～62 歲，天機化科、太陰化祿、地劫在大限命宮。左右鄰宮受紫府二星相夾，能因人而貴。天同化權在財帛宮，三方形成科權祿「三奇嘉會」，為一方之主。命主此限升任總經理，成為日商公司在台灣的代理人。但此限宮干「戊」，天機化忌、太陰化權在命宮，遇生年天機化科、太陰化祿，命宮科權祿忌四化齊聚，命主受天機化忌的引動，使智慧易蒙塵，常因私慾而為己謀，產生多是非災難，且生動盪。此限只要行為中正，則為興發的運程。須注意 62 歲，此流年在戌宮巨門化忌，天干「戊」天機化忌相互引動，若處理不得當，恐提前退休。鬼谷子 收成：遲滯可憐庚甲上，浩然歸去又何妨。舟橫野水無人渡，靜聽漁歌興味長。

7. 遷移宮

天府在遷移宮，擎羊、鈴星同度，天府左右鄰宮受日月及雙祿所夾，這樣的組合，有利於出外，他鄉得助或遇貴人之兆。鬼谷子 外處交遊却有緣。基業：竹松勁節勢凌雲，鵑化鵬飛萬里程。終駕靈槎上天去，天邊祿馬有崢嶸。

擎羊、鈴星同度，則形成「鈴羊」格，出外煞氣壓眾，有權威。但命主命宮廉貞七殺二星皆為戰將，已帶有蕭殺之氣，遷移宮再遇擎羊、鈴星煞曜同度，使命主個性變為固執剛戾，疏狂莽撞，行事衝動，少了戒慎之心，形成「路上埋屍格」，多有刑傷與意外災害發生。且讓遷移宮的天府星成為「空庫」，對廉殺之人，影響很大，無法成為積富之人。

8. 交友宮

太陽在交友宮，祿存同度。太陽在午宮廟旺，交友廣闊，三方喜得左輔、右弼，得貴友，但祿存入僕役宮，一生為人作嫁。鬼谷子 自家兄弟全無分。外處交遊却有緣。

9. 事業宮

武曲破軍在事業宮，陀羅同度。武曲破軍二星，開創力甚佳，宜武職。陀羅同度，一生多反覆挫敗。三方見魁鉞、昌曲，白手起家，能文能武。

10. 田宅宮

天同化權在田宅宮。天同化權，白手興家，三方會齊科權祿，自置能力強。

11.福德宮

福德宮無主星，天魁天鉞會照，一生多有貴人照拂。 鬼谷子 雖有人扶助，然得力甚微。 但祿存入僕役，一生為人作嫁。擎羊、鈴星、天馬會照，性急、奔忙、多勞碌、福薄。

12.父母宮

父母宮無主星，右弼、地空坐守。與父母緣份薄。

六、鬼谷子全盤印證

第三十六數　丁己　坤卦　己酉　雖有人扶助，然得力甚微。
判斷：

此命妨剋六親。疏遠骨肉。離祖遷居。命當孤獨。身閒心自大。意懶志吞天。千里浪中行舟。八尺竿頭把戲。歷事早。安閒遲。做事偃蹇。立性蹊蹺。自家兄弟全無分。外處交遊却有緣。上山雖費力。自有下山時。

　▲乘槎渡水格
詩云： 凶中有救神，勞力自辛勤。
　　　　財若春前雪，親如陌上塵。
　　　　雁行飛別浦，鴛侶失其羣。
　　　　若問前程事，梅花雪後春。
基業： 竹松勁節勢凌雲，鶤化鵬飛萬里程。
　　　　終駕靈槎上天去，天邊祿馬有崢嶸。
兄弟： 雖則兩雁同飛舞，一個孤鴻飛過江。
　　　　海鳥只宜猿鶴伴，靜看梅影上寒窗。

行藏： 持弓一箭隨機發，遇馬逢龍上九穹。
　　　　人在紫薇深處立，笙歌韶樂在其中。

婚姻： 堪歡洞房花燭夜，奈何緣淺不堅牢。
　　　　直饒寬緩難回首，切莫貪財與性高。

子息： 牆畔一枝梅欲發，風吹四朵綠兼紅。
　　　　最是後園生果異，蟠桃一顆下天宮。

收成： 遲滯可憐庚甲上，浩然歸去又何妨。
　　　　舟橫野水無人渡，靜聽漁歌興味長。

33　廉貞在寅申坐命：為「雄宿朝垣格」

一、星系結構

　　廉貞在寅申坐命，對宮為貪狼，財帛紫微天相在辰戌，事業武曲天府在子午。

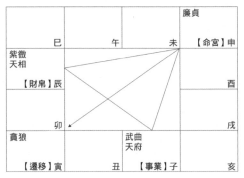

廉貞在寅宮坐命　　　　　　　　　　　　廉貞在申宮坐命

二、格局特質分析

特質 1　廉貞既是囚星又是殺星，變化複雜，在寅申宮獨坐，性質較為單純。

　　廉貞星五行屬陰火，並兼具有乙木、戊土之質，其特性變化複雜，既是囚星又是殺星，可為福亦可為禍，並兼具陽剛與陰柔的性質，當陰柔面顯現時，其人重感情，有柔情的一面。但當陽剛面顯現時，廉貞為官祿主，在數為司權令，俗稱為政治星，對權力的企圖心旺盛，熱衷於權力的追逐。

　　廉貞星其性敏感，易受其他星曜的影響，產生性質變化。廉貞星在十二宮位中，只有寅申二宮是獨坐，星曜性質較為單純，最能充分發揮廉貞星的特性。其他宮位皆為雙主星，易受其他主星之間的影響，產生制約或強化。

特質 2 廉貞在寅申，可構成「廉貞清白格」與「雄宿乾元格」。

　　廉貞星為官祿主，有掌權的特質，故喜在寅申獨坐，二宮皆入廟，其星曜性質優點易於彰顯，使廉貞星陽剛之性得以發揮，其人則較理智，且有氣魄。

　　見祿存，藉由祿存的羈縻，集中精神專心在事業上奮鬥，無暇於男女之間的感情面，可構成「廉貞清白格」，在申宮見吉無煞，為「雄宿乾元格」。為人魄力雄厚，深謀遠慮，善於策略，有權富在身，能富貴聲揚。

　　廉貞在寅申獨坐，三合事業宮為武曲天府，財帛宮為紫微天相，構成了「紫府朝垣」與「府相朝垣」的格局，能攀龍附鳳「因人而貴」，易受上司老闆的賞識與提拔，一生衣食無缺。

特質 3 廉貞在寅申宮入廟，優點易於彰顯。

　　廉貞星，帶有感情與理智的一面，其性質變化不定。在寅申宮坐命，雖受對宮貪狼星的影響，二星皆有桃花的表象，但廉貞在寅申宮入廟，使星曜性質優點易於彰顯，其人較理智，個性豪氣灑脫，有氣魄，能讓桃花轉換為藝術，或善於人際關係的開創。使廉貞星陽剛之性得以發揮，才能有富貴的格局。廉貞在寅申坐命，三合構成了「紫府朝垣」與「府相朝垣」的格局。

　　天府、天相乃為衣祿之神，天府有財，天相有權，有利於事業上的衝刺，生活平穩，衣食無缺，能在公營事業或大企業中擔任要職。古云：「府相朝垣，食祿千鍾。」

　　且此星系事業宮為武曲天府，二星均為財星又皆入廟，武曲主動積極，善於開創，天府則善於企劃，利於掌握財賦，若遇輔佐星曜，則能位居高位，掌握權力。

三、此星系出生年，天干能量特點

1.廉貞在寅申坐命，甲年生人

　　廉貞化祿在命宮，祿存在寅宮命遷線上「雙祿相逢」，事業宮武曲化科，威名遠播，富貴聲揚，為上格。

2.廉貞在寅申坐命，戊年生人

貪狼化祿在遷移宮，祿存在巳宮子田線上，富貴雙全。但此格嫌桃花太重，感情多困擾，易影響其成就。

3.廉貞在寅申坐命，己年生人

貪狼化權在遷移宮，武曲化祿在事業宮，天鉞在申宮入命遷，天魁在子宮，祿存在午宮，夫官線上。能執掌財權，富貴雙全。

4.廉貞在寅申坐命，庚年生人

祿存在申宮命遷線上，武曲化權在事業宮，太陽化祿、太陰化科在交友宮夾遷移宮，天鉞天魁在兄友線上，能攀龍附鳳「因人而貴」。

四、此星系吉凶注意事項

1. 廉貞在寅申坐命，有權富在身，見祿存或化祿為上格，可構成「廉貞清白格」，可擔任行政、財經工作，或可經商，財運亨通。此格受對宮貪狼星之影響，帶藝術氣質，宜文藝、美學等行業，廉貞在寅申坐命，個性果斷富彈性，在藝術行業，能有大膽的創新。

2. 廉貞在寅申坐命，見祿為上格，事業鼎盛，再見六吉，則能執掌權威，富貴雙全。若吉煞交集，多為周轉之財，宜公職或大企業中任職。

3. 廉貞在寅申坐命，廉貞星為次桃花，帶有藝術氣質，重視精神生活，不宜有火星、鈴星同度，易產生不良的敏感性質，有貪戀花酒的嗜好或自作多情，最惡劣的結構，可發展成為投機取巧，趨炎附勢。更不宜見空劫二星在命遷，必有破耗損失，讓人精神與物質帶來雙重困擾，宜專門技藝發展。

4. 廉貞在寅申坐命，見文昌文曲，雖能成為「廉貞文武格」，有才華且易受人欣賞，但此格受對宮貪狼星的影響，已帶有桃花表象，再見文昌文曲，則桃花太重，感情多風波，刑傷不斷，壽元不美。

5. 廉貞在寅申獨坐，大限流年逢之，遇吉曜扶持，財運亨通，積極進取，事業能開拓，異性緣佳，多交際。但最怕天刑與化忌同度，易有膿血之災。擎羊、陀羅、火星、鈴星、天刑、化忌會照，多是非，易有牢獄之災。

五、命盤實例解析

天同 廟　　　　天刑天巫天貴破碎　　田宅宮 36-45　　　己巳	武曲府 旺旺 科　　　　　　三台　　官祿宮 46-55　　　庚午	太陽陰 得不 忌　　天鉞地劫　　天官天光天傷　　奴僕宮 56-65　　　辛未	貪狼 平　　　天馬　　　八座孤辰　　遷移宮 66-75　　　壬申
破軍 旺 權　　　解神鳳閣寡宿　　福德宮 26-35　　　戊辰			天機 旺　　巨門 廟　　火星 得　　天姚天福紅鸞天使　　疾厄宮 76-85　　　癸酉
擎羊 陷　　地空　　　　天喜　　父母宮 16-25　　　丁卯			紫微 得　　天相 得　　陰煞封誥龍池　　財帛宮 86-95　　　甲戌
廉貞 廟 祿　　右弼 陷　　文昌 廟　　祿存　　天月台輔蜚廉　　命宮 6-15　　　丙寅	陀羅 廟　　天魁　　　　　　兄弟宮 116-125　　　丁丑	七殺 旺　　左輔　　文曲 得　　　天哭天虛　　夫妻宮 106-115　　　丙子	天梁 陷　　鈴星 利　　　　　子女宮 96-105　　　乙亥

1. 命宮

　　廉貞在寅宮坐命，命主甲年生人，為上格。廉貞化祿在命宮，祿存、右弼、文昌同度，事業鼎盛，財運亨通。廉貞星帶有陰柔的一面，重感情，欠

理智。

在寅宮坐命，受對宮貪狼的影響，已有桃花的表象，又見文昌落陷同度，桃花性質過重，造成命主事業有成之後，喜涉入風月場所，逢場作戲，影響家庭與事業，荒廢其前程，因此無法構成「廉貞清白格」。

且文昌落陷同度，使廉貞星增加其陰柔面，產生「囚」星的特性，剛柔未既，欠缺廉貞星的豪邁與氣魄，處事常在進退中猶豫，躊躇難定，產生痛苦與遺憾的事情來。**鬼谷子** 此命慵懶之宿。昧暗之星。作事重重退悔。行坐步步躊躇。不能俯仰人。不會妝飾事。衣食自有。只宜改變。守祖則六親無分。靜坐則四肢生病。只宜過房立贅。離祖立身。性情緊慢不調。世事成敗不一。從來險阻曾經過。幸得凶中有救神

命主父親早逝，當兵退伍後，則離家北上開創事業，在萬華車站前，服飾商店街起家，男主外，女主內，夫妻同心協力，恰逢台灣經濟起飛階段，事業鼎盛，財運亨通。**鬼谷子** 早年發達。

命主廉貞化祿坐命，祿存同度「雙祿相逢」，福德宮破軍化權坐守，命宮、福德，三方四正皆未遇煞，一生境遇多順遂。

2. 父母宮

父母宮無主星，地空、擎羊坐守，亦主剋。（命主24歲父親逝世）

3. 福德宮

破軍化權在福德宮。破軍在辰宮旺位，善於決斷，凡事喜親力親為，勞心勞力而不辭，但卻易生改變之心。命主破軍化權在福德宮，三方皆未見煞曜，早年發達，人生平穩且安享。

行限26～35歲，破軍化權在大限命宮，三方皆未見煞曜。此限宮干「戊」貪狼化祿在事業宮，見天馬同度，形成「祿馬交馳」。命主當兵退伍後，則離家北上開創事業。

此限「權祿相逢」，三方皆未見煞曜，又逢台灣經濟起飛階段，命主在萬華車站前，服飾商店街起家，男主外，女主內，夫妻同心協力，事業鼎盛，財運亨通。**鬼谷子** 早年發達。

4. 田宅宮

天同在田宅宮。天同在巳宮入廟之位，白手興家，可置業。但三方見火

星、鈴星、陀羅，易多有破失。

行限 36～45 歲，天同在大限命宮。命主事業步入軌道，卻在安樂的環境中，沉迷於酒、色，而不思振作，產生家庭與事業的動盪。此限事業宮天機、巨門、火星同度，事業多是非尤怨，產生動盪。命主事業穩定，卻沉迷於酒、色中，對客戶的申訴與反映事件，皆未妥善處理，造成客戶大量流失。 鬼谷子 基業：人生居樂思為樂，豈為身高志慾低。若遇虎頭人奮發，桑榆人遇虎生威。

5. 事業宮

武曲化科，天府在事業宮。命主早期從事服飾批發，後轉為代理，也作房地產、股票等投資，但多有成敗。

行限 46～55 歲，武曲化科、天府在大限命宮。事業宮紫微天相，財帛宮廉貞化祿、右弼、文昌、祿存同度。此限宮干「庚」，武曲化權在命宮，遇生年武曲化科，命宮「科權相逢」，主貴。與財帛宮廉貞化祿，三方形成科權祿「三奇嘉會」，加強命主處事的積極，與財運的亨通。命主此限為某服飾品牌的台灣代理。

6. 交友宮

太陽化忌、太陰在交友宮，地劫、天鉞同度。交友廣闊。太陽化忌，多招口舌是非。地劫同度，錢財多破耗。天鉞同度，雖有女性貴人，但多為泛泛之交，助力少。 鬼谷子 不喜迎合他人。

行限 56～65 歲，太陽化忌、太陰、地劫、天鉞在大限命宮，事業宮天梁、鈴星同度，財帛宮無主星，地空、擎羊坐守，此限動輒得咎，枉拋心力，安靜可持盈保泰。

7. 遷移宮

貪狼在遷移宮，天馬同度。多交際應酬，奔忙不定，「權祿會照」，出外有財，能得利，卻易讓命主沉迷於酒色中。

8. 疾厄宮

天機巨門在疾厄宮，火星同度，血壓高。

9. 財帛宮

紫微天相在財帛宮,三方科權祿會照,形成「三奇佳會」,財源亨通,名利雙收。 鬼谷子 衣食自有。

10. 子女宮

天梁在子女宮,鈴星同度。天梁帶孤剋刑忌性質,在亥宮弱陷更加強其性,見鈴星同度,一女,緣份較薄。 鬼谷子 子息:多是萱堂陰騭佑,龍樓鳳閣集其名。有分傳名必有祿,若問優游享福亨。

11. 夫妻宮

七殺在夫妻宮,左輔、文曲同度,一妻又一妻,「科權會照」,妻子掌財權。

12. 兄弟宮

兄弟宮無主星,陀羅、天魁坐守。兩個哥哥,兩個姊姊。 鬼谷子 兄弟:春風兩雁離群隊,春日鶯調金縷衣。獨上吳江風月冷,兩重門戶可相依。

六、鬼谷子全盤印證

第五數　甲戌　小過　戊申　早年發達,不喜迎合他人。

判斷:

此命慵懶之宿。昧暗之星。作事重重退悔。行坐步步躊躇。不能俯仰人。不會妝飾事。衣食自有。只宜改變。守祖則六親無分。靜坐則四肢生病。只宜過房立贅。離祖立身。性情緊慢不調。世事成敗不一。從來險阻曾經過。幸得凶中有救神。

▲漁父收綸格

詩云: 漁父收綸一棹輕,旌旂隊仗出天城。
　　　　將軍塞外思朝國,遊子心中過浪萍。
　　　　生計必從他處立,運謀應是少年營。
　　　　天邊孤雁高飛去,花落櫓前月滿庭。

基業: 人生居樂思為樂,豈為身高志慾低。

　　　　若遇虎頭人奮發，桑榆人遇虎生威。

兄弟：春風兩雁離群隊，春日鶯調金縷衣。

　　　　獨上吳江風月冷，兩重門戶可相依。

行藏：過繼傳名祿位高，一生忠直任逍遙。

　　　　邊庭佐享將軍福，若還守舊定蕭條。

婚姻：求調琴瑟不須憂，纔上蘭舟風打頭。

　　　　若問鳳凰鴛侶輩，晚來鷗鷺盡優游。

子息：多是萱堂陰騭佑，龍樓鳳閣集其名。

　　　　有分傳名必有祿，若問優游享福亨。

收成：花正開時爭豔冶，連霄風雨又離披。

　　　　丁壬年上多惘悵，休與人間作夢時。

34 廉貞破軍在卯酉坐命：自我放逐

一、星系結構

　　廉貞破軍在卯酉坐命，對宮為天相，財帛紫微七殺在巳亥，事業武曲貪狼在丑未。

廉貞破軍在卯宮坐命

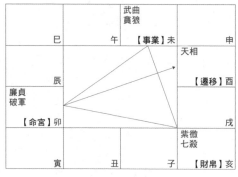

廉貞破軍在酉宮坐命

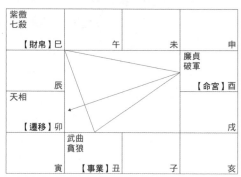

二、格局特質分析

特質 1 廉貞破軍在卯酉同度，二星性質衝突，形成不良的結構組合。

　　廉貞既是囚星又是殺星，性質變化大，易受星系結構的影響。廉貞星在星系結構的組合中只宜調和，而不宜加強廉貞星性質上的衝突，若性質衝突時，則使廉貞產生「囚」星的特質。

　　廉貞破軍在卯酉二宮同度，廉貞星五行屬火，破軍星五行屬水，二星性質受到五行的衝突，產生「水火不容」，相互抗衡交戰，衝擊過大。廉貞破軍二星只宜相對而不宜同度。廉貞星性質疏狂浮躁，好爭勝。破軍為耗星，剛烈暴躁，易衝動，改變幅度大。破軍星易引動廉貞星的浮躁之性，為人衝動，脾氣暴燥，缺乏理性，思想極端，處事任性霸道又善變，行為剛強帶決絕，易傷害感情，是一個帶危險性質的組合。古曰：「廉破火鈴同宮，狼心

狗肺。」「廉破加四煞，公門胥吏」由此可見廉貞破軍二星同度，在性質上產生衝突，形成不良的組合。

特質 2 此星系性質強悍，霸氣十足，有衝勁。

　　廉貞破軍在卯酉二宮，皆屬「弱陷」，星曜毫無亮光，其性質優點難以發揮喪失其作用，負面性質易於彰顯，所以稱為「囚耗交侵」。三方所會的星曜，財帛宮為紫微七殺，事業宮為武曲貪狼，其星系性質強悍，事業心強，霸氣十足，有衝勁。作事敏捷快速，頗有工作能力，但沒有耐性，又喜冒險投機，具有善攻不善守的開創性格。只是個不畏艱難將城池攻下，而不管實際利益，有勇無謀的開創者，所以需要強而有力的領導者來管理。

　　但廉破行事風格特立獨行，且有極強的權力慾，難以駕馭，頗難管理。對掌權者而言，廉破族是很具有破壞力與威脅性，因此在團隊中廉破的宿命，常會有一生艱苦開創，但多成為烈士，命運大起大落非常極端。在卯宮有「木壓蛇傷」，酉宮有「覆車獸傷」之禍。但廉貞破軍在卯酉，也亦有「反格」，如丙年生人，廉貞化忌，主橫發橫破。

　　此格私心過重，所以不於再見刑煞，易遭重大的挫敗。或廉貞破軍在卯宮，三方無煞，見文昌或文曲，稱「眾水朝東」，有學問、有才氣，也為「反格」，若文昌化科更佳，可受貴人提攜。在古書曰：「文耗居於寅卯眾水朝東。」此格必須見輔佐諸曜與祿存、化祿，才能改善私心過重的橫發橫破性質。

特質 3 此星系六親宮位皆為空，過度傾斜，反而能成就自身的霸業。

　　廉貞破軍在卯酉坐命，這一張命盤，在人的宮位上，除了自己本身命宮之外，其父母宮、兄弟宮、夫妻宮、子女宮皆為空宮，顯現六親關係薄弱，雖然財官位佳，能成就其霸業，卻欠缺家庭生活。其人事業宮為武曲貪狼，財帛宮紫微七殺，星系性質強悍，有很強的衝勁與抱負，雖然其人環境不好，六親無助力，但可靠自己白手打拼起家。宜開創性質的公職，若格局高者，則財官雙美，可身居要職為高階主管。但不宜經商，此格局過於極端，若從商只宜手藝謀生。

三、此星系出生年，天干能量特點

1.廉貞破軍在卯酉坐命，甲年生人

　　廉貞化祿、破軍化權在命宮，事業武曲化科，三方形成科權祿「三奇佳會」，天魁天鉞在夫官線上，「坐貴向貴」，宜財經機構任職，為優秀經理人才，財官雙美。但不宜經商。

2.廉貞破軍在卯酉坐命，乙年生人

　　祿存在卯宮命遷線上，財帛宮紫微化科。財可富，惟事業多變或壓力大，感情多波折。

3.廉貞破軍在卯酉坐命，辛年生人

　　祿存在酉宮命遷線上，財可富，亦可減少人生的波動多變。

4.廉貞破軍在卯酉坐命，戊年生人

　　貪狼化祿在事業宮，天魁天鉞在夫官線上，「坐貴向貴」，可任職財經機構。祿存在巳宮財福線上，財官雙美。

四、此星系吉凶注意事項

1. 廉貞破軍在卯酉坐命，三合若有科權祿，或祿存在命遷，能有所成就，中晚年平順富足。

2. 廉貞破軍在卯酉坐命，性質強悍，霸氣十足，吉凶之間非常極端，有橫成橫破的特性。在卯宮為「震地」見文昌，三方無煞，遇吉可貴，為「反格」，稱為「眾水朝東」。雖奔波辛勞，亦有富貴，可受貴人提攜，若文昌化科更佳。（凡破軍星皆不喜見昌曲同度，主一生貧士，因彼此氣質不相投契之故，只有卯宮逢文昌例外。）

3. 廉貞破軍在卯酉坐命，丙年生人，廉貞化忌，為「反格」，主橫發橫破，因私心過重，若再見煞曜同度，則有取財不擇手段，而易破敗。除非無煞，見輔佐諸曜同會，才能改善私心過重的橫發橫破性質。但容易隨波逐流，攀附權勢，須注意行限不吉時，易有破敗。丙年生人，祿存在巳位，

廉貞破軍在酉宮坐命者為佳。

4. 廉貞破軍在卯酉坐命，個性剛烈強悍，不宜在見煞曜同度，古曰：「廉破加四煞，公門胥吏。」或「廉破火鈴同宮，狼心狗肺。」廉貞破軍星系結構已帶有危險性質，若再見煞曜，更增加人生的艱苦，事業難成，祖業易凋零，宜巧藝維生。

五、命盤實例解析

1. 命宮

廉貞破軍二星同度，稱為「囚耗交侵」，這一張命盤性質強悍，霸氣十足，事業心強，有衝勁，吉凶之間產生極端，有橫成橫破的特性。

命主丙年生人，廉貞化忌、破軍在酉宮坐命，右弼、天鉞同度，稱為「反格」。廉貞化忌在命宮，私心較重，為保護自己，欠缺情義，主橫發橫破。命主右弼、天鉞同度，個性較為溫和。祿存入財帛宮，有祿的羈縻，能改善其剛毅，應變能力強。

事業宮武曲貪狼，事業心強，衝勁十足，不畏挫折。在丑宮受「日月並明」與化祿貴星所夾，富貴高，但三方星曜吉煞交會，一生波折起伏大，橫發橫破。 鬼谷子 此命乃官祿之宿。功名之星。自合身榮位顯。奈何限晦遲遲。會施為。懶俯仰。於人不足。好事多磨。恩人反作仇冤。親者如同陌路。三不足。三不辦。科名不足。家園不足。兒女不足。等閒莫怨勞心早。上山須有下山時。

命主在青少年時多叛逆，整日與不良少年在一起惹事生非，因此遭受到重大挫折與打擊，被父母送往軍校，但命主適應力強，從此改變調整自己的行為，讓命主人生減少其傷害。事業宮武曲貪狼，事業心強，衝勁十足，能有富貴的格局，但命主廉貞化忌在命宮，私心較重，為了自身的事業，對合作夥伴與下屬，欠缺情義與誠信，傷害感情，產生作繭自縛，孤立無援。時間點 56～65 歲。 鬼谷子 晚年境況，有蕭條之象。收成：遇虎乘舟自可疑，此時平地是災危。如龍識勢知機早，高掛風帆趁對飛。

紫七左祿地地　　天天 微殺輔存劫空　　月官 旺平　廟	擎　　　　　　　天 羊　　　　　　　貴 平	紅寡 　　　　　　鸞宿	火　　　　解天封 星　　　　神巫誥 陷
財帛宮 86-95　　　　癸巳	**子女宮** 96-105　　　甲午	**夫妻宮** 106-115　　乙未	**兄弟宮** 116-125　　丙申
天天文陀鈴　　蜚天 機梁昌羅星　　廉使 利廟得廟陷 權　科 　　疾厄宮 76-85　　　　壬辰			廉破右天　　　破 貞軍弼鉞　　　碎 平陷 忌 　　　**命宮** 6-15　　　　　丁酉
天 相 陷 　　遷移宮 66-75　　　　辛卯			文　　　　　天天 曲　　　　　刑哭 陷 　　　父母宮 16-25　　　　戊戌
太巨天　　天三天鳳天 陽門馬　　姚台虛閣傷 旺廟旺 　　奴僕宮 56-65　　　　庚寅	武貪　　　　　天 曲狼　　　　　喜 廟廟 　　**官祿宮** 46-55　　　辛丑	天太　陰台天八恩龍 同陰　煞輔福座光池 旺廟 祿 　　田宅宮 36-45　　　庚子	天天　　　　　孤 府魁　　　　　辰 得 　　福德宮 26-35　　　己亥

2. 父母宮

　　父母宮無主星，文曲坐守，借入天機化權、天梁、文昌化科，鈴星、陀羅。天機化權、文昌化科，父母主貴，可得恩惠。鈴星、陀羅，命主早年離家，與父母緣薄。

　　行限 16～25 歲，大限命宮無主星，文曲坐守。對宮遷移天機化權、天

梁、文昌化科、鈴星、陀羅同度。此限宮干「戊」，天機化忌，勢必發生麻煩困擾的事件，且來勢洶湧。命主少年叛逆，整日與不良少年在一起惹事生非，因此被送往軍校，從此改變調整自己的行為，讓命主人生減少其傷害。

3. 福德宮

天府在福德宮，天魁同度。天府在亥宮，進取心強，領導力強，能獨當一面。天魁同度，泱泱大度。

行限 26～35 歲，天府、天魁在大限命宮，遷移宮紫微、七殺、左輔、祿存、地空、地劫同度。

命主從軍校退役與友人開創保全事業。紫微七殺在遷移宮，雖三方見輔弼、魁鉞得「百官朝拱」，多有貴人相助，但也見空劫同度與廉貞化忌，事業開創多成敗，空忙碌。此限宮干「己」武曲化祿、貪狼化權在財福線上，但在錢財上還是有所獲得。只是事業天相在卯宮弱陷無力，又受對宮廉貞化忌沖照，此限宮干「己」文曲化忌在兄弟宮，與合夥人發生破裂而挫敗。

鬼谷子 好事多磨。恩人反作仇冤。

4. 田宅宮

天同化祿、太陰在田宅宮。天同太陰在子宮入廟，白手興家。天同化祿，產業豐厚。

行限 36～45 歲，天同化祿、太陰在大限命宮，天同有更新之意，事業重新再開創。天機化權、天梁、文昌化科、鈴星、陀羅在事業宮，與命宮形成科權祿「三奇佳會」，雖勞碌奔波，卻有實權，事業可成。此限宮干「庚」，天同化忌在命宮，遇生年天同化祿，「祿忌相沖」較為勞碌。祿存在財帛宮。此限雖勞碌奔波，且能建立事業基礎，財官雙美。

5. 事業宮

武曲貪狼在事業宮。丙年生人，廉貞化忌，祿存會照，雖能有成，但須注意行運不吉時，易有破敗。且見空劫二星會照，須防被盜，代人受過。產生事業多變動。

行限 46～55 歲，武曲貪狼在大限命宮，紫微七殺在事業宮，雖三方見輔弼、魁鉞會照，得「百官朝拱」，多有助力，但也見空劫二星，則有「半空折翅」之象。

財帛在酉宮，廉貞化忌、破軍、右弼、天鉞同度，廉貞化忌，錢財易受人拖累。此限宮干「辛」，巨門化祿、太陽化權夾命宮，使命宮武曲貪狼，又受「日月並明」與權祿來夾，表面風光，卻暗藏危機。命主缺乏誠信，無法讓下屬信服，讓事業面臨致命的傷害。

6. 交友宮

太陽巨門在交友宮，天馬同度。交友雖廣闊，卻多口舌是非。天馬同度，友人常更換。**鬼谷子** 會施為。懶俯仰。於人不足。好事多磨。恩人反作仇冤。

行限 56～65 歲，太陽、巨門、天馬在大限命宮。此限命宮巨門與事業宮擎羊，遷移宮火星，形成「巨火羊」的惡格。命主私心重，沒有誠信，讓自己作繭自縛，孤立無援。**鬼谷子** 收成：遇「虎」乘舟自可疑，此時平地是災危。

此限宮干「庚」太陽化祿在命宮，見天馬同度，雖形成「祿馬交馳」，但三方皆為空宮，主控力不強，又有「巨火羊」的惡格，命主私心重，為了自身的事業，不惜犧牲他人，沒有誠信，產生作繭自縛，孤立無援。雖有「祿馬交馳」可解災難，但誠信受到質疑，要再重建則困難重重。**鬼谷子** 晚年境況，有蕭條之象。

7. 遷移宮

天相在遷移宮。天相在卯宮受鄰宮科權所夾，三方再見天魁、天鉞、右弼，出外得貴人之助，宜離鄉發展。但對宮廉貞化忌沖照，貴人之力不耐久。**鬼谷子** 會施為。懶俯仰。於人不足。好事多磨。恩人反作仇冤。

8. 疾厄宮

天機化權、天梁在疾厄宮，文昌化科、鈴星、陀羅同度。天機屬木，主肝臟。天梁屬土，主脾胃。遇陀羅，為盲腸炎，鈴星，胃神經痛。

9. 財帛宮

紫微七殺在財帛宮，左輔、祿存、地空、地劫同度。祿存同度，財源充裕，守財能力較佳，但易因財失義。左輔同度，財源來自多方。地空、地劫同度，破敗甚速。

10. 子女宮

子女宮無主星，擎羊坐守。子女緣份較薄，易有折傷。借入對宮天同化祿、太陰，子女孝順聰明。　鬼谷子　子息：兩花兩果晚來成，朱紫堂前戲綠榮。芝桂森森蘭玉盛，如逢牛虎更崢嶸。

11. 夫妻宮

夫妻宮無主星，借入對宮武曲貪狼。妻子性剛果決，才能佳。宜晚婚。　鬼谷子　婚姻：鶯燕紛紛未趁心，鴛鴦分散再尋盟。晚來桃李成陰處，竹內梅花分外榮。

12. 兄弟宮

兄弟宮無主星，火星坐守，多口舌糾紛，刑剋孤獨，宜自立。　鬼谷子　兄弟：雁字分飛寒塞遠，湖畔呢喃伴侶無。孤鴻斜落彩霞外，獨棹扁舟過五湖。

六、鬼谷子全盤印證

第二十三數　丙丙　離卦　丙午　晚年境況，有蕭條之象。

判斷：

此命乃官祿之宿。功名之星。自合身榮位顯。奈何限晦遲遲。會施為。懶俯仰。於人不足。好事多磨。恩人反作仇冤。親者如同陌路。三不足。三不辦。科名不足。家園不足。兒女不足。等閒莫怨勞心早。上山須有下山時。

▲虎困松林格

詩云：生身好似種垂楊，待得楊成柳不長。
　　　雁過碧霄雲阻隔，菊開寒露晚馨香。
　　　山寒虎困終須醒，地冷花開子見傷。
　　　一旦飄然乘興去，看他衣錦再還鄉。
基業：越蔭貔貅聲價別，重重天祿謝皇恩。
　　　知音身薦天山外，笑傲翱翔待玉宸。

兄弟：雁字分飛寒塞遠，湖畔呢喃伴侶無。
　　　　孤鴻斜落彩霞外，獨棹扁舟過五湖。

行藏：持弓挾矢非吾事，日近清光漸有聲。
　　　　若問逢侯前路潤，西持麾節向重城。

婚姻：鶯燕紛紛未趁心，鴛鴦分散再尋盟。
　　　　晚來桃李成陰處，竹內梅花分外榮。

子息：兩花兩果晚來成，朱紫堂前戲綵榮。
　　　　芝桂森森蘭玉盛，如逢牛虎更崢嶸。

收成：遇虎乘舟自可疑，此時平地是災危。
　　　　如龍識勢知機早，高掛風帆趁對飛。

35 廉貞天府在辰戌坐命：戌宮聲名遠揚

一、星系結構

廉貞天府在辰戌坐命，對宮為七殺，財帛紫微在子午，事業武曲天相在寅申。

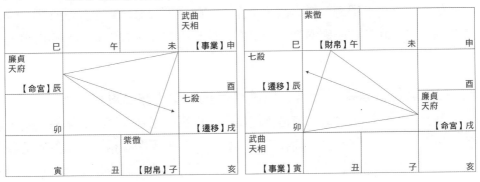

廉貞天府在辰宮坐命

	武曲 天相		
巳	午	未	【事業】申
廉貞 天府			
【命宮】辰			酉
		七殺	
卯		【遷移】戌	
	紫微		
寅	丑	【財帛】子	亥

廉貞天府在戌宮坐命

	紫微		
巳	【財帛】午	未	申
七殺			
【遷移】辰			酉
		廉貞 天府	
卯		【命宮】戌	
武曲 天相			
【事業】寅	丑	子	亥

二、格局特質分析

特質 1 廉貞天府在辰戌同度，二星能相互調和平衡，轉變成良好的結構。

廉貞星既是囚星又是殺星，重感情欠理智，性質相互衝突且矛盾的星曜，易受星系結構的影響。廉貞天府在辰戌同度，受天府保守、謹慎的影響，能穩定廉貞的浮躁特性，相互調和平衡，轉變成良好的結構，處事沉穩內斂，亦能呈現優雅的高尚氣質。

雖結構性質不如廉貞天相安定，但廉貞天府氣魄大，更有創造力，能在空幻中打天下，成大事，立大業，雖有成有敗，但有實踐力，戌宮能「聲名遠揚」。

只是廉貞星本身重感情，天府本身雖然偏重於理智，但它保守又喜安於

現狀，因此人生的發展往往循著一條固定的軌跡走，決不輕易改變既有的人際關係，微嫌發展趨勢緩慢，且又落於羅網之地，因此屬於大器晚成的格局。

特質 2 古曰：「廉貞天府臨戌有吉扶，腰金衣紫。」

廉貞天府在辰戌坐命，三方四正星宿大多入廟，三合又有「紫相朝垣」，為人心胸寬厚，處事沉穩內斂，深謀遠慮，氣魄大，一生為權富在身，若能逢六吉，則成就可期。古曰：「廉貞天府臨戌有吉扶，腰金衣紫。」利於入仕為官或從政，可為機關首長或是老闆階層。天府星為南斗主星，屬司號令，具有領導統御力，又名祿庫。廉貞星在數為司權令，官祿主，俗稱政治星，很適合從事政治工作，有膽識與謀略，天生長袖善舞，善於表現自己。利於公職與從政，或是在大機構中工作，皆能有傑出的表現，也可從商。

特質 3 此格戌宮優於辰宮，戌宮得吉扶，能「聲名遠揚」。

廉貞天府在辰戌坐命，戌宮優於辰宮，戌宮財帛在午宮，紫微星入廟，且「日月並明」，父母宮太陰在亥宮，稱為「月朗天門」格，多出生於富貴家庭，一生經濟條件較優越。甲己年生人，見祿，使天府庫星得祿，富中取貴，最為上品。再見六吉星，氣魄大，尊居萬乘，能聲名遠揚。

辰宮坐命者，財帛在子宮，紫微處於平位，父母宮太陰在巳宮，「日月反背」，一生較為勞碌，但事業能有所成。

三、此星系出生年，天干能量特點

1.廉貞天府在辰戌坐命，甲年生人

廉貞化祿在命宮，武曲化科在事業宮，穩重踏實，社交能力強，文武兼備，能攻能守，為財官雙美。祿存在寅宮，戌宮之人，「雙祿相逢」，財氣旺盛。

2.廉貞天府在辰戌坐命，己年生人

武曲化祿在事業宮，祿存在午宮，戌宮之人，「雙祿相逢」，財氣旺

盛，富中取貴。

　　天魁在子宮，天鉞在申宮，辰宮之人，魁鉞會照，一生多得貴助，為財官雙美。

3.廉貞天府在辰坐命，庚年生人

　　武曲化權在事業宮，祿存同度，事業「權祿相會」，可助早日掙脫羅網，為財官雙美。

四、此星系吉凶注意事項

1. 廉貞天府在辰戌坐命，三方四正星曜大多入廟，氣魄大，更有創造力，能在空幻中打天下，成大事，立大業。見六吉星，則成就可期，一生財庫豐盛。若吉煞交集，雖勞心勞力，但乃有所成。若煞多不見吉，則主溫飽。但此星系夫妻宮為破軍，感情易多波折。兄弟宮、子女宮，又皆無主星，田宅宮為天同巨門，難免六親緣份較為薄弱。

2. 廉貞天府在辰戌坐命，處事沉穩內斂。見文昌文曲，學問淵博，能在藝文界成名。若再見左輔右弼，更能成其大，尊居萬乘，掌權有威，多為機關首長或企業老闆。戌宮之人，能聲名遠揚。

3. 廉貞天府在辰戌坐命，入羅網位。遷移宮七殺獨坐，七殺有將相的性格，處事積極果決，若有煞曜或化權會合，則加強七殺的積極果斷，能產生激發力量，早日掙脫羅網，使事業早有成就。但多意外。

4. 廉貞天府在辰戌坐命，天府為庫星，善於理財儲蓄，須得化祿或祿存，可成為富貴的格局。若庫星，未見祿則為「空庫」。

5. 廉貞天府在辰戌坐命，最不喜壬年生人，雖財帛宮為紫微化權，但事業宮的武曲勢必化忌，使天府成為「空庫」或「露庫」，容易感情決絕，其人雖有才華，人生卻多坎坷。

6. 廉貞天府在辰戌坐命，見煞曜，雖有衝力，但行事作風太過功利，為達目的而不擇手段，多奔波挫折，青少年不順。若見羊陀，多是非血光。更不喜火鈴，個性固執，多挫折。見空劫，理想過高，事業起伏大。

五、命盤實例解析

天陀　　　　天破天天 機羅　　　　使碎巫廚 平陷 科 　　疾厄宮 54-63　　　　乙巳	紫右祿鈴　天咸陰紅 微弼存星　貴池煞鸞 廟　廟廟 　　財帛宮 44-53　　　　丙午	地擎　　　　天寡天 劫羊　　　　月宿才 　廟 　　子女宮 34-43　　　　丁未	破左　　　　　恩 軍輔　　　　　光 得 　　夫妻宮 24-33　　　　戊申
七 殺 廟 　　遷移宮 64-73　　　　甲辰			天　　　　　天 鉞　　　　　哭 　　兄弟宮 14-23　　　　己酉
太天地　　三天天 陽梁空　　台虛傷 廟廟 　　奴僕宮 74-83　　　　癸卯			廉天　　　　封 貞府　　　　誥 利廟 　　命宮 4-13　　　　庚戌
武天文　　台月天 曲相昌　　輔德官 得廟陷 　　官祿宮 84-93　　　　壬寅	天巨　　　天龍鳳 同門　　　刑池閣 不不 權忌 　　田宅宮 94-103　　　癸丑	貪文　　　解天 狼曲　　　神喜 旺得 　　福德宮 104-113　　　壬子	太天天火　八天孤 陰馬魁星　座福辰 廟　利 祿 　　父母宮 114-123　　　辛亥

1.命宮

　　廉貞星在數為司權令，官祿主，俗稱政治星。天府星為南斗主星，屬司號令，具有領導統御力，又名祿庫。韓先生，廉貞天府二星在戌宮坐命，三

方喜見右弼、祿存、文昌吉曜相扶。古曰：「廉貞天府臨戌有吉扶，腰金衣紫。」此命格之人，具有膽識與謀略，機智巧變有創造力，氣魄大，能在空幻中打出天下，成大事，立大業，聲名遠揚，榮華出眾，利於入仕為官或從政，可為機關首長或是老闆階層。

韓先生，曾任議員與三任立法委員，在 2001 年競逐不分區立委失利，因此淡出政壇，之後創辦維多利亞雙語小學。2012 壬辰年 56 歲，進入北農擔任總經理，期間績效良好。2017 年在他黨的政治鬥爭中，因此離開北農總經理一職。隨後參選國民黨主席卻落選。同年出任國民黨高雄市黨部主委。

2018 戊戌年 62 歲，宣布參選高雄市長，喊出「高雄又老又窮」、「北漂」、「東西賣得出去、人進得來、高雄發大財」等強大競選口號，打動市民的心。韓先生在缺乏資源與奧援的情況下，運用「空戰」成功帶動「陸戰」，將執政 20 年的他黨成功擊敗，贏得市長大選。並且產生驚人的韓流「外溢」效應，創造出「一人救全黨」，發揮翻轉整個執政版圖。**鬼谷子**行藏：高山流水操瑤琴，一曲龍吟澗壑深。更可馬前施一箭，掀天揭地盡知音。

廉貞天府在戌宮坐命，吉曜相扶。氣魄大，有創造力，能在空幻中打天下，成大事，雖然有成有敗，但有實踐力，這是一個大開大闔的格局。但早年歷練不足，缺乏圓融手腕，顯得不夠沉穩，難免有成有敗。須經歷磨練才能成就大業，屬於大器晚成的格局。**鬼谷子** 此命凶不凶。美不美。始辱終榮。後通先否。離祖別親。移南就北。做事拈花摘果。立身涉浪經霜。翻來覆去。雨驟風狂。端正處變作歪邪。安靜處做出囉唣。身閒心未穩。心穩足常忙。只因驛馬合天空。一世清閒閒未了。

韓先生，早年在政壇質詢嗆辣多爭議，經過 17 年的深切反省與懺悔，在高雄市長的選舉過程當中，雖然遭到嚴重的攻擊與抹黑，但韓先生堅用「愛與包容」的競選態度，堅持不做負面選舉，而贏得市長大選。

2.兄弟宮

兄弟宮無主星，天鉞坐守，兄弟之間雖各立門戶，卻能相互照顧。**鬼谷子** 兄弟：三雁分飛吳越去，一聲嘹嚦宿蘆花。千山萬水不辭遠，歸到天涯始見家。

3.夫妻宮

　　破軍在夫妻宮，左輔同度。破軍在夫妻宮，夫妻二人皆有駕御配偶的傾向。左輔同度，三方未見煞曜，配偶有助力。鬼谷子　婚姻：桃花柳絮各飛揚，燕語鶯啼倍感傷。雲散風停重見日，客窗蘭惠獨凝香。

4.子女宮

　　子女宮無主星，地劫、擎羊坐守。子女宮在未宮無主星，三合「日卯月亥」構成「明珠出海格」，子女秀發，且易揚名天下，多半在文藝界發展。但地劫、擎羊坐守，子女情緣薄弱，聚少離多。鬼谷子　子息：猿啼鶴唳芝蘭伴，茅舍竹籬風更清。幸有一枝梅綻萼，西園桃李又爭榮。

　　行限 34～43 歲，大限命宮無主星，地劫、擎羊坐守，借入對宮天同化權、巨門化忌，三合「日卯月亥」適得其位，為「明珠出海」格。

　　此限宮干「丁」，太陰化祿在事業宮，財官雙美。天同化權、巨門化忌在遷移宮，出外多口舌是非的爭訟。

　　此限三合「明珠出海」格，事業宮太陰在亥宮旺地，稱為「月朗天門」格，又見化祿能量進入，古曰：「月朗天門，進爵封候。」此限事業吉祥如意。

　　但大限命宮無主星，地劫、擎羊坐守，破壞日月的穩定性，又受對宮巨門化忌沖照，有華而不實，虛名利之象。

　　此限財帛宮太陽天梁，地空同度。太陽天梁在卯宮，雖主貴，但地空同度，虛空不實，錢財表面風光，內在卻困乏。

　　韓先生 1990 年 36 歲，進入政壇擔任台北縣議員。1993 年轉戰立法委員，質詢嗆辣爭議。韓先生退出政壇蟄伏 17 年後，在參選高雄市長時皆受訪問，表示如果能重新再來，他想他會用講理方式，打架畢竟是不好。

5.財帛宮

　　紫微在財帛宮，右弼、祿存、鈴星同度。紫微星並非財星，坐落財帛宮，其性質偏重於名位與權勢。喜祿存同度，主財源充裕。右弼同度，財源來自多方面，且時時可得他人在財帛上的支持與供應。鈴星同度與對宮形成「鈴貪格」，主橫發，可得豐厚的意外之財，其財來源正派。

　　行運 44～53 歲，紫微、右弼、祿存、鈴星在大限命宮。此限宮干

「丙」，廉貞化忌在事業宮，事業難遂心，多是非、糾紛、波折。大限命宮鈴星與對宮貪狼，形成「鈴貪格」，雖然能勇於任事。但此限宮干「丙」，擎羊入大限命宮，破壞紫微星敦厚沉穩之性，卻激發剛愎的特質，行事手段過於激烈。使此限事業多是非波折。

　　韓先生 45 歲，轉戰國民黨不分區立委，連任失利，首度離開政壇，創辦維多利亞雙語中小學，之後有短暫接任新北市中和區副市長。但 2007 年命主 51 歲，在國民黨立委黨內初選時就被取消資格，韓先生雖然很不服氣這樣的結果，但是又何奈。

6.疾厄宮

　　天機化科在疾厄宮，陀羅同度。天機屬木，主肝、膽，易引發失眠或腦神經衰弱等疾病。

　　行限 54～63 歲，天機化科、陀羅在大限命宮。此限宮干「乙」，天機化祿在大限命宮，遇生年天機化科，「科祿相逢」主貴。天梁化權在夫妻宮，借入事業宮。太陰化忌在遷移宮，遇生年太陰化祿，祿忌相沖「吉裡逢凶」。太陰化忌在亥宮，如浮雲掩蓋朗月，在過程中難免有小人阻礙產生周折，不過很快就能雲散風清。

　　韓先生此大限命宮天機星，雖然有科祿能量進入，但天機星對煞曜非常敏感，又落於巳宮弱陷之地，抗禦煞曜能力已不足，又有陀羅同度，更增加其浮動性質。此大限事業宮無主星，事業本就易受環境波動的影響，成為人事組織變革下的犧牲品。但無主星也表示不受其限制，充滿各種可能性的發展。

　　韓先生 2012 年 56 歲，進入北農擔任總經理，期間績效良好。2017 年在他黨的政治鬥爭中，因此離開北農總經理一職。隨後參選國民黨主席卻落選。同年出任國民黨高雄市黨部主委。2018 戊戌年 62 歲，宣布參選高雄市長，喊出「高雄又老又窮」、「北漂」、「東西賣得出去、人進得來、高雄發大財」等強大競選口號，打動市民的心。

　　韓先生在缺乏資源與奧援的情況下，運用「空戰」成功帶動「陸戰」，將執政 20 年的他黨成功擊敗，贏得市長大選。並且產生驚人的韓流「外溢」效應，創造出「一人救全黨」，發揮翻轉整個執政版圖。**鬼谷子** 行藏：高山流水操瑤琴，一曲龍吟潤壑深。更可馬前施一箭，掀天揭地盡知音。

韓先生廉貞天府在戌宮坐命，三方見吉曜相扶，有膽識與謀略，機智巧變，有創造力，氣魄大，能在空幻中打出天下，成大事，立大業，聲名遠揚。古曰：「廉貞天府臨戌有吉扶，腰金衣紫。」這是屬於大器晚成的格局。韓先生早年歷練不足，不夠沉穩，缺乏圓融手腕，難免有成有敗。在經過 17 年的深切反省與懺悔之後，在高雄市長的選舉過程當中，雖然遭到嚴重的攻擊與抹黑，但韓先生堅持用「愛與包容」的競選態度，堅持不做負面選舉。

7.遷移宮

七殺在遷移宮，在外活動力強，勞碌中安身。

行限 64～73 歲，七殺在大限命宮。此限宮干「甲」，廉貞化祿在遷移宮，在外人緣佳，能助其發展事業。破軍化權在事業宮，武曲化科在夫妻宮會照事業宮，使事業宮「科權相會」，主權貴。此限雖財官雙美，但需防理想過高，在「庚子」年有暗害。

8.交友宮

太陽天梁在交友宮，地空同度。太陽天梁二星，性質較為孤立。韓先生為政界人士，在政治漩渦中，所交往的人往往多乏知交。地空同度，其友人或下屬施恩反招怨，多糾紛、破耗。

9.事業宮

武曲天相在事業宮，文曲同度。韓先生，丁年生人，祿存在午宮，使命宮天府庫星見祿，可成為富貴的格局。但巨門化忌、天同化權，使事業宮武曲天相，受到權忌所夾，相互刑沖制化，一生作事艱辛勞苦。雖然能掌權也有威望，但也多是非爭執。 `鬼谷子` 一生作事勞苦。

10.田宅宮

天同化權、巨門化忌在田宅宮。不宜管理公司或家族物業，易發生糾紛麻煩。

11.福德宮

貪狼在福德宮，文曲同度。貪狼在子宮入福德宮，主長壽。但較閒不住，一生奔波忙碌。文曲同度，增加文雅氣質，但嗜好傾向動態藝術。

12.父母宮

太陰化祿在父母宮，天馬、天魁、火星同度。太陰化祿在亥宮入廟，能得父母的疼愛。天魁坐守父母宮，見天馬、火星同度，並不主刑剋，只是聚少。 鬼谷子 離祖別親。移南就北。

六、鬼谷子全盤印證

第三十一數　丁甲　復卦　甲申　一生作事勞苦。

判斷：

此命凶不凶。美不美。始辱終榮。後通先否。離祖別親。移南就北。做事拈花摘果。立身涉浪經霜。翻來覆去。雨驟風狂。端正處變作歪邪。安靜處做出囉唣。身閑心未穩。心穩足常忙。只因驛馬合天空。一世清閑閑未了。

▲枯木逢春格

詩云：春來萬物長新枝，枯木槎枒也發輝。
　　　虎嘯巖前威勢重，馬行驛路祿方宜。
　　　蘆花雁過迢迢遠，柳絮鶯來處處啼。
　　　桃杏滿園人去後，小舟撐駕綠陰堤。

基業：依稀柳絮蓬萊岸，夜月臨波人更清。
　　　可笑風霜不時霽，垂楊枯盡再重生。

兄弟：三雁分飛吳越去，一聲嘹嚦宿蘆花。
　　　千山萬水不辭遠，歸到天涯始見家。

行藏：高山流水操瑤琴，一曲龍吟澗壑深。
　　　更可馬前施一箭，掀天揭地盡知音。

婚姻：桃花柳絮各飛揚，燕語鶯啼倍感傷。
　　　雲散風停重見日，客窗蘭惠獨凝香。

子息：猿啼鶴唳芝蘭伴，茅舍竹籬風更清。
　　　幸有一枝梅綻蕚，西園桃李又爭榮。

收成：入山防虎似驚人，誰信當年姓氏真。
　　　笑傲五湖明月夜，一天星斗煥元辰。

36 廉貞貪狼在巳亥坐命：
浪蕩多情，欠缺家庭觀念

一、星系結構

廉貞貪狼在巳亥坐命，對宮無主星，財帛紫微破軍在丑未，事業武曲七殺在卯酉。

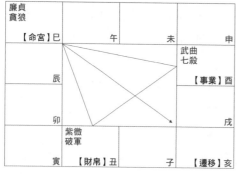

廉貞貪狼在巳宮坐命

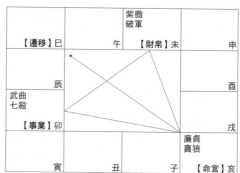

廉貞貪狼在亥宮坐命

二、格局特質分析

特質 1 廉貞貪狼在巳亥坐命，屬於正次兩大桃花的組合，帶有藝術才華。

廉貞貪狼在巳亥坐命，屬於正次兩大桃花的組合，其人容貌多半出眾，才華洋溢，善交際應酬，頗有藝術才華與氣質。雖古書之中對此組星系評價甚差，古曰：「廉貞貪狼，男浪蕩，女貪淫，酒色喪身。」但現今社會已大不相同，只要不再會照其它的桃花星曜，則其人帶有風雅的氣質與藝術才華，對藝術品味甚有天份，適合往藝術界發展。此星系若星曜會合良好，廉貞為政治星，則適於從政。

廉貞貪狼二星皆有桃花之表象，為人圓滑，善於處理人際關係，有領導才能，利於從政，適於民代或外交官等。

特質 2 廉貞貪狼在巳亥，二星皆落陷，基礎薄弱，福德宮的天相必須強而有力。

廉貞星重感情，貪狼為慾望之星，桃花之星宿。二星皆有桃花之表象，在巳亥二星皆落陷，基礎薄弱，性質較飄蕩無根。其人重視酒色財氣，易流連於紙醉金迷中。因此福德宮的天相須強而有力，才可有所主張，使桃花的性質歸於正軌，不致於隨波逐流。

最喜見財帛宮的「紫破」，受「百官朝拱」或帶天刑拱照，其人理智，能使桃花歸於正軌。若福德宮的天相，見「刑忌夾印」，則易喪志或精神受到他人的威脅而墮落。亦不宜見「財蔭夾印」，則其人軟弱，慣於依賴別人，易受人利用指派。

特質 3 廉貞貪狼在巳亥坐命，受到殺破狼星系的影響，成為「殺拱廉貞格」。

廉貞貪狼在巳亥坐命，廉貞星重感情，在巳亥二宮與貪狼星同度，受到殺破狼星系的影響，成為「殺拱廉貞格」，易成為浪子，流蕩天涯，為飄蕩不定的格局。且貪狼入四馬地，慾望心強，易善易惡，易受他人的影響，容易見異思遷，心神不定，人生多飄蕩變化。個性外柔內剛，浪蕩多情，卻不顧家，欠缺家庭觀念，所以六親緣薄。古人對此組星系評價甚差，主要之原因是，生活浪漫，家庭觀念淡薄，對家庭、子女不盡責，易離鄉背井，漂泊不定。因此家中若有廉貞貪狼坐命的男主人，他的妻子、兒女皆易受苦，且子女對他的作為也多有所埋怨。古曰：「廉貞貪狼居巳亥，流蕩天涯。」

三、此星系出生年，天干能量特點

1.廉貞貪狼在巳亥坐命，甲年生人

廉貞化祿在命宮，破軍化權在財帛宮，武曲化科在事業宮，雖科權祿「三奇佳會」，但此格局桃花性質已過重，再見廉貞化祿，則易因感情而影響事業，中年以後才能穩定，富貴雙全，財官雙美。

2.廉貞貪狼在巳亥坐命，戊年生人

貪狼化祿在命宮，祿存在巳宮命遷線上，雙祿交流，人緣佳，手段圓

滑，擅長經營之道。天魁天鉞在財福線上，一生多有貴人相助，財官雙美。

3.廉貞貪狼在巳亥坐命，己年生人

貪狼化權在命宮，增加慾望和企圖心，積極有為。武曲化祿在事業宮，發展順利，財源茂盛，財官雙美。

四、此星系吉凶注意事項

1. 廉貞貪狼在巳宮坐命，巳宮為火位，加強貪狼星之性，為人圓滑，較無主見，為「好說之客」，一生多災遇，險象環生，職業多變動，中晚年穩定。只要三方四正無煞忌，則社交活躍，有領導才能，善於處理人際關係，適於從政。若見煞曜，則一生風波較多，只宜商界發展。

2. 廉貞貪狼在亥宮坐命，見吉或見祿可貴顯，為「絕處逢生」格，能在絕境中獲得生機。但貪狼在亥宮入水位，易因桃花而惹禍，若有擎羊或陀羅同度，稱之為「泛水桃花」格，容易捲入桃花糾紛中，也易沉迷於風花雪月，若再有天刑、天空、大耗等星同宮或會照，易有口舌詞訟或財物的損失。

3. 廉貞貪狼在巳亥坐命，見火星、鈴星，雖有特殊才藝，也能有所表現，但易暴起暴落，須見好收篷，才能持盈保泰。因此格局本身就是喜歡投機冒險，所以才有廉貞貪狼同度「半空折翅」之說，再見火星、鈴星，則為野心過大，若再見煞忌，易有灰色思想，求財易有不擇手段的嫌疑。

4. 廉貞貪狼在巳亥坐命，此格桃花性質已過重，不喜在見桃花星曜，易有感情困擾。

5. 廉貞貪狼在巳亥坐命，不宜文昌文曲同度，反而虛名虛利，為人多虛少實，只宜公職。且易有感情困擾。

五、命盤實例解析

廉貪　　　　天封孤 貞狼　　　　廚誥辰 陷陷 祿 **命宮** 3-12　　　　　　己巳	巨鈴　　　　　　龍 門星　　　　　　池 旺廟 **父母宮** 13-22　　　　　庚午	天文文天　　天天天 相昌曲鉞　　姚官喜 得旺利 **福德宮** 23-32　　　　　辛未	天天地天　　　天鳳 同梁空馬　　　虛閣 旺陷 **田宅宮** 33-42　　　　　壬申
太右火　　　　　天 陰弼星　　　　　哭 陷 **兄弟宮** 113-122　　　戊辰			武七　　台天恩天破 曲殺　　輔福光貴碎 利旺 科 **官祿宮** 43-52　　　　　癸酉
天擎　　　　　　天 府羊　　　　　　刑 得陷 **夫妻宮** 103-112　　　丁卯			太左　　　　蜚天 陽輔　　　　廉傷 陷 忌 **奴僕宮** 53-62　　　　　甲戌
祿地　　　解天陰 存劫　　　神巫煞 廟 **子女宮** 93-102　　　丙寅	紫破陀天　三八紅寡 微軍羅魁　台座鸞宿 廟旺廟 權 **財帛宮** 83-92　　　　丁丑	天　　　　　　天 機　　　　　　使 廟 **疾厄宮** 73-82　　　　丙子	天 　　　　　　　月 **遷移宮** 63-72　　　　乙亥

1. 命宮

　　廉貞貪狼在巳宮坐命，為正次兩大桃花星的組合，雖帶有強烈追求感情與物慾的色彩。但二星皆處落陷之位，本身力量不強，基礎薄弱，較無主

見，為好說之客，易受他人的影響，見異思遷，心神不定，職業多變，中少年運勢不順。

命主廉貞貪狼在巳宮坐命，甲年生人，廉貞化祿在命宮，破軍化權在財帛宮，武曲化科在事業宮，三方雖形成科權祿「三奇佳會」。但畫蛇添足沒有怎麼用處。因此格桃花性質已過重，命宮再見廉貞化祿，則浪蕩多情，多感情困擾，對於感情要求多付出少，欠缺家庭觀念，對婚姻與感情多有不良的影響。命主本身雖才華洋溢，對還境適應力也強，但理想高，慾望大，反使人浮蕩不堪，多虛少實，或稍有成就即不思進取，終致牢騷滿腹而潦倒，雖勉強經商，但終疏於業務而失敗，需歷經磨練才能當重任。晚年穩定，大器晚成。 鬼谷子 久處厄境，終有升騰日。

命主福德宮，天相見文昌文曲二星同度，才華洋溢，且表現溫和。天魁天鉞二星坐守財福線上，一生多有貴人照拂。且對宮的「紫破」見昌曲、魁鉞、科權祿會照，形成「百官朝拱」，使福德宮的天相強而有力，能有所主張，不致於隨波逐流，也使桃花的性質能歸於正軌。但財帛宮見陀羅同度，財運來的較遲，須 50 歲之後才能較為穩定。命主 39 歲浪子回頭，結婚生子。42 歲與妻子一起創業，開餐館。 鬼谷子 此命性格恬淡。膽氣英豪。凡事不能深思遠慮。幾番有始無終。被人當面相譏。因此改變重重。凶處不凶。美處不美。初年壯健精神。中年心灰意懶。好事多磨。災危淹滯。巧中成拙。是處成非。縱使成家立業。不免離別妻子。有貴人酒食緣。無貴人財帛分。只好半空半俗。此造化所招也。

2. 父母宮

巨門在父母宮，鈴星同度，三方見太陽化忌、地劫會照，與父母易有糾紛或代溝，須重拜父母或離宗，否則易刑剋分離。

行限 13～22 歲，巨門、鈴星在大限命宮。巨門在午宮，為「石中隱玉」格，青少年不宜走「石中隱玉」格，即使會吉曜，也必不順利，易多有波折發生，以致精神受困。此限宮干「庚」太陽化祿在事業宮，遇生年太陽化忌，「祿忌相沖」，多是非紛撓不斷，產生精神痛苦，學業中斷。

3. 福德宮

天相在福德宮，文昌、文曲、天鉞同度。天相喜見文昌文曲同度，增加

其才華，並且表現溫和。天魁天鉞二星坐守財福線上，一生多有貴人拂照。對宮「紫破」見昌曲、魁鉞、科權祿會照，形成「百官朝拱」，使福德宮的天相強而有力，能有所主張，不致於隨波逐流。使命主桃花的性質歸於正軌。

行限 23～32 歲，天相、文昌、文曲、天鉞在大限命宮。天魁在遷移宮，一坐一照「坐貴向貴」，命主確實有真本事，使此限才名顯耀。對宮遷移「紫破」，見昌曲、魁鉞吉曜，形成「百官朝拱」，再見科權祿「三奇佳會」，在外多有助力，能大開局面。但命主少年得志，開運太早，未經吃苦與磨難，根基不穩固，經不起考驗。此限宮干「辛」文曲化科、文昌化忌在命宮，「科忌相逢」沖破，雖才名顯耀，卻功名無緣。<mark>鬼谷子</mark> 凶處不凶。美處不美。行藏：牛「羊」運至問佳名。雖然涉險桑榆下，引領羣仙入化城。

4. 田宅宮

天同天梁在田宅宮，地空、天馬同度。先得後破，財難聚守，六親緣薄。

行限 33～42 歲，天同、天梁、地空、天馬在大限命宮。此限宮干「壬」天梁化祿在命宮，能有父母及長輩的庇蔭之力。天梁化祿在田宅宮，雖有田宅來自繼承可得，但困擾隨之而來。地空、天馬同度，產業買賣，均帶有麻煩，且多有無妄之災。

5. 事業宮

武曲化科、七殺在事業宮。事業多為手藝發展，命主命宮天廚會照，宜餐飲業。武曲化科，能增加命主知名度，且加強學習能力及處事態度。武曲七殺在事業宮，一生起伏變化大，早中年較不得志，宜離祖出外發展。對宮擎羊會照，易因錢財而起糾紛。

行限 43～52 歲，武曲化科、七殺在大限命宮。廉貞化祿、貪狼在財帛宮，紫微、破軍化權在事業宮，三方形成科權祿「三奇佳會」，為一方之主。命主 42 歲與妻子一起創業開餐廳。此限宮干「癸」，破軍化祿在事業宮，遇生年破軍化權，「權祿相逢」利於開創，但貪狼化忌在財帛宮，妻子與母親掌財權。<mark>鬼谷子</mark> 巧中成拙。是處成非。

6. 交友宮

太陽化忌在交友宮,左輔同度。太陽在戌宮弱陷,友人助力少,是非多,又見生年太陽化忌,施恩反成仇。左輔同度,雖有貴友相助,卻多是非。

行限 53～62 歲,太陽化忌、左輔在大限命宮。太陽主發射,在戌宮日藏光輝,由於光芒收斂的關係,又見化忌,反能在辛苦勞碌後有所收穫。太陽在戌宮與左輔同度,三方右弼、祿存會照,此限為大器晚成。但也見火星、鈴星、地劫會照,多是非糾紛。此限也須防眼睛上的疾病,近視、散光等情形。 鬼谷子 久處厄境,終有升騰之日。 凶處不凶。美處不美。

7. 遷移宮

遷移宮無主星,借入對宮廉貞化祿、貪狼,出外防酒色傷身。三合府相朝垣,文昌、文曲、天鉞會照,出外能得貴人提攜,才華能發揮。但天府與擎羊同度,為「露庫」,名大於利,有追求物慾不遂的痛苦。 鬼谷子 有貴人酒食緣。無貴人財帛分。

8. 疾厄宮

天機在疾厄宮。天機主木、主思慮,為肝膽、眼疾,神經衰弱。此盤交友宮的太陽化忌,沖破兄弟宮,兄弟宮為疾厄宮的事業宮,被太陽化忌衝破,身體不好老的快,也須防眼睛上的疾病。

9. 財帛宮

紫微、破軍化權在財帛宮,天魁、陀羅同度。紫微、破軍在財帛宮,雖有財,但有波折破敗。破軍化權,雖主揮霍,但對錢財運用能力強,經波折後可成富。陀羅同度,早年錢財不聚守,起伏不定,晚年 50 歲後積財。

10. 子女宮

子女宮無主星,地劫、祿存坐守,三合太陽化忌,無子有女兒。 鬼谷子 子息:天桃花發何多豔,馬首方知雨果成。鳳閣龍樓知有分,腰金衣紫上官京。

11. 夫妻宮

天府在夫妻宮,擎羊同度。晚婚為宜或配年少之妻,命主與妻子相差十

歲。　**鬼谷子**　婚姻：經雨鴛鴦慵困倦，也應春意不棲和。蓮池草綠容鷗鷺，驚起烏飛白項多。

12. 兄弟宮

太陰在兄弟宮，右弼、火星同度。受對宮太陽化忌衝破，命主為獨子。

鬼谷子　兄弟：風吹四雁高飛遠，回首沙汀一隻孤。來看江山千萬里，歸還依舊下平蕪。

六、鬼谷子全盤印證

第二數　甲乙　恆卦　乙卯　久處厄境，終有升騰之日。

判斷：

此命性格恬淡。膽氣英豪。凡事不能深思遠慮。幾番有始無終。被人當面相譏。因此改變重重。凶處不凶。美處不美。初年壯健精神。中年心灰意懶。好事多磨。災危淹滯。巧中成拙。是處成非。縱使成家立業。不免離別妻子。有貴人酒食緣。無貴人財帛分。只好半空半俗。此造化所招也。

▲流水鴛鴦格

詩云：一雙鴻雁兩東西，雨打鴛鴦各自飛。

　　　　　每怪洞深雲出晚，應嫌海闊浪來遲。

　　　　　纔逢鬼宿雙繩斷，落到龍門一跳追。

　　　　　葉謝花殘根本在，更深秋月始揚揮。

　　　　　壽本松柏齊，天齡不待時。

　　　　　鰲魚游淺水，平步上雲梯。

基業：綠楊冉冉遶重城，飛絮飄颻逐燕輕。

　　　　　縱有狂風吹不散，營家雖破破還成。

兄弟：風吹四雁高飛遠，回首沙汀一隻孤。

　　　　　來看江山千萬里，歸還依舊下平蕪。

行藏：寅尾卯頭君復發，牛羊運至問佳名。

　　　　　雖然涉險桑榆下，引領羣仙入化城。

婚姻：經雨鴛鴦慵困倦，也應春意不棲和。

　　　　　蓮池草綠容鷗鷺，驚起烏飛白項多。

子息：夭挑花發何多豔，馬首方知兩果成。

鳳閣龍樓知有分，腰金衣紫上官京。

收成：天齡永命齊松柏，四季蒼蒼風月閒。

人道鰲魚今透海，南柯一夢再驚還。

37 天府在丑未坐命：在專業領域穩定中求發展

一、星系結構

天府在丑未坐命，對宮為廉貞七殺，財帛在卯酉無主星，事業天相在巳亥。

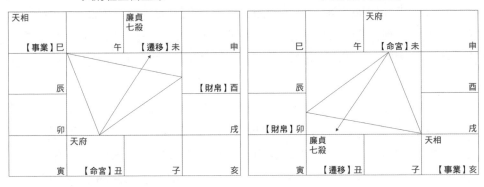

天府在丑宮坐命　　　　　　　　　　天府在未宮坐命

二、格局特質分析

特質 1 天府在丑未坐命，受對宮廉貞七殺的影響，能在專業領域中穩定發展。

天府星為祿庫，屬於保守、謹慎、穩定的本質，本身缺乏開創力。在丑未二宮坐命，受對宮廉貞七殺的影響，其人聰明有專長，能在專業領域中穩定發展，能有不錯的表現。

但此星系福德宮為紫微貪狼，是屬於慾望非常強烈的星曜，因此影響到天府星保守的性格與觀念，內心對於財官的追逐慾望大，很想要有一番作為，表面卻保守、謹慎，常在進退中難於取捨，躊躇難定，在性格上多有矛盾之處，反使自己增添其煩惱。

特質 ❷ 天府在丑未坐命，其左右兩宮受日月貴星所夾，為貴格。

　　天府在丑未坐命，其左右兩宮受日月貴星所夾，為貴格。人生接觸層面較高，具有其貴氣，未宮較丑宮為佳。

　　未宮坐命之人，受午宮廟旺的太陽來夾命，能在保守中尋求突破，且較有所發展。個性外圓內方，為人謙和沒有銳氣，但做事依然有原則，雖外表未見氣魄宏偉，卻能在平穩中，因應其變化得其發展。丑宮坐命之人，所夾的太陽在子宮弱陷，使天府星更加保守謹慎，缺乏改變環境的勇氣，日積月累，卻讓事業形成逐漸萎縮。

特質 ❸ 「逢府看相」，此星系印星結構較弱，需有吉曜來扶。

　　在斗數中天府與天相，為「對星」。當天府在命宮，天相必在事業宮。天相為印星，無印則無權，因此有「逢府看相」的說法。天府在丑未二宮，皆入廟，富貴雙全。但其事業宮的天相，卻處於得位，印星結構較弱，若無吉曜來扶，則使天府的權力受到牽制，為人較為保守，且易孤立。

　　此星系最喜得「財蔭夾印」的天相，或吉曜來扶，領導及管理能力皆強，能夠在專業領域中保守穩定發展，皆有不錯的表現，宜公職或大機構裡，可為行政單位之首長。但不宜自立門戶或獨自開創事業。因天府星偏向於安樂，缺少在艱苦中開創事業的能耐，只宜在現成安定局面下穩定成長。

三、此星系出生年，天干能量特點

1.天府在未坐命，乙年生人

　　祿存在財帛宮，使天府庫星有祿，財庫富足，才能發揮理財和儲蓄的能力。天梁化權在交友宮，使事業宮的天相，能形成「權蔭夾印」，印星結構良好，有領導及管理能力，能夠在專業領域保守中，尋求突破，較有所發展，為財官雙美格。

2.天府在丑坐命，丙年生人

　　祿存在事業宮，使事業宮的天相，能形成「財蔭夾印」，印星結構良好，有領導及管理能力，能夠在專業領域保守中，尋求突破，而較有所發展，為財官雙美格。

3.天府在丑坐命，戊年生人

祿存在事業宮，使事業宮的天相，能形成「財蔭夾印」，印星結構良好，有領導及管理能力，能夠在專業領域保守中，尋求突破，而較有所發展，為財官雙美格。

4.天府在丑坐命，辛年生人

祿存在財帛宮，使天府庫星有祿，財庫富足，才能發揮理財和儲蓄的能力。

巨門化祿在田宅宮，使事業宮的天相，能形成「財蔭夾印」，印星結構良好，有領導及管理能力，能夠在專業領域保守中，尋求突破，而較有所發展，為財官雙美格。

四、此星系吉凶注意事項

1. 天府在丑未坐命，天府為南斗主星，掌祿庫，須見祿，庫星未見祿，則是「空庫」。所以喜三方見祿朝拱，才能使天府星，因後天人事的順遂，而致使天府星能有穩定緩慢的發展實力。若對宮廉貞化祿，則可增加天府的謙和，但若有天虛、陰煞、空曜同度者，此種謙和可能欠缺誠意，事業雖佳，卻缺少人緣。若對宮廉貞化忌，則亦因天府之人，自身的學識不足以負擔重任，而造成天府星性質變得懦弱。所以天府星須有左輔右弼同會，才可抵消廉貞化忌的缺點。

2. 天府在丑未坐命，天府為南斗主星，不能僅得祿，還需有「百官朝拱」，才能使天府之人，心胸寬廣而有大的格局。最喜昌曲、魁鉞，輔弼六吉星輔助，可以使天府星心胸寬廣，越顯高貴。但天府星最怕地空、地劫、空亡同度，稱為「空庫」，古曰：「天府守命忌落空亡，主人孤立。」其人個性孤僻。

   若當天府星成為「空庫」時，再見羊陀、火鈴四煞，則使天府之人，外表圓融，內心卻暗藏權謀手段，古曰：「天府守命，羊陀火鈴會合，主人奸詐。」

3. 天府在丑未坐命，根據「逢府看相」的原則，此星系事業天相在巳亥宮，處於得位，印星結構性質較弱，力量不足，所以最忌天相，形成「刑忌夾

印」，以及財帛宮借入的「紫微貪狼」，若貪狼化忌。

這兩組星曜易因後天環境的波折，而導致天府星變得膽小懦弱，凡事缺乏信心，不思改變進取，終日畏首畏尾，一事無成。

五、命盤實例解析

1. 命宮

天府在未宮坐命，其左右兩宮受日月來夾命，為之貴格。人生接觸層面較高，具有其貴氣。天府在未宮坐命之人，受太陽在午宮廟旺夾命，能在保守中尋求突破，而較有所發展。個性外圓內方，為人謙和沒有銳氣，但做事依然有原則，雖外表未見氣魄宏偉，卻能在平穩中，因應其變化得以發展。

命主乙年生人，祿存入財帛宮，使天府庫星有祿，財庫富足，才能發揮理財和儲蓄的能力。天梁化權在交友宮，使事業宮的天相，能形成「權蔭夾印」，印星結構良好，有領導及管理能力。財帛宮無主星，左輔、祿存坐守，財源充裕。對宮紫微化科、貪狼、火星同度。紫微化科，則宜憑聲譽、名譽、商譽求財。（命主為部落格名人，憑知名度求財）。

貪狼、火星同度，形成「火貪」格，能橫發。命主事業宮、財帛宮，這兩組星系結構良好，能因後天人事的順遂，導致命主能在專業領域穩定中，尋求突破，而較有所發展，會有不錯的表現，為財官雙美格。但只宜公職或大機構裡任職，可為行政單位之首長，而不宜自立門戶或獨自開創事業。天府為祿庫，屬於保守、謹慎、穩定的本質，只宜在現成安定局面下穩定成長，因天府星本身缺乏決斷力與領導群倫的氣勢，少了制衡全局的能力，所以不宜自立門戶或獨自開創事業。（命主為部落格名人）。

此格雖財官雙美，卻是龍困淺灘壯志未酬。最大的缺點，是命宮天府星見空亡星同度，使天府星財庫破洞，增加了奔波勞碌，帶來了逆境。古曰：「天府守命忌落空亡，主人孤立。」命主個性孤僻而保守。**鬼谷子** 此命鳳出雞巢。龍生蛇腹。性緊多謀。心懷不足。作事進退躊躇。自在中生出辛苦。安靜中道出是非。盡心竭力。做事無成。如花開逢夜雨。月皎被行雲。卻為陪錢。不知省用。強施設。硬追陪。如草堂下掛珠簾。只圖好看。不知度量。

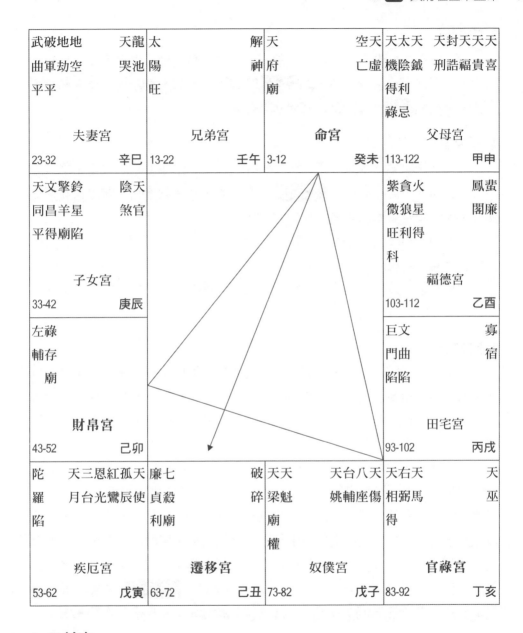

武破地地　　天龍 曲軍劫空　　哭池 平平 　夫妻宮 23-32　　　辛巳	太　　　　解 陽　　　　神 旺 　兄弟宮 13-22　　　壬午	天　　　　空天 府　　　　亡虛 廟 　命宮 3-12　　　癸未	天太天　天封天天天 機陰鉞　刑誥福貴喜 得利 祿忌 　父母宮 113-122　　甲申
天文擎鈴　　陰天 同昌羊星　　煞官 平得廟陷 　子女宮 33-42　　　庚辰			紫貪火　　鳳蜚 微狼星　　閣廉 旺利得 科 　福德宮 103-112　　乙酉
左祿 輔存 　廟 　財帛宮 43-52　　　己卯			巨文　　　寡 門曲　　　宿 陷陷 　田宅宮 93-102　　　丙戌
陀　　天三恩紅孤天 羅　　月台光鸞辰使 陷 　疾厄宮 53-62　　　戊寅	廉七　　　破 貞殺　　　碎 利廟 　遷移宮 63-72　　　己丑	天天　　天台八天 梁魁　　姚輔座傷 廟 權 　奴僕宮 73-82　　　戊子	天右天　　　天 相弼馬　　　巫 得 　官祿宮 83-92　　　丁亥

2. 兄弟宮

太陽在兄弟宮。太陽在午宮「日中之極」，兄弟主貴。但太陽為貴星，坐入六親宮位，易有孤剋現象。且命主天府星遇空亡星同度，本身個性就較為孤僻。 鬼谷子 兄弟：雁勢奮飛幽遠去，獨向瀟湘伴侶無。好問海棠花下景，遇時長嘯望京都。

3. 夫妻宮

武曲破軍在夫妻宮，地空、地劫同度。易婦奪夫權，夫妻不和。見空劫同度，多刑剋，宜聚少離多。 鬼谷子 婚姻：一對鴛鴦交頸處，幾多鷗鷺入萍蕪。金珠寶玉榮宗祖，留得高明在帝都。

4. 子女宮

天同在子女宮，文昌、擎羊、鈴星同度。文昌同度，子女有才華。擎羊、鈴星同度，需防傷折。 鬼谷子 子息：春至滿堂桃李樹，何須園後問青黃。腰金衣紫繩繼立，幾許圭璋襲御裳。

行限 33～42 歲，天同、文昌、擎羊、鈴星在大限命宮。此限宮干「庚」天同化忌在命宮。

命宮擎羊、鈴星又與對宮巨門，形成「巨鈴羊」的惡格，此限感情、事業多波折，造成內心的痛苦與情緒紛擾。

5. 財帛宮

財帛宮無主星，祿存、左輔坐守，借入對宮紫微化科、貪狼、火星。紫微化科，能憑聲譽、名譽、商譽而求財。命主為部落格名人，憑知名度求財。貪狼、火星同度，形成「火貪」格，能有橫發之財，但需防破敗。早年財不聚守，中晚年財運較佳。

行運 43～52 歲，大限命宮無主星，祿存、左輔坐守，借入對宮紫微化科、貪狼、火星。能有橫發。此限宮干「己」，貪狼化權在遷移宮，遇生年紫微化科，遷移宮「科權相逢」，主貴，在外精彩發達。火星同度，主橫發。財帛宮天相受，天梁化科與生年天梁化權所夾，使財帛宮形成，「權蔭夾印」及「科蔭夾印」，印星結構良好，有領導及管理能力。此限能橫發，但名大於利，且須注意誠信，否則易有橫發橫破。 鬼谷子 行藏：有日遇「羊」須上馬，榮華富貴必雙全。掀天揭地成功日，一炷清香謝上天。

6. 疾厄宮

疾厄宮無主星，陀羅坐守，主神經系統衰弱或過敏。

行運 53～62 歲，大限命宮無主星，陀羅坐守，借入對宮天機化祿、太陰化忌、天鉞。

事業太陽在午宮，「日中之極」有名聲，但財帛宮巨門在戌宮弱陷，多

奔波勞累，且名大於利。此限宮干「戊」，太陰化權、天機化忌在遷移宮，遇生年天機化祿、太陰化忌，權祿難抵雙忌，奔波勞碌，多遭災厄，不順。

7. 遷移宮

廉貞七殺在遷移宮，宜離鄉發展。

8. 交友宮

天梁化權在交友宮，天魁同度，部屬、友人多，助力佳。

9. 事業宮

天相在事業宮，右弼、天馬同度。對宮地空地劫會照，命主由網路部落格起家。鄰宮天梁化權來夾印，形成「權蔭夾印」，再見左輔、右弼、祿存，能掌權。

10. 田宅宮

巨門在田宅宮，文曲同度。對宮擎羊、鈴星會照，形成「巨鈴羊」的惡格，產業多變動，留不住產業。

11. 福德宮

紫微化科、貪狼在福德宮，火星同度。紫微化科，氣質優雅，易有名聲。火星同度，思想積極。

12. 父母宮

天機化祿、太陰化忌在父母宮，天鉞同度。太陰化忌，不利父親，父親境遇欠佳。

六、鬼谷子全盤印證

第十三數　乙丙　家人卦　丙午　老當益壯。

判斷：

此命鳳出雞巢。龍生蛇腹。性緊多謀。心懷不足。作事進退躊躇。自在中生出辛苦。安靜中道出是非。盡心竭力。做事無成。如花開逢夜雨。月皎被行雲。却為陪錢。不知省用。強施設。硬追陪。如草堂下掛珠簾。只圖好

看。不知度量。

▲日月同明格

詩云： 交輝日月兩間明，事業迂迴不見成。

活計鼠頭多暗耗，生涯虎口有光榮。

初年月向雲中隱，末限花從錦上生。

借問蟠桃成幾個，一枝風送五更燈。

基業： 日月交光不並明，一身孤節最高清。

逢牛遇犬朝天闕，晚把旌麾擁一門。

兄弟： 雁勢奮飛幽遠去，獨向瀟湘伴侶無。

好問海棠花下景，遇時長嘯望京都。

行藏： 有日遇羊須上馬，榮華富貴必雙全。

掀天揭地成功日，一炷清香謝上天。

婚姻： 一對鴛鴦交頸處，幾多鷗鷺入萍蕪。

金珠寶玉榮宗祖，留得高明在帝都。

子息： 春至滿堂桃李樹，何須園後問青黃。

腰金衣紫繩繼立，幾許圭璋襲御裳。

收成： 蛟龍變化江湖上，虎跳重關山下歸。

悶把酒杯消日月，山林深處可相依。

38 天府在卯酉坐命：掌財權

一、星系結構

天府在卯酉坐命，對宮為武曲七殺，財帛在巳亥無主星，事業天相在丑未。

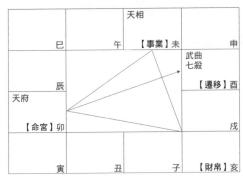

天府在卯宮坐命

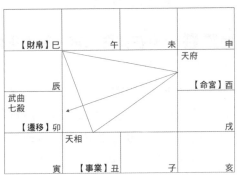

天府在酉宮坐命

二、格局特質分析

特質 1 此星系「三方四正」未見紫微星，正好符合天府星的保守天性。

天府星性質保守、謹慎、穩定，善於企劃守成，缺乏開創力。在卯酉宮為天府星系當中，最為保守、謹慎的本質。因天府星系當中只有卯酉二宮，不與紫微星，在「三方四正」相會。因此沒有紫微星志氣高傲的干擾，正好符合天府星的保守天性。此星系的天府星性格最為完整，其人個性溫和，保守謹慎，安定有餘，衝勁不足，天資聰明，多才多藝，應變能力強，有領導組織的能力。但領導群倫之氣勢不及紫微星，因過於謹慎、保守而缺乏開創與決斷力。

特質 2 天府在卯酉二宮，對宮為武曲七殺，見吉，則能職掌財權。

天府為庫星，本身並不是財星，不善於生財，欠缺對外開發的能力，為謹慎、保守，安定有餘，衝勁卻不足，只是善於理財，執掌財權。天府在卯酉宮坐命，對宮為武曲七殺，此二星有財權之意，若見吉曜，則能職掌財權。

且根據「逢府看相」的原則，其事業宮的天相，在丑未宮處於入廟之位，印星結構優良。使命宮天府星，能充分發揮執掌財權的能力。若在金融機構或財經單位，最能發揮其專長，因武曲七殺二星有財權之意。而不適宜獨自經商創業，因財帛宮無主星，所借入的廉貞貪狼二星又皆為弱陷，在錢財上時好時壞，很不穩定不宜經商。只宜公教人員或固定的上班族。

特質 3 天府在卯酉二宮，為人重視享受。

天府在卯酉二宮坐命，卯酉宮為桃花之地，為人較樂天，注重享受。其福德宮為廉貞貪狼兩大桃花桃的組合，其人重視感情與物慾的追求，在巳亥宮又皆為弱陷，其人慾念大難安於現狀，易流於感情與物慾的追求而奔忙。因此廉貞貪狼二星不喜再帶祿，也不喜再見桃花諸曜，以免桃花過重，使命宮天府星容易見異思遷，影響天府穩重的本質，使局面變小，影響其成就。

三、此星系出生年，天干能量特點

1.天府在卯酉坐命，乙年生人

祿存在卯宮命遷線上，使天府庫星得祿，財庫富足，才能發揮理財和儲蓄的能力。

天梁化權在交友宮，使事業宮的天相，形成「權蔭夾印」，讓天府星能充分發揮，執掌財權的能力。為財官雙美格。

2.天府在卯酉坐命，己年生人

武曲化祿在遷移宮，有開創力，使天府局面寬廣。天梁化科在交友宮，使事業宮的天相，形成「科蔭夾印」，聲譽佳，更能充分發揮，執掌財權的能力。為財官雙美格。

3.天府在卯酉坐命，辛年生人

祿存在酉宮命遷線上，使天府庫星得祿，財庫富足，才能發揮理財和儲蓄的能力。巨門化祿在田宅宮，使事業宮的天相，形成「財蔭夾印」，讓天府星更能充分發揮，執掌財權的能力。為財官雙美格。

四、此星系吉凶注意事項

1. 天府為庫星，需得祿才不為「空庫」。但天府在卯酉二宮，其事業宮的天相，在丑未宮入廟，印星結構優良，不能僅得祿，須有「百官朝拱」，才能使格局廣大，且能穩重而老成。若無「百官朝拱」，則使天府星成為孤君，其人個性孤僻，為人小心謹慎，氣度不大，格局不夠寬廣，侷限於小局面的人生。若再見煞忌，則使天府之人，城府深而慳貪，外表圓融，內心卻暗藏權謀手段，甚至流為奸刁。古曰：「天府守命，羊陀火鈴會合，主人奸詐。」

2. 在斗數中天府與天相，為「對星」。當天府在命宮，天相必在事業宮。天相為印星，無印則無權，因此有「逢府看相」的說法。印星結構若不佳，則使天府的權力受到牽制，所以天府星格局要大，不能僅得祿，必須事業宮的天相，印星結構也要良好，如為「財蔭夾印」，或是文昌、文曲、左輔、右弼同度之類，才能使天府星格局廣大。若天府星僅得祿，尤其是與祿存同度，必受到羊陀二星所夾，則吝嗇、多疑，過分小心謹慎，防禦心過重，因此限制了天府的作為力。若再會照火星、鈴星，則為「露庫」，為人奸詐，遇事多取巧。即使同時會照吉曜，也是愛佔便宜之人。

   若天相為「刑忌夾印」，或四煞刑忌會合，或火星、鈴星夾印，雖天府本身會合的星曜吉，但局面也會變小，因凡事過分小心謹慎，被自己的枷鎖束縛，因此難以有大格局。

3. 天府在卯酉二宮，受對宮武曲七殺的影響，常有無事奔忙之現象，難於安定。因此對宮武曲七殺的結構，最喜武曲化祿或與祿存同度，較有開創力，才不至於使天府星空忙，成為廣府之人，所謂的「煲無米粥」。

五、命盤實例解析

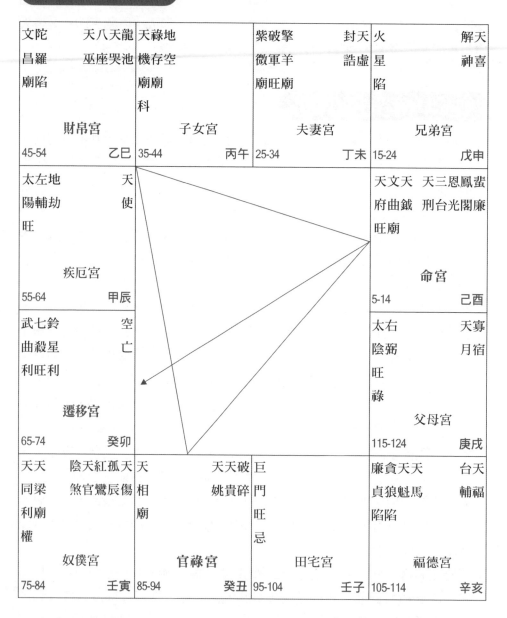

文陀　　　天八天龍 昌羅　　　巫座哭池 廟陷 **財帛宮** 45-54　　　　乙巳	天祿地 機存空 廟廟 科 **子女宮** 35-44　　　　丙午	紫破擎　　　封天 微軍羊　　　誥虛 廟旺廟 **夫妻宮** 25-34　　　　丁未	火　　　　　解天 星　　　　　神喜 陷 **兄弟宮** 15-24　　　　戊申
太左地　　　　　天 陽輔劫　　　　　使 旺 **疾厄宮** 55-64　　　　甲辰			天文天　天三恩鳳蜚 府曲鉞　刑台光閣廉 旺廟 **命宮** 5-14　　　　己酉
武七鈴　　　　　空 曲殺星　　　　　亡 利旺利 **遷移宮** 65-74　　　　癸卯			太右　　　　　天寡 陰弼　　　　　月宿 旺 祿 **父母宮** 115-124　　　庚戌
天天　　陰天紅孤天 同梁　　煞官鸞辰傷 利廟 權 **奴僕宮** 75-84　　　　壬寅	天　　　　天天破 相　　　　姚貴碎 廟 **官祿宮** 85-94　　　　癸丑	巨 門 旺 忌 **田宅宮** 95-104　　　　壬子	廉貪天天　　台天 貞狼魁馬　　輔福 陷陷 **福德宮** 105-114　　　辛亥

1. 命宮

　　天府在酉宮坐命，文曲、天鉞同度。性情溫和，天資聰明，個性活潑，多學機變，有領導能力，且能少年得志，一生富足，可主掌財權。但因過於

謹慎、保守而缺乏開創力與決斷力，不宜擔任機構中最高的領導重任，可成為最佳的輔佐之才。命主命、福二宮有天魁天鉞二星，一生安穩有貴人照拂。但較無獨立思想，且有覬覦之心。

命主天府在酉宮坐命，三方未見祿，使天府庫星，成為「空庫」。天府為南斗主星，須有「百官朝拱」，才能使天府星格局廣大，命主命宮天府、文曲、天鉞同度，雖利於科甲，少年得志，但三方未見左輔、右弼輔佐星曜扶助，為人氣度不大，過度小心謹慎，使格局不夠寬廣，三方又見陀羅、鈴星，遇事取巧，喜走偏門，反使人生多波折。**鬼谷子** 此命自成自立。費力勞心，六親總是虛花。兄弟如同畫餅，熱心相成者少，冷眼旁觀者多。吃盡多少風霜，受了萬般憂愁，運限未通，百計未順，無意中遭遇貴人，向冷灰裏爆出火焰，休戀故鄉生處樂，受恩深處便為家。

命主其父母宮，太陰化祿、右弼在戌宮，「日月並明」，日月為主星，喜見輔弼二星，父母主貴。再見科權祿「三奇佳會」，生在清貴之家，父親為官平步青雲，家境良好。但地空、地劫會照，聚少離多，庇蔭之力較弱。**鬼谷子** 六親總是虛花。

2. 兄弟宮

兄弟宮無主星，火星坐守。命主兄弟無，只有一個姐姐。**鬼谷子** 兄弟：春屬橫飛天外去，一聲孤雁下斜陽，白蘋紅蓼遺江岸，漁父迢迢雲水鄉。

行限 15～24 歲，大限命宮無主星，火星坐守，借入對宮天同化權、天梁。此限雖無主星，但其左右鄰宮為紫微、天府貴星來夾命，可受到長官的庇蔭之力。

此限宮干「戊」，貪狼化祿在田宅宮，太陰化權在福德宮，遇生年太陰化祿，福德宮「權祿相逢」，又見左輔右弼二星，此限少年得志，可以建立事業基礎。命主報考軍校順利，且可得長官之庇蔭及提拔。**鬼谷子** 收成：寅「申」流水有憂心，正好營營上玉京，難唱關中朝帝闕，一聲龍笛振天津。

3. 夫妻宮

紫微破軍在夫妻宮，擎羊同度。紫微破軍在未宮處廟旺之位，對象多具

有才能或家世相當之人，但配偶性情主觀好強，有丈夫氣概，婚前多有波折。擎羊同度，更需多忍讓。 鬼谷子 婚姻：梨花再放多風雨，燕去鶯來野雉鳴，堪笑西園桃李盛，重山草木也淒清。

行限 25～34 歲，紫微、破軍、擎羊在命宮，此限為人生的極盛時期，局面雖大，但性質不安定，三方未見左輔、右弼輔佐星曜，欠缺助力。

此限宮干「丁」，巨門化忌在交友宮，人事上多有風波。

4. 子女宮

天機化科在子女宮，地空、祿存同度。天機化科，子女聰明、機巧、有才華。地空同度，無子，一女。對宮巨門化忌沖照，家宅不寧， 鬼谷子 子息：一花兩果渾閒事，最是蟠桃月樣紅，移入香園重圃內，天關紫府盡春風。

行限 35～44 歲，天機化科、地空、祿存在大限命宮。天機為輔佐星曜，雖喜天機化科，加強才智、名聲，但也增加此運程的動盪。天機對煞曜的抵抗力較弱，受到地空同度的影響，又逢科權祿忌「四化齊會」，動則得咎。此限宮干「丙」，天同化祿在財帛宮，遇生年天同化權，財帛宮「權祿相逢」，主富，財源豐茂。

天機化權在命宮，遇生年天機化科，命宮「科權相逢」，雖主貴，卻難抵地空同度，權力折損失實，凡事不宜輕率冒進，因已經喪失了實力，運勢開始往下滑落。行運「天機」的歷程，代表人生際遇上的轉折點，遇到煞忌的沖會，易引起不良反應。

5. 財帛宮

財帛宮無主星，文昌、陀羅坐守，借入對宮廉貞、貪狼、天馬、天魁。廉貞貪狼在巳亥宮弱陷，慾望心強，需求多。三方府相朝垣，天府、天相乃為衣祿之神，財源安定。

文昌同度，加強財源的流通性，對生活享受上的花費，往往是求其華麗而不吝嗇。陀羅同度，對金錢的運用比較沒有預算，且較多意料之外的支出。天府在酉宮坐命，此組星系之人，重視衣食享受，對於食、衣、住、行的品味高，手中流動的錢財不穩定，時好時壞，經濟起伏大。

行限 45～54 歲，大限命宮無主星，文昌、陀羅坐守，左右兩鄰受地

空、地劫相夾。命主雖然眷戀著官位，但能退休則退休，不要眷戀官位，則吉。

6. 疾厄宮

太陽在疾厄宮，左輔、地劫同度。太陽在辰宮，日月相對，水火未濟，陰陽不和，心腎不交的疾病。

7. 遷移宮

武曲七殺在遷移宮，鈴星同度。武曲七殺在遷移宮，出外心神不寧。鈴星同度，多是非糾紛，思想消極，在人際關係方面有著強烈的「自我防衛」意識。

8. 交友宮

天同化權、天梁在交友宮。雖能得友人的助力，但也易分離。三方見地空、火星，易招怨而背棄。

9. 事業宮

天相在事業宮。對宮擎羊沖照，形成「刑囚夾印」，且天相左右兩鄰，又有巨門化忌與天同化權來夾印。命主較易與是非為鄰，行政須特別留意對細節的管理。三方文昌、文曲會照加強聰明與才華，能少年得志。

10. 田宅宮

巨門化忌在田宅宮。家宅不安或自身遠離家室。三方遇火星、地空、地劫，因產業而興訟。

11. 福德宮

廉貞貪狼在福德宮，天馬、天魁同度。廉貞貪狼在巳亥宮弱陷，基礎薄弱，性質較飄蕩無根，不吉，身心多勞碌。天馬同度，多漂泊不定。天魁同度，有貴人相助。

12. 父母宮

太陰化祿在父母宮，右弼同度。太陰在戌宮「日月並明」，日月為主星，喜見左輔、右弼二星，父母主貴。且三方形成科權祿「三奇佳會」，生在清貴之家，父親為官平步青雲，家境良好。但地空、地劫會照，聚少離

多。 鬼谷子 六親總是虛花。

六、鬼谷子全盤印證

　　第三十五數　丁戊　謙卦　戊申　待時而動，無往不利。

判斷：

此命自成自立。費力勞心，六親總是虛花。兄弟如同畫餅，熱心相成者少，冷眼旁觀者多。吃盡多少風霜，受了萬般憂愁。運限未通，百計未順。無意中遭遇貴人，向冷灰裏爆出火焰。休戀故鄉生處樂，受恩深處便為家。

　　▲桃李開榮格

詩云： 黃河有水開通濟，自古從今不斷流。

　　　　　鳳出丹山雲阻隔，雁飛紫塞米經秋。

　　　　　雞聲茅店難安穩，鶴影松軒得自由。

　　　　　借問殘花還結實，自開自落幾枝頭。

基業： 于門福德久流芳，鳳閣龍樓姓氏香。

　　　　　天畔雲梯人遇處，江淮溝瀆有輝光。

兄弟： 春屬橫飛天外去，一聲孤雁下斜陽。

　　　　　白蘋紅蓼遺江岸，漁父迢迢雲水鄉。

行藏： 逢龍遇虎必升騰，步玉登金出類頻。

　　　　　回首楓宸前日事，幾多經歷在江濱。

婚姻： 梨花再放多風雨，燕去鶯來野雉鳴。

　　　　　堪笑西園桃李盛，重山草木也淒清。

子息： 一花兩果渾閒事，最是蟠桃月樣紅。

　　　　　移入香園重圍內，天關紫府盡春風。

收成： 寅申流水有憂心，正好營營上玉京。

　　　　　雞唱關中朝帝闕，一聲龍笛振天津。

39 天府在巳亥坐命：南北斗主星相會，主貴

一、星系結構

天府在巳亥坐命，對宮為紫微七殺，財帛在丑未無主星，事業天相在卯酉。

天府在巳宮坐命

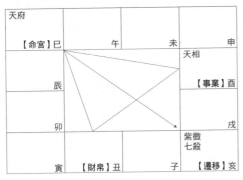

天府在亥宮坐命

二、格局特質分析

特質 1 天府星在巳亥，為天府星系中最有權威性的組合。

天府為南斗主星，化氣為「令」，又為祿庫，雖有領導才能，但屬於保守、謹慎、穩定的本質，本身缺乏開創力。在紫微斗數命盤上，天府星必與七殺星相對，天府星的權力是否能發揮，即視七殺所會的星曜。

天府在巳亥坐命，對宮為紫微七殺，財帛宮無主星，借入武曲貪狼。所會的星曜性質，多為權力及慾望之星。又受對宮紫微七殺「化殺為權」的氣勢影響，使天府星保守的性質亦為減少，為天府星系中最有權威性的組合。個性好強，志氣高，喜掌權，具有雄心與抱負，膽大心細，處事溫和，保守謹慎。此格受對宮紫微星的影響，能在安定中，突遇貴人提攜，平步青雲，大富大貴。

特質 2 天府在巳亥宮，權力慾望重，在亥宮優於巳宮。

　　天府在巳亥坐命，對宮為紫微七殺，紫微、天府南北斗主星相對，主貴。但此格受對宮紫微七殺的影響，權力慾望重，使天府星保守的性質受到挑戰，增加其波動與辛勞。

　　在亥宮優於巳宮，天府五行屬土，亥宮為水位，受土剋水的影響，在心性上較為保守、謹慎，為人處事態度謙遜溫和。且亥宮「日月並明」，父母宮天同太陰在子宮，田宅宮太陽巨門在寅宮，皆處廟旺之位，生長環境良好，與家人雙親相處較為融洽，一生較為平穩。但人生的積極性卻不如巳宮。

　　天府在巳宮火位，雖火能生土，增加其人的積極性，較有所發展力，但巳宮「火炎土燥」，使個性較為急躁，不太穩健，所以一生運勢的起伏波動較大。

特質 3 此星系天相印星結構不佳，拖累命宮天府，增加其辛勞。

　　天府、天相在斗數中，為「對星」，二星彼此相互關聯影響。天府在巳亥坐命，其事業宮天相在卯酉宮弱陷，印星無力，不能相助天府星，使權力受到牽制，易在事業發展中產生困擾，即使事業有所進展，也易拖累命宮的天府星，增加辛勞而降低享福的能力。若再遇事業宮的天相有煞曜同度，或是受刑忌所夾，更是削弱天相的力量，限制命宮天府的地位。

　　即使是命宮天府或對宮紫微七殺，有輔佐諸星同度或會照，若碰到事業宮天相見煞曜，產生印星結構不佳，則難成為機構中最高領導人物，但可成為最佳的輔佐之才。因天相為輔佐之星，個性上多謹慎、保守，最適合輔佐管理或企劃協調的工作。適於具規模的大企業任職，當個上班族或公教人員，而不適合經商創業。

三、此星系出生年，天干能量特點

1.天府在巳亥坐命，乙年生人

　　紫微化科在遷移宮，出外多聲譽。祿存在卯宮夫官線上，加強印星結構，亥宮優於巳宮，為財官雙美格。

2.天府在巳亥坐命，丙年生人

　　祿存在巳宮命遷線上，使天府得祿，財庫富足，才能發揮理財和儲蓄的能力，為財官雙美格。

3.天府在巳亥坐命，戊年生人

　　祿存在巳宮命遷線上，使天府得祿，財庫富足，貪狼化祿在福德宮借入財帛，為財官雙美格。

四、此星系吉凶注意事項

1. 天府在巳亥坐命，須見祿存或化祿，有祿財庫富足，才能運用財權，而有所發揮。若未見祿則是「空庫」，其人個性孤僻。

2. 天府在巳亥坐命，事業宮的天相在卯酉落陷，印星無力。所以最喜天相形成「財蔭夾印」，或見輔弼、魁鉞，加強印星的結構，做事踏實，使命宮天府星穩定，所得高，發展亦大。

3. 天府在巳亥坐命，喜財福線上，武曲化祿或貪狼化祿，使天府庫星財庫富足，心胸寬廣，越顯高貴。

4. 天府在巳亥坐命，天府為庫星，執掌財權，擅長投資理財。若見天魁天鉞，則宜財經或金融單位發展。

5. 天府為南斗主星，在巳亥獨坐，最喜「百官朝拱」，為人心胸寬廣，能獨當一面，名利雙全。若無六吉星會照，則使天府星，孤立無援，若再見空劫同度更甚。

6. 天府在巳亥坐命，雖喜見祿存同度，但必受羊陀二星相夾，則氣魄不大。若再見火星，鈴星所夾，則使天府的性質變得善用手段，外表圓融，而內心卻暗藏權謀手段，一生容易傾敗。古曰：「天府守命，羊陀火鈴會合，主人奸詐。」

7. 天府為庫星，最怕地空、地劫同度或會照，稱為「空庫」，個性孤僻，多生疑忌，人緣不佳。即使見財星，才華洋溢，也不宜經商，財多成敗，更增加其坎坷。

五、命盤實例解析

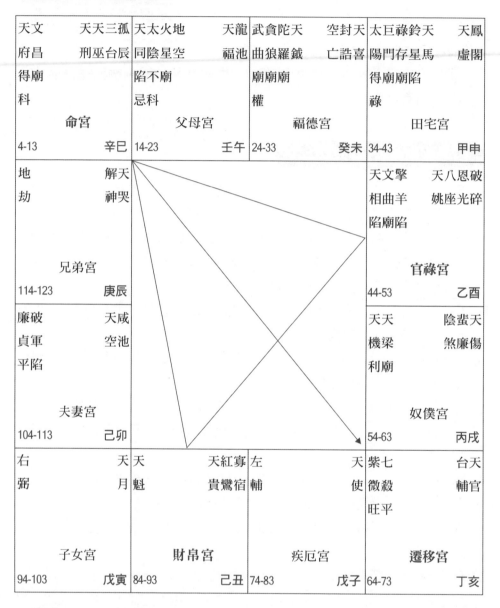

天文 府昌 得廟 科　　　　天天三孤 　　　　刑巫台辰 **命宮** 4-13　　　　辛巳	天太火地 同陰星空 陷不廟 忌科　　　天龍 　　　　福池 **父母宮** 14-23　　　　壬午	武貪陀天 曲狼羅鉞 廟廟廟 權　　　空封天 　　　亡誥喜 **福德宮** 24-33　　　　癸未	太巨祿鈴天 陽門存星馬 得廟廟陷 祿　　　天鳳 　　　虛閣 **田宅宮** 34-43　　　　甲申
地　　　　解天 劫　　　　神哭 **兄弟宮** 114-123　　　　庚辰			天文擎　天八恩破 相曲羊　姚座光碎 陷廟陷 **官祿宮** 44-53　　　　乙酉
廉破　　　天咸 貞軍　　　空池 平陷 **夫妻宮** 104-113　　　　己卯			天天　　陰蜚天 機梁　　煞廉傷 利廟 **奴僕宮** 54-63　　　　丙戌
右　　　　天 弼　　　　月 **子女宮** 94-103　　　　戊寅	天　　天紅寡 魁　　貴鸞宿 **財帛宮** 84-93　　　　己丑	左　　　　天 輔　　　　使 **疾厄宮** 74-83　　　　戊子	紫七　台天 微殺　輔官 旺平 **遷移宮** 64-73　　　　丁亥

1. 命宮

　　天府在巳宮坐命，文昌同度。天府在巳宮，受對宮紫微七殺的影響，權力慾望重，好強，志氣高，喜掌權，膽大心細，性情溫和，保守謹慎。

文昌同度。有才華，氣質佳，層次高。但天府在巳宮「火炎土燥」，個性較為急躁，一生運勢的起伏波動較大。 **鬼谷子** 資財浪裏浮萍。好事多磨。利名易失。

命主事業宮天相，文曲，擎羊同度。天相在卯宮弱陷，印星無力，喜文曲同度，加強天相的才華，亦喜田宅宮的太陽化祿來夾印，形成「財蔭夾印」，所得高，層次高，發展大。但命主事業天相受擎羊同度，形成「刑印」的格局，在事業發展上多阻礙，常受欺負，難成為機構中最高領導人物。

命主能力強，多有才華，權力慾望重，自視甚高，一生積極努力。雖為某大企業集團的總經理，但還是董事長的輔佐之人，須至晚年才能真正掌握大權。 **鬼谷子** 此命心靈百出。性巧多乖。弄假成真。將無作有。親眷雲遮皎月。資財浪裏浮萍。好事多磨。利名易失。凶中有救。不犯官刑。只合初年破祖。自成自立經營。

命主天府在巳宮坐命，日月反背，又受空劫二星夾命，六親緣薄，助力不大，難有祖蔭，須白手成家，常有孤獨無助之感。 **鬼谷子** 只合初年破祖。自成自立經營。

行運 14～23 歲，大運命宮天同化忌、太陰化科在午宮二星皆為弱陷，又見地空、火星同度，命主早年環境艱苦須自立。行運 24～33 歲，大運命宮武曲化權、貪狼、陀羅、天魁同度，為武貪格局，人生觀極為積極，再見武曲化權，更是拼勁十足，有堅韌不拔的毅力，命主自立完成台大雙博士學位。

此限天魁天鉞在命遷線上，一坐一照，為「坐貴向貴」的格局，能得貴人提攜，成為進身之階。命主此限遇見命中貴人，一生跟隨貴人，一起創造企業集團。 **鬼谷子** 一生可得圓滿之結果。

命主雖為某大企業集團的總經理，但還是董事長的輔佐之人，須行運至64～73 歲，紫微七殺運限，才能多年媳婦熬成婆，苦盡甘來，真正掌握到大權。 **鬼谷子** 行藏：晚年瞬息物更新，立志名高久奮身。塵世揚名知利客，逍遙偏稱個中人。

2. 父母宮

天同化忌、太陰化科在父母宮，火星、地空同度。父母為穩定的公職人

員。天同化忌，意見不和，多傷心流淚。火星、地空，離宗庶出，命主從母姓。 鬼谷子 親眷雲遮皎月。

行限 14～23 歲，天同化忌、太陰化科、火星、地空在大限命宮。天同太陰主自立，二星在午宮弱陷，不利少年運限，又見煞忌星曜，此限運勢艱苦坎坷。 鬼谷子 只合初年破祖。自成自立經營。

3. 福德宮

武曲化權、貪狼在福德宮，陀羅、天魁同度。武曲貪狼在福德宮，此組星系性質，好勝心強，權力慾望之心甚重，以物質享受為基礎。武曲化權，剛毅帶開創性，執行力強，但更增加命主的權力慾望之心。見空亡同度，使貪狼星酒色財氣受到影響而減弱，偏向於才藝發揮。但宮內有天喜桃花星曜同度，使命主心性喜流連風月場所，甚至年老乃風流自賞。

天魁天鉞在福德宮，一坐一照，一生皆有貴人照拂。陀羅同度，心境無法安寧，多勞心勞碌。

行限 24～33 歲，武曲化權、貪狼、陀羅、天魁在大限命宮。為武貪格局，人生觀極為積極，再見武曲星注入化權能量，更是拼勁十足，有堅韌不拔的毅力，命主在艱困的環境中，自立完成台大雙博士學位。此限天魁天鉞在命遷線上，一坐一照，為「坐貴向貴」的格局，能得遇貴人提攜，成為進身之階。此限宮干「癸」，貪狼化忌在命宮，遇生年武曲化權，命宮「權忌相逢」，雖然才華可得到發揮，但慾望野心過大，多有波折不順。

4. 田宅宮

太陽化祿、巨門在田宅宮，天馬、祿存、鈴星同度。太陽為浮動之星，見「祿馬交馳」，宜國外置業，雖可買賣房產，但多明爭暗鬥。鈴星同度，投機心重，有暗損。

行限 34～43 歲，太陽化祿、巨門、天馬、祿存、鈴星在大限命宮。此限命宮形成「祿馬交馳」，獲得有力的扶持，財源滾滾。但遷移宮，財帛宮，事業宮三方皆為空宮，主控力不強，易受外圍環境波動的影響，產生挫敗。

此限宮干「甲」，太陽化忌在命宮，見生年太陽化祿，命宮形成「祿忌相沖」，只是讓命主多奔忙勞碌，雖財源滾滾，但此限財帛在辰宮，無主

星，地劫坐守，財來財去。　**鬼谷子**　資財浪裏浮萍。好事多磨。利名易失。

5. 事業宮

天相在事業宮，文曲、擎羊同度。天相在卯宮弱陷，印星無力，喜文曲同度，加強天相的才華。亦喜鄰宮的太陽化祿來夾印，形成「財蔭夾印」，所得高，層次高，發展大。但天相受到擎羊同度，形成「刑印」的格局，在事業上發展多阻礙起伏，一生以不取機構中最高職位為宜。　**鬼谷子**　好事多磨。利名易失。

行限 44～53 歲，天相、文曲、擎羊在大限命宮。此限宮干「乙」，天機化祿、天梁化權在鄰宮，使天相形成「財蔭夾印」與「權蔭夾印」的格局。

此限天相雖受重重疊祿與化權相夾印，位高權重，但擎羊同度，也使天相受到「刑印」所制，命主還是老二輔佐的格局。

6. 交友宮

天機天梁在交友宮，三方見太陰化科、右弼，能得年長友人的助力。見天同化忌、火星，多爭鬥，始善終惡。空劫二星，因友破耗錢財。

行限 54～63 歲，天機、天梁在大限命宮。機梁二星主謀略計畫，三方見空劫、化忌煞曜，宜退居幕後即可避禍，否則易弄巧反拙，反受其拖累。此限宮干「丙」廉貞化忌在交友宮，易結交損友，受牽連拖累而惹災耗。

7. 遷移宮

紫微七殺在遷移宮。出外有聲譽與地位，受敬重。

行限 64～73 歲，紫微、七殺在大限命宮，三方見武曲化權，而未見祿。

此限雖多年媳婦熬成婆，終於獲得權力。但未見祿，只是表面風光得虛名。紫殺二星，威權過重，反不利天府坐命之人，若獨自居功，必受人攻擊，產生內心困擾不安。　**鬼谷子**　行藏：晚年瞬息物更新，立志名高久奮身。塵世揚名知利客，逍遙偏稱個中人。

8. 疾厄宮

疾厄宮無主星，左輔坐守。借入對宮天同化忌、太陰化科、地空、火

星，五行水火相沖，激動過大，心臟、血液循環不佳，天同化忌，心肌梗塞。地空、火星，多災病。

9. 財帛宮

財帛宮無主星，借入對宮武曲化權、貪狼、陀羅、天魁，先貧後富，晚年掌財，是小器財神。

10. 子女宮

子女宮無主星，右弼坐守，借入對宮太陽化祿、巨門、天馬、祿存、鈴星。命主一兒一女，子女有成就，有助力，但無主星，三方又見煞忌，晚年子女恐有傷折。 鬼谷子 子息：滿樹花開雖豔冶，傍牆一果寄枝頭。桑榆桂影青青茂，記得當年上客舟。

11. 夫妻宮

廉貞破軍在夫妻宮，刑剋，生離。 鬼谷子 婚姻：匹合姻緣前世事，風清雲淨月明時。凌霜傲雪松篁茂，枕冷衾寒也自知。

12. 兄弟宮

兄弟宮無主星，地劫坐守。命主身為長子，下有兩個弟弟，兩個妹妹，孤獨不合，多是非。 鬼谷子 兄弟：風送空中三雁過，秋深兩隻各分飛。江湖興盡歸來晚，獨把漁竿下釣磯。

六、鬼谷子全盤印證

第六十四數　庚丁　萃卦　丁巳　一生可得圓滿之結果。

判斷：

此命心靈百出。性巧多乖。弄假成真。將無作有。親眷雲遮皎月。資財浪裏浮萍。好事多磨。利名易失。凶中有救。不犯官刑。只合初年破祖。自成自立經營。

▲月照幽軒格

詩云：月華皎潔轉冰輪，物外安身不染塵。
　　　　憂患不生知足漢，逍遙偏合好閒人。

團團玉兔終離海，赫赫金烏漸透雲。
家在五湖歸去得，花殘子結一枝春。

基業：風天晴朗月如銀，霜降楓紅午夜明。
人在紫霄宮闕裏，幾多鐘鼓有前程。

兄弟：風送空中三雁過，秋深兩隻各分飛。
江湖興盡歸來晚，獨把漁竿下釣磯。

行藏：晚年瞬息物更新，立志名高久奮身。
塵世揚名知利客，逍遙偏稱個中人。

婚姻：匹合姻緣前世事，風清雲淨月明時。
凌霜傲雪松篁茂，枕冷衾寒也自知。

子息：滿樹花開雖豔冶，傍牆一果寄枝頭。
桑榆桂影青青茂，記得當年上客舟。

收成：若見馬牛春色裏，風吹雲散可歸山。
青山猿鶴久相待，臥聽霜鐘報歲寒。

40 太陰在卯酉宮坐命：卯宮為「反背」格局

一、星系結構

太陰在卯酉坐命，對宮為天同，財帛太陽在巳亥，事業天梁在丑未。

太陰在卯宮坐命

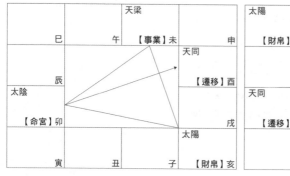

太陰在酉宮坐命

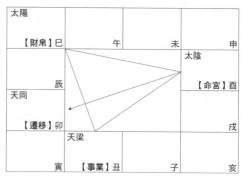

二、格局特質分析

特質 1 太陰星性質夢幻，在卯酉二宮，為桃花地，更加強夢幻性質。

太陰星性質夢幻，喜歡沉浸在浪漫虛幻中，雖帶有「桃花」性質，卻因性情內斂保守不輕易表現，往往在性格上產生衝突與矛盾，在感情方面也顯得複雜且放不開。太陰在卯酉二宮，為桃花之地，更加強其夢幻性質。又受對宮天同情緒星曜的影響，其人容易感情用事，喜歡幻想充滿浪漫的情界裡。

個性外表溫和，平易近人，但內心急躁，思慮多變，性情反覆不定。雖有能力，學識豐富，創造力也強，卻安於現狀，喜歡享受舒適、悠閒的生活，不喜承擔責任與壓力，主動性不強，對事物缺乏爭取的態度，競爭力不夠，尤其是太陰在卯宮弱陷，更是如此。

特質 2 太陰星性質沉靜，福德宮，卻是巨門是非暗曜。

　　太陰星心思細膩、內斂，其福德宮卻是巨門星。巨門為是非暗曜，在福德宮，其陰暗面必然會影響太陰的性格。

　　巨門在福德宮，多疑、喜爭辯，因此常有是非煩惱來擾亂身心，造成太陰星內在性格的矛盾與衝突，外表看似內向、文靜，但內心卻是敏感多疑，易產生焦慮與矛盾的糾結。巨門在福德宮，若格局不佳，容易轉變成精神上的苦惱，以致影響生活的安寧，福德宮的好壞，對太陰星坐命之人，影響甚為重要。如丁年生人，太陰化祿在命宮，雖能增加其親和力，但福德宮巨門化忌，內心卻不開朗，敏感多疑，思維暗淡，喜遭惹是非，易造成精神上的壓力與苦惱。

特質 3 太陰在卯宮坐命，得吉，為「反背」格局，主大富。

　　太陰在卯酉宮坐命，酉宮優與卯宮，酉宮太陰處於旺位，皎潔明亮，有遠大的理想和抱負，很容易在事業中有所表現，對人態度溫良恭儉，內在卻自有定見，外柔內剛，不易妥協，個性固執內斂，聰明博學，能力佳，一生富足安定。太陰在卯宮弱陷，處於失輝，意志薄弱，多勞碌奔波、變動，一般而言，成就較不佳，六親緣薄。若再見煞曜，則易流於奸詐，性質更為浮蕩不安。但若能得吉化與輔佐星曜，則為「反背」格局，主大富，且在年輕時即有所成就。

三、此星系出生年，天干能量特點

1.太陰在酉宮坐命，丙年生人

　　天同化祿在遷移宮，祿存在巳宮入財帛，命宮「雙祿會照」，主富，為財官雙美格。

2.太陰在酉宮坐命，丁年生人

　　太陰化祿在命宮，使命宮太陰星，錦上添花，即成富格，天同化權在遷移宮，出外積極多助力，為財官雙美格。

3.太陰在酉宮坐命，戊年生人

太陰化科在命宮，可增加其人的風采與競爭力。祿存在巳宮入財帛，為財官雙美格。

4.太陰在卯宮坐命，壬年生人

天梁化祿在事業宮，祿存入財帛宮太陽同度，命宮「雙祿會照」主富，為財官雙美格。

四、此星系吉凶注意事項

1. 太陰在卯酉坐命，卯酉二宮為桃花地，左右鄰宮又有紫微、貪狼來夾命宮，讓此格之人，比一般人更為夢幻，又受對宮天同星浪漫感性的影響，容易感情用事，心性易反覆不定，處事態度又欠缺積極，不喜承擔責任與壓力，一生競爭力不足，須有堅強的意志力來克服與調節，否則人生每每功敗垂成。尤其是太陰在卯宮落陷，性格怠惰，喜歡幻想，若女命意志力薄弱，則常為情所困擾容易在姻緣路上，遭遇坎坷或步入崎嶇不平之路。如太陰化祿或化忌，均影響其人的意志力，太陰化祿者，一生財務狀況良好，但對感情意志力較薄弱，常為情所困擾，處世態度也是屬於被動的形態。太陰化忌，則不利財祿，易因物質而影響其人意志力，自卑而喪志，沒主見，隨波逐流，人生勞碌漂泊。太陰化權、化科，皆可以增加其意志力。太陰化權者，外表柔順，但卻頗有主見，適合掌財權。太陰化科者，其人風格獨特，可增加其人的風采與競爭力。

2. 太陰在卯酉坐命，卯酉為桃花地，心性比較浮動。所以不喜再見文昌、文曲的桃花星曜，雖加強聰明與才華，卻反增加浮動性質。若見左輔右弼則須成對會照，而不喜見單星，易為第三者之剋應。天魁天鉞相會，雖為之「坐貴向貴」，但對感情、家運皆不好。

3. 太陰在卯酉坐命，疾厄宮為武曲在辰戌，金入土位，金過旺，須注意呼吸肺經系統的毛病，如過敏性鼻炎、氣喘、氣管炎等，尤其戌宮土燥。

4. 太陰在卯宮坐命，稱為「反背」，與太陽在亥宮相同，見輔佐吉曜，反主大富，為斗數中的上格，且年輕時即有所成就。但癸年生人，雖太陰化科在命宮，則不成「反背」的格局，因財帛宮太陽在亥宮與陀羅同度，易孤

芳自賞，而流為懷才不遇。

5. 太陰在卯宮陷地，見文曲而未遇文昌，在古代稱為九流術士。若再見陰煞同宮，第六感敏銳，宜宗教五術方面的研究。

6. 太陰在卯宮陷地，其意志力較薄弱，若再見煞曜，其人較為辛勞或是格性巧詐，易遭挫折。逢火鈴、空劫，皆不利於錢財，一生多波折。見擎羊，易有挫折，刑剋。

五、命盤實例解析

1. 命宮

太陰在卯宮坐命，天魁同度。壬年生人，三合事業宮天梁化祿、左輔化科、右弼同度，財帛宮太陽在亥宮、祿存同度。此格雙祿朝垣，三方再見左輔化科、右弼等諸吉曜會照，為「君臣慶會」的格局，其人領導能力強，為大富之格局。　**鬼谷子**　花枝攀折曾經手，名利贏輸未稱心。只待跟隨牛馬足，一呼百諾萬人欽。

但男命太陰在卯宮坐命，嫌魄力不足，意志力較薄弱，雖有能力，卻不夠積極，易安於現狀而缺乏競爭力，主動性不強，對事物沒有強烈的爭取態度，不易承擔壓力與責任，多安於現狀。命主幸有武貪坐命的妻子，妻子積極且拼勁十足，與命主之間形成互補作用。但妻子較為辛勞，且不利夫妻的感情，易出現不同程度的怨言。

命主為水電承包商，但承包的工程帳款皆難以收回。因此命主在妻子的領導之下，自己在新竹興建房產，推出即獲得不錯成績，也確實賺到了錢，鼓舞了命主夫妻，緊接著再推出幾件建案，現已晉身為竹北知名建商。

命主太陰在卯宮坐命，星曜弱陷，對女眷較不利。雖心性溫和，帶有依賴心，外表看似溫吞，但妻子是董事長，在妻子的領導之下，命主形成自我保護心態，容易對妻子挑剔，且易拘於小節上的堅持和固執。　**鬼谷子**　此命有機謀操略。會用施為。財帛可圖。利名不失。堅心守耐。心正不怕壁邪。只防骨肉。親者如同陌路人。若是離鄉千里去。不精神處也精神。

巨天　　　　天孤 門鉞　　　　喜辰 旺 福德宮 24-33　　　　乙巳	廉天文　　　天鳳蜚 貞相曲　　　福閣廉 平廟陷 田宅宮 34-43　　　　丙午	天左右　　　　　天 梁輔弼　　　　　才 旺 祿科 官祿宮 44-53　　　　丁未	七文　　陰台天龍天 殺昌　　煞輔貴池傷 廟得 奴僕宮 54-63　　　　戊申
貪火　　　天封八 狼星　　　姚誥座 廟陷 父母宮 14-23　　　　甲辰			天地 同空 平 遷移宮 64-73　　　　己酉
太天　　　　　空 陰魁　　　　　亡 陷 命宮 4-13　　　　癸卯			武陀　解天三恩天天 曲羅　神官台光虛使 廟廟 忌 疾厄宮 74-83　　　　庚戌
紫天天　　　天天 微府馬　　　月哭 旺廟 權 兄弟宮 114-123　　　壬寅	天地　　　寡破 機劫　　　宿碎 陷 夫妻宮 104-113　　　癸丑	破擎鈴　　　　天 軍羊星　　　　刑 廟陷陷 子女宮 94-103　　　壬子	太祿　　　天紅 陽存　　　巫鸞 陷廟 財帛宮 84-93　　　　辛亥

2. 父母宮

　　貪狼在父母宮，火星同度。貪狼在父母宮，兩代感情雖和諧，但多自利之心。火星同度，對宮武曲化忌沖照，父親事業突生崩敗，早年離家，自立謀生。

3. 福德宮

巨門在福德宮，天鉞同度。巨門為暗宿，對宮太陽在亥位弱陷，無力化解巨門之暗。雖見天鉞同度，但乃勞心勞力，三方又逢空劫二星，宜五術哲學發展，否則富貴不耐久。福德宮巨門、天鉞同度，一生中可得女性貴人的照拂。命主男命太陰坐命，對妻子較不利。妻子武貪坐命積極，且拼勁十足，雖能補助命主太陰星弱陷，對事物欠缺積極度的不足，但妻子較為辛勞。

行限 24～33 歲，巨門、天鉞在大限命宮，遷移宮太陽在亥位，祿存同度。此限宮干「乙」，天梁化權在福德宮，遇生年天梁化祿、左輔化科，雖福厚祿重。但天機化祿在財帛宮，天機在丑宮弱陷，又見地劫同度，承包的工程帳款難以收回。太陰化忌在夫妻宮。事業宮天同在酉宮弱陷，見地空同度，又受對宮太陰化忌沖照，事業多風波。命主此限太太在工地摔落傷到脊椎。

4. 田宅宮

廉貞天相在田宅宮，文曲同度，左右鄰宮天梁化祿、左輔化科、右弼、天鉞相夾，使天相形成「財蔭夾印」及「科蔭夾印」的良好格局，產業豐盛，但三方見諸多煞忌，較無家庭溫暖。**鬼谷子** 只防骨肉。親者如同陌路人。

行限 34～43 歲，廉貞、天相、文曲在大限命宮，此限宮干「丙」，廉貞化忌、擎羊在命宮，形成「刑囚夾印」或「刑杖維司」，多有官司、是非，易受冤枉之事，官司也打不贏。事業宮武曲化忌、陀羅坐守，事業顛簸，滯礙難行、多糾紛。命主退守等待時機。

5. 事業宮

天梁化祿在事業宮，左輔化科、右弼同度。事業宮天梁化祿，在事業上容易得遇貴人提拔。但須先遇困難，等打開商譽後才能有所成就，且易因不動產而發財，有助於事業發展。天梁為清貴之星，雖不喜化祿，但太太為董事長，命主不負責行政職務，只負責水電工程與監工部分。

行限 44～53 歲，天梁化祿、左輔化科、右弼在大限命宮，命宮科祿相逢，名利雙收。事業太陽在亥宮，日藏光輝，光芒收斂，見祿存同度，主富

格。此限宮干「丁」，太陰化祿在財帛宮，天機化科在遷移宮。名利雙收，事業一帆風順，命主在妻子的領導之下，所推出的建案皆大賺錢。

6. 交友宮

七殺在交友宮，文昌同度，七殺在申宮，對宮紫微化權、天府，為「七殺朝斗格」，有因人而貴的格局，但星系過強，易有欺主之現象，三方見擎羊、火星、鈴星，需防財物被侵吞。

行限 54～63 歲，七殺，文昌在大限命宮。七殺為「將星」帶有肅殺之氣，不喜與文昌同度，氣質不相同，遇事優柔寡斷，行事猶豫不決，無法當機立斷。此限為「七殺朝斗格」，對宮遷移紫微化權、天府，為因人而貴的格局，但星系過強，易有欺主之現象。此限宮干「戊」，貪狼化祿在財帛宮，財祿豐厚。但天機化忌在交友宮，與友人、夥伴常有口舌是非的糾紛。

7. 遷移宮

天同在遷移宮，地空同度。天同在酉宮，對宮太陰弱陷，勞而少成。地劫同度，出外多破耗。

8. 疾厄宮

武曲化忌在疾厄宮，陀羅同度。武曲化忌在戌宮，一生多病災，金入土位，金過旺，肺經、呼吸系統的疾病。

9. 財帛宮

太陽在財帛宮，祿存同度。太陽在亥宮弱陷，日藏光輝，光芒收斂，喜遇祿存為奇格，可成富局。雖早年勞碌辛苦，中晚年財聚，可成大富。

10. 子女宮

破軍在子女宮，擎羊、鈴星同度。破軍在子女宮，子女性格剛強。擎羊、鈴星同度，易刑剋或有子而無靠。 鬼谷子 只防骨肉。親者如同陌路人。

11. 夫妻宮

天機在夫妻宮，地劫同度。天機在丑宮弱陷，感情之路，多坎坷、遺憾。對宮天梁化祿、左輔化科、右弼會照，一生能得妻子的助力。 鬼谷子 婚姻：

映水桃花徹底明，鴛鴦成對好相侵。誰知雨驟風狂後，月缺花殘兩背盟。

12. 兄弟宮

紫微化權、天府在兄弟宮，天馬同度。兄弟三人，各奔東西。雖能得有權有勢的合作夥伴提攜，不過自己必須甘心處於佐貳的地位，然後關係始能和好。 鬼谷子 兄弟：天變雁叫聲嘹嚦，兩兩雙飛向楚天。日暮鴻歸紅蓼岸，幾多鷗鷺下平田。

六、鬼谷子全盤印證

第八十一數　壬甲　屯卦　甲寅　為貧所困，懷才不遇。

判斷：

此命有機謀操略。會用施為。財帛可圖。利名不失。堅心守耐。心正不怕邪。只防骨肉。親者如同陌路人。若是離鄉千里去。不精神處也精神。

▲松透舊林格

詩云： 喬松直達歲寒林，江畔嚴凝不可侵。
水面鴛鴦情默默，天邊鴻雁影沉沉。
花枝攀折曾經手，名利贏輸未稱心。
只待跟隨牛馬足，一呼百諾萬人欽。

基業： 瀟湘雁叫迷蹤跡，吳越相離南北遙。
孤鶩晚霞相映照，一聲鶴唳在雲皋。

兄弟： 天變雁叫聲嘹嚦，兩兩雙飛向楚天。
日暮鴻歸紅蓼岸，幾多鷗鷺下平田。

行藏： 雨霽園林花發遲，春歸鶯燕逐芳菲。
江邊有鹿可相伴，獨把絲綸上釣磯。

婚姻： 映水桃花徹底明，鴛鴦成對好相侵。
誰知雨驟風狂後，月缺花殘兩背盟。

子息： 庭畔好花空豔冶，鶯啼綠柳數聲嬌。
借庇西牆終未穩，只因鬥馬上平橋。

收成： 逢牛遇犬不須忙，自有高人為主張。
誰道平登多路遠，豈期風雨動離腸。

41 太陰在辰戌坐命：
古人稱為「日月照合」

一、星系結構

太陰在辰戌坐命，對宮為太陽，財帛天機在子午，事業天同天梁在寅申。

太陰在辰宮坐命

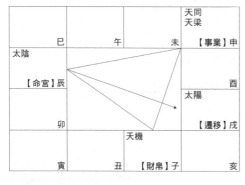

太陰在戌宮坐命

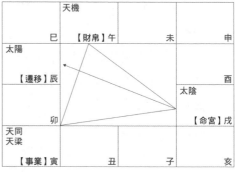

二、格局特質分析

特質 ➊ 太陰在辰戌坐命，日月一坐一照，古人稱為「日月照合」。

太陰性質含蓄、內斂、潛藏，嫌其過份收斂，處事被動而缺乏魄力。在辰戌二宮獨坐，受到對宮太陽熱情活潑的影響，激發思想的開放，個性少了太陰星的含蓄與內斂，處事雖帶有太陽的強勢，卻優柔寡斷表裡不一，內心敏感善變，情緒起伏不定。

此格日月一坐一照，古人稱為「日月照合」，帶有桃花性質，感情生活豐富，異性緣佳。且「日月照合」，佔奪了父母、夫妻、子女之位，六親緣薄。此格父母宮廉貞貪狼在巳亥，二星皆弱陷，反映在父母宮，影響其人早年家庭生活，先天環境較不佳，如幼年不受父母庇蔭或早年與父母分離，也可能是祀繼，或親子之間的感情淡薄，宜離家發展。

特質 2 太陰在辰戌，辰宮為「陰精入土」格，戌宮為「日照寒潭」格。

太陰在辰戌坐命，戌宮優於辰宮，太陰在戌宮旺位，為玉兔揚輝的時候，對宮太陽也乘旺，「日月並明」，稱為「月照寒潭」格。其人學養俱佳，才華出眾，帶有藝術氣息，個性溫良不躁進，處事得體成熟大方，人際關係佳，事業能有所表現，為上格，夜生人見祿，多有富貴的格局。「日月照合」，雖不利父母，早年家庭生活不順遂，但能少年得志。

太陰在辰宮弱陷，「日月反背」，其人心性浮動，處世卻是被動，情緒起伏不定，性格深沉頑強，意志力薄弱，容易有過多黯淡思維，自我保護心強。

但不論男女長相皆俊秀，在柔順的外表中，增添不少異性緣，卻不善拿捏本身虛浮的心性，多帶有感情的困擾。若星曜組合不佳，更有重感情欠理性的沉淪，一生桃花重，浮蕩不安。但太陰在辰宮，辰宮屬土，若能得屬金的星曜會照，金埋於土，土生金，則為「陰精入土」格，再見科權祿吉化，則能在艱苦中成就事業，掌握軍警大權，參贊戎機，功高雲表，榮譽名揚。

特質 3 太陰在辰戌，辰戌屬土，所以喜金、忌火。

太陰在辰戌坐命，處於天羅地網之位，深受束縛，須掙脫羅網的桎梏。但太陰五行屬陰水，在辰戌宮受土的刑制，所以喜金、忌火，喜得屬金的星曜，金能生水，能加強太陰之水，為人深思熟慮，處事胸有成竹，能謀定而後動，準備充足，只要機會來臨，就能迅速把握，衝破羅網的桎梏，如游魚脫網，喜無邊。

若是見屬火的星曜，火能生辰戌土，更加強太陰的刑制，使太陰星增加其浮動性，急於突破，衝動而浮躁，盲目行動，反愈掙扎愈受纏縛。

三、此星系出生年，天干能量特點

1.太陰在戌坐命，丙年生人

天同化祿在事業宮，天機化權在財帛宮，命宮「權祿會照」，動則有成。

天鉞、天魁在酉亥宮夾命宮，一生多貴助，為財官雙美格。

2.太陰在戌坐命，丁年生人

太陰化祿在命宮，天同化權在事業宮，天機化科在財帛宮，形成科權祿「三奇佳會」，祿存在財帛宮，「雙祿相逢」富貴雙全。天鉞、天魁在酉亥宮夾命宮，一生多貴助，為財官雙美格。

3.太陰在辰宮坐命，乙年生人

天機化祿在財帛宮，天梁化權在事業宮，太陰星化忌在命宮、擎羊同度，為「陰精入土」格，雖祿忌相沖破，較奔波忙碌，但這是奇格，則能在艱苦中成就事業，宜軍警可掌握大權。

4.太陰在辰宮坐命，戊年生人

太陰化權在命宮、陀羅同度，為「陰精入土」格，人生目標明確，只要機會來臨，就能衝破羅網，天機化忌在財帛宮，從事勞心費神的行業為佳，專業為宜。

四、此星系吉凶注意事項

1. 太陰五行屬陰水，辰戌宮屬土，太陰在辰戌，水入土位，受刑制，所以喜得屬金的星曜，金來生水，能增加太陰的穩定，尤其喜陰金之星，如文昌、擎羊、陀羅、天哭。
   忌見屬火的星曜，火能生辰戌土，更加強太陰的刑制，如魁鉞、火鈴、天馬、空劫、天刑、孤寡、輩廉、破碎等星，則能增加太陰星浮動性。
2. 太陰在辰戌坐命，落於羅網之位，是否能掙脫羅網的桎梏，為之重點。其人目標是否明確，能謀定而後動，還是浮躁盲動，愈掙扎愈受纏縛。不能只觀視命宮與三方的星曜，也需注意其福德宮。因太陰坐命之人，福德宮為巨門星，福德宮的好壞對太陰的影響甚為重要，若福德宮格局不佳，則容易使太陰星，轉變成浮躁盲動而缺乏理性，更難以掙脫羅網。
3. 太陰在辰戌坐命，戌宮之人，「日月並明」，心性活潑而明朗，人生較為積極，且能深思熟慮，謀定而後動，所以人生較穩定而平順。若能得吉化及輔佐星曜，則事業有成，富貴雙全。

辰宮之人，「日月反背」，其人心性浮動，處世卻是被動。若只見科權祿吉化，而無左輔右弼，則反不吉，華而不實，需防得而復失，富不耐久。若能遇陰金之星曜，如文昌、擎羊、陀羅、天哭，則反為變景，能在艱苦中成就事業。

4. 太陰在戌宮坐命，星曜入廟，若見吉曜多，則可得清要之職，一生快樂，富貴雙全。若見煞曜，則易有驚險，但多能逢凶化吉，人生較為減色。

5. 太陰在辰戌坐命，見文昌、文曲同度，桃花多，第六感靈敏，適宜宗教、命理、哲學、文學、藝術發展。

6. 太陰在辰戌坐命，三合財帛宮為天機，事業宮為天同、天梁，為「機月同梁」格，學識豐富，謹慎細心，企劃能力強，適宜公教、傳播，或專門學術研究發展，以智慧進財。

五、命盤實例解析

1. 命宮

太陰在戌宮坐命，火星同度。戌宮之人，日月並明，心性活潑而明朗，行事光明磊落，才華出眾，人生較為積極。但火星同度，火星剛烈急躁，難以踏實，增加太陰星的浮躁，破壞其穩定性，增加人生勞碌辛苦，較為減色。

命主少年才華出眾，在多場才藝競賽中皆有傑出的表現，且小有收穫，更是加強命主急於追求獨立。命主對父母的管教視如桎梏，急於擺脫父母的羽翼，渴望自己能獨立發展。因此浮躁而盲動，急於成功，難以踏實，缺乏理性，付出的代價是讓自己遭受重大的挫敗，更難以掙脫羅網桎梏。須至35歲之後才能再度逐漸遇曙光。

命主丙年生人，天同化祿在事業宮，天機化權在財帛宮，權祿會照命宮，動則有成。天鉞、天魁在酉亥宮夾命宮，一生多貴助，為財官雙美格。

事業天同化祿、天梁、地劫同度，天同為藝術星曜，命主多有演藝之天分，再見地空同度，更加強其藝術氣質，但需建立自己的獨特風格，發揮其特質來展現才華，才能撐起自己的一片天。不宜急於成名而浮躁盲動，反讓自己多勞碌挫敗。

右祿弼存 廟 天恩天破天官光貴碎使 疾厄宮 53-62　　癸巳	天擎機羊 廟陷 權 天姚 財帛宮 43-52　　甲午	紫破微軍 廟廟 天空 子女宮 33-42　　乙未	地天劫馬 廟旺 天孤巫辰 夫妻宮 23-32　　丙申
太陀陽羅 旺廟 陰鳳寡煞閣宿 遷移宮 63-72　　壬辰			天左天府輔鉞 旺 紅鸞 兄弟宮 13-22　　丁酉
武七曲殺 利旺 天台天天月輔喜傷 奴僕宮 73-82　　辛卯			太火陰星 旺廟 龍池 命宮 3-12　　戊戌
天天地同梁空 利廟 祿 天三蜚刑台廉 官祿宮 83-92　　庚寅	天文文相曲昌 廟廟廟 科 田宅宮 93-102　　辛丑	巨鈴門星 旺陷 解天八天天神廚座哭虛 福德宮 103-112　　庚子	廉貪天貞狼魁 陷陷旺 忌 封誥 父母宮 113-122　　己亥

天同化祿為白手創業，須經激發磨練，才能修得正果，成功多在中晚年之後，中年前事業易反覆多變。 **鬼谷子** 此命玉潤金輝。人皆仰慕。可謂鐘鼎之器。棟樑之材。只嫌退神重。故好事迂迴。翻覆處勞而無功。辛苦處做事不實。吁嗟乎。好事從來不十全。彩雲易散。琉璃易碎。本是軒昂頭角。奈何運限未通。行得龍吟。忽然豹變。

2. 兄弟宮

天府在兄弟宮，左輔、天鉞同度。兩個哥哥，一個妹妹，感情良好，多有助力。 鬼谷子 兄弟：塞邊四雁齊聲起，兩兩三三各自飛。惟有孤鴻千萬里，悠然足食在漁磯。

行限 13～22 歲，天府、左輔、天鉞在大限命宮，事業宮天相、文曲、文昌化科，學業順利、才藝表現出色，又多有貴人相助。此限宮干「丁」，天同化權遇生年化祿來夾天相，使事業宮天相形成，「財蔭夾印」及「權蔭夾印」格，但鄰宮巨門化忌夾天相，也使事業宮的天相，形成「刑忌夾印」，多受掣肘。命主少年得志，未經事不知珍惜，對父母、師長的管教指導視為掣肘。

3. 夫妻宮

夫妻宮無主星，地劫、天馬坐守。夫妻宮無主星，姻緣較薄弱，又逢地劫、天馬坐守，刑傷、孤獨難免，宜聚少離多為吉。借入對宮天同化祿、天梁、地空，配偶有成，但婚姻多變。 鬼谷子 婚姻：緣分猶如三島鶴，虎龍在洞守巖前。鴛鴦不若鷗和鷺，燕語鶯啼晚更暄。

行限 23～32 歲，大限命宮無主星，地劫、天馬坐守。事業宮巨門、鈴星同度，橫得橫失，暴起暴跌。命主少年得志，不知謙卑珍惜，變得倨傲不羈，成功太早，反易摔跌。

4. 子女宮

紫微破軍在子女宮，對宮天相、文曲、文昌化科。一女聰明，有才華，成就大。 鬼谷子 子息：檻外一枝花兩朵，其間一果在中存。早培早地栽新竹，石畔幽蘭長異芬。

行限 33～42 歲，紫微、破軍在大限命宮，對宮天相、文曲、文昌化科，此限宮干「乙」，紫微化科在命宮，可增加其聲譽。天梁化權與生年天同化祿來夾遷移宮的天相，使遷移宮的天相形成科權祿夾印。祿存在財帛宮與武曲七殺同度，白手興大業，主橫發。此限曙光再次出現，命主到大陸發展，再次獲得肯定。

5. 財帛宮

天機化權在財帛宮，擎羊同度。天機化權在午宮，財源較穩定。對宮巨

門，為口舌以求財，命主從事演藝行業，所以佳。擎羊同度，一生多競爭，勞心費神。

行限 43～52 歲，天機化權、擎羊在命宮。巨門、鈴星在遷移宮。太陰、火星在事業宮。天同化祿、天梁、地空在財帛宮。此限雖「權祿相會」，但煞曜太多，又未見輔佐吉星，難有貴人相助。此限宮干「甲」，太陽化忌在夫妻宮，沖照事業宮。命主雖越大陸發展，但演出機會逐漸減少，因此退居幕後發展。**鬼谷子** 收成：逢犬隄防沉醉後，晨雞卻向水中啼。多宜謹省當年夢，莫問江邊第一枝。

6. 疾厄宮

疾厄宮無主星，右弼、祿存坐守，借入對宮廉貞化忌、貪狼、天魁。廉貞化忌為腎血兩經疾病。命主命宮太陰火星同度，易因腎血兩經疾病，而引起眼目之疾。

行限 53～62 歲，大限命宮無主星，右弼、祿存坐守，三合府相朝垣，緩慢平順邁向成功之路。事業宮天府、左輔、天魁同度，三方見右弼、文曲、文昌化科、祿存。天府為庫星，得祿，又有「百官朝拱」，使命主事業發展良好，所帶領的旗下子弟兵眾多，名利雙收。

此限宮干「癸」，破軍化祿在福德宮，會照財帛宮的天相，巨門化權在鄰宮來夾天相，使此限財帛宮的天相格局良好。為財官雙美。

7. 遷移宮

太陽、陀羅同度。太陽為動星，在辰宮旺地，宜離鄉發展，出外有所表現，越忙越發達。陀羅同度，易有是非，但多能逢凶化吉。

8. 交友宮

武曲七殺在交友宮。左輔、天魁、天越會照，部屬、友人，有助力。但廉貞化忌會照，易背叛。

9. 事業宮

天同化祿、天梁、地空同度。天同為藝術星曜，命主多有演藝的天份，再見地空同度，更加強其藝術氣質，但需建立自己的獨特風格，發揮其特質來展現才華，才能撐起自己的一片天。天同化祿為白手創業，須經激發磨

練，才能修得正果，成功多在中晚年之後，中年前事業易反覆多變。 鬼谷子 基業：遲日皇都春正麗，持身須到鳳凰池。假如不是腰金客，也得天邊好爵廢。

10. 田宅宮

天相在田宅宮，文曲、文昌化科同度。天相為舊宅，喜文曲、文昌化科同度，雖是舊宅，但整修華麗。天相見輔弼、昌曲、天鉞、祿存、化科，左右鄰宮又有天同化祿夾，命主產業豐盈。

11. 福德宮

巨門在福德宮，鈴星同度。鈴星衝動而任性，喜歡鑽牛角尖，與巨門同度，其陰暗面必然呈現，多易招惹是非，遇事卻進退猶豫不定，人際關係不佳。

12. 父母宮

廉貞化忌、貪狼在父母宮，天魁同度。與父母緣份薄弱，不和諧，早年離家發展。

六、鬼谷子全盤印證

第二十二數　丙乙　鼎卦　乙酉　大器晚成，目前尚非其時。

判斷：

此命玉潤金輝。人皆仰慕。可謂鐘鼎之器。棟樑之材。只嫌退神重。故好事迂迴。翻覆處勞而無功。辛苦處做事不實。吁嗟乎。好事從來不十全。彩雲易散。琉璃易碎。本是軒昂頭角。奈何運限未通。行得龍吟。忽然豹變。

▲雀宿深林格

詩云： 先發寒林不及時，塵埃坲落上雲梯。
雁橫秋水離關塞，雀宿深林托穩枝。
記得東華分造化，何愁萬事不光輝。
生涯若問何方好，風送花香細點衣。

基業： 遲日皇都春正麗，持身須到鳳凰池。

假若不是腰金客，也得天邊好爵糜。

兄弟： 塞邊四雁齊聲起，兩兩三三各自飛。

惟有孤鴻千萬里，悠然足食在漁磯。

行藏： 幾回遊賞花間至，不若發弓一寸機。

到底必榮天祿馬，根基桃李兩相宜。

婚姻： 緣分猶如三島鶴，虎龍在洞守巖前。

鴛鴦不若鷗和鷺，燕語鶯啼晚更暄。

子息： 檻外一枝花兩朵，其間一果在中存。

早培旱地栽新竹，石畔幽蘭長異芬。

收成： 逢犬隄防沉醉後，晨雞卻向水中啼。

多宜謹省當年夢，莫問江邊第一枝。

42 太陰在巳亥坐命：
亥宮為「月朗天門」格

一、星系結構

太陰在巳亥坐命，對宮為天機，財帛在丑未無主星，事業太陽天梁在卯酉。

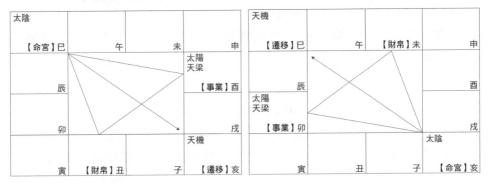

太陰在巳宮坐命　　　　　　　　　　　太陰在亥宮坐命

二、格局特質分析

特質 1 太陰在巳亥，受對宮天機動星的影響，讓這個星系帶有浮動的性質。

太陰性質收斂潛藏，行事謹慎保守，在巳亥宮處於四馬之地，又受對宮天機動星的影響，雖能改善過分收斂的性質，促使太陰發揮其英華，增加權宜應變力，但也增加太陰星的浮動性，讓這個星系帶有浮動的性質。浮動雖帶來環境的變動，增加奔波勞碌，卻也帶來機會，如出國留學、移民或須常到國外出差者，也可能是難守一業，經常轉換工作。尤其是太陰在巳宮，落陷缺點多，星曜性質浮蕩無根，難以踩實，其人優柔寡斷，心性不定，見異思遷，工作、住宅環境皆容易變動。太陰在亥宮星曜入廟，個性沉穩內斂，處事不浮誇，受對宮天機星機敏靈變的影響，能促使太陰星發揮其英華，使才華更能有所發揮。

特質 2 太陰在亥宮入廟,稱為「月朗天門」格,具有相當的高貴度。

　　太陰在巳亥宮坐命,亥宮優於巳宮,亥宮為夜晚 9～11 點的月亮,最為明朗,稱為「月朗天門」格,此格最喜月圓光輝之夜生人,為上格。古人對此格局評價甚高,「日月並明」而適得其位,具有相當的高貴度,且在此格中有多格局的組合。

　　事業宮太陽、天梁在卯宮,稱為「日照雷門」格。財帛宮在未宮,三合「日月並明」來朝,稱為「明珠出海」格。命宮三方會齊「機月同梁」格加巨日的組合,非富即貴。

　　此格局之人相貌清奇,個性內斂,溫良恭儉,在溫和的外表裡,潛藏著豪志與企圖心,能職掌大權,為財官雙美。古曰:「月朗天門,進爵封候。」或「月朗天門於亥地,登雲職掌大權。」但此格必須形成「陽梁昌祿」格,才能完整合格。

　　所以事業宮的太陽天梁,若能遇見文昌、祿存、或化祿,則形成「陽梁昌祿」格。古曰:「陽梁昌祿,傳臚第一名。」這是許多成功名人的命理格局,學習能力強,考運極佳,利於競爭,能夠透過考試攫取地位,成為政界、國家的重臣,或該領域之名人。

　　前任總統馬英九先生,即屬此命格。但同樣是「陽梁昌祿」格,仍有高低之分,畢竟不是每個「陽梁昌祿」格,都能當總統。

特質 3 太陰在巳宮,雖不如亥宮,但見化吉及輔佐星曜,反為富。

　　太陰在巳宮弱陷,不論男女,皆不利女親。為人優柔寡斷,性急好動,處世態度卻被動,不宜男命奪妻宿,為人無主見,依賴性重,事業平庸,若夫妻宮不吉,則婚姻感情關係疏離,聚少離多,女命亦是如此。太陰在巳宮弱陷,星曜性質浮蕩無根,左右鄰宮又見廉貞、貪狼來夾命宮,為桃花的組合,異性緣佳,一生多感情困擾,晚婚為宜。太陰在巳宮雖不如亥宮,但見化吉及輔佐星曜,反為富,能有所享受,但主富並不主貴。

三、此星系出生年，天干能量特點

1.太陰在亥宮坐命，乙年生人

太陰化忌在命宮，天機化祿在遷移宮，天梁化權在事業宮，祿存同度，宜外地發展，富貴可期，夜生人為貴，日生人較晚成。太陰在亥宮化忌，謂「變景」浮雲掩蓋朗月，必須歷經艱辛才能成大業，但多有感情困擾。太陰化忌在亥宮，必見對宮天機化祿，形成「祿忌相沖」必有一失，古曰：「祿逢沖處吉裡逢凶。」

2.太陰在亥宮坐命，丁年生人

太陰化祿在命宮，天同化權在福德宮，天機化科在遷移宮，夜生人主貴，財官雙美。

3.太陰在亥宮坐命，庚年生人

太陰化科在命宮，太陽化祿在事業宮，為財官雙美格。最喜未、亥時生人，文昌、文曲在亥、卯宮，使事業宮形成「陽梁昌祿」格，其人賦性聰明博學，學業超群，考運極佳，能成為國家政界領域之聞人。且太陰星見文昌文曲，更能增加其才華。

4.太陰在巳宮坐命，乙年生人

太陰化忌在命宮，太陰化忌在巳宮弱陷，不利女親，幼年辛勞。天機化祿在遷移宮，天梁化權在事業宮，宜外地發展，主富。

5.太陰在巳宮坐命，戊年生人

太陰化權在命宮，祿存同度，「權祿相逢」能有所表現，主富。天機星化忌在遷移宮，出外奔波勞碌，多破耗，反不宜離家。

6.太陰在巳亥宮坐命，壬年生人

天梁化祿在事業宮，祿存在亥宮命遷線上。宜財務稽核之職。最喜未、亥時生人，文昌、文曲在亥、卯宮，使命宮形成「陽梁昌祿」格，宜專利發明或專利事業為職，若從商則宜代理品牌，打開商譽，始能有所成就。

「陽梁昌祿」格，本質雖佳，卻須努力奮鬥，才能有所成就。

四、此星系吉凶注意事項

1. 太陰在巳亥宮坐命，亥宮太陰入廟，夜生人為上格，日生人為次之。巳宮太陰弱陷，夜生人尚可，日生人則心性不定，有浮蕩不安的性質。

2. 太陰在巳亥宮坐命，此局重點在於，事業宮的太陽天梁，太陽天梁主競爭，必須努力奮鬥，才能有所成就。太陽天梁在卯宮入廟，稱為「日照雷門」格。開朗而自信，對事業上的成就與願景較有實現力，遇事也能權宜應變，使才華能有所發揮，一生平順，貴顯名揚。相反的太陽天梁在酉宮，太陽弱陷，天梁也只是平勢，處事先熱後冷，優柔寡斷，缺少自信，不利競爭，雖辛苦勞碌，卻懷才不遇，徒勞無功。即使是形成「陽梁昌祿」格，也須打些折扣，其競爭力較弱，因「陽梁昌祿」格的成就，是屬後天努力奮鬥才能有所成就。

3. 太陰在巳亥宮坐命，事業宮太陽天梁，宜從事醫藥、保險、學術研究、或監督之職。太陰在亥宮坐命，其事業宮太陽天梁皆入廟，能位高權重，若逢吉宜從政。太陰在巳宮星曜弱勢，則宜技藝為佳，或宗教、社會服務。

4. 太陰在巳亥宮坐命，亥宮太陰入廟，遇文昌、文曲，增加其才華，聰明文章秀發，揚名文藝界。巳宮太陰弱陷，遇文昌、文曲，雖增加其聰明，卻反增加浮蕩性，為九流術士。

5. 太陰在巳宮弱陷，缺點多，星曜性質浮蕩無根，難以踩實，其人優柔寡斷，心性不定，見異思遷，工作、住宅環境皆容易變動。所以田宅宮、財帛宮，皆不能見空劫星，經濟才能穩定。

6. 太陰在巳宮弱陷，不喜見科權祿吉化，較華而不實，卻喜遇祿存，增加其穩定性。

7. 太陰在巳宮坐命，星曜弱陷，心性不定，若未見魁鉞、輔弼吉星，有多學卻不專精，無所成的缺點，須防事業多變，人生難以穩定。可藉由後天的決心及努力來改變。

五、命盤實例解析

天機 平　　天姚天巫孤辰	紫微 廟　右弼地劫　陰煞天福恩光龍池天使	陀羅 廟　天鉞　　　天月天喜	破軍 得　左輔祿存火星天馬　廟陷　　天虛鳳閣
遷移宮	疾厄宮	財帛宮	子女宮
65-74　　辛巳	75-84　　壬午	85-94　　癸未	95-104　　甲申

七殺 廟　地空　　天哭天傷			擎羊 陷　　　　封誥破碎
奴僕宮			夫妻宮
55-64　　庚辰			105-114　　乙酉

太陽天梁文昌 廟廟平 祿			廉貞天府鈴星 利廟廟　　蜚廉
官祿宮			兄弟宮
45-54　　己卯			115-124　　丙戌

武曲天相 得廟 權　　八座天貴	天同巨門天魁 陷旺旺 忌　天刑台輔紅鸞寡宿	貪狼 旺　　解神三台	太陰文曲 廟旺 科　　　天官
田宅宮	福德宮	父母宮	命宮
35-44　　戊寅	25-34　　己丑	15-24　　戊子	5-14　　丁亥

1. 命宮

太陰化科在亥宮，文曲同度。太陰在亥宮入廟，稱為「月朗天門」格，最能發揮其英華，古人對此格局評價甚高。個性光明磊落，沉穩內斂，溫良

恭儉，在溫和的外表裡，潛藏著豪志及企圖心。

命主庚年生人，太陰化科在命宮，太陽化祿在事業宮，未時生人，文曲在亥宮，文昌在卯宮最妙。太陰化科入廟，更凸顯命主聰明與博學，但太陰星多有潔癖，再注入化科能量，命主對形象注重，要求完美，雖潔身自愛，做事循規蹈矩，但多有道德潔癖，易矯枉過正，因此命主有不沾鍋之稱。文曲在命宮同度，錦上添花增加優雅氣質及書卷氣。事業宮太陽化祿、天梁、文昌同度，使事業宮形成「陽梁昌祿」格，增加人生的層次，主貴。學習能力強，考運極佳，利於競爭，能夠透過考試攫取地位，成為政界，國家的重臣，或該領域之名人。

命主遷移宮，天機在巳位弱勢，又受地空、地劫所夾，表示外在環境不好，易被小人從中作梗，多是非。福德宮為天同化忌、巨門、天魁同度，福德宮天同受到巨門的刑剋，很容易禍從口出，又見天同化忌，更是過於情緒化，常惹來不必要的是非麻煩，便成為內心的痛苦，但命主仍以苦為樂。天魁同度，多有貴人相助，且增加人生的層次。**鬼谷子** 此命三星照命。主有是非。作事多曲。有剛權，無諂佞。易喜易嗔。易榮易辱。小事不藏。身出言毒，於人不足。親眷笑中刀，父母風前燭。

命主馬前總統，品格清高，潔身自愛，在道德上多有潔癖，對自己操守要求完美，卻對他人也有同樣的期待，但每個人有著性格上的差異，待人處事的方式也有不同，若標準過於嚴苛，反易變成人際關係的障礙。命主馬前總統，雖是一個品格清高的正人君子，但並不適合從政。因為他有無可挑剔的道德潔癖，卻對他人也有同樣的期待，使自己製造無數的敵人。**鬼谷子** 宜讀書而不宜經商。

2. 父母宮

貪狼在子宮獨坐，三方逢地空、地劫會照，與父母緣薄，命主早年出國留學。**鬼谷子** 父母風前燭。

3. 福德宮

天同化忌、巨門在福德宮，天魁同度。福德宮天同受到巨門的刑剋，很容易禍從口出，再見天同化忌，更是過於情緒化，常惹來不必要的是非麻煩，便成為內心的痛苦，但命主仍以苦為樂。天魁同度、天鉞會照，一生多

有貴人相助，且能增加人生的層次。　**鬼谷子**　易喜易嗔。易榮易辱。小事不藏。身出言毒，於人不足。

4. 田宅宮

武曲化權、天相在田宅宮。武曲化權在田宅宮，對宮祿存天馬會照，財運良好能自置產業。

行限 35～44 歲，武曲、天相在大限命宮。武曲天相在四馬地，代表方向變化不定，事事皆在浮動之中，尚未穩定。事業宮紫微、右弼、地劫同度，為小凶帶小吉之象，此限也是很令人煩心的運限。命主 32 歲，當任蔣經國總統的英文秘書，開始進入政治生涯。

5. 事業宮

太陽化祿、天梁在事業宮，文昌同度，形成「陽梁昌祿」格，學習能力強，考運極佳，利於競爭，能夠透過考試攫取地位，成為政界，國家之重臣，或該領域之名人，且能掌大權。

行限 45～54 歲，太陽化祿、天梁、文昌在大限命宮，形成「陽梁昌祿」格。此限事業平步青雲，但易碰到力不從心的機遇，事情先阻滯而後有成。命主 44 歲，受邀出任法務部長，宣稱嚴辦地方黑金勢力，但三年後被撤換。命主提出「辭官退隱」聲明，到政治大學教書。49 歲，復出當選台北市長。

6. 交友宮

七殺在交友宮，地空同度。同志、部屬無力，事業受到挾持，天哭星同度，多苦悶，易有奴欺主之象。

行限 55～64 歲，七殺、地空在大限命宮。七殺星為斗數中百折不撓的戰神。命主太陰星坐命之人，個性內斂，處事被動較缺乏魄力。喜遇七殺的運限，積極果敢利於衝刺，但多動盪與變化。七殺星雖衝勁十足，在辰宮落於羅網之地，受羅網之困，多有施展不開之嘆。又見地空同度，理想過高，施展無力。命主有道德潔癖，難政通人和，無法遂其志。且有天哭星同度，多苦悶，此限辛勞風波難免，這個總統之位當的很辛苦。

大限七殺星坐守，主有較大幅度的轉變。命主戊子年 59 歲，流年命宮在子位，貪狼化祿坐守，人緣好，三方再見火星、地空、地劫，可形成「火

空則發」的爆發力，又有左輔、右弼、祿馬會照，命主此時為獨領風騷的政治人物，高票順利當選總統。

命主壬辰年 63 歲，流年命宮在辰位，七殺、地空坐守。三方四正為殺破狼格局，有利於衝刺，雖能小勝，順利當選總統，但往日的魅力已不在。七殺、地空在大限命宮同度，多挫折，使精神受到重大打擊。 鬼谷子 月到中天影漸高，「庚辛」金印足風騷，一江煙水乘舟棹，萬里滄波隱巨鰲。

7. 遷移宮

天機在遷移宮。天機星主變化、動盪。天機在巳宮弱勢，又受地空、地劫所夾，表示外在環境不好，多是非。

行限 65～74 歲，天機在大限命宮，天機在巳宮弱勢，左右鄰宮受地空、地劫所夾，風波是非難免。遷移宮太陰化科會照，在外廣結善緣，易受垂青，能有良好名聲。

命主推動兩岸和平發展，在丙申年 67 歲，此年易經乾卦九二爻：見龍在田，利見大人。命主 2015 年 11 月 7 日下午 15：00 在新加坡，兩岸領導人首度正式會面。此為兩岸歷史重要一步。 鬼谷子 庚辛金印足風騷，庚辛風聚起波濤，知音多在東江上，一舉乘棹上九霄。

8. 疾厄宮

紫微在疾厄宮，右弼、地劫同度。紫微為土在午宮入廟，少災病。

9. 財帛宮

財帛宮無主星，陀羅、天鉞同度。財帛在未宮，雖三合為「明珠出海」格，但陀羅坐守，對宮天同化忌沖照，早年辛苦難聚財，晚年蓄財甚豐。

10. 子女宮

破軍在子女宮，左輔、天馬、祿存、火星同度，子女成就大，但個性固執，火星同度，父女遠離。 鬼谷子 子息：翠柏青松長嫩條，一雙仙鶴在林梢，可憐風雨遮明月，須為陰德始榮豪。

11. 夫妻宮

夫妻宮無主星，擎羊坐守，借入對宮太陽化祿、天梁、文昌，為「陽梁昌祿」格，妻子助力大，個性有酷酷的味道與氣質，所以稱為酷酷嫂。不過

宮干「乙」太陰化忌，妻子較為辛勞。 鬼谷子 婚姻：梅放歲寒江上景，松
篁勁直上層霄，清風明月久為伴，山碧溪深興自豪。

12. 兄弟宮

廉貞天府在兄弟宮，鈴星同度，三方地空地劫會照，無兄弟，只有姐妹
四人。

六、鬼谷子全盤印證

第六十八數　庚辛　夬卦　辛未　宜讀書而不宜經商。

判斷：

此命三星照命。主有是非。作事多私曲。有剛權，無諂佞。易喜易嗔。
易榮易辱。小事不藏。身出言毒，於人不足。親眷笑中刀，父母風前燭。

▲鰲隱滄波格

詩云：月到中天影漸高，庚辛金印足風騷。
　　　　一江煙水乘舟棹，萬里滄波隱巨鰲。
　　　　雁唳三秋分作隊，花開二月結成桃。
　　　　平生莫道多迍蹇，晚向金門遇貴豪。

基業：月到天心氣象高，庚辛風聚起波濤。
　　　　知音多在東江上，一舉乘棹上九皋。

兄弟：風吹遠雁過漁磯，霜天一隻勝群飛。
　　　　白蘋紅蓼花盈岸，翠竹青松定可依。

行藏：幾回重疊事方諧，須際風雲不必猜。
　　　　數年埋沒藍田玉，巧匠知音琢得來。

婚姻：梅放歲寒江上景，松篁勁直上層霄。
　　　　清風明月久為伴，山碧溪深興自豪。

子息：翠柏青松長嫩條，一雙仙鶴在林梢。
　　　　可憐風雨遮明月，須為陰德始榮豪。

收成：青山綠水繞欄杆，九陌鐘鳴獨掩關。
　　　　松篁鬱鬱照明月，猿鶴閒啼自往還。

43 貪狼在子午坐命：午宮為「木火通明」

一、星系結構

貪狼在子午坐命，對宮為紫微，財帛破軍在寅申，事業七殺在辰戌。

貪狼在子宮坐命

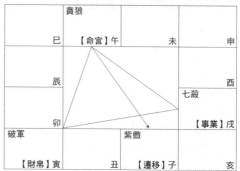

貪狼在午宮坐命

二、格局特質分析

特質 ❶ 貪狼在子午宮，受對宮紫微帝座的影響，對人、事、物的慾望過深。

貪狼為慾望之星，追求物慾與情慾。貪狼在子午宮，受對宮紫微帝座的影響，對人、事、物之慾望，更是趨於極致。慾望是一種動能，人生的慾望貴乎在於適中，過於不及皆是弊病，對人生未必是一種好事，過高的慾望往往使人生走向極端，難以自拔。所以貪狼在子午宮，必須有所制，才能調和貪狼的慾望，使慾望適中。太微賦：「貪狼若犯帝座，無制，便為無益之人。」

貪狼為慾望之星，足智多謀，多才多藝，應變能力強，善於適應環境，個性精明、靈活、圓滑、識時務，處事能力強，只要是星系結構調和良好，則人生積極進取，能發揮才藝上的表現，讓自己更上一層樓。但若貪狼星系結構不佳時，則對物慾或情慾甚重，古曰：「主其性則機關，必多計較，隨

波逐浪，愛惡無定，奸詐瞞人。」其性質投機浮蕩，常常因一己的私利，無顧他人的損害，甚至踐踏別人，且易迷戀於酒色財氣。

特質 2 貪狼在午宮較子為佳，午宮稱為「木火通明」，子宮為「泛水桃花」。

　　貪狼在子午宮獨坐，星曜處於旺位，才華洋溢。受對宮紫微星的影響，重面子，儀表莊重，可減少其浮蕩的性格，志趣較為高尚，能加強其領導能力，但也失去，貪狼星擅長交際的能力。貪狼五行屬木，又屬水，在午宮較子者為佳，午宮木生火，稱為「木火通明」，有雄才謀略，能掌握實權，桃花性質較少，為物慾的結構。

　　子宮的貪狼，受水生木的影響，「水泛木浮」化為桃花的現象，故稱則為「泛水桃花」格局。雖受對宮紫微星的影響，可減少其浮蕩的性格，但紫微星在對宮，較無力扶助。使子宮的貪狼星，外表莊重，私下卻易沉迷於酒色財氣之中。但若是貪狼化忌，或遇天刑、空曜、華蓋等星曜同度，則能反正。

特質 3 此星系遷移宮紫微星的好壞，能影響貪狼的慾望。

　　貪狼為慾望之星，在子午宮獨坐，必受對宮紫微星的影響，使貪狼星的慾望更趨於極致。因此紫微星好壞對貪狼的影響，必然有一定的關係，當紫微星受「百官朝拱」時，外出氣勢強、受敬重、多助力、增加競爭力，能得意風發，可增加貪狼的慾望，人生觀積極。

　　而「在野孤君」的紫微星，出外人緣不佳，無法施展身手，使貪狼星的慾望減低。若貪狼化忌，則慾望更低，若再見空曜、天哭、華蓋等煞曜時，易使貪狼星心志卑弱，缺乏勇氣，失去原動力，甚至可以變成畏懼競爭，一碰到阻力便退縮。

三、此星系出生年，天干能量特點

1.貪狼在子午宮坐命，丁年生人

　　太陰化祿在兄弟宮，天同化權在父母宮，左右鄰宮受權祿所夾，能得自家庭資源上的援助，能有所作為。祿存在午宮命遷線上，一生財利富足，福厚。子宮貪狼「日月並明」，出生背景為佳。

2.貪狼在子午宮坐命，己年生人

貪狼化權在命宮，企圖心強。武曲化祿在福德宮，可調和貪狼化權的剛剋之性，化為毅力去爭取。星系結構調和良好，人生積極進取，可發揮貪狼星的才華，讓自己更上一層樓。一生福厚，財利富足。

3.貪狼在午宮坐命，丙戊年生人

擎羊在午宮與貪狼同度，古曰：「貪狼擎羊居午位，丙戊年生人威鎮邊疆。」亦稱為「馬頭帶箭」之格局，具有雄才偉略，富貴雙全。

四、此星系吉凶注意事項

1. 貪狼為慾望之星，慾望無善惡之分，慾望是一種需求，期望被實現而產生的動能，若沒有了慾望，動力也會隨之消失。慾望過與不及皆不宜。因此在論述「紫微斗數」星系性質的結構組合，只宜調和，而不宜加強性質上的衝突。

   貪狼在子午坐命，受對宮紫微帝座的影響，對人、事、物之慾望，會趨於極致。戊、己年生人，貪狼化權及化祿，受權祿能量的注入，會增加貪狼星衝刺力及競爭力，但也會再增加貪狼星的慾望和企圖心，因此不宜再見輔曜、蜚廉、力士、將星、長生、帝旺等雜曜，易使貪狼的慾望過深。雖然人生觀積極，卻可能發展成為投機取巧，或為了目標而不擇手段的人，其結果卻是「事與願違」未必如意。

   慾望過深的貪狼也不宜逢強限，雖然際遇佳，其反作用力所帶來的結果是「物極必反」，當一個人追求與沉迷，到達一個頂點時，易導致精神生活空虛，容易沉迷於不良嗜好，致誤終身。

   但慾望弱的貪狼則喜行強限，可藉由順境的良好際遇，改變人生觀，發揮自信，積極奮發而有所為。

2. 貪狼為慾望之星，在子午宮坐命，處於旺位，才華洋溢，只要三方四正未遇地空、地劫二星，則事業易有所成。

3. 貪狼在子午坐命，受對宮紫微帝座的影響，慾望過高，好高騖遠，多虛少實。不宜再見文昌、文曲同度，更是虛華不實。

4. 貪狼在午宮坐命，貪狼木生午宮火，木火通明，丙戊年生人，擎羊同度，稱為「馬頭帶箭」之格局，具有雄才偉略，宜軍警或武職發展，富貴雙全。

5. 貪狼在子宮坐命，受子宮水生貪狼木的影響，已有「水泛木浮」的桃花之象，若再見擎羊同度，故稱為「泛水桃花」格局，多感情困擾。

6, 貪狼在子午坐命，喜見火星、鈴星，可形成「火貪格」或「鈴貪格」，一生中必有爆發的機會。

五、命盤實例解析

1. 命宮

貪狼化忌在子宮坐命，地空、祿存同度。貪狼在子宮坐命，子宮的貪狼受水生木的影響，會有「水泛木浮」的桃花現象，故稱為「泛水桃花」格局。雖受對宮紫微星入廟的影響，但紫微星在對宮，較無力扶助。使子宮的貪狼，外表莊重，私下卻易沉迷於酒色財氣之中。但命主癸年生人，貪狼化忌，則能反正，不喜歡風月場所，再見地空、祿存同度，則能自律，桃花較少。但同時也失去，貪狼星的衝刺力及競爭力。

貪狼化忌在命宮，地空、祿存同度，形成「科權夾忌」及「羊陀夾忌」的格局。命主癸年生人，貪狼化忌在命宮，左右鄰宮，兄弟宮太陰化科，父母宮巨門化權，命宮貪狼化忌受科權所夾，表父母及兄弟皆強，能得自家庭資源上的援助及照護。祿存在命宮與貪狼化忌同度，形成「羊陀夾忌」格局，生活雖然有父母的援助及照護能安定，卻多受親人掣肘。

命主貪狼化忌在命宮，志大才疏。地空、天空同度，早年理想性過高，事業建立在虛幻的想像中，多空想而缺乏實際行動力。對宮紫微星又未見六吉，使紫微星形成「在野孤君」，出外人緣不佳，無法施展身手，人生多挫折阻礙，使命主自尊心受到了嚴重打擊，產生心志卑弱，缺乏勇氣，失去貪狼星的原動力，甚至畏懼競爭，一碰到阻力便退縮。

命主出生背景佳，在生活資源上能得到父母親的援助及照護，使命主更無法承受職場壓力，只好縱容自己逃避現實，日久逐漸失去信心，內心感到茫然、憂慮與無力感。

天機平 天鉞 天馬　台輔 天福 三台 天虛 天傷	紫微廟　　天刑 天月 天官 天貴	天哭 天使	破軍得陷 火星　天巫 陰煞　　　祿
奴僕宮　　　　丁巳 74-83	遷移宮　　　　戊午 64-73	疾厄宮　　　　己未 54-63	財帛宮　　　　庚申 44-53
七殺廟　　　解神 紅鸞 官祿宮　　　　丙辰 84-93			鈴星得　　　八座 破碎 子女宮　　　　辛酉 34-43
太陽廟 天梁廟 文曲旺 天魁　　龍池 田宅宮　　　　乙卯 94-103			廉貞利 天府廟 地劫　天姚 天喜 寡宿 夫妻宮　　　　壬戌 24-33
武曲得 天相廟　恩光 孤辰 福德宮　　　　甲寅 104-113	天同不 巨門不 左輔 右弼 擎羊廟　封誥 蜚廉　　　　　　　　　權 父母宮　　　　乙丑 114-123	貪狼旺 祿存廟 地空　咸池 天空　　　　忌 命宮　　　　　甲子 4-13	太陰廟 文昌利 陀羅陷　鳳閣　　　　　　科 兄弟宮　　　　癸亥 14-23

　　命主大限 24～33 歲，行運遇弱限，造成命主悲觀厭世走向極端，自殺過兩次。命主需藉由 34～43 歲，行強限的順境與良好際遇，人生重新開始，學習技藝，改變人生觀，讓多空想轉換成巧思及創新，發揮自信，積極奮發，使事業有所成且能橫發。 鬼谷子 此命主多憂心。思慮縈絆。恩怨重重。勞心費力。欲達不達。百事蹉跎。六親冰上炭。兒女眼前花。骨肉須防

有鬼祟。蕭牆內要起干戈。中年多成蹭蹬。災障業纏磨。受盡辛勤頭漸白。身心方始得安和。

2. 兄弟宮

太陰化科在兄弟宮，文昌、陀羅同度，太陰在亥宮「月朗天門」，再見化科，兄弟感情佳，能得到姊姊的相助力。但逢陀羅同度，須自立，不宜合夥，防有糾紛。 鬼谷子 兄弟：風送雁飛深有序，秋深兩兩各分飛。迢迢雲路飛何在，一在吳山一楚鄉。

3. 夫妻宮

廉貞、天府在夫妻宮，地劫同度。廉貞非善星，又見地劫同度，晚婚為宜或不舉行正式婚禮，為趨避。 鬼谷子 婚姻：處處明月出雲端，有似嫦娥在廣寒。保子全憑陰隲佑，春秋多在暮雲間。

行運 24～33 歲，廉貞、天府、地劫在大限命宮，感情用事，行事作風又太過功利，事業、感情遭受到重大挫折。此限宮干「壬」，紫微化權在財帛宮，武曲化忌在事業宮。剛毅帶執著，遇事衝動，無法妥善處理，多有感情上的決絕之事，精神多受折磨，使命主心志更加卑弱，缺乏勇氣與鬥志，事業及感情一事無成。此限多阻礙難以順心，命主此限自殺過兩次。 鬼谷子 欲達不達。百事蹉跎。鸞鏡塵生暗處多，要明須是再重磨。恩中成怨既如是，破裏還圓怎奈何。

4. 子女宮

子女宮無主星，鈴星坐守。子女易有刑傷。對宮太陽天梁在卯宮入廟之位，子女個性開朗活潑。 鬼谷子 子息：牆外枝頭花欲放，開花尤慮雨和風。哉培須記陰功力，半有清黃半有紅。

行運 34～43 歲，大限命宮無主星，鈴星坐守，借入對宮太陽、天梁、文曲、天魁。

此限宮干「辛」，祿存在大限命宮。太陽化權、文曲化科在遷移宮，遷移「科權相逢」，出外發達，能有所表現。巨門化祿在事業宮，遇生年巨門化權，事業「權祿相逢」，商品口碑佳。

此限三方形成科權祿「三奇佳會」，還會萃成「陽梁昌祿」特殊格局。三方再見輔弼、魁鉞會照，多有貴人相助，此限事業能有一番作為，但須注

意不可躁進。

5. 財帛宮

　　破軍化祿在財帛宮，火星同度，亦主橫發，此財為開創財源而致，並非橫財。破軍化祿，必須兼行兼職以生財。有祿，命主收入豐厚，亦主財源較為穩定。

　　破軍守財帛宮，不擅理財，其本質為開創財源，其開創的方式亦與常人不同，唯開創之後，必有眾人跟隨，雖有跟隨者但影響不大。

　　行運 44～53 歲，破軍化祿、火星在大限命宮，主開創。此限宮干「庚」，祿存在大限命宮，遇生年破軍化祿，大限命宮「疊祿」。武曲化權在遷移宮，出外求財堅決果斷，但增加其剛毅霸道。太陽化祿、天同化忌在左右鄰宮夾天相，使遷移宮的武曲天相，形成「財蔭夾印」與「刑囚夾印」，產生剛柔未濟，難以得志。此限事業宮貪狼化忌、地空、祿存同度，須防野心過大而有所挫敗。

6. 疾厄宮

　　疾厄宮無主星，借入對宮天同、巨門化權、左輔、右弼、擎羊。天同巨門二星，主坐骨神經痛。擎羊同度、開刀動手術。命主年輕時跳樓自殺，坐骨神經受傷開刀。

　　行運 54～63 歲，大限命宮無主星，三方「日卯月亥」來朝，稱為「明珠出海」格。對宮遷移天同、巨門化權、左輔、右弼、擎羊同度。事業宮太陰化科在亥宮，文昌、陀羅同度。財帛太陽天梁在卯宮，文曲、天魁同度。

　　此限為「明珠出海」格，又見「科權來朝」與輔弼、昌曲、天魁吉星會照，發展順利，平步青雲。　**鬼谷子**　老來萬事稱心，一路順風。

7. 遷移宮

　　紫微在遷移宮獨坐，三方未見吉曜，為「在野孤君」。又見地空、地劫、化忌會照，出外人緣不佳，在外多勞心不安。

8. 交友宮

　　天機在交友宮，天馬、天鉞同度。天機在交友宮，朋友時時更換。天馬同度，朋友變換大。天鉞同度，能得女性貴人相助力。

9. 事業宮

七殺在事業宮，管理能力強。三方見地空、地劫與「雙祿朝垣」，事業多有巧思及創新，能橫發，可自力創業，但波動起伏大，不宜投機性質的行業。

命主早年事業理想性過高，事業建立在虛幻的想像中，多空想而缺乏實際行動力。中晚年事業，常有出人意料之外的巧思及創新，使事業能橫發。

鬼谷子 基業：半世迷途旋琢削，平生勞力滿蓬船。黃金練就玉成器，暮向龍樓鳳閣前。

10. 田宅宮

太陽天梁在田宅宮，文曲、天魁同度。太陽天梁在卯宮入廟，文曲、天魁同度。可得祖蔭。也可在不動產中獲利。

11. 福德宮

武曲天相在福德宮，易隨波逐流。左右鄰宮受巨門化權，左輔、右弼、文曲、天魁夾印，對宮又有破軍化祿會照，能善用機會，乘勢而行。中年辛勞，晚年稱心如意。 鬼谷子 老來萬事稱心，一路順風。

12. 父母宮

天同、巨門化權在父母，左輔、右弼、擎羊同度。能得父母餘蔭，但與父母有代溝。

六、鬼谷子全盤印證

第九十四數　癸丁　剝卦　丁亥　老來萬事稱心，一路順風。

判斷：

此命主多憂心。思慮繫絆。恩怨重重。勞心費力。欲達不達。百事蹉跎。六親冰上炭。兒女眼前花。骨肉須防有鬼祟。蕭牆內要起干戈。中年多成蹭蹬。災障業纏磨。受盡辛勤頭漸白。身心方始得安和。

▲鸞鏡新磨格

詩云：鸞鏡塵生暗處多，要明須是再重磨。

恩中成怨既如是，破裏還圓怎奈何。

曾遇貴人開口笑，也隨樵子著煙簑。

老松不改雪霜操，百尺凌雲長嫩柯。

基業：半世迷途旋琢削，平生勞力滿蓬船。

黃金煉就玉成器，暮向龍樓鳳閣前。

兄弟：風送雁飛深有序，秋深兩兩各分飛。

迢迢雲路飛何在，一在吳山一楚鄉。

行藏：良匠施工勞琢削，終身應許器完成。

鼠牛相見多奇妙，龍虎交馳搖令名。

婚姻：處處明月出雲端，有似嫦娥在廣寒。

保子全憑陰隲佑，春秋多在暮雲間。

子息：牆外枝頭花欲放，開花尤慮雨和風。

栽培須記陰功力，半有清黃半有紅。

收成：撞見馬頭并蛇尾，此時切莫過溪橋。

舟橫野水無人渡，梅柳春來笑雪飄。

44 貪狼在寅申坐命：善於交際

一、星系結構

貪狼在寅申坐命，對宮為廉貞，財帛破軍在辰戌，事業七殺在子午。

貪狼在寅宮坐命　　　　　　　　　　貪狼在申宮坐命

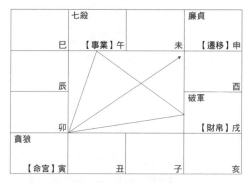
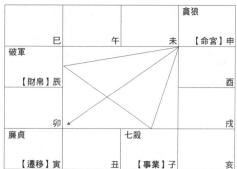

二、格局特質分析

特質 1 貪狼在寅申坐命，對宮為廉貞，二星皆為桃花、藝術之星。

貪狼在寅申坐命，對宮為廉貞星，二星皆為桃花、藝術之星，坐命之人，五官輪廓鮮明，堪稱得上俊男、美女型。貪狼受對宮廉貞星的影響，對政治有興趣，並且增加傲氣與機敏，其人多才多藝，喜掌權，善於交際，能將才華發揮。但容易流於心高氣傲，一旦得意便忘形。所以事業成敗起伏大，工作環境也易變動。

因此此星系之人，從官不如從商，從商不如從工，以求財為吉，亦有波折，則可安然度過。

特質 2 廉貞星喜坐遷移宮，廉貞的性質，活動面要愈寬愈好。

貪狼在寅申坐命，遷移宮為廉貞星。廉貞星喜在遷移宮，外面寬廣的世界，有助廉貞星的發展，出門通達吉利，在外多人緣。廉貞星性質活動面要

愈寬廣愈好，常會有很多不可思議及不可預料的奇遇發生，所以通常均喜離開出生地發展。且貪狼在寅申坐命，事業宮為七殺，財帛宮為破軍，三方形成「殺破狼」的格局，個性剛硬，比較敢衝，如古代征戰沙場的大將軍，多半是屬於「殺破狼」格局。

這種格局的人，喜動不喜靜，一生多動盪起伏，變化大，較為飄泊，但卻有著一舉成名的英雄體質。所以喜見火星、鈴星，可形成「火貪格」及「鈴貪格」主橫發。經商者亦有突發的機遇。

特質 3　此格局須防發跡後，易沉溺於安樂中而破敗。

貪狼為物慾與情慾的星曜，在寅申坐命，受五行生剋的影響，二宮基本性質不同。貪狼甲木居寅宮，二者為同氣，主早發，生長環境較為平順，為人聰明，見祿少年顯揚，白手創立事業。貪狼在申宮，受「木逢金刻」的影響，早年不利，發跡較晚，一生事業由艱苦中奮鬥而來。

因此貪狼在寅申坐命，二者基本性質不同，寅宮的貪狼，生長環境順遂，早發，性質較傾向於情慾。申宮的貪狼，人生多奮鬥，性質傾向於物慾。貪狼在寅申二宮，皆須防發跡後，易沉溺於享樂中，讓一切成功在享樂中而破敗。尤其是貪狼在寅宮，若見陀羅同度，則稱為「風流彩杖」，易因感情方面糾纏不清而招災惹禍，再見煞刑星曜，主官非。

三、此星系出生年，天干能量特點

1.貪狼在寅申坐命，甲年生人

祿存在寅宮命遷線上，廉貞化祿在遷移宮，出門生財通達吉利，財帛宮破軍星化權，權祿會照命宮，成就不凡。

2.貪狼在寅申坐命，戊年生人

貪狼化祿在命宮，加強交際應酬的能力，能長袖善舞，利於經商得財，且祿存在巳宮子田線上，成就佳。

3.貪狼在寅申坐命，己年生人

貪狼化權在命宮，增加其才智與企圖心，武曲化祿在夫妻宮，祿存在午

宮夫官線上，事業宮「權祿會照」，天鉞、天魁在子申宮，可在政壇成名。

4.貪狼在寅申坐命，庚年生人

武曲化權在夫妻宮，祿存在申宮命遷線上，太陽化祿、太陰化科在兄弟宮夾命，為財官雙美。

四、此星系吉凶注意事項

1. 貪狼為物慾與情慾的星曜，見地空、地劫或化忌同度時，反主清白端正，可減少其不良嗜好，但卻不利於錢財，也較無法發揮貪狼星的才藝，其生活品質影響相當明顯。雖貪狼化忌的同時，財帛宮勢必破軍化祿。但破軍化祿難抵貪狼化忌的作用。破軍化祿是因貪狼化忌，其人際遇不盡如意的時候，因此去舊更新而亮出新的局面。所以貪狼化忌有無心插柳，柳成陰的成份。

2. 貪狼在寅申坐命，受對宮廉貞星的影響，對政治有興趣，見天魁、天鉞，從政可成名。

3. 貪狼在寅申坐命，不喜文昌、文曲同度，作事多虛少實，善巧騙。古曰：「昌曲同度，必多虛而少實。」

4. 貪狼在寅申坐命，喜見火星、鈴星，為「火貪格」及「鈴貪格」主橫發，有意外之財，經商者亦有突發的機遇，也可能是投機賭博。若三方四正見擎羊、陀羅、地空、地劫、化忌等煞曜，需防先得後失，橫發橫破。

5. 貪狼在寅宮，見陀羅同度，為「風流彩杖」，一生感情複雜，易因酒色致禍。貪狼在寅宮，若會擎羊天刑，則為「風流彩杖」的變格，主官非。除非祿存同度或化祿，否則難有作為。

五、命盤實例解析

1. 命宮

貪狼化忌在命宮，火星同度。貪狼在寅宮坐命，受對宮廉貞星的影響，個性剛硬、心高氣傲。命主癸年生人，貪狼化忌在命宮，左右鄰宮，兄弟宮

天梁陷 右弼 文昌廟 天鉞 天馬　天福 天虛 **田宅宮** 92-101　　丁巳	七殺旺 地空　天姚 天官 **官祿宮** 82-91　　戊午	封誥 天哭 天傷 **奴僕宮** 72-81　　己未	廉貞廟　天巫 **遷移宮** 62-71　　庚申
紫微 天相 地劫 得 得　陰煞 紅鸞 **福德宮** 102-111　　丙辰			左輔 文曲廟　恩光 破碎 天使 **疾厄宮** 52-61　　辛酉
天機 巨門 鈴星 天魁 旺 廟 利 權　天月 龍池 **父母宮** 112-121　　乙卯			破軍 旺 祿　天喜 寡宿 **財帛宮** 42-51　　壬戌
貪狼 火星 平 廟 忌　天刑 三台 孤辰 **命宮** 2-11　　甲寅	太陽 太陰 擎羊 不 廟 廟 科　天貴 蜚廉 **兄弟宮** 12-21　　乙丑	武曲 天府 祿存 旺 廟 廟　解神 八座 **夫妻宮** 22-31　　甲子	天同 陀羅 廟 陷　台輔 鳳閣 **子女宮** 32-41　　癸亥

　　太陰化科，父母宮巨門化權，命宮化忌受科權所夾，雖出生背景佳，能在安穩的環境中成長，但在兩強中受到壓制，其人格性易受影響，心態從自卑轉化成自負。

　　貪狼為慾望之星，在優良的環境之下成長，使貪狼星慾望更為強烈，因此命主多有不切實際的慾望，卻難以實現，往往時感苦悶。但貪狼化忌在命

宮，財帛宮破軍勢必化祿，破軍化祿，主開創，帶有有心栽花花不開，無心插柳柳成蔭的性質，可得意外之財。

　　喜火星同度，為「火貪格」，主突發，多有意想不到的機運，能有橫發的情況出現，但發而不耐久，所以宜專門技藝謀生。

　　命主事業七殺在午宮，地空同度。事業易生枝節，多風波，甚有意外之災，不宜管理階層或從政，最宜專門技藝謀生，可使命宮貪狼化忌，轉向才藝發展，才不致以志大才疏，好弄權，多有不切實際的空想，招致挫敗。

　　命主事業七殺在午宮，地空同度，三方「雙祿會照」，在創意設計上，易有獨特巧思與概念，能為人所欣賞。鬼谷子 此命性硬氣高。心慈口直。愛說人是非。多招人疑忌。逢人相敬重。遇事不驚疑。有威權。能發放。幾番恩愛反成怨。只因多是熱心腸。

　　貪狼為慾望之星，見化忌多有不切實際的空想，志大才疏，好弄權，常有懷才不遇之嘆。命主貪狼化忌在命宮，火星同度。早年在工作中稍有不如意，即對公司與上司抱怨連連，又喜出鋒頭，好弄權，常帶頭抗議，必然成為公司殺雞儆猴的對象，使事業產生重大的挫折。命主在挫折中轉業成為廚師，讓自己不切實際的空想，轉換成創意料理，在料理上多有新概念與巧思，反讓人生亮出新的局面，且有突發機會。

2. 兄弟宮

　　太陽、太陰化科在兄弟宮，擎羊同度。太陽在丑宮弱勢，太陰化科在丑宮入廟，擎羊同度。命主無兄弟，一個妹妹，有才華、多富貴。鬼谷子 兄弟：秋來三雁飛空濶，一隻孤鳴楚漢寒。萬里江山看不盡，悠悠雲畔任回還。

3. 夫妻宮

　　武曲天府在夫妻宮，祿存同度。妻子能幹有助力，且家境良好，能因婚姻而得財，唯受妻子控制財權。三方見地空、地劫會照，聚少離多，易因桃花糾紛而破財，晚婚為宜。鬼谷子 婚姻：鴛鴦日煖好成雙，雨驟風狂不久長。鷗鷺晚來同樂處，柳陰深處桂花香。幾番恩愛反成怨。只因多是熱心腸。

　　行限 22～31 歲，武曲、天府、祿存在大限命宮。武曲天府二星均為財

星，又見祿存同度，具備了富有與穩定的條件，但三方受地空、地劫沖破。此限宮干「甲」，武曲化科在命宮，廉貞化祿在財帛宮，「科祿相逢」主富，但受地空、地劫二星在事業宮與遷移宮沖破，事業受挫折。

此限事業宮紫微、天相、地劫同度，紫微天相受鄰宮巨門化權夾印，命主對權力企圖心強，好弄權，在職場上喜出鋒頭，常帶頭向公司抗議。但紫微天相在辰宮星力弱，又見地劫同度，才能不足以濟事，只有衝動而誤事，反成為公司殺雞儆猴的對象。

4. 子女宮

天同在子女宮，陀羅同度。天同星臨子女，感情融洽易溝通。陀羅同度，頭胎見女為佳，需防刑傷。**鬼谷子** 子息：桂枝只因花遇雨，蟠桃兩果半青黃。栽培多謝陰功力，堪笑梅花晚更香。

行限 32～41 歲，天同、陀羅在大限命宮，順中小有枝節。天同有更新之意，命主事業受到挫敗之後，轉業成為廚師，事業重新發展，先艱苦後吉。

此限遷移宮為天梁、天鉞、右弼、文昌同度，離鄉出外發展能得遇貴人提攜。事業宮天機、巨門化權、天魁、鈴星同度，帶有浮動的性質，需機變以求財，命主在料理上常有新創意與變化。

5. 財帛宮

破軍化祿在財帛宮。破軍化祿，先破後成，一生財運不安定，需要不斷開創更新中得財。

破軍化祿在戌宮，落於羅網之位，對宮為紫微天相，必須有一次轉行轉業，才能突破羅網之困。三方見火星、地空、地劫，易橫發橫破，錢財最好交由妻子管理。**鬼谷子** 行藏：寸腸欲斷求安樂，回首桑榆淚滿襟。資財求處自艱難。

行限 42～51 歲，破軍化祿在大限命宮，破軍化祿，主開創。此限宮干「壬」，紫微化權在遷移宮，「權祿相逢」一坐一照，雖財官雙美，但三方見地空、地劫、貪狼化忌、火星，為橫發橫破。此限宮干「壬」，武曲化忌在福德宮，事業、婚姻多挫折。命主在大陸發展，雖然風發一時，卻橫發橫破，只好暫時返回台灣發展。**鬼谷子** 基業：祿位漸高須有險，資財求處自

艱難。逢牛遇「犬」朝天闕，即鹿江邊衣錦還。

6. 疾厄宮

疾厄宮無主星，左輔、文曲坐守，借入對宮天機、巨門化權、天魁、鈴星，肝膽或腦神經之衰弱，吉星多無傷。

行限 52～61 歲，大限命宮無主星，左輔、文曲坐守，借入對宮天機、巨門化權、天魁、鈴星。

此限宮干「辛」，巨門化祿在遷移宮，遇生年巨門化權，遷移宮「權祿相逢」，出外發展，名利雙收。祿存在命宮，與財帛宮的天馬，形成「祿馬交馳」。太陽化權在事業宮，遇生年太陰化科，事業宮「科權相逢」，主貴，發展順利。 鬼谷子 收成：晚年只為水「雞」遇，因此歸期沒奈何。綠水青山尋舊約，孤猿楚鶴伴漁歌。

7. 遷移宮

廉貞在遷移宮。廉貞星喜在遷移宮，外面寬廣的世界，有助廉貞星的發展，出門通達吉利，在外多人緣。

廉貞星性質活動面要愈寬愈好，常會有很多不可思議及不可預料的奇遇發生。命主命宮貪狼化忌，火星同度，為「火貪格」，宜外鄉發跡。 鬼谷子 基業：祿位漸高須有險，資財求處自艱難。逢牛遇犬朝天闕，即鹿江邊衣錦還。

8. 交友宮

交友宮無主星，借入對宮太陽、太陰化科、擎羊。日月最忌擎羊同度，賦文云：「日月最忌羊陀，人離財散。」朋友、同事，無助力且多糾紛。

9. 事業宮

七殺在事業宮，地空同度。地空，稱為「半空折翅」，命主理想過高，事業多生枝節，多風波，多意外之災，宜專門技藝謀生，為趨避之道。但地空，也能使命主有豐富的創造力與想像力，可空中樓閣成就事業，一旦成功即可發富。

命主事業宮「雙祿會照」，財祿豐裕，從官不如從商，從商不如從工，事業以求財為吉。 鬼谷子 基業：祿位漸高須有險，資財求處自艱難。逢牛

遇犬朝天闕，即鹿江邊衣錦還。

10. 田宅宮

天梁在田宅宮，天鉞、右弼、文曲、天馬同度。天梁在巳宮雖為弱陷，但遇天鉞、右弼、文曲同度，皆為吉曜，有祖產且能置產豐盛。

11. 福德宮

紫微天相在福德宮，地劫同度。喜鄰宮巨門化權夾印，與對宮破軍化祿，使紫微天相，形成「財蔭夾印」及「權蔭夾印」，命主常存公益之心，喜為人服務。再見輔佐吉曜夾印，則寬厚大度。地劫同度，與宗教、哲學有緣。紫微天相在福德宮，喜對宮破軍化祿，創造力極強。

12. 父母宮

天機、巨門化權在父母宮，天魁、鈴星同度。與父母緣深，且能得實質助力。

六、鬼谷子全盤印證

第九十六數　癸己　剝卦　己巳　懷才不遇，屈居下位。

判斷：

此命性硬氣高。心慈口直。愛說人是非。多招人疑忌。逢人相敬重。遇事不驚疑。有威權。能發放。幾番恩愛反成怨。只因多是熱心腸。

▲青松傲雪格

詩云： 喬公慣耐雪霜凝，節硬心高不改青。
　　　　　兩隻雁飛雲渺漠，一枝花影月分明。
　　　　　親情只作三更夢，骨肉如同一井水。
　　　　　經過浪濤舟始穩，一帆風送上都京。

基業： 祿位漸高須有險，資財求處自艱難。
　　　　　逢牛遇犬朝天闕，即鹿江邊衣錦還。

兄弟： 秋來三雁飛空潤，一隻孤鳴楚漢寒。
　　　　　萬里江山看不盡，悠悠雲畔任回還。

行藏： 寸腸欲斷求安樂，回首桑榆淚滿襟。

尚有知音在西北，不須苦苦強追尋。

婚姻： 鴛鴦日煖好成雙，雨驟風狂不久長。

鷗鷺晚來同樂處，柳陰深處桂花香。

子息： 桂枝只因花遇雨，蟠桃兩果半青黃。

栽培多謝陰功力，堪笑梅花晚更香。

收成： 晚年只為水雞遇，因此歸期沒奈何。

綠水青山尋舊約，孤猿楚鶴伴漁歌。

45　貪狼在辰戌坐命：為武貪之暗格

一、星系結構

貪狼在辰戌坐命，對宮為武曲星，財帛破軍在子午，事業七殺在寅申。

貪狼在辰宮坐命

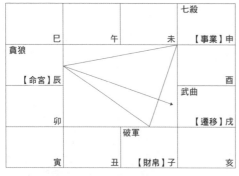

貪狼在戌宮坐命

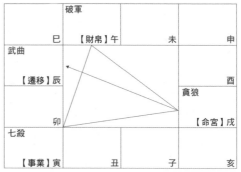

二、格局特質分析

特質 1 貪狼在辰戌坐命，是貪狼星系中最佳的宮位。

　　貪狼為慾望之星，追求物慾同時亦追求情慾，也是顆宗教星，貪狼星性質之所以難明，原因在於貪狼的變化，是出自於對物慾或情慾的追求。

　　貪狼在辰戌坐命，受對宮武曲星的影響，能將慾望轉化在才藝上發揮。對宮武曲為財星，對錢財有著敏銳的反應，善於錢財的追求，能將貪狼的慾望，轉化為純粹的物質性，星曜性質較為單純，能讓貪狼在辰戌坐命者，桃花性質減輕，並且能增加其生意上的才能，也加強其人對事業積極開創之心，是貪狼星系中最佳的宮位，見吉曜相扶，三十歲後則可發。

特質 2 貪狼在辰戌，為武貪的暗格。

　　貪狼在辰戌坐命，受對宮武曲星的影響。武曲為陰金剋制貪狼甲木，能讓貪狼桃花的性質受到壓抑，並將貪狼的慾望，轉化在事業與才藝上發揮，

為武貪的暗格。

即使不入「火貪格」或「鈴貪格」，只要見吉曜相扶，三十歲後則可發。古曰：「貪武墓中居，三十才發福。」但若格局不佳，未見吉曜，或吉少煞多，則為人諂佞慳貪，多利己之心，缺少濟人之意，在求財上多躁進，易因一己之私而流於不擇手段，引致人際關係的改變。雖然仍可發，但福氣不全，不耐久。

特質 3 貪狼在辰戌二宮，雖受制於羅網之位，但羅網難網住貪狼星。

貪狼在辰戌宮坐命，雖受制於羅網之位，反而有助於減低貪狼星的酒、色、財、氣之缺點，並且能將貪狼的慾望轉化在才藝上，展開在事業上的發揮。貪狼在辰戌宮，星曜入廟，性質堅韌性強，雖然也會受到制度的規範，但羅網難網住貪狼星。貪狼性格特殊，靈活善變，善於適應環境，懂得把握機會，能讓自己在移形換步中，掙脫羅網的限制，並且手段靈活，目標明確。較其他落入羅網宮位的星曜，更能在穩定中掙脫羅網的限制。

此格最喜火星、鈴星同度，可形成「火貪格」或「鈴貪格」的爆發力，能獲得突如其來的機會，助貪狼星早日衝破羅網，並且一生中必有突發的機會。

三、此星系出生年，天干能量特點

1.貪狼在辰戌宮坐命，戊年生人

貪狼化祿在命宮，貪狼為財星雖喜化祿，為財官雙美格。但須注意，戊年生人，陀羅在辰宮命遷線上，擎羊在午宮財福線上，受羊陀二星的影響，容易讓貪狼在未發跡之前，受慾望的推動而多躁進。

2.貪狼在辰戌宮坐命，己年生人

貪狼化權坐命，為人腳踏實地，堅韌性強，遇事能堅忍沉穩，而不躁進。武曲化祿在遷移宮，權祿一坐一照，祿存在午宮財福線上，為財官雙美格。

3.貪狼在辰戌宮坐命，癸年生人

破軍化祿在財帛宮，祿存在子宮財福線上，可增加貪狼的堅韌性。太陰化科在兄弟宮，巨門化權在父母宮，左右兩鄰受科權所夾，能得自家庭上的資源與援助，戌宮的貪狼「日月並明」，出生背景為佳。但命宮貪狼必化忌，易因失意而躁進，所以宜專門技藝發展其才華。福厚，一生財利富足。

四、此星系吉凶注意事項

1. 貪狼在辰戌宮坐命，受制於羅網之位，最喜火星、鈴星同度，或三方會照，能獲得突如其來的機會，助貪狼星早日衝破羅網，並且一生中必有突發的機會，為財官格。適宜武職，離鄉出外發展。
2. 貪狼在辰戌坐命，不喜擎羊、陀羅同度，個性過於剛毅，易招致突如其來的災變，多財物糾紛，宜屠宰、醫療或專門技術發展謀生。
3. 貪狼在辰戌坐命，落入羅網位，不宜見有文昌、文曲同度，為人多虛少實，多勞碌。
4. 貪狼在辰戌坐命，喜遇左輔、右弼同度，宜公職，事業發展順利，職位高。

五、命盤實例解析

1. 命宮

貪狼在辰宮坐命，右弼、陀羅同度。貪狼星在辰宮，星曜入廟，性質堅韌性強，雖然也會受到制度的規範，但貪狼星足智多謀，有著靈活善變的性格，善於適應環境，處世圓融、識時務，懂得把握機會，能讓人、事、物移形換步，引導至對自己有利的方向。右弼同度，更加強貪狼星的左右逢源，增加其助力，令命主更上一層樓。陀羅同度，個性固執剛毅，增加其磨難。

命主貪狼在辰宮坐命，已受制於羅網之位，又見陀羅同度。陀羅星敏感而多慮，性剛固執，帶有原地打轉、拖延之意。雖陀羅在辰宮星曜入廟，堅韌性強，但進入羅網之位，多磨難，使命主事事不順帶有阻滯。但陀羅進入羅網，也可制煞為用，雖受壓抑的同時也能激發其心志，等機會來臨便能突破羅網。

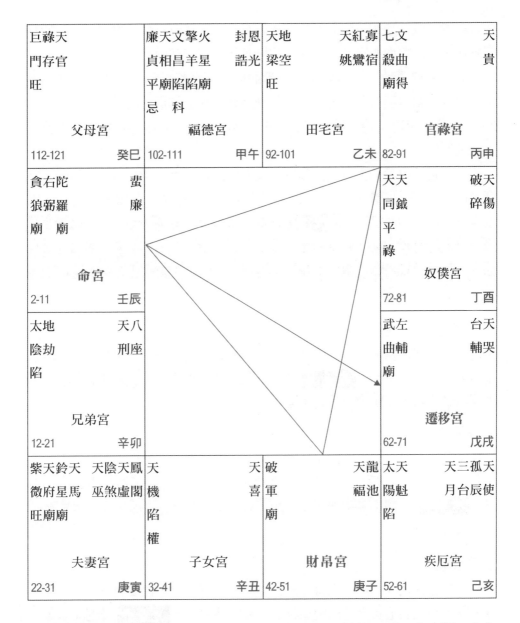

巨祿天 門存官 旺 父母宮 112-121　　　癸巳	廉天文擎火　　封恩 貞相昌羊星　　誥光 平廟陷陷廟 忌　科 福德宮 102-111　　　甲午	天地　　　　天紅寡 梁空　　　　姚鸞宿 旺 田宅宮 92-101　　　乙未	七文　　　　　天 殺曲　　　　　貴 廟得 官祿宮 82-91　　　丙申
貪右陀　　　　蜚 狼弼羅　　　　廉 廟　廟 命宮 2-11　　　壬辰			天天　　　　破天 同鉞　　　　碎傷 平 祿 奴僕宮 72-81　　　丁酉
太地　　　天八 陰劫　　　刑座 陷 兄弟宮 12-21　　　辛卯			武左　　　　台天 曲輔　　　　輔哭 廟 遷移宮 62-71　　　戊戌
紫天鈴天　天陰天鳳 微府星馬　巫煞虛閣 旺廟廟 夫妻宮 22-31　　　庚寅	天　　　　　天 機　　　　　喜 陷 權 子女宮 32-41　　　辛丑	破　　　　天龍 軍　　　　福池 廟 財帛宮 42-51　　　庚子	太天　　　天三孤天 陽魁　　　月台辰使 陷 疾厄宮 52-61　　　己亥

　　命主貪狼在辰宮坐命，右弼同度，左輔會照，輔佐星曜一坐一照，命主善於政治權謀，雖受羅網的掣肘與陀羅星的磨難，卻能堅忍受之，沉潛而蟄伏，等待時機成熟便能破繭而出。

　　蔡小姐在 2008 年該黨極端困頓之際，縱身而入當選該黨主席，成為臺灣第一位女性的主要政黨領袖，並於 2012 年又當選連任。2012 年首次代表

政黨參選，成為臺灣首位的女性總統候選人，雖功敗垂成，但經過四年的堅忍蟄伏，以時間換取空間，等待「時機成熟」便能破繭而出。

此「時機成熟」是需要經過一番的努力與耕耘，讓人、事、物移形換步，引導至對自己有利的方向，並不是突如其來毫無預兆的「喜從天降」。2016 年蔡小姐再次捲土重來代表政黨參選，大勝成為中華民國歷史上首位女性國家元首。

蔡小姐其政策抽象、空靈飄渺、模糊、游移，有「空心菜」的稱呼，當選後政策又有髮夾彎之稱。此乃貪狼星靈活善變的性格，究竟是吉是凶，則要考驗她自己的智慧了。 鬼谷子 此命心性不常。易嗔易喜。省力處反作蹭蹬。現成處變作辛勤。目下無憂。心不自在。雖然一個好鎡基。受過許多磨難處。多破少成。招是招非。擺佈有精神。般般親手做。先難後易。心不在忙。

2. 兄弟宮

太陰在卯宮弱陷，地劫同度。太陰弱陷，多刑剋不合，再見地劫同度，多是非，宜自立生活。 鬼谷子 兄弟：須知三雁同飛下，一隻應收在網羅。煮豆不須箕進火，回思四海遇風波。

3. 夫妻宮

紫微、天府、天馬、鈴星同度，紫府二星傾向於進取性，在夫妻宮並不主配偶有進取心，反主易生外驚。鈴星同度，夫妻不合。蔡小姐至今乃單身。 鬼谷子 婚姻：綠沼雙蓮花發處，回頭活計報君知。雲開千里月光皎，晚景鴛鴦得所宜。

4. 子女宮

天機化權在子女宮。天機在丑宮弱陷，雖有化權，但受對宮地空沖照，緣份薄。也代表追隨自己的晚輩稀少，或時時更換。 鬼谷子 子息：牆邊三朵桃花發，一朵看觀謝不牢。只待秋風生桂子，青雲馥郁滿江皋。

行限 32～41 歲，天機化權在大限命宮。天機在丑宮雖弱陷，但三方天同化祿、祿存會照。命宮「權祿相逢」、「雙祿朝垣」。此限宮干「辛」，巨門化祿在事業宮，太陽化權在夫妻宮，會照事業宮，事業「權祿相逢」，平步青雲，財官雙美。

易經行限 31～39 歲，訟卦九五爻：訟，元吉。公正而不偏袒，因而吉祥。

蔡小姐：1990 年 35 歲，進入李登輝政府，擔任智慧財產局委員，和國安會經濟諮詢委員。

5. 財帛宮

破軍在財帛宮，並不善理財，其本質為開創財源，有多方面的財源。子午宮的破軍，先有名後有利，雖名大於利，但能富裕。只是財帛宮的破軍，受對宮廉貞化忌與擎羊的沖破，錢財損耗極大。

行限 42～51 歲，破軍在大限命宮。事業貪狼在辰宮，火星在對宮會照，形成「火貪格」，為戰鬥型的格局，機會來臨便能突破羅網。

此限宮干「庚」，太陽化祿在鄰宮，遇生年天機化權，權祿來夾命宮，表環境對命主多有助利。武曲化權在夫妻宮會照事業宮，使事業宮的貪狼，能積極奮進，此限三級跳，但躁進多是非。祿存在財帛宮上，此限財官雙美。 鬼谷子 行藏：幼年生計未全成，見「鼠」逢龍正顯榮。自有高人輕借力，兩重門戶自光亨。

易經行限 40～48 歲，訟卦上九爻：或錫之鞶帶，終朝三褫之。上九居訟卦之極，為健訟、敢訟者，以爭訟獲利升官位，然而也因此敗德，完全無法讓人所敬重。

蔡小姐 2000 年 45 歲，踏入政壇，擔任陳水扁政府時期第一任陸委會主委、同時兼任政務委員。2005 年就任立法委員。2006 年被延攬擔任行政院副院長至 2007 年卸任。

6. 疾厄宮

太陽在疾厄宮，天魁同度。太陽在亥宮弱陷，易有陽氣不足。

行限 52～61 歲，太陽、天魁在大限命宮。太陽在亥宮弱陷，為潛藏的格局。太陽在亥宮弱陷，雖全無亮度，卻也是黎明將近，暗藏了無限的生機，行事作風沉穩，循序漸進不張揚。此限太陽在亥宮，「日月反背」的格局，較為辛勞。

但此限宮干「己」，武曲化祿，貪狼化權，權祿在兄友線上，政黨同志、夥伴強而有力，相互輔助、配合，可時勢造英雄，在逆境混亂中去開創

出新格局。

　　蔡小姐在 2008 年 53 歲，該黨極端困頓之際，縱身而入當選該黨主席，成為臺灣第一位女性的主要政黨領袖，並於 2010 年又當選連任。2012 年 57 歲壬「辰」年，首次代表政黨參選，成為臺灣首位的女性總統候選人，雖功敗垂成，鬼谷子 收成：限運若逢「辰」與戌，癸丁太歲不同和。幾回除斷根基路，驀地逢蛇漸立基。但基礎已成立，以時間換取空間，命主四年的堅忍蟄伏，等待「時機成熟」便能破繭而出。

　　此「時機成熟」是需要經過一番的努力耕耘，讓人、事、物移形換步，引導至對自己有利的方向，並不是突如其來毫無預兆的「喜從天降」。2016 年 61 歲，蔡小姐捲土再次重來代表政黨參選，大勝成為中華民國歷史上首位女性國家元首。

　　易經行限 49～57 歲，澤天夬卦九四爻，臀無膚，其行次且；牽羊悔亡，聞言不信。蔡小姐在 57 歲壬「辰」年，代表政黨參選總統挫敗，受到傷害而坐立難安，想前進，但膽怯畏懼，只有像牽羊一樣緩步前進，他人說了許多勸進的話，他還是不肯相信。

7. 遷移宮：

　　武曲在遷移宮，左輔同度。出外多貴助，三方見火鈴與貪狼，形成「火貪格」、「鈴貪格」，出外能橫發。但三方的福德宮廉貞化忌，天相又見擎羊同度，形成「刑囚夾印」或「刑杖惟司」，多傷剋，在外多是非、易受欺負，錢財多有耗損。

　　行限 62～71 歲，武曲、左輔在大限命宮，左輔右弼在命宮一坐一照。左輔右弼二星，雖是輔佐星曜中有力的推手。但大限命宮武曲星性質剛毅，使左輔右弼未能有效發揮其助力。

　　紫微天府在事業宮，雖為進取的本質，但常會因多思多慮而進退失據。

　　此限宮干「戊」，貪狼化祿、右弼化科在遷移宮，出外能廣結善緣。但財帛宮見生年廉貞化忌與天相、擎羊同度，形成「刑囚夾印」或「刑杖惟司」格局，錢財損耗極大。

　　命主身為一個國家的總統，在國際利益上談判，易多受欺負，也易使自己國家的人民利益受損。

8. 交友宮

天同化祿在交友宮，天鉞同度。天同帶感情且隨和，與部屬關係佳。但天同在酉宮弱位，部屬軟弱，自己較為辛勞。見化祿、天鉞，能得益友，增加助力。　鬼谷子　般般親手做。

9. 事業宮

七殺在事業宮，文曲同度。雖是「殺破狼」格局，但文曲同度，為武職文作，在行政業務上發揮。七殺在申宮，工作能獨當一面。三方見貪狼與鈴星，形成「鈴貪格」，能橫發，得掌權勢。

10. 田宅宮

天梁在田宅宮，地空同度。天梁為蔭星，在未宮旺位，居於田宅宮，必有祖蔭，地空同度，多變動，或轉變工作環境。

11. 福德宮

廉貞化忌、天相在福德宮，擎羊、火星、文昌化科同度。廉貞化忌、天相、擎羊同度，形成「刑囚夾印」或「刑杖惟司」一生忙碌辛苦，多是非。　鬼谷子　多破少成。招是招非。

12. 父母宮

巨門在父母宮，祿存同度。巨門星為惡曜，祿存主孤，皆不喜落入六親宮位。但命主三方權祿與魁鉞會照，而未遇煞忌，父母雙全無刑剋。可得父母、長官之庇蔭。

六、鬼谷子全盤印證

第二十七數　丙庚　暌卦　庚辰　晚景平平。

判斷：

此命心性不常。易嗔易喜。省力處反作蹭蹬。現成處變作辛勤。目下無憂。心不自在。雖然一個好鍃基。受過許多磨難處。多破少成。招是招非。妻非生鐵純鋼。定見前孤後寡。頭男未得。末子可收。擺佈有精神。般般親手做。先難後易。心不在忙。

▲天際孤鴻格

詩云： 百尺竿頭進步難，半生鄉井忌凋殘。
雁飛秋水行行斷，花發春林點點班。
成立要逢青眼視，奔馳須至百雲山。
功名兩字終須在，只恐身閒心未閒。

基業： 百尺竿頭進步遲，紛紛祖計更重離。
幾回除斷根基路，驀地逢蛇漸立基。

兄弟： 須知三雁同飛下，一隻應收在網羅。
煮豆不須箕進火，回思四海遇風波。

行藏： 幼年生計未全成，見鼠逢龍正顯榮。
自有高人輕借力，兩重門戶自光亨。

婚姻： 綠沼雙蓮花發處，回頭活計報君知。
雲閒千里月光皎，晚景鴛鴦得所宜。

子息： 牆邊三朵桃花發，一朵看觀謝不牢。
只待秋風生桂子，青雲馥郁滿江皋。

收成： 限運若逢辰與戌，癸丁太歲不同和。
重重危險臨頭上，不涉官災財破多。

46 巨門在子午坐命：稱為「石中隱玉」格

一、星系結構

巨門在子午坐命，對宮為天機，事業太陽在辰戌，財帛在寅申無主星。

巨門在子宮坐命

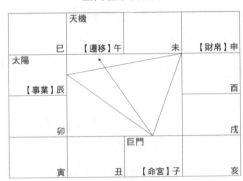

巨門在午宮坐命

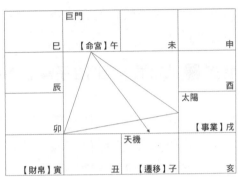

二、格局特質分析

特質 ❶ 巨門在子午坐命，宜隱不宜顯，所以稱為「石中隱玉」格。

巨門在子午坐命，宜隱不宜顯，所以稱為「石中隱玉」格。巨門為「暗曜」，在命盤主口舌是非、明爭暗鬥，主要的問題為口舌。此星善於遮蔽別人的光輝，使它星受到阻礙，故稱為「暗曜」，主宰是非暗昧，有波折之意，是一顆變化性最大的星曜，故稱為巨門。

巨門之人，反應敏銳，善於觀察事務，剖析事理，聯想力強，堪稱精明，卻愛表現在辯才上，鬥性堅強，喜歡任意評判或揭露他人的隱私，來宣泄自身的慾望，使他人容易遭受無妄之災，招致是非尤怨，因此人際關係不佳。

應多充實自身涵養，並且收斂口誅的天性，轉化成才華內斂，才能成就大業。

特質 2 「石中隱玉」格，玉隱石中需經琢磨，才能成為良玉。

巨門在子午坐命，稱為「石中隱玉」格，這是一種特別的格局，才智必須內蘊而不顯。但巨門之人，卻背道而馳，喜愛出風頭，經常在社交場合中滔滔不絕，來表現自我，難以收斂的天性。因此在邁向成功的階梯之前，還需經歷波折的磨練，才能逐漸蛻變成長，使才智內蘊而不顯。所謂「玉隱石中」不磨不顯，需要經過琢磨才能成為良玉，否則終生都還是石頭。

此格局之人，早年必須歷盡磨練把鋒芒的銳氣琢磨掉，才能逐漸顯露驚人的才華，一生勞碌難免，早運不佳，中晚年發達。但此格局之人無論如何貴顯，一生均不於取最頂點為宜，若出鋒頭則與內蘊的本質相背逆，因而招惹是非橫逆。

特質 3 此格局，巨門在子宮優於午宮。

巨門在子午坐命，另一特色則是目光銳利，具有敏銳的觀察力，且在逆境中有很好的耐力，這種資質不是一般人學的來，但卻趨向消極面，缺乏豁達度，多著重於陰暗面，多疑、喜好猜忌，古曰：「於人主暗昧，疑是多非。」雖頗能察覺出人性的黑暗面，凡事皆能看得比一般人更深入。

但在漢書、東方朔傳曰：「水至清則無魚，人至察則無徒。」為人太精明而過分苛察，就不能容得他人的小缺點。所以巨門的幽暗，需有廟旺的太陽來解。因此巨門在子午坐命，子宮優於午宮，子宮三方所會的事業宮，太陽在辰宮入廟，能解巨門之暗。

而午宮的巨門，三方所會的太陽在戌宮弱陷，無力解巨門的幽暗，性質多疑，易惹是非。

三、此星系出生年，天干能量特點

1.巨門在子午坐命，辛年生人

巨門化祿在命宮，太陽化權在事業宮，天鉞在寅宮財福線上，天魁在午宮命遷線上，其人才智內蘊，隱而不顯，一生多貴助，位高祿厚，富貴雙全。

2.巨門在子午坐命，癸年生人

巨門化權在命宮，祿存在子宮命遷線上。其人才智內蘊，隱而不顯，一生位高祿厚，富貴雙全。

3.巨門在子午坐命，己年生人

祿存在午宮命遷線上，能自我約束。天鉞在申宮財福線上，天魁在子宮命遷線上，一生多貴助，富貴雙全。

四、此星系吉凶注意事項

1. 巨門在子午坐命，稱為「石中隱玉」格，為巨門星系中最為上乘。但此格局巨門須見化祿、化權或祿存，才能稱為「石中隱玉」格。其人才智內蘊，隱而不顯，一生位高祿厚，富貴雙全。古曰：「巨門子午祿科權，石中隱玉福興隆。」以巨門化權或化祿者，為上乘。祿存同宮者為次之，因祿存同宮，此時父母宮的天相必有擎羊同度，青少年時的運程與出身不如化祿者佳，其人疑忌之性便是在青少時期養成，因此人生便多了一些困阻。

2. 巨門星，乃是巨大的門，此門變化性極大，是一顆變化性最大的星曜，有「波折」之意。因此巨門坐命之人，在逆境中皆有很好的耐力，去接受考驗與鍛鍊，在經過一番寒徹骨之後，則能重新徹底改造蛻變成長。

3. 巨門在子午坐命，這是一個大格局，稱為「石中隱玉」格，代表才智內蘊而不顯，好壞有點極端，但這個「好與壞的轉折」，是掌握在個人的修行。如「稻子愈成熟，腰彎得愈低」，若自大愛出鋒頭，則與內蘊的本質相背逆，易招惹是非橫逆。所以此格局之人無論如何貴顯，一生均不於取最頂點為宜。

4. 巨門在子午坐命，喜見祿存同度，因前後被羊陀所挾制，會自我約束，使巨門星的特性很難發揮，反能解其惡。

5. 巨門在子午坐命，見左輔、右弼與化吉，少煞曜，則聰明有才智，觀察力佳，耐力強，總有成功的一天。但須行事低調、內斂，若出鋒頭，則與內蘊的本質相背逆，即易招惹是非橫逆。

6. 巨門在子午坐命，三合若見文昌、文曲，宜文教。若見左輔、右弼，宜公

職。

7. 巨門在子午坐命，丁年生人，巨門化忌，言辭犀利，易傷人於無形，雖有天機化科在遷移宮，天同化權在福德宮，但富而不貴。一生多口舌是非糾紛，宜從事口才為業，如律師、民意代表、外交人才、教師或傳播界等，以化解口舌之災。

8. 巨門在子午坐命，若逢煞曜會照，並不影響事業的成功，但在發展路上，則多費周折，成就也亦受其影響。但若有煞曜同度，特別是丙戊年生人，擎羊同度，則主破格，因多疑忌，使人生多困境。若再見火星、鈴星，則形成「巨火羊」「巨鈴羊」的惡格局。宜多修心養性，改造性格。

五、命盤實例解析

1. 命宮

　　巨門在午宮坐命，秉性耿直，目光銳利，舉止強勢，帶有傲氣，頗為太過精明。文昌同度，可增加巨門星的聰明才智與自負。命主庚年生人，太陽化祿在事業宮，太陰化科在夫妻宮會照事業，使事業宮「科祿相逢」，事業多有表現，一生位高祿厚，富貴雙全。命主巨門在午宮坐命，文昌同度，三方見左輔、右弼、化祿吉曜而未見煞，為「石中隱玉」格。

　　命主律師出生，後轉任民意代表，皆能以口才博取富貴，且能化解口舌之災，而不適合當任總統。因此格局之人無論如何貴顯，一生均不於取最頂點為宜，一旦坐上第一把交椅，立即成為眾人指責的目標，甚至身敗名裂。鬼谷子 命裏不應朱紫貴。終須林下作閒人。

　　巨門在午宮坐命，稱為「石中隱玉」格，宜隱不宜顯。命主有理想，愛表現，鬥性堅強，卻喜猜忌，多著重人性的陰暗面，容易對現實不滿，言辭難免偏向刻薄，整日議論滔滔，與「石中隱玉」格，收斂的本質相互背逆，因此多易招惹是非橫逆。鬼谷子 此命芝蘭秀幽谷。松柏茂深山。兄弟事業難通。父母根基少守。只宜自立。遁入空門。親誼風中秋葉。人情水上春冰。成敗多端。利名進退。命裏不應朱紫貴。終須林下作閒人。

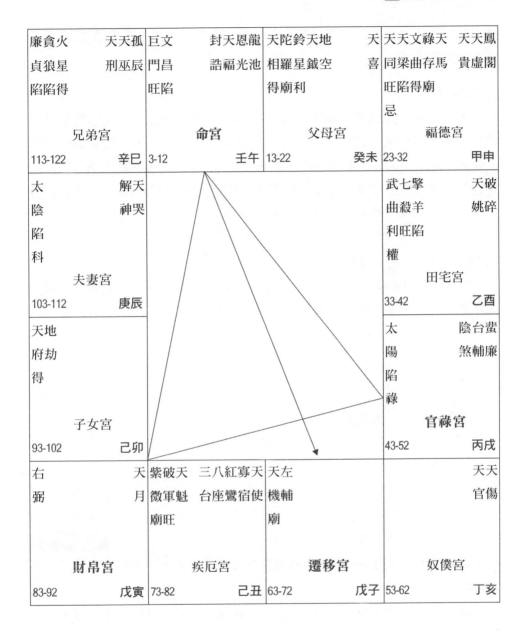

廉貪火　　天天孤 貞狼星　　刑巫辰 陷陷得 　　兄弟宮 113-122　　　辛巳	巨文 門昌 旺陷 　　命宮 3-12　　　　壬午	封天恩龍 誥福光池 　　父母宮 13-22　　　癸未	天陀鈴天地　　　天 相羅星鉞空　　　喜 得廟利 　　父母宮	天天文祿天　天天鳳 同梁曲存馬　貴虛閣 旺陷得廟 忌 　　福德宮 23-32　　　甲申

2. 父母宮

　　天相在父母宮，鈴星、陀羅、地空、天鉞同度。煞曜過多，主刑剋。命主早年家境不好，出身於三級貧戶。

　　行限 13～22 歲，天相、鈴星、陀羅、地空、天鉞在大限命宮，此限運程困苦、艱辛。雖然巨門星在逆境中有很好的耐力，但在太艱困的環境中成

長，易使巨門星在此限養成疑忌之性，產生人生多困阻。 鬼谷子 成敗多端，利名進退。

3. 福德宮

天同化忌、天梁在福德宮，文曲、天馬、祿存同度。福德宮雖喜見天同、天梁二星同度，最具善蔭之性。但命主庚年生人，天同化忌，破壞其「化福」的本能，一生奔波勞碌，並增添巨門的疑忌之性，與天梁星的好辯論性質。遇「祿馬交馳」同度，讓巨門星很難壓制自己不表現，與「石中隱玉」格，收斂的本質相背逆，易招惹是非橫逆。天梁為監察御史，清顯之星，不喜遇祿存同度，減弱了天梁星的原則紀律，易隨波逐流。即帶來是非的困擾或在得財後，事端隨後即至。

行限 23～32 歲，天同化忌、天梁、文曲、天馬、祿存在大限命宮，天梁見祿存同度，適宜帶排災解厄行業之人，命主為職業律師，替人化解災難而得財，禍端可免。

4. 田宅宮

武曲化權、七殺在田宅宮，擎羊同度。為「因財持刀」格。家中多爭吵衝突不斷。命主身為總統，則國內多紛擾不斷。

行限 33～42 歲，武曲化權、七殺、擎羊在大限命宮，為「因財持刀」格。武曲為將星，七殺為元帥，武殺二星五行皆為金，金星之人重義氣，又見擎羊同度，形成「因財持刀」格，衝勁十足帶有煞氣。此限金已過旺，三方再見火星的情緒星曜引動，與對宮地劫不當的發揮，易因錢財或事業，與人爭利動干戈而招惹禍端。此限星曜過剛易折，起伏波動大。 鬼谷子 收成：若遇「寅」申逢「丙」子，此時多事失機緣，青山綠水悠悠在，沉醉東風上釣船。

命主 1981 辛酉年 32 歲，參選台北市議員，初試即以最高票當選。

命主 1985 乙丑年 36 歲，即辭去臺北市議員，回故鄉臺南競選台南縣縣長，最終以約 1 萬票的差距，敗於國民黨籍參選人李雅樵。敗選翌日，妻子在陪同謝票，行程中遭張榮財所駕駛的拼裝車撞傷，導致妻子下半身永久癱瘓。

命主 1986 丙寅年 37 歲，又因蓬萊島雜誌而入獄。

命主 1989 己巳年 40 歲，高票當選增額立委，成為民進黨黨團幹事長。

　　命主擔任立委期間，受民眾和各黨派國會助理肯定。1990 年 7 月，為問政績效第一名。1992 年 3 月，成為立法院中第一位在野黨籍的國防委員會召集委員。

5. 事業宮

　　太陽化祿在事業宮，對宮太陰化科會照，事業宮「科祿相逢」，事業廣大，名聲鼎盛，名利雙收。

　　行限 43～52 歲，太陽化祿在大限命宮，對宮太陰化科會照，「科祿相逢」三方未見煞曜。此限宮干「丙」，文昌化科在財帛宮，增加盛名與榮譽，利於事業的發展。

　　命主 1994 甲戌年 45 歲，大限、流年在戌宮。命主以「快樂、希望、陳水扁」為競選主軸。獲得多位學者支持。以 615,090 票當選台北市市長。

　　命主 1998 戊寅年 49 歲，此流年在寅宮，無主星，借入對宮天同化忌、天梁。此流年天干「戊」，天機化忌在夫妻宮，沖照事業宮，命主第二次參選臺北市長落選。 **鬼谷子** 收成：若遇「寅」申逢丙子，此時多事失機緣，青山綠水悠悠在，沉醉東風上釣船。

　　命主 2000 庚辰年 51 歲，此流年在辰宮，太陰化科在命宮，對宮太陽化祿會照，「科祿相逢」利於此次的選舉。陳先生以 39.3% 的得票率，當選中華民國第 10 任總統，實現中華民國首次政黨輪替及政權和平轉移。 **鬼谷子** 行藏：回首龍邊兼馬首，無心喜處自天來，優游歲月方知遇，提挈仙郎上九垓。

6. 交友宮

　　交友宮無主星，借入對宮廉貞、貪狼、火星。廉貞貪狼，多酒肉之交，少有助力，三方天府、天相、地空、地劫、火星、鈴星、陀羅，易因友受牢獄之災或被手下所陷害。 **鬼谷子** 人情水上春冰。

　　行限 53～62 歲，大限命宮無主星，對宮廉貞、貪狼、火星同度，形成「火貪格」。三合地空、地劫、陀羅、鈴星煞曜會照，橫發橫破。此限宮干「丁」，巨門化忌，使財帛宮的天相受到雙化忌所夾，形成雙重「刑忌夾印」格，易因錢財而刑獄。事業宮的天府又見地劫同度，事業挫敗，萬事難成。行運無主星，起伏變化大，心情常受干擾，易影響巨門星內心的安全

感，更增添疑忌之性。在古書中：廉貞貪狼與空劫二星，皆有「半空折翅」之稱。

命主 2004 甲申年 55 歲，流年在申宮，天同化忌、天梁、文曲、天馬、祿存同度，天梁星雖能發揮逢凶化吉的力，但同時見祿忌，每多來勢洶湧，可以影響後運吉凶。

此年為中華民國第 11 任總統大選，陳前總統與競選搭檔呂前副總統於臺南車隊造勢遊行掃街途中，發生三一九槍擊事件，陳前總統受到肚皮擦傷，而呂前副總統則是膝蓋受到槍擊。3 月 20 日，選舉開票結果出爐，陳呂配以 0.228% 之差險勝連宋，藍營人士認為槍擊案影響該陣營選情，使陳前總統再度連任成功。藍營群眾以遊行表達抗議。由此埋下了往後中華民國政治界的高度對立。 **鬼谷子** 收成：若遇寅「申」逢丙子，此時多事失機緣，青山綠水悠悠在，沉醉東風上釣船。

命主 2008 戊子年 59 歲，流年在子宮，天機坐守，流年與宮干皆為「戊」天機雙化忌，又見大限巨門化忌沖照。且後運未見吉，勢必來勢洶湧。 **鬼谷子** 收成：若遇寅申逢丙子，此時多事失機緣，青山綠水悠悠在，沉醉東風上釣船。

命主 2008 年 11 月 12 日陳前總統卸任後。因龍潭及國務機要費案，被台北地方法院以涉嫌貪污、洗錢等重罪為由收押禁見，成為中華民國歷史上首位遭收押的卸任總統。

7. 遷移宮

天機在遷移宮，左輔同度。天機為動星，利於出外，居原地心亂意煩，多是非。左輔同度，在外多助力。

8. 疾厄宮

紫微破軍在疾厄宮，天魁同度。一生體健。

9. 財帛宮

財帛宮無主星，右弼坐守，錢財不缺。借入對宮天同化忌、天梁、文曲、天馬、祿存。祿存與天馬，形成「祿馬交馳」，錢財流通大。祿忌相見，吉處藏凶。天同化忌，一生財運反覆。 **鬼谷子** 利名進退。

10. 子女宮

天府在子女宮，地劫同度。與子女個性不相投。 鬼谷子 子息：莫歎老來空自苦，誰知罪後一雙童，尋思故國原惆悵，美酒醉如春更濃。

11. 夫妻宮

太陰化科在夫妻宮。得妻助。 鬼谷子 婚姻：雖有鳴琴聲韻雅，悲然亦不在清音，幾年逐浪隨波過，那個知音契鳳心。

12. 兄弟宮

廉貞貪狼在兄弟宮，火星同度。兄弟常在一起，反易生怨，宜自立門戶。 鬼谷子 兄弟事業難通。兄弟：水遠山遙歸路迷，天邊三雁各分飛，江山多少閑蹤跡，獨把魚竿上釣磯。

六、鬼谷子全盤印證

第六十七數　庚庚　兌卦　庚辰　靜中得趣，有僧人之命。

判斷：

此命芝蘭秀幽谷。松柏茂深山。兄弟事業難通。父母根基少守。只宜自立。遁入空門。親誼風中秋葉。人情水上春冰。成敗多端。利名進退。命裏不應朱紫貴。終須林下作閒人。

▲春花秋葉格

詩云： 獨棹扁舟泛五湖，東西南北楚連吳。
　　　　春來乍喜花初放，秋後俄驚葉已疎。
　　　　岸闊潮平魚穴穩，天高雲斷雁行孤。
　　　　如君今日紅塵客，何不林間檢佛圖。

基業： 大澤扁舟過五湖，隨風入楚又歸吳。
　　　　平生歷涉艱危事，才近王侯德不孤。

兄弟： 水遠山遙歸路迷，天邊三雁各分飛。
　　　　江山多少閑蹤跡，獨把魚竿上釣磯。

行藏： 回首龍邊兼馬首，無心喜處自天來。
　　　　優游歲月方知遇，提挈仙郎上九垓。

婚姻： 雖有鳴琴聲韻雅，悲然亦不在清音。
幾年逐浪隨波過，那個知音契夙心。

子息： 莫歎老來空自苦，誰知罪後一雙童。
尋思故國原惆悵，美酒醉如春更濃。

收成： 若遇寅申逢丙子，此時多事失機緣。
青山綠水悠悠在，沉醉東風上釣船。

47 巨門在辰戌坐命：辛年生人，反為奇格

一、星系結構

巨門在辰戌坐命，對宮為天同，財帛太陽在子午，事業在申寅無主星。

巨門在辰宮坐命

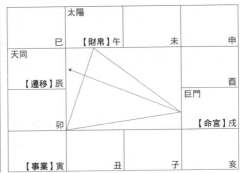

巨門在戌宮坐命

二、格局特質分析

特質 ❶ 巨門在辰戌宮，為暗曜，落羅網踞。

巨門為暗曜，在辰戌宮，處於弱陷之位，又居天羅地網之地，為暗曜，落羅網踞，古曰：「辰戌應嫌墓巨門。」巨門在辰戌宮弱陷，對宮天同星也皆非吉位，其人處事優柔寡斷，缺乏魄力，生活慵懶，行事顛倒，多進退，更增添其困頓與埋藏，常有傷心失志之事。

若要突破羅網，必須有貴星相助，與煞曜的推動，才可激勵奮發意志，突破羅網，其人生艱辛勞苦難免。

特質 ❷ 巨門在辰戌坐命，反喜煞忌來激發開創力，助其突破羅網。

巨門在辰戌坐命，對宮為天同，二星皆為水，聰明敏銳，但不免奸巧偏重，情緒起伏過大。巨門在辰戌處於弱陷之位，其優點較難於表現，反使星

曜的缺點易彰顯，其人個性慵懶，行事散漫，心浮氣躁，缺乏耐性，因而影響事業，必須經過艱危後，才能有奮發之心。

巨門為暗曜，最怕煞曜同宮，唯獨在辰戌二宮的巨門星，反喜煞忌來激發開創力，助其突破羅網。但須有貴星相助，較為溫和才宜刺激。所以在《斗數骨髓賦》曰：「巨門辰戌為陷地，辛人化吉祿崢嶸。」

此格巨門在戌宮之人，喜辛、癸年生人。巨門在辰宮之人，喜辛年生人。巨門在戌宮，所會的太陽在午宮入廟，光輝燦爛，能解巨門之幽暗，為人處事較積極開朗，見化祿或化權，乃為「奇格」。

巨門在辰宮，辛年生人，需有文昌同度，使命宮巨門化祿、文昌化忌同度，祿忌相沖之力，再見遷移宮的擎羊，來助巨門星衝破羅網，反為「奇格」。但巨門為暗曜，在辰戌宮處於弱陷之位，一生多口舌是非難免，宜帶有口舌爭論性質，或在事業上多官事涉訟的工作為佳，如現今名嘴、律師或民代等，皆能以超人的頭腦、靈辯的口才得以成功。

特質 ❸ 此格財帛太陽在子午宮，其財皆憑聲譽地位而來。

巨門在辰戌坐命，財帛太陽在子午宮，受對宮天梁的影響，其財皆憑聲譽地位而來，因此午宮的太陽優於子宮，午宮的太陽「日麗中天」，有專權之貴。

若能形成「陽梁昌祿」格，必有其專業地位，如名師、名醫、專家等，富貴聲名皆遠大於子宮。子宮太陽落陷，宜進行艱苦學術研究，來作為一己的財源。

三、此星系出生年，天干能量特點

1.巨門在辰戌坐命，辛年生人

巨門化祿在命宮，太陽化權在財帛宮，擎羊在戌宮命遷線上，乃為「奇格」。「權祿相會」再見擎羊，更能激發其開創力，助巨門星突破羅網，富貴雙全。

2.巨門在辰戌坐命，癸年生人

巨門化權在命宮，口才佳，表現傑出。天鉞在巳宮，天魁在卯宮。巨門

在辰宮之人，天魁天鉞夾命。巨門在戌宮之人，天魁天鉞夾遷移，一生多貴助，富貴雙全。

四、此星系吉凶注意事項

1. 巨門在辰戌宮，處於弱陷之位，個性慵懶，行事散漫，又受天羅地網的限制，更增添其困頓與埋藏。巨門為暗曜，最怕煞曜同宮，一生多災厄是非，但在辰戌二宮的巨門星，反喜擎羊、火星同度，可產生激發力，突破羅網。但陀羅、鈴星則不宜，增添其優柔寡斷，更主困頓與是非。

2. 巨門在辰戌坐命，處於落陷之位，個性慵懶，行事散漫，雖喜煞忌來產生激發力，助其突破羅網。但煞忌星曜，使脾氣暴躁，喜強出頭，難以與人相處，多口舌是非，艱困辛勞，謀求不順。所以必須有貴星或吉曜的相助之下，較為溫和，才宜刺激，雖辛勞，但有成就。

3. 巨門在辰戌坐命，見化權化祿，能言善道，甚具權威，有優越的說服力，宜動口生財之業，再會照文昌、文曲、左輔、右弼、天魁、天鉞，則為貴格。宜公教、外交，或在民營大企業機構任職，可以在事業上有傑出的表現。

4. 巨門在辰戌坐命，財帛太陽在子午宮，太陽主貴不主富，其財皆憑聲譽地位而來，此格最不喜對宮天梁見祿，增添巨門的是非，稍多進益，即有是非尤怨謠忌。

五、命盤實例解析

1. 命宮

　　巨門在戌坐命，處於弱陷之位，其優點難於表現，反使星曜的缺點易彰顯。為人處事優柔寡斷，缺乏魄力，生活慵懶，行事顛倒，多進退。又居羅網之地，更增添人生困頓與埋藏。所以喜煞忌來產生激發力，助其突破羅網。但必須有貴星或吉曜的相助之下，較為溫和，才宜刺激。命主巨門、鈴星同度，三方皆未見貴星與吉曜相助，卻是煞忌滿盤，脾氣剛毅暴躁，個性喜強出頭，言辭鋒利、刻薄，難以與人相處。更增添巨門星的幽暗與疑忌之

武破　　　天破天 曲軍　　　貴碎使 平平 科權 　　疾厄宮 76-85　　　己巳	太地 陽劫 廟 忌 　　財帛宮 86-95　　　庚午	天左右天　　　天天 府輔弼鉞　　　空官 廟 　　子女宮 96-105　　辛未	天太火天　　　陰孤 機陰星馬　　　煞辰 得利陷 　　夫妻宮 106-115　　壬申
天地　　　天鳳寡 同空　　　姚閣宿 平 　　遷移宮 66-75　　　戊辰			紫貪　　　封天恩紅 微狼　　　誥福光鸞 旺利 　　兄弟宮 116-125　　癸酉
文擎　　　天天 昌羊　　　喜傷 利陷 　　奴僕宮 56-65　　　丁卯			巨鈴　　　解龍 門星　　　神池 陷廟 　　　命宮 6-15　　　甲戌
祿　　　天三蜚 存　　　月台廉 　　官祿宮 46-55　　　丙寅	廉七陀天　　　台 貞殺羅魁　　　輔 利廟廟 祿 　　田宅宮 36-45　　　丁丑	天　　　天八天天 梁　　　刑座哭虛 廟 　　福德宮 26-35　　　丙子	天文　　　天 相曲　　　巫 得旺 　　父母宮 16-25　　　乙亥

性。巨門鈴星同度，更增添其優柔寡斷，多是非糾紛，地空、地劫會照，理想性過高，雖有豐富的想像力，行事卻慵懶、散漫，未能執行發揮。鬼谷子 膽氣英豪，惟恐懷才不遇。

　　命主巨門在戌宮坐命，雖家境良好，可得父母長輩的庇蔭，有現成事業可繼承，但甲年生人，太陽化忌，難解天梁的孤剋與巨門的幽暗，更增添其

六親寡合。 `鬼谷子` 親戚渾如陌路人。

　　祿存在事業宮獨守，祿存星主孤，不喜獨坐，讓事業性質保守。使命主更難掙脫家族的羈絆，內心多困頓，情緒起伏大。

　　此格福蔭佳，家境良好，可得父母長輩庇蔭，有現成事業可繼承，卻難知足感恩，個性剛毅叛逆，六親寡合。雖生存於家族，卻想掙脫家族的羈絆，追尋自由與獨立，但性格優柔寡斷，行事慵懶、散漫、欠積極，當然難掙脫羅網之困。 `鬼谷子` 此命福慶之曜。祥瑞之星。安靜處生出囉唆。尷尬處卻有救神。巧中成拙。是處成非。親戚渾如陌路人。外方卻有知音者。夫婦瓜皮對柳樹。兄弟銅盆對鐵箒。難為兒女。獨力擔當。到頭還有好收成。

2. 父母宮

　　天相在父母宮，文曲同度。家境良好與父母和美，易受長官提拔，多有揮灑空間。母親雖非正室，但多有才幹，為父親事業上重要的賢內助，掌握家族事業。

3. 福德宮

　　天梁在福德宮獨坐，一生安閒。太陽化忌、地空、地劫會照，好理閒事自招忙碌，晚年近宗教或研究哲學。 `鬼谷子` 此命福慶之曜。祥瑞之星。安靜處生出囉唆。

　　行限 26～35 歲，天梁在大限命宮，遷移宮太陽化忌，地劫同度，出外多是非糾紛風波。此限宮干「丙」，天同化祿在事業宮，地空同度。天機化權在財帛宮，太陰、天馬、火星同度。命主接手家族事業，在外另開分店，雖高舉自家招牌經營，卻諸多不順。還是難掙脫家族的羈絆。

4. 田宅宮

　　廉貞化祿、七殺在田宅宮，陀羅、天魁同度。廉貞七殺為積富，廉貞化祿，聚財能力佳，能自置產業。

　　行限 36～45 歲，廉貞化祿、七殺、陀羅、天魁在大限命宮，天府在遷移宮，左輔、右弼、天鉞同度。天魁在命宮，天鉞在遷移宮，一坐一照，「坐貴向貴」。武曲化科、破軍化權在事業宮。紫微貪狼在財帛宮。

　　此限三方形成科權祿「三奇佳會」，命主此限獨立在外發展，多有貴人相助，發展穩定，掙脫家族的羈絆，為一方之主。 `鬼谷子` 遇犬功名達，逢

「牛」志氣高。限隨牛馬歲，身在碧雲霄。

5. 事業宮

　　無主星，祿存坐守。祿存星主孤，不喜獨坐，使事業性質保守。借入對宮天機、太陰、火星、天馬，天機太陰在現成事業下發展。天馬與祿存，形成「祿馬交馳」他鄉發展，勞碌奔波中得財。火星同度，更增加其奔波勞碌。 **鬼谷子** 基業：生平懷志釣靈鰲，時值長江起怒濤。身在北家南面立，梅青松茂偃蓬蒿。

　　行限 46～55 歲，大限命宮無主星，祿存獨守。祿存星不喜獨坐，主孤。命主希望能掙脫家族的羈絆，一人獨自在海外發展。

6. 交友宮

　　交友宮無主星，文昌、擎羊坐守。借入對宮紫微貪狼，三方左輔、右弼、天鉞、文曲會照，出外人際關係佳。 **鬼谷子** 外方却有知音者。

7. 遷移宮

　　天同在遷移宮，地空同度。出外多破耗，守靜為宜。

8. 疾厄宮

　　武曲化科、破軍化權在疾厄宮。呼吸系統疾病。

9. 財帛宮

　　太陽化忌在財帛宮，地劫同度。太陽化忌，受六親剋削。地劫同度，更增加其散財。 **鬼谷子** 親戚渾如陌路人。外方却有知音者。夫婦瓜皮對柳樹。兄弟銅盆對鐵箒。

10. 子女宮

　　天府在子女宮，左輔、右弼、天鉞同度。子女優秀、孝順、緣分佳。
鬼谷子 子息：蟬噪柳枝斜日暮，雲飛空白映霞紅。一行鷗鷺草塘畔，紅蓼白蘋來好風。

11. 夫妻宮

　　天機太陰在夫妻宮，天馬、火星同度。天機太陰在夫妻宮，男命較佳，

妻美而賢慧。天馬、火星同度，過分敏感，易生波折。 鬼谷子 夫婦瓜皮對柳樹。婚姻：一雁飛來橋木下，松筠茂處鶴聲清。梧桐枝上棲身穩，鷗鷺紛紛皆共盟。

12. 兄弟宮

紫微貪狼在兄弟宮。兄弟皆為貴，但命主難甘心居「佐貳」，所以難和有孤獨之感。 鬼谷子 兄弟銅盆對鐵箒。兄弟：孤鴻飛下長江去，過向瀟湘伴侶無。愁向棠棣花下飲，有時長歎望京都。

六、鬼谷子全盤印證

第六數　甲己　豫卦　己未　膽氣英豪，惟恐懷才不遇。

判斷：

此命福慶之曜。祥瑞之星。安靜處生出囉唣。尷尬處却有救神。巧中成拙。是處成非。親戚渾如陌路人。外方却有知音者。夫婦瓜皮對柳樹。兄弟銅盆對鐵箒。難為兒女。獨力擔當。到頭還有好收成。

▲鳳宿梧桐格

詩云： 鳳凰成上釣靈鰲，膽氣曾經逐浪濤。
雁過碧天離古塞，鷗游綠水長新毛。
天開雨打枝頭損，果結風吹子不牢。
北畔是家南畔立，碧桃春暖遇英豪。
遇犬功名達，逢牛志氣高。
限隨牛馬歲，身在碧雲霄。

基業： 生平懷志釣靈鰲，時值長江起怒濤。
身在北家南面立，梅青松茂偃蓬蒿。

兄弟： 孤鴻飛下長江去，過向瀟湘伴侶無。
愁向棠棣花下飲，有時長歎望京都。

行藏： 平生立志施奇策，歷遍江山萬里程。
金馬玉堂人共語，龍樓鳳閣也知名。

婚姻： 一雁飛來橋木下，松筠茂處鶴聲清。

梧桐枝上棲身穩，鷗鷺紛紛皆共盟。

子息：蟬噪柳枝斜日暮，雲飛空白映霞紅。

一行鷗鷺草塘畔，紅蓼白蘋來好風。

收成：勒馬回頭春色景，天山三箭出凡塵。

九嶷雲靄驚殘夢，相喚一聲催去頻。

48 巨門在巳亥坐命：為「巨日」的組合

一、星系結構

巨門在巳亥坐命，對宮為太陽，事業天同在卯酉，財帛天機在丑未。

巨門在巳宮坐命

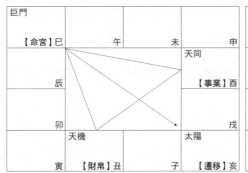

巨門 【命宮】巳	午	未	申
辰			天同 【事業】酉
卯			戌
天機 【財帛】丑	子	太陽 【遷移】亥	寅

巨門在亥宮坐命

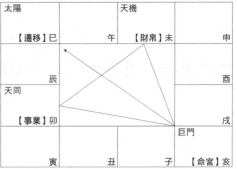

太陽 【遷移】巳	午	天機 【財帛】未	申
辰			酉
天同 【事業】卯			戌
寅	丑	子	巨門 【命宮】亥

二、格局特質分析

特質 1 巨門在巳亥二宮，對宮為太陽，屬「巨日」的組合，一生多口舌是非。

巨門化氣為暗，此星善於遮蔽別人的光輝，故稱為「暗曜」，主口舌是非，明爭暗鬥。在命盤其人多智，善辯，表達能力強，做事穩健、精明，卻過於主觀，喜好自我表現，在社交場合中議論滔滔，利用爭辯出風頭，顯示其辯才，卻適得其反，不為人所喜，人際關係不佳。

巨門在巳亥二宮，受對太陽的影響，太陽為爭訟之星。此二星均主口舌是非，明爭暗鬥。巨門在巳亥二宮，受對太陽的影響，好勝心強，志高氣傲，凡事易強出頭，而招惹是非。尤其是巨門在亥宮，受對宮太陽入廟的影響，雖光和熱能解巨門的幽暗，使個性較為開朗，但太陽在巳宮光輝燦爛，散射太過，其人志氣高傲，鋒芒太露，易遭人指摘，應戒其驕躁。

特質 2 巨門在亥宮，為「明日驅暗格」。

巨門為暗曜，其性多疑忌，遇事多著重於陰暗面，缺乏豁達的心，古曰：「鼓掌是非，於人主暗昧，疑是多非，進退難開，欺騙天下，其性面是背非，六親寡合，交人初善終惡。」須有旺勢的太陽來化解巨門的幽暗，使個性開朗。

巨門在巳亥坐命，亥宮優於巳宮，亥宮的巨門，所會照的太陽在巳宮入廟，太陽的光與熱可解巨門的幽暗，與福德宮天梁的孤剋，為「明日驅暗格」。有化權、化祿或祿存同度者，口才佳，說服能力強，能受異族提拔，名揚他邦，既富且貴。

但太陽在巳宮，光輝燦爛，散射太過，常被自信衝過頭，高傲而鋒芒太露，易引起別人的反彈遭指摘，一生多口舌是非，應戒其驕躁。

特質 3 巨門在巳宮坐命，所會的太陽在亥宮弱陷，難以激發明朗面。

巨門在巳宮坐命，所會照的太陽在亥宮弱陷，無光與熱來化解巨門的幽暗，與福德宮天梁的孤剋，難以激發明朗面，對宮太陽弱陷，不利於父星，幼年多災病，宜過繼祀出，或早年出外發展，雖勞碌，卻忙中有吉，經歷艱辛後始能成業。

巨門在巳宮，三方所會的星曜皆弱勢，但六親宮位星曜，卻明顯過強，感覺被人踩在腳下，個性受到壓抑，內心多有不滿，使巨門星負面特質彰顯，多疑敏感，難以擺脫負面的思維，與人寡合，一生多口舌是非。宜出外發展，改變人生觀，發揮自信。

巨門在巳宮入廟，口才佳，有才幹，在逆境中有很好的耐力。若祿存同度，則個性樸實謹慎，福厚祿重，主富。若有化權、化祿者，魄力大，善創業，主貴。

三、此星系出生年，天干能量特點

1.巨門在巳亥宮坐命，辛年生人

巨門在化祿在命宮，太陽化權在遷移宮，「權祿相逢」魄力佳，善創

業，財官雙美，名揚他邦。

2.巨門在巳亥坐命，癸年生人

　　巨門在化權在命宮，魄力佳，說話有權威。天鉞在巳位命遷線上，天魁在卯位夫官線上，一生多貴人庇蔭，財官雙美，名揚他邦。

四、此星系吉凶注意事項

1. 巨門在巳亥坐命，對宮為太陽，屬「巨日」的組合，為異族、才藝、奔波、爭執、明暗、口才、競爭等。宜出外謀生，可名利雙收，名揚他邦，太陽化吉，則主名氣大。巨門化吉，則主財祿。

2. 巨門在亥宮坐命，「日月並明」既聰明又能善用巧智，且在逆境中有很好的耐力，若見吉化，事業能「因人成事」而有所成，惟須辛勤奮鬥。
   但巨門在亥宮，所會照的太陽在巳宮入廟，光輝燦爛，散射太過，志氣高傲，常被自信衝過頭，鋒芒太露，又固執己見喜歡與人爭辯，導致人際關係不佳，宜收斂其傲氣，戒其驕躁。

3. 巨門在亥宮，對宮太陽在巳宮入廟，為「食祿馳名」，出外得貴，異鄉大利。若有化權、化祿或祿存同度者，口才便捷，最宜口才為業，如律師、民意代表、外交人才或為人師表及藝術表演等，皆有傑出的成就，既富且貴，名震他鄉。

4. 巨門在巳亥坐命，見文昌、文曲、化科，宜文教、傳播，或服務業發揮。若再見紅鸞、天喜等桃花諸曜，則可從事演藝工作。

5. 巨門在巳亥坐命，見左輔、右弼者，可從事公關或政治界發展。

6. 巨門化忌在巳亥坐命，宜動口生財之行業，以減少巨門的是非，能反化為奇。

7. 巨門在巳亥坐命，最懼煞忌同度，更增加巨門「幽暗」的特性。為人喜猜疑、言辭鋒利、意志薄弱、處事缺乏耐性、多是非口舌。若再形成「巨火羊」之惡格，一生多口舌、是非、官司橫禍，更主六親寡合。古曰：「巨火擎羊，終身縊死。」此格並非指會自縊死，而是指人生多作繭自縛，自討苦吃。巨門見火星、擎羊，此三星同落於命宮或行限逢之，則大凶。三方會合則較輕，有吉則可救。

8. 巨門在巳亥坐命，地空、地劫同度，巨門雖入廟無妨，但其人幼年坎坷辛勞，為人孤僻漂泊，常有空幻臆想，易接近宗教或第三類接觸。

9. 巨門在巳亥坐命，吉煞刑忌並臨，則宜學習理工，或專門技藝。

五、命盤實例解析

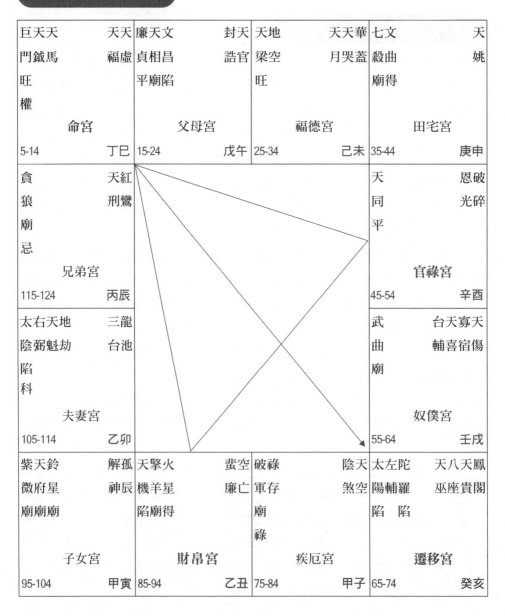

巨天天　　　天天 門鉞馬　　　福虛 旺 權 命宮 5-14　　　　　丁巳	廉天文　　封天 貞相昌　　誥官 平廟陷 父母宮 15-24　　　　戊午	天地　　　天天華 梁空　　　月哭蓋 旺 福德宮 25-34　　　　己未	七文　　　　　天 殺曲　　　　　姚 廟得 田宅宮 35-44　　　　庚申
貪　　　　天紅 狼　　　　刑鸞 廟 忌 兄弟宮 115-124　　　　丙辰			天　　　　恩破 同　　　　光碎 平 官祿宮 45-54　　　　辛酉
太右天地　　三龍 陰弼魁劫　　台池 陷 科 夫妻宮 105-114　　　　乙卯			武　　　台天寡天 曲　　　輔喜宿傷 廟 奴僕宮 55-64　　　　壬戌
紫天鈴　　解孤 微府星　　神辰 廟廟廟 子女宮 95-104　　　　甲寅	天擎火　　　蜚空 機羊星　　　廉亡 陷廟得 財帛宮 85-94　　　　乙丑	破祿　　　　陰天 軍存　　　　煞空 廟 祿 疾厄宮 75-84　　　　甲子	太左陀　　天八天鳳 陽輔羅　　巫座貴閣 陷　陷 遷移宮 65-74　　　　癸亥

1. 命宮

巨門化權在巳宮坐命，天馬、天鉞同度。巨門在巳宮，對宮太陽弱陷無力，不利父星，與父親緣薄，也易遇人不淑，宜學習一技之長，自力更生。命主喜見巨門化權、天鉞同度，能改善並減少巨門的疑忌之心，也能使童年波折坎坷減少，但還是有生離死別的刑剋。

巨門最喜化權，有才幹，口才佳，言之成理又有權威性，能取信於人，並且能減少巨門的疑忌之心與是非。天鉞同度，一生多貴助，且可改善巨門不良的特性。天馬同度，早年離鄉發展，雖然勞碌奔波，卻忙中有吉，經歷艱辛後始能成就事業。

命主巨門化權在巳宮坐命，講話有權威、令人信服，魄力大，開創力強，能憑專業知識創出事業。　鬼谷子　求名求利，事事稱心。

但此格「日月反背」，不利六親與婚姻，感情多波折。命主夫妻宮太陰化科在卯宮弱陷，太陰性質夢幻，在卯宮弱陷，更容易沉浸在浪漫的虛幻中，易遇人不淑。太陰化科，配偶聰明、俊美，受異性垂青，易帶來感情困擾。見右弼、地劫、天魁輔佐單星同度，丈夫外遇，感情多波折，人財兩失。命主福德宮天梁、地空、華蓋同度，潛藏孤忌之性，影響婚姻的穩定。

鬼谷子　此命為人特達。處事精詳。耐事時如彌陀酣睡。不耐事時如金剛擎拳。有剛柔。無滔曲。是非絆足。名利拘身。兒女不知心。親情盡無義。朝思暮算。五更只得二更眠。千方百計。三限還他一限好。風霜早歷千千遍。方做清閒自在人。

2. 父母宮

廉貞天相在父母宮，文昌同度，受鄰宮巨門化權夾印，對宮破軍化祿、祿存會照，形成「財蔭夾印」、「權蔭夾印」，能得父母恩惠，但還是不利父親，命主 27 歲回國，父親突然逝世。

3. 福德宮

天梁在福德宮，地空同度。聰明有才能，理想高，思想清高獨特，喜研究哲理與宗教，有出世之心。對宮火星、擎羊會照，勞心費神，煩躁不安，多是非。　鬼谷子　不耐事時。如金剛擎拳。有剛柔。無滔曲。是非絆足。

行限 25～34 歲，天梁、地空在大限命宮。多虛驚。天梁為蔭星，此蔭

庇之力，乃含有災難先來，然後得化解的意味。此星雖有遇難呈祥之作用，但也意謂必多災、多難、多是非。

　　此限宮干「己」，天梁化科在大限命宮，有責任心，能受人信賴，三方左輔、右弼、天魁會照，多有現成機會。但同時也見地空、地劫、火星、擎羊、陀羅煞曜。吉煞曜交集，勢必發生麻煩困擾之事件，且每多來勢洶湧，卻能因禍得福，得到貴人的相助。

　　命主此限丈夫外遇離婚，父親逝世，離鄉賺錢寄回家鄉買房，母親卻將房子買在哥哥名下，使命主的努力變成一場空。 鬼谷子 親情盡無義。

4. 田宅宮

　　七殺在田宅宮，文曲同度。七殺在申宮，喜見疊祿會照，有偏財運，能有突來的巨款購置不動產，貪狼化忌、鈴星會照，先破後成。

　　行限 35～44 歲，七殺、文曲在大限命宮。七殺在申宮，對宮遷移紫微天府，為「七殺朝斗格」，能得貴人提攜與相助，命主終於在國外置業。

　　此限宮干「庚」，祿存在大限命宮，武曲化權在福德宮，賺錢慾望強烈。命主不因前大限的挫折而懈怠，自己不斷積極努力，提升才能，作風積極，受到貴人提攜與相助。

　　此限事業宮破軍化祿、祿存同度，喜見「疊祿」，開創力強，受到貴人提攜與合作，多有兼差、兼職的機會，讓命主終於在國外置業。

　　此限宮干「庚」，太陽化祿在田宅宮，遇對宮生年巨門化權，太陰化科在疾厄宮，使田宅宮，形成科權祿「三奇佳會」。但田宅宮太陽與巨門相對，主爭奪，易有明爭暗鬥，見天巫同度，則主遺產爭奪。

5. 事業宮

　　天同在事業宮，三方天魁、天鉞、右弼、化科、化權會照，可展雄才。火星、擎羊會照，雖增加積極度，但事業多是非爭訟。 鬼谷子 求名求利，事事稱心。基業：乳燕離巢趁翼成，雕樑畫棟往來輕。乘風舞向天邊去，總領天邊萬里程。

　　行限 45～54 歲，天同在大限命宮。此限宮干「辛」，祿存在命宮。巨門化祿在財帛宮，遇生年巨門化權，又逢天馬同度，使財帛宮形成「祿馬交馳」及「權祿相逢」的吉格。 鬼谷子 收成：滿眼金珠觀不足，時乎運限不

須云。鐘鳴漏盡夢何在，杜宇一聲催暮雲。

此限命主天同在命宮，三方科權祿會照，形成「三奇佳會」又有天魁、天鉞、右弼等，輔佐吉曜會照，命主受到貴人的提攜，合作賣宗教文物用品，事業發展成獨立的一方。天機在事業宮，火星、擎羊同度，多競爭、多變動、多流動。

6. 交友宮

武曲在交友宮。武曲為寡宿星，多為點頭之交，聊得上的很少。對宮貪狼，多酒肉朋友，化忌沖照，交友不佳，常犯小人，受侵奪。

7. 遷移宮

太陽在遷移宮，陀羅、左輔同度。太陽在亥宮弱陷，陀羅同度，一生多口舌是非，易被冤枉，並且多勞碌。太陽為中天主星，喜左輔同度，多有助力，可得異族提拔。三方科權及吉曜會照、名揚他邦，名利雙收。

8. 疾厄宮

破軍化祿在疾厄宮，祿存同度。喜見「疊祿」，遇病災可逢凶化吉。

9. 財帛宮

天機在財帛宮，火星、擎羊同度。天機在丑宮，對宮天梁，求財心急，善機謀巧計。火星、擎羊同度，一生機緣雖多，但多聚多散。

10. 子女宮

紫微天府在子女宮，鈴星同度。一女聰明有成，但緣薄，難知心。**鬼谷子** 兒女不知心。子息：桃花零落隨風雨，逝者如斯不可期。誰信後園花再發，枝頭一果卻希奇。

11. 夫妻宮

太陰化科在夫妻宮，右弼、地劫、天魁同度。太陰在卯宮弱陷，不利女命感情多波折。太陰化科配偶俊美，多受異性垂青。右弼、天魁、地劫同度，遇人不淑，感情有暗傷，須自力更生。**鬼谷子** 婚姻：明月照窗春寂寂，琴調一曲正淒涼。鴛鴦飛向瀟湘外，鷗鷺紛紛下草塘。

12. 兄弟宮

貪狼化忌在兄弟宮。孤獨刑剋不和。 鬼谷子 弟兄流水向東頃，親情盡無義。兄弟：雁飛鼎足過江湖，一隻飛鳴在帝都。回首春光送歸塞，江南梅信定應無。

六、鬼谷子全盤印證

第九十一數　癸甲　頤卦　甲辰　求名求利，事事稱心。

判斷：

此命為人特達。處事精詳。耐事時如彌陀酣睡。不耐事時如金剛擎拳。有剛柔。無滔曲。是非絆足。名利拘身。兒女不知心。親情盡無義。朝思暮算。五更只得二更眠。千方百計。三限還他一限好。風霜早歷千千遍。方做清閒自在人。

▲秋夜月華格

詩云：月華千里冷中清，孤雁尋群夜半鳴。
　　　父母望雲從此去，弟兄流水向東頃。
　　　晚來安樂身頭穩，早歲奔馳事未成。
　　　莫笑春光臨賞後，牡丹花下聽啼鶯。

基業：乳燕離巢趁翼成，雕樑畫棟往來輕。
　　　乘風舞向天邊去，總領天邊萬里程。

兄弟：雁飛鼎足過江湖，一隻飛鳴在帝都。
　　　回首春光送歸塞，江南梅信定應無。

行藏：騎牛漸漸登雲路，遇鼠終須見主翁。
　　　提挈岍嶸成偉業，持弓逐鹿畫屏中。

婚姻：明月照窗春寂寂，琴調一曲正淒涼。
　　　鴛鴦飛向瀟湘外，鷗鷺紛紛下草塘。

子息：桃花零落隨風雨，逝者如斯不可期。
　　　誰信後園花再發，枝頭一果卻希奇。

收成：滿眼金珠觀不足，時乎運限不須云。
　　　鐘鳴漏盡夢何在，杜宇一聲催暮雲。

49　天相在丑未坐命：喜爭權

一、星系結構

　　天相在丑未坐命，對宮為紫微破軍，財帛天府在卯酉，事業在巳亥無主星。

天相在丑宮坐命

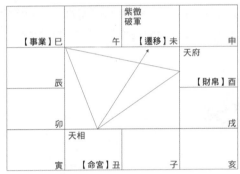

天相在未宮坐命

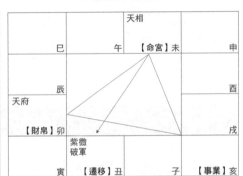

二、格局特質分析

特質 1 天相在丑未坐命，受對宮紫微破軍的影響，喜爭權。

　　天相為輔佐之星曜，以輔佐主人為主，天生俱來便有良好的配合度，能忠於主人，並無任何的自我主張。但天相在丑未宮坐命，對宮為紫微破軍，受到「紫微」帝星的影響，志氣高傲，增加天相的權力慾，較有主見，喜爭權，再受反叛性質「破軍」的影響，行事變得有點專斷，喜憑個人意志行事。

　　但天相顧名思義乃為助星，仍需依附於君主，是輔助的性質，若獨斷專行，固執己見，則容易招受挫折。

特質 2 天相在丑未坐命，由於遷移宮強勢，宜外出求發展。

　　天相在丑未坐命，對宮遷移為紫微破軍。由於遷移宮強勢，所以宜外出

求發展，必有一番作為。但天相並非開創的星曜，仍需依附於君主。

若遷移宮紫微破軍見科權祿會，則天相見明主之兆。若紫微破軍見煞曜，則環境動盪多變，使天相易生反覆，難免朝秦暮楚。

特質 3 此星系，可從商、從政。

天相在丑未坐命，受到對宮紫微破軍的影響，增加天相的權力慾，對公眾事務也有特別喜好。雖然事業宮無主星，但對宮廉貞貪狼，三合「府相朝垣」，遇吉無煞，可以從官、從政，皆有崇高的地位。若有煞可從商。

因對宮廉貞貪狼二星，善交際應酬，帶有商業色彩，可由應酬而發展事業，但從商亦有寡頭的味道，亦主常易與人合作，事業發展往往不只一端。此星系丑宮優於未宮，丑宮事業三合的天相、天府皆入廟，能獨當一面，財官雙美。未宮事業三合的天相、天府在得位，氣勢也較弱，以服務公眾為宜。

三、此星系出生年，天干能量特點

1.天相在丑未坐命，甲年生人

破軍化權在遷移宮，天魁天鉞在命遷線上，一坐一照，「坐貴向貴」，聰明有才華，能受人賞識，出外有權威，可得崇高地位。

2.天相在丑未坐命，乙年生人

紫微化科在遷移宮，命宮受天梁化權來夾印，為「權蔭夾印」，且祿存在卯宮財福線上，為財官雙美，有聲望與人緣。

四、此星系吉凶注意事項

1. 天相為輔佐之星曜，在丑未宮。這組星系受對宮紫微星的影響，志氣高傲，喜掌權，自我意識較強。因此須注意天相的性質，是獨立性，還是附庸性質。

獨立者氣質優雅，不肯隨波逐流，在發展中命運未必及附庸者，但社會地位能勝過附庸者。所以此星系最喜見化科、文昌、文曲、龍池、鳳閣、天

才等星曜，可增加天相星的才華，做為事業基礎，而不必附庸登龍。若是會陰煞、天虛、蜚廉、指背、息神、亡神諸惡曜，則隨人隨勢，為官場、豪門之走卒的附庸者。

2. 天相在丑未坐命，對宮遷移為紫微破軍，紫微破軍的吉凶易影響天相。如天相為「刑忌夾印」，而對宮遷移的紫微破軍見科、權、祿，則其人宜離家出外發展。但如果天相為「財蔭夾印」，而遷移宮的紫微破軍若見煞忌，外出環境動盪多變，則只宜株守家園。

3. 天相在丑未坐命，對宮遷移為紫微破軍，受到「紫微」帝星的影響，增加天相的權力慾，事業心重。所以此星系喜見天魁、天鉞、左輔、右弼、三台、八座、天貴、恩光、台輔、封誥等星耀的會照。無煞可從政界發展，有煞亦可從商，皆有崇高的地位。

4. 天相在丑未坐命，對宮遷移為紫微破軍，受對宮破軍反叛性質的影響。若煞曜過多，則挫折感深，使天相對現實不滿，易有反叛的傾向，容易玩弄權術。宜巧藝謀生。

5. 天相在丑未坐命，若吉煞交集，事業還是能有所表現，只是程度較低而已。

五、命盤實例解析

1. 命宮

　　天相為輔佐之星，以輔佐主人為主。命主天相在未宮坐命，喜文昌文曲二星夾命，可增加其才華與社會地位，左輔右弼在三方會照，心胸寬大，多有貴人相助，財官雙美。**鬼谷子** 度量寬洪，前程遠大。

　　命主乙年生人，紫微化科在遷移，天梁化權在父母宮夾天相，形成「權蔭夾印」。天相在未宮坐命之人，已多有主見，再見「權蔭夾印」，更加強命主的原則性，雖盡忠職守，但恐有過於剛毅，得理不饒人之象。遷移宮紫微化科，雖有聲望與人緣，但地劫同度，理想過高，外出環境動盪多變，身心多忙碌。

　　天相為輔佐之星，首要任務以輔佐長官，忠於長官，以長官的利害為

廉貪天 貞狼馬 陷陷 夫妻宮 103-112　　辛巳	巨文 門曲 旺陷 兄弟宮 113-122　　壬午	天　　　　天 相　　　　月 得 命宮 3-12　　　癸未	天天文天　台天天紅 同梁昌鉞　輔福貴鸞 旺陷得 　權 父母宮 13-22　　　甲申
太擎　　天封天寡 陰羊　　刑誥官宿 陷廟 忌 子女宮 93-102　　庚辰			武七地 曲殺空 利旺 福德宮 23-32　　　乙酉
天右祿　　鳳蜚 府弼存　　閣廉 得　廟 財帛宮 83-92　　　己卯			太　　　　恩 陽　　　　光 不 田宅宮 33-42　　　丙戌
陀　　解三天天 羅　　神台喜使 陷 疾厄宮 73-82　　　戊寅	紫破地　　天破 微軍劫　　虛碎 廟旺 科 遷移宮 63-72　　　己丑	天鈴天　陰八天 機星魁　煞座傷 廟陷 祿 奴僕宮 53-62　　　戊子	左火　　天天龍 輔星　　巫哭池 利 官祿宮 43-52　　　丁亥

主，要有良好的配合度，而不是有太多的原則性。命主天相在未宮坐命，受「權蔭夾印」志氣高，有主見，喜爭權，雖多有才幹與能力，但天相顧名思義乃助星，仍需依附於長官、老闆，若原則性太強，固執己見，難以謙卑低頭，服從長官，則將自己導致挫敗，而提前退休。**鬼谷子** 此命綱紀權衡之宿。人若逢之。有開基創業之功。靠祖成身之福。剛柔兩濟。凶吉同門。性

硬氣高，心慈口毒。開眉變皺眉。現成變不足。只因不耐俯仰時人。以致幾番拗曲作直。若是知命耐煩。自然衣食豐足。

命主乙年生人，紫微化科在遷移宮，在外人緣佳、有聲望。天梁化權在父母宮，使命宮形成「權蔭夾印」，再遇文昌文曲二星夾命，左輔右弼三方會照，命主多有才幹，為人心胸寬厚，能遇貴人相助，財官雙美。可惜遷移宮與福德宮，見地空、地劫二星，雖先天福厚命好，但缺乏安全感，心緒紛飛，難能有清閒的日子，到處奔走不遂志，多挫折。只因個性剛毅、多氣傲，將自己引導致失敗。天相為輔佐之星，雖有才幹與能力，但仍需依附於君主。

2. 父母宮

天同、天梁化權在父母宮，文曲、天鉞同度。父母長壽，且多有庇蔭之力。

3. 福德宮

武曲、七殺在福德宮，地空同度。武曲、七殺在福德宮，追求物質慾望強，主忙碌。地空同度，對錢財敏感，即使表面物質生活富足，但又時感匱乏。

行限 23～32 歲，武曲、七殺、地空在大限命宮，戰鬥力強，奔波忙碌，變動幅度大。遷移宮天府、右弼、祿存同度，出外能穩步發展，創業興家。事業宮紫微化科、破軍、地劫同度，能在虛構中憑空開創出局面，且能逐步高陞，為人生得意之年。**鬼谷子** 此命綱紀權衡之宿。人若逢之。有開基創業之功。靠祖成身之福。

4. 田宅宮

田宅太陽在戌宮。有祖蔭，父母宮無煞，多有庇蔭。

行限 33～42 歲，太陽在大限命宮，太陽在戌宮，光芒收斂，處事態度較柔順而謙遜。雖然辛勞，但有所成，可成富局。此限宮干「丙」，天同化祿、文昌化科在夫妻宮，遇生年天梁化權，夫妻宮形成，科權祿「三奇佳會」，會照事業宮，此限受到貴人的提攜，進入公職，且獨當一面。

5. 事業宮

事業宮無主星，左輔、火星坐守。火星坐守，不宜公職，須防行政疏失而有所訴訟。事業宮無主星，屬於相依的宮位，借入對宮廉貞、貪狼、天馬，三合府相朝垣，喜見祿存，左輔、右弼吉星，主財官雙美。

行限 43～52 歲，大限命宮無主星，左輔、火星坐守，借入對宮廉貞、貪狼、天馬。事業天府、右弼、祿存同度，事業穩定。但此限天哭在大限命宮，恐有憂悶、煩惱、傷心之事。

此限夫妻宮武曲、七殺，地空同度，配偶有外遇不回家。

6. 交友宮

天機化祿在交友宮，天魁、鈴星同度。天機星性質多變動，在交友宮雖可結識各方面的朋友，但時常更換。天機在子宮，對宮巨門，機巨交人「始善終惡」。天機雖化祿，但鈴星同度，三方太陰化忌、擎羊會照，多是非糾紛，易誤交匪人，最好保持「君子之交淡如水」。

行限 53～62 歲，天機化祿、天魁、鈴星在大限命宮。事業太陰化忌，擎羊同度。此限宮干「戊」，天機化忌在命宮，遇生年天機化祿，「祿忌相沖」，麻煩事件多。

太陰化權在事業宮，遇生年太陰化忌，「權忌相沖」，再見擎羊同度，事業、感情多波折。賦文云：「日月最忌羊陀，人離財散。」此限在工作上發生行政疏失，丈夫也因肝癌過世，雙重打擊，提前退休。

7. 遷移宮

紫微化科、破軍在遷移宮，地劫同度。紫微化科，出門在外能遇明主，受上司賞識提拔。但地劫同度，有小人破壞，出外多挫折，人際關係先好後壞。

8. 疾厄宮

疾厄宮無主星，陀羅坐守。呼吸系統不良，易因肺臟，連帶影響到血液的循環。

9. 財帛宮

天府在財帛宮，右弼、祿存同度。天府為祿庫，喜見右弼、祿存同度，

財源穩定，且能積財甚豐。

10. 子女宮

太陰化忌在子女宮，擎羊同度。子女易有傷折或幼年體弱多病。命主三子，無女兒。 鬼谷子 子息：方信枝頭生一果，豈知一果水中災。全憑陰騭生慈念，終久麒麟入夢來。

11. 夫妻宮

廉貞貪狼在夫妻宮，天馬同度。廉貞貪狼在巳宮弱陷，配偶欠缺家庭觀念，婚姻波折多。再見天馬同度，三方地空、地劫會照，配偶有外遇，十幾年不回家，得肝癌時才回家。 鬼谷子 婚姻：鴛鴦飛入碧潭清，月到中宵決定明。中路貴人若舉手，緣波深處定虧盈。

12. 兄弟宮

巨門在兄弟宮，文曲同度。兄弟口和心不和，東西分離。三方會照陀羅、鈴星，主刑剋孤獨。 鬼谷子 兄弟：雁鴻飛度遠山急，月照寒潭綠水湄。獨宿白蘋紅蓼岸，關山雪積喉聲悲。

六、鬼谷子全盤印證

第十九數　乙壬　渙卦　壬寅　度量寬洪，前程遠大。

判斷：

此命綱紀權衡之宿。人若逢之。有開基創業之功。靠祖成身之福。剛柔兩濟。凶吉同門。性硬氣高，心慈口毒。開眉變皺眉。現成變不足。只因不耐俯仰時人。以致幾番拗曲作直。若是知命耐煩。自然衣食豐足。

▲雁渡長沙格

詩云：密雲不雨空雷震，閃電光輝頃刻時。

江闊雁飛離古塞，歲寒松柏挺蒼枝。

三綱有分離南北，九族無情合是非。

滿樹花開留一果，趁龍騎馬上天梯。

基業：密雲不雨空庭暗，閃電分光震有威。

山口有人施一箭，江山磨節可相依。

兄弟：雁鴻飛度遠山急，月照寒潭綠水湄。

獨宿白蘋紅蓼岸，關山雪積唳聲悲。

行藏：回頭消息早先知，緣是牛羊事可期。

月出東山紅日落，貴人提挈上瑤池。

婚姻：鴛鴦飛入碧潭清，月到中宵決定明。

中路貴人若舉手，緣波深處定虧盈。

子息：方信枝頭生一果，豈知一果水中災。

全憑陰騭生慈念，終久麒麟入夢來。

收成：正慮一年辛至己，酒賒月滿事傷悲。

風帆高卦遙遙去，永夜更闌聽子規。

50 天相在卯酉坐命：易受私情左右而徇私

一、星系結構

　　天相在卯酉坐命，對宮為廉貞破軍，財帛天府在巳亥，事業在丑未無主星。

天相在卯宮坐命

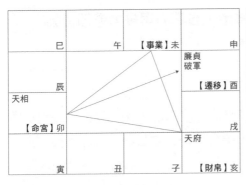

天相在酉宮坐命

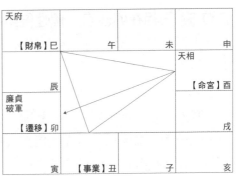

二、格局特質分析

特質 1 天相在卯酉坐命，受對宮廉貞星的影響，更發揮隨波逐流的性質。

　　天相為印星，是帝王的掌印官，雖接近權力核心，易執掌大權，但缺乏主體性，全由執印者左右，主人為善便助其善，為惡便助其惡，隨正邪變化，推波助瀾，自己缺乏原則與個性，易受環境的影響，隨波逐流。天相在卯酉二宮，對宮為廉貞破軍，受廉貞星的影響。

　　廉貞星性質帶感情，正邪剛柔複雜，性質相互矛盾，與天相星性情頗為類似，遇吉則善，遇惡則凶的特質，更使卯酉二宮的天相，發揮隨波逐流的特性。

特質 2 此星系受對宮廉貞星，帶感情的影響，易受私情左右而徇私。

　　天相在卯酉坐命，受對宮廉貞星的影響，吉則二星同為官祿主，相互調和，轉化為自身的聰明與才藝，做為事業的基礎。使天相星有情、有義、有原則，能成為良好的格局，古曰：「天相能化廉貞之惡。」凶則引發廉貞的「囚」星性質，感情與理智難以調和。使天相這顆印星，變成感情的配件，助紂為虐。產生感情的情緒化，缺乏原則性，易受私情左右而徇私，缺乏原則性與堅持，成為容易被牽著鼻子走的「爛好人」，有時因照顧朋友，講義氣而迷失了自我，為了朋友便可協助進行不正當的行為，天真的拿「義氣」當生活意義，欠缺原則而易誤入歧途。

特質 3 天相在卯酉宮，個性優柔寡斷，自尊心與權力慾卻皆強。

　　天相在卯酉坐命，雖受對宮廉貞的影響，聰明有才華，可做為事業的基礎。但天相在卯酉宮落陷，且對宮為廉貞破軍二星也皆為落陷，所會照的天府也只是得位。

　　其人信心不足，個性優柔寡斷，多憂慮，少進取，保守謹慎，缺乏決斷力，難獨當一面，只宜輔佐。但其人福德宮卻是紫微七殺，自尊心與權力欲皆強，讓天相難甘心居於輔佐之位，對事物不易妥協，喜強出頭，在表現上常讓人有強烈的差異感。

三、此星系出生年，天干能量特點

1.天相在卯酉坐命，乙年生人

　　天機化祿、天梁化權在父母宮來夾命，使天相形成「財蔭夾印」及「權蔭夾印」，且祿存在卯宮命遷線上。

　　讓天相能化廉貞之惡。在照顧朋友之上，可多了點原則與堅持，才不會因而誤入歧途。並且能轉化為自身的聰明與才藝，可獨當一面，受上司器重。

2.天相在卯酉坐命，辛年生人

　　巨門化祿、太陽化權在兄弟宮來夾命，使天相形成「財蔭夾印」及「權蔭夾印」，祿存在酉宮命遷線上。讓天相能化廉貞之惡。在照顧朋友之上，可多點原則與堅持，才不會因而誤入歧途。並且能轉化為自身的聰明與才

藝，亦能獨當一面。

四、此星系吉凶注意事項

1. 天相在卯酉坐命，對宮為廉貞破軍，此三顆星曜皆為落陷，所會照的天府
   也只是得位。個性優柔寡斷，保守謹慎，多憂慮，少進取，難能獨當一
   面，不宜自行創業，宜在大型公司行號任職，或政府機關服務，較能突顯
   個人的才能，而發揮所長。
   所以此星系特別喜見文昌、文曲、龍池、鳳閣、天才等星曜，可增加其才
   藝。也亦喜左輔、右弼、天魁、天鉞可增加其穩定，幫助發展事業。
2. 天相在卯酉坐命，處於弱陷之位，為人保守謹慎，善理財務，幫夫運佳。
   夫妻宮武曲貪狼，若見祿，女命夫婿富足，宜輔佐夫婿為佳，但福德宮為
   紫微七殺，志氣高，易爭權。
3. 天相在卯酉坐命，對宮為廉貞破軍，受對宮廉貞星的影響。更使天相發揮
   隨波逐流的性質，遇吉則善，遇惡則凶，所以不喜天相受「刑忌夾印」，
   亦不喜煞曜沖會。使天相更欠缺原則，易徇私而誤入歧途。
4. 天相在卯酉坐命，不宜火星、鈴星同度或會照，易引動對宮廉貞的浮躁之
   性，古曰：「天相守命，遇火鈴衝破，殘疾。」即是易惹災禍。即使逢
   「火貪格」沖之，對天相守命的人來說，亦加強橫發之後的「橫破」，富
   貴不能耐久。因火星、鈴星沖破則有徇私的色彩。天相也不宜坐空劫之
   鄉，亦主徇私。
5. 天相在卯酉坐命，卯酉為桃花之地，又處於弱陷之位，需防桃花惹禍。

五、命盤實例解析

1. 命宮

　　天相在酉宮坐命，己年生人，天梁化科在父母宮來夾命，形成「科蔭夾
印」刑官清明，使天相有情、有義、有原則，三方見文昌、文曲，雖能增加
其聰明、才藝，但文曲化忌，聰明人做傻事，喜賣弄聰明，逞口舌而多是
非，且少年求學時多風波。**鬼谷子** 口直心慈。性高氣硬。受不得曲直。吃

財帛宮	子女宮	夫妻宮	兄弟宮
天府陀羅天馬 得陷　　　　天姚天巫孤辰蜚廉破碎	天同太陰右弼祿存火星 陷不　廟廟　　陰煞八座天喜	武曲貪狼擎羊鈴星 廟廟廟利 祿權　　　天月龍池鳳閣	太陽巨門左輔天鉞地劫 得廟　　　　　　三台
84-93　　　　己巳	94-103　　　庚午	104-113　　辛未	114-123　　壬申
疾厄宮 　　　　天空天使			命宮 天相 陷　　　　天官天虛
74-83　　　　戊辰			4-13　　　　癸酉
遷移宮 廉貞破軍　台輔天哭 平陷			父母宮 天機天梁 利廟 科
64-73　　　　丁卯			14-23　　　　甲戌
奴僕宮 地空　　　天福天傷	官祿宮 文曲文昌　天刑寡宿 廟廟 忌	田宅宮 天魁　　解神恩光天貴紅鸞	福德宮 紫微七殺　　　　封詰 旺平
54-63　　　　丙寅	44-53　　　　丁丑	34-43　　　　丙子	24-33　　　　乙亥

不得便宜。

　　命主雖聰明、有才華，但天相在酉宮坐命，處於弱陷之位，個性優柔寡斷，保守謹慎，多憂慮，少進取，做事缺乏決斷力，難獨當一面。但命主福德宮卻是為紫微七殺，喜爭權，志氣高難認命。

　　命主「己」年生人，夫妻宮武曲化祿、貪狼化權，可嫁富貴之夫。但須

甘心以夫為尊，夫唱婦隨，輔佐丈夫，命主反能獲得良好的發揮空間，且富貴雙全，但命主卻自行創業，虛而不實。命主事業宮無主星，文昌、文曲化忌坐守，借入對宮武曲化祿、貪狼化權、擎羊、鈴星，易橫發橫破，虛而不實，難有富貴。 鬼谷子 功名虛。財帛耗。巧裏得來空裏去。水上浮泡眼前花。

天相在酉宮坐命，為人保守謹慎，善理財務，幫夫運佳，若能輔佐丈夫，相互扶持，才能真正創造幸福與富貴。因天相顧名思義乃為輔助星，仍需依附於君主，是輔助的性質。 鬼谷子 此命深思遠慮。營遠勞心。口直心慈。性高氣硬。受不得曲直。吃不得便宜。分青理白。補短牽長。為事易成。於人不足。妻弱難為。子多不秀。功名虛。財帛耗。巧裏得來空裏去。水上浮泡眼前花。

2. 父母宮

天機、天梁化科在父母宮，可得父母的庇蔭，也亦能有上司提攜。

行限 14～23 歲，天機、天梁化科在大限命宮，天機天梁本身具有不穩定的性質，此限宮干「甲」太陽化忌在夫官線上，學業上多有波折。但天梁化科，有消災的力量，逢災能解。

3. 福德宮

紫微七殺在福德宮。福厚，主觀強，但三方未見「百官朝拱」，卻見陀羅、鈴星、擎羊煞曜，命主心高而自招煩惱。幸有化祿、化權可調和，早年辛勞，晚年得意安享。 鬼谷子 逍遙快樂，晚景頗佳。

福德宮代表一個人的精神與心靈狀態。命主天相坐命，顧名思義乃天生的宰相，輔佐之格局。但福德宮卻是紫微七殺，代表權威、主導，企圖心如此強烈，便不能甘於輔佐的地位，頗有強出頭的意味。紫微七殺，未見「百官朝拱」，則為孤君，只有領導慾而無領導力。

行限 24～33 歲，紫微、七殺在大限命宮，三方未見「百官朝拱」，則為孤君。此限宮干「乙」，紫微化科在命宮，處事圓融，能化殺為權，並且增加聲譽。

祿存在事業宮與廉貞、破軍同度，使事業有成。財帛宮生年武曲化祿、貪狼化權、擎羊、鈴星同度。武曲化祿、貪狼化權、鈴星同度，形成「鈴貪

格」，可得豐厚的意外之財，但擎羊同度，對宮文曲化忌沖破，橫發橫破。

鬼谷子 功名虛。財帛耗。巧裏得來空裏去。水上浮泡眼前花。

4. 田宅宮

田宅宮無主星，天魁坐守，借入對宮天同、太陰、右弼、祿存、火星。天同太陰，主白手興家，可購置寧靜地點的住宅，能靜中帶旺。右弼、祿存，置業豐厚。火星，易因產業而生困擾。

行限 34～43 歲，大限命宮無主星，天魁坐守，借入對宮遷移天同、太陰、右弼、祿存、火星。

此限宮干「丙」，天同化祿在遷移宮，天機化權在夫妻宮，遇生年天梁化科，夫妻宮「科權相逢」丈夫主貴。

事業宮無主星，借入天機化權、天梁化科，職業多變動。財帛宮太陽、巨門、左輔、地劫、天鉞同度，太陽巨門，主競爭，地劫同度，競爭激烈而破財。

命主天相在酉宮坐命，個性優柔寡斷，決斷力不足，卻從事房地產投資工作。命主此限結婚，丈夫多金，雖投資錢財有所破耗，但受傷並不重。

5. 事業宮

事業宮無主星，文昌、文曲化忌坐守，借入對宮武曲化祿、貪狼化權、擎羊、鈴星。武曲貪狼，是極入世的星曜，行動積極，拼勁十足。但見文昌、文曲，雖增添了幾分文氣，卻產生了矛盾，變得優柔寡斷，進退失據，是非不分，徇私利己，在古書上稱為「政事顛倒」。三方再形成「鈴昌羅武」的惡格，易受私情左右或誘之以利，而做出錯誤的投資，因此遭受意外挫敗。 **鬼谷子** 功名虛。財帛耗。巧裏得來空裏去。水上浮泡眼前花。

行限 44～53 歲，大限命宮無主星，文昌、文曲化忌坐守，對宮武曲化祿、貪狼化權、擎羊、鈴星同度。此限出現「鈴貪格」，能橫發，可得豐厚的意外之財，但也出現「鈴昌羅武」惡格，易出現突然的災禍，讓命主措手不及，產生大挫敗。此限起伏波折大，橫發橫破。

6. 交友宮

交友宮無主星，地空坐守，借入對宮太陽、巨門、左輔、地劫。部屬友

人雖多，但無助力。 鬼谷子 於人不足。

7. 遷移宮

廉貞破軍在遷移宮。三方見武曲化祿、貪狼化權，宜向外發展。但天哭同度，出外多憂傷、苦悶，暗自流淚。因天相在酉宮，個性較保守、謹慎，優柔寡斷，多慮少進取。無法面對外在多變的壓力大。

8. 疾厄宮

疾厄宮無主星，借入對宮天機、天梁化科，病痛少。

9. 財帛宮

天府在財帛宮，陀羅、天馬同度。天府為庫星，未見祿，卻見陀羅、天馬同度，為折足馬，多挫折，財源起伏不定，經濟拮据。 鬼谷子 功名虛。財帛耗。巧裏得來空裏去。水上浮泡眼前花。

10. 子女宮

天同太陰在子女宮，右弼、祿存、火星同度。右弼同度，子女雖多，但不是對星同會，子女恐過份內向，又見煞曜，易有刑傷。 鬼谷子 子息：荷花朵朵發斜枝，一果淒涼風雨時。堪笑往來江上客，夜聞漁笛傍溪吹。

11. 夫妻宮

武曲化祿、貪狼化權在夫妻宮，擎羊、鈴星同度。配偶經濟富裕，但個性剛毅霸道，在婚後兩人關係易變得緊張，相處也會變得戰戰兢兢，感情始熱終冷。晚婚為宜。 鬼谷子 婚姻：沙渚鴛鴦朝合歡，白蘋紅蓼戲鷗鷉。日邊回首昏鴉散，獨自清吟夢亦閒。

12. 兄弟宮

太陽、巨門在兄弟宮，左輔、天鉞、地劫同度。一個同母異父的姊姊。

鬼谷子 兄弟：四雁斜飛吳越去，一聲鶴唳向天邊。知音多近清光色，靜棹漁舟自往還。

六、鬼谷子全盤印證

第五十六數　己己　坤卦　己酉　逍遙快樂，晚景頗佳。

判斷：

此命深思遠慮。營遠勞心。口直心慈。性高氣硬。受不得曲直。吃不得便宜。分青理白。補短牽長。為事易成。於人不足。妻弱難為。子多不秀。功名虛。財帛耗。巧裏得來空裏去。水上浮泡眼前花。

▲鑿石見玉格

詩云： 鑿石穿時逢瑞玉，怪玉枯松傍修行。
　　　　鴻雁天邊孤獨飛，鷗鷺沙邊翹一足。
　　　　園林是處發春花，惟我庭前長秋菊。
　　　　百年世事問如何，半子半孫相伴宿。

基業： 荊棘林中長巨材，漸開基地起摟臺。
　　　　天邊十載空消息，急棹月明歸去來。

兄弟： 四雁斜飛吳越去，一聲鶴唳向天邊。
　　　　知音多近清光色，靜棹漁舟自往還。

行藏： 無心倚玉足徜徉，蕚破芳梅弄晚香。
　　　　三五夜深歸月下，笑談風月向瀟湘。

婚姻： 沙渚鴛鴦朝合歡，白蘋紅蓼戲鷗鸍。
　　　　日邊回首昏鴉散，獨自清吟夢亦閒。

子息： 荷花朵朵發斜枝，一果淒涼風雨時。
　　　　堪笑往來江上客，夜聞漁笛傍溪吹。

收成： 因由心事不清閒，犬吠雞鳴始出關。
　　　　萬里江山收覽後，逍遙物外玉闌干。

51 天相在巳亥坐命：開創力佳

一、星系結構

天相在巳亥坐命，對宮為武曲破軍，財帛天府在丑未，事業在卯酉無主星。

天相在巳宮坐命

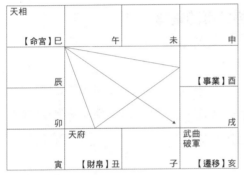

天相 【命宮】巳	午	未	申
辰			【事業】酉
卯			戌
寅	天府 【財帛】丑	子	武曲破軍 【遷移】亥

天相在亥宮坐命

武曲破軍 【遷移】巳	天府 午	【財帛】未	申
辰			酉
【事業】卯			戌
寅	丑	子	天相 【命宮】亥

二、格局特質分析

特質 1 天相在巳亥坐命，開創力甚為強烈。

天相在巳亥坐命，對宮遷移為武曲破軍，開創力佳，具有堅忍不拔的性格，勇於開創，執行力強，最具有適應力，在環境順遂時則能開創，即使環境不利，也能適應環境，並且能利用它去創造，開創力甚為強烈，是天相星系中最平穩的兩個宮位。

此格局只要天相不被「刑忌」所夾，產生掣肘，一般均能打開局面，使事業有成。但受對宮武曲破軍二星的影響衝擊力大，易影響天相帶惡性的敏感，遇事喜從壞處想，且時生改變之心，較缺乏定力，不能安心守成。

所以此組星系，最喜見祿存或化祿，有祿開創才能有收穫，能調和武曲破軍的衝擊力，轉變成溫和，使天相能善於適應環境。

特質 2 此格為「因人而貴」之格局。

天相在巳亥坐命，財帛宮為天府，事業宮無主星，借入紫微貪狼。三方受到紫微天府二星的會照下，使天相較難獨立作主。但在紫微天府二星的會照下，也表示能「因人而貴」的格局。

天相為輔佐之星，仍需依附於君主，不宜單打獨鬥自行創業，適合在大型公司行號任職，或政府機關服務，較能突顯個人之能力，發揮所長，或可權力獨立而名義則屈居人之下。如委託代理授權的行業，或跨國企業的外派人員，及專業經理人員，無論才華多優秀，皆不宜取最高位置，否則易節外生枝，使事業多波折。

特質 3 此格父母宮天梁入廟，能得父母的福蔭。

天相在巳亥坐命，天梁在父母宮，天梁為蔭星，在子午宮入廟，能得父母的福蔭。亥宮的天相優於巳宮，天相在亥宮，疾厄宮的太陽在午位，為「日中之極」光和熱能化解，兄弟宮巨門的幽暗，及父母宮天梁的孤剋，人生較為陽光與充實。天相在巳宮坐命者，太陽在子宮弱陷失輝，光和熱皆不足於化解巨門的幽暗及天梁的孤剋，自感孤獨，六親寡合，人生較難完美，多辛勞奔波。

三、此星系出生年，天干能量特點

1.天相在巳亥坐命，丙年生人

祿存在巳宮命遷線上，天鉞在酉宮夫官線上，天魁在亥宮命遷線上，能遇貴人提攜，財官雙美。

2.天相在巳亥坐命，戊年生人

祿存在巳宮命遷線上，天鉞在未宮、天魁在丑宮財福線上，能遇貴人提攜，穩定發展，財官雙美。

3.天相在巳亥坐命，辛年生人

巨門化祿在兄弟宮來夾印，使命宮天相，形成「財蔭夾印」，祿存在酉宮夫官線上，財官雙美。

4.天相在巳亥坐命，壬年生人

　　天梁化祿在父母宮來夾印，使命宮天相，形成「財蔭夾印」，祿存在亥宮命遷線上，但武曲化忌在遷移宮，出外多風波變動。

四、此星系吉凶注意事項

1. 天相在巳亥坐命，巳亥宮為四馬地，較缺乏定力，易學而不精，為人不能安心守成，又逢遷移宮武曲破軍，為開創的特質，較為動盪，一生多半是離鄉在外奔馳，多動盪、變遷，人生變動大。

2. 天相在巳亥坐命，財帛宮為天府，事業宮無主星，借入紫微貪狼，三方受到紫府二星的會照，屬於因人成事的性質，因此喜「財蔭夾印」的格局，能因人而貴。亦喜見天魁天鉞，能遇貴人的提攜。若為「刑忌夾印」，則不應苦守家鄉，宜出外發展，雖在外開創較辛勞奔波，但能有所發展。

3. 天相在巳亥坐命，對宮遷移為武曲破軍，開創力甚為強烈，喜見左輔右弼二星，為人圓融大肚，開創多能有助力。

4. 天相在巳亥坐命，為開創的格局，若遇「刑忌夾印」，則使天相受到掣肘，人生較辛勞。也不喜地空、地劫來夾命，增加人生的辛勞與不順遂。最忌陀羅同度，其人優柔寡斷，多反覆，不利於開創，宜巧藝安身。亦不喜遇火星、鈴星，易惹災禍，需防帶疾延年，古曰：「天相守命，遇火鈴衝破，殘疾。」

5. 天相在巳亥坐命，此格夫妻宮為紫微貪狼，桃花性質重，感情路上多風雲，不利於夫妻之間之相處，晚婚為宜。

五、命盤實例解析

1. 命宮

　　天相在亥宮坐命，亥宮為四馬之地，較缺乏定力，多學而不精，為人不能安心守成。對宮武曲破軍，為開創的性質，較為動盪，命主又見天馬同度，在外多動盪、變遷，人生波動幅度大。**鬼谷子** **基業：終身遠近多翻**

武破天　　　天天台天天 曲軍馬　　　刑巫輔貴虛 平平 　　遷移宮 65-74　　　　辛巳	太　　　　　　　天 陽　　　　　　　使 廟 　　疾厄宮 55-64　　　　壬午	天　　　　　　天空 府　　　　　　哭亡 廟 　　財帛宮 45-54　　　　癸未	天太火天　　　天 機陰星鉞　　　福 得利陷 祿忌 　　子女宮 35-44　　　　甲申
天擎　　　解天紅天 同羊　　　神官鸞傷 平廟 　　奴僕宮 75-84　　　庚辰			紫貪鈴　　　天破 微狼星　　　姚碎 旺利得 科 　　夫妻宮 25-34　　　乙酉
文祿　　　三龍 曲存　　　台池 旺 　　官祿宮 85-94　　　己卯			巨地　　　陰天寡 門劫　　　煞喜宿 陷 　　兄弟宮 15-24　　　丙戌
右陀　　　天孤 弼羅　　　月辰 陷 　　田宅宮 95-104　　戊寅	廉七　　　封恩蜚 貞殺　　　誥光廉 利廟 　　福德宮 105-114　　己丑	天左天地 梁輔魁空 廟 權 　　父母宮 115-124　　戊子	天文　　　八鳳 相昌　　　座閣 得利 　　命宮 5-14　　　丁亥

覆，獨奮剛強若松竹。成敗只因前是非，榮華到此多榮祿。

　　命主天相在亥宮坐命，文昌同度。天相乃輔佐之星，喜見文昌、文曲能增加其聰明與才華。天府在財帛宮，三方見祿存，使天府有祿，財庫富足，但天府為庫星，最怕空亡星同度，使財庫破洞。 鬼谷子 錢財東來西去。

　　命主事業宮無主星，文曲、祿存坐守，有能力與才華。借入對宮紫微化

科、貪狼、鈴星。紫微化科，雖有號召力，卻缺乏組織力，難取得眾人之服從。貪狼，鈴星同度，形成「鈴貪格」，易橫發橫破。 鬼谷子 得意之時，須防危險。

　　天相在亥宮坐命，文昌同度。命主「乙」年生人，天梁化權在父母宮，使命宮天相形成「權蔭夾印」。命主有才華、能掌權，開創力佳。但三方未見左輔、右弼輔佐星曜，為人欠缺圓融性，缺少助力。地空、地劫二星，又分坐父母宮與兄弟宮，在左右兩鄰夾命宮，就像是身旁潛藏著小人，易被人從中作梗，增加人生的波動度，難遂己志。 鬼谷子 此命常招毆氣是非。心慈口直。事不藏機。不受人觸。不喫人虧。所謂作事迂迴。錢財東來西去。妻子宜遲。先男後女。多學少成。空有千方百計。

2. 兄弟宮

　　巨門在兄弟宮，地劫同度。巨門在戌宮弱陷，又見地劫同度，各自為政，情份淡薄。命主為長子，有同父異母的弟弟與兩個妹妹，在法國從未見過面。

　　行限 15～24 歲，巨門、地劫在大限命宮。巨門在戌宮弱陷，又見地劫同度，多是非口舌。三方再見擎羊、陀羅會照，更是口舌是非、官訟、糾紛兇險連連。但喜逢午宮的太陽「日中之極」，光和熱能化解巨門的幽暗，減少口舌是非凶危。此限宮干「丙」，天同化祿在遷移宮，雖出外得福，但陀羅、擎羊同度，出外多是非且惹災厄。

　　命主 17 歲，離開故鄉，到新加坡念一年書，即返鄉，從此大陸、台灣兩地往返，在繼父工廠打工，卻多受繼父子女與老員工冷言冷語。21 歲，繼父與母親，幫命主在大陸買房，引發繼父之子女，強烈的不滿。 鬼谷子 「丙」丁時節起閒非。

3. 夫妻宮

　　紫微化科、貪狼在夫妻宮，鈴星同度。紫微化科，能因婚姻而貴，配偶能幹，善交際，能言善道，喜當家，有責任感。鈴星同度，多有周折，不利於早婚，晚婚為宜。命主 22 歲結婚。 鬼谷子 妻子宜遲。婚姻：若說洞房終久事，只是初時暫和睦。誰知自己在終年，幾度憂心添不足。

　　行限 25～34 歲，紫微化科、貪狼、鈴星在命宮。紫微化科，有號召

力，在工作上能有所表現，主興發，可惜六吉星只見文曲，缺乏組織力，此限格局不大。貪狼、鈴星同度，形成「鈴貪格」易橫發橫破。 鬼谷子 得意之時，須防危險。收成：去處且防申「酉」上，丙丁時節起閒非。只因林鬱幽閒處，隨分攜竿上釣磯。

4. 子女宮

天機化祿、太陰化忌在子女，天魁、火星同度。天機太陰善於思考，子女聰明好學。天鉞同度，子女有助力。太陰化忌、火星同度，女兒易有折損。 鬼谷子 先男後女。子息：雨餘花發正晴和，夜半風狂折嫩荷。一樹小花同是葉，課程須是果無多。

行限 35～44 歲，天機化祿、太陰化忌、天鉞、火星在大限命宮，天機太陰在申宮，左右兩鄰受紫府相夾，為攀龍附鳳「因人而貴」的格局。此限三方喜見天魁、天鉞、左輔、右弼為君臣會，能夠獲得貴助。但也遇火星、地空、陀羅、擎羊等煞曜，吉煞諸曜混雜，權祿忌相逢，產生吉處藏凶。 鬼谷子 得意之時，須防危險。

此限宮干「甲」太陽化忌在夫妻宮，婚姻多波折。天梁化權在事業宮，可掌權，但易反覆。左輔、天魁同度，多有助力。地空同度，則可利用空幻思想，去創新發明。但三方太陽化忌、太陰化忌，會照事業宮，事業多是非麻煩。命主因過份剛毅霸道，而產生破敗。 鬼谷子 收成：去處且防「申」酉上，丙丁時節起閒非。只因林鬱幽閒處，隨分攜竿上釣磯。

5. 財帛宮

天府在財帛宮，見空亡星。天府在未宮入廟，三方見祿存，使天府有祿，財庫富足，但天府為庫星，見空亡星同度，財庫破洞。 鬼谷子 錢財東來西去。

行限 45～54 歲，天府在大限命宮。對宮廉貞七殺，三方遇祿存，此限保守穩定。

6. 疾厄宮

太陽在疾厄宮。主眼疾，易肝陽上升、頭痛、心火極重、血壓高、頭眩、雙目昏花，或目中有紅筋。對宮天梁，易得風寒。

7. 遷移宮

武曲破軍在遷移宮，天馬同度。武曲破軍，性質動盪，又見天馬同度，更加強武曲破軍的動盪不安。 鬼谷子 平生離祖更翻覆。

8. 交友宮

天同在交友宮，擎羊同度。天同帶感情且隨和，易結交朋友。擎羊同度，朋友雖多，卻相處不佳。 鬼谷子 不受人觸。不喫人虧。

9. 事業宮

事業宮無主星，文曲、祿存坐守，有能力與才華。借入對宮紫微化科、貪狼、鈴星。紫微化科，雖有號召力，卻缺乏組織力，因未見輔佐星曜，難取得眾人之服從。貪狼、鈴星，形成「鈴貪格」，易橫發橫破。 鬼谷子 得意之時，須防危險。

10. 田宅宮

田宅宮無主星，右弼、陀羅坐守。田宅宮無主星，較難聚財。父母、兄弟宮見地空、地劫，較無家庭溫暖。子田線見陀羅、太陰化忌，不安定，防田宅多變動。中晚年置產，白手起家。

11. 福德宮

廉貞七殺在福德宮。廉貞七殺，不擅長思考，卻乃思慮不休，且思想消極，遇事喜從壞處想。但忙碌中反可將精神平衡。

12. 父母宮

天梁化權在父母宮，左輔、地空、天魁同度。天梁化權，父母主觀。地空同度，無家庭溫暖，自感孤獨。天梁化權、左輔、天魁同度，有祖蔭。

六、鬼谷子全盤印證

第二十數　乙癸　漸卦　癸亥　得意之時，須防危險。
判斷：
此命常招甌氣是非。心慈口直。事不藏機。不受人觸。不喫人虧。所謂

作事迂迴。錢財東來西去。妻子宜遲。先男後女。多學少成。空有千方百計。

▲松柏同榮格

詩云： 平生離祖更翻覆，耐盡炎涼比松竹。
雁行中道早分離，鴛侶初年憂斷續。
月到中天雲霧開，移將花影上樓臺。
只因幾陣東風起，吹落神仙鶴駕來。

基業： 終身遠近多翻覆，獨奮剛強若松竹。
成敗只因前是非，榮華到此多榮祿。

兄弟： 鴻雁嚦嘹無奈何，如同霜積失陽和。
雖然各自分南北，紅蓼白蘋數更多。

行藏： 英雄志量爭先手，三箭天山功業殊。
萬里江山收覽盡，幾多梅插架前書。

婚姻： 若說洞房終久事，只是初時暫和睦。
誰知自己在終年，幾度憂心添不足。

子息： 雨餘花發正晴和，夜半風狂折嫩荷。
一樹小花同是葉，課程須是果無多。

收成： 去處且防申酉上，丙丁時節起閒非。
只因林鬱幽閒處，隨分攜竿上釣磯。

52 天梁在子午坐命：
午宮稱為「壽星入廟格」

一、星系結構

天梁在子午坐命，對宮為太陽，財帛宮天機太陰在寅申，事業宮天同在辰戌。

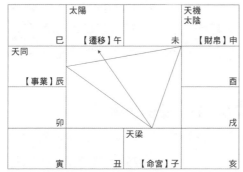

天梁在子宮坐命

天梁在午宮坐命

二、格局特質分析

特質 1 天梁在午宮，稱為「壽星入廟格」。

天梁為監察御史，清顯之星，帶有刑法紀律的性質。在子午宮坐命，喜見太陽在對宮相見，太陽光明與博愛，熱心公益，施而不受，更讓天梁星清廉的人格更為彰顯，遇事能耿直無私堅定的執行。天梁在午宮，稱為「壽星入廟格」。古曰：「梁居午位，官資清顯。」主清貴，福壽雙全。

此星系財帛宮有天機太陰，事業宮為天同，三方可形成「機月同梁」的組合，也可會萃成「陽梁昌祿格」或「文梁振紀格」皆為清貴的格局，一生名大於利，其人健康長壽。但一生波折難免，因天梁為蔭星，此蔭庇之力，乃含有災難先來，然後得化解的意味。若遇身宮在天同，則終身不懼凶危。

此星系的缺憾，為巨門在夫妻宮，巨門為暗宿，在辰戌弱陷，夫妻間易有難解的心結，即不熱吵也會冷戰。但其人在外卻異性緣佳，婚姻易受波折。

特質 ② 天梁在子午宮，受對宮太陽散射的影響，清高自傲，鋒芒外露。

天梁星原則性強，帶有刑法紀律的性質，被稱為監察御史，為監督、彈核之職責。在子午宮，受對宮太陽的影響，最能將天梁星的特性完全發揮，但太陽主發射，鋒芒外露，其散射力卻影響天梁，使其人清高自傲，過份挑剔，又喜當老大，糾正他人的錯誤，易引起他人的反感，人緣不佳，增加天梁孤剋之性，須借太陽的光和熱來化解。因此天梁在子宮優於午宮。

天梁在子宮，對宮的太陽在午位，「日正當中」廟旺之極，孤剋之性最淺，其人積極主動，充滿活力與熱情，人際關係與際遇較佳，人生多一些溫暖。但太陽「日正當中」廟旺之極，散射太過卻影響子宮的天梁，自視甚高，聰明太露，其人欠缺涵養與包容，容易變為尖刻，結果是施恩易遭怨。

午宮的天梁，對宮太陽在子位弱陷，無光和熱來化解天梁的孤剋，人生易落落寡歡，個性較為深沉。適宜從事專業行業發展或學術方面的研究。

特質 ③ 此格具有組織領導力，能成為一行一業的領袖。

天梁在子午宮坐命，對宮為太陽，二星皆為貴星，最喜見文昌、文曲同度或會照，聰明優秀，文采出眾，有利於仕途。若三方再見化祿或祿存，則會萃成「陽梁昌祿」特殊的格局。古曰：「天梁太陽昌祿會，臚傳第一名。」其人聰明，利於競爭，適於公家機構或大規模企業中任職，能位居高階。

且此格受對宮太陽官祿主的影響，具有組織領導力，若見貴星吉曜，其人品敦厚，聰明耿直，宜政界或商界發展，能為一行一業的領袖。

三、此星系出生年，天干能量特點

1.天梁在子午坐命，丁年生人

太陰化祿、天機化科在財帛宮，天同化權在事業宮，科權祿三奇佳會，為上格，福壽雙全。祿存在午宮命遷線上，午宮之人，較多是非，須戒之在口。

但此格必須薈萃成「陽梁昌祿」格，才能完整合格，所以喜寅、辰、申、戌時生人，見文昌、文曲同度或會照。

2.天梁在子午坐命，己年生人

　　天梁化科在命宮，主清貴，福壽雙全。祿存在午宮命遷線上，午宮之人，較多是非，須戒之在口。

　　此格必須薈萃成「陽梁昌祿」格，才能完整合格，所以喜寅、辰、申、戌時生人，見文昌、文曲同度或會照。

3.天梁在子午坐命，癸年生人

　　太陰化科在財帛宮，祿存在子宮命遷線上，主清貴，福壽雙全。子宮之人，多是非枝節，須戒之在口。

　　此格必須薈萃成「陽梁昌祿」格，才能完整合格，所以喜寅、辰、申、戌時生人，見文昌、文曲同度或會照。

四、此星系吉凶注意事項

1. 天梁在子午宮坐命，受對宮太陽光明與博愛，熱心公益，施而不受的影響，更讓天梁清廉的人格彰顯，遇事能耿直無私堅定的執行。此格最喜見文昌、文曲同度或會照，聰明優秀，文采出眾，可加強其奏事彈劾之力，有利於仕途。若三方再見祿存、科權祿、左右、魁鉞等吉星加會，即成「文梁振紀」格。
　　此格為人剛正不阿，口才出眾，能言善辯，特別適合提振綱紀之部門工作，如監察院或法官。

2. 天梁在子午宮坐命，受對宮太陽官祿主的影響，此格具有組織領導力，見貴星吉曜，其人品敦厚，聰明耿直，宜政界或商界，能為一行一業的領袖，如名醫、律師、民代、工程師、或文化事業發展，但必須「陽梁昌祿」格，完整合格。
　　若會煞忌，則宜公家機構、大規模企業中任職，或往學術研究發展，而不宜經商、從政。因天梁星原則性強，變通能力卻不強。

3. 天梁在子午宮獨坐，最能將天梁星的特性完全發揮，又受對宮太陽的影響，更加強天梁的原則，發揮監督、彈核之職責。見貴星吉曜，宜從事民意代表，或監察委員及法院高級法官，皆能有所表現。

4. 天梁在子午坐命，受對宮太陽的影響，增加了天梁的原則，為人過份挑

剔，人緣不佳，增加天梁孤剋之性。若三方四正有貴星吉曜會照，其人敦厚聰明，性情耿直，處事方正，雖糾正他人的錯誤，但他人亦能接受。若見煞忌，則固執不通人情世故，處事任性，則不宜批評他人，易遭是非怨忌。

5. 天梁為蔭星，此庇蔭之力，為「蔭它」而非「蔭己」，在子午坐命，受對宮太陽光明與博愛，二星同屬熱心公益，施而不受的影響，為他人的貴人，一生波折難免，因此喜吉曜同度或會照，遇困難才易化解，若有煞曜，則天梁星忙於化解，使人生倍增辛勞。

五、命盤實例解析

1. 命宮

天梁化科在子宮坐命，左輔、文昌、天魁同度。天梁星屬清貴性質，故喜化科，最能彰顯天梁的清顯特質，帶來名望與聲譽，且聰明睿智，能表現在言談上，條理分明，使命主在法律領域上獲得崇高的地位。文昌同度，更增加命主的聰明與文采出眾，能言善辯，可加強其奏事彈劾之力，特別適合法律領域，有利於仕途，少年得志，光芒耀眼。

左輔、天魁同度，加強其善良敦厚，福澤深厚，多有貴助，更增加天梁逢凶化吉的力量。對宮遷移祿存會照，形成「陽梁昌祿」特殊的格局。古曰：「天梁太陽昌祿會，臚傳第一名。」命主賦性聰明，自小學業超群，領導力佳，一生平步青雲，主大貴。

但天梁在子宮坐命，原則性強，變通能力卻不強，缺乏人情事故。又受對宮太陽「日麗中天」的影響，為人自視甚高，聰明太露，雖任情爽直，喜指示他人之錯誤，卻難理解別人的感受力，結果是施恩反遭怨，導致人際關係上的緊張。 鬼谷子 此命為人喬木標格。孤月精神。見事至誠。為人質直。兄弟少和。骨肉相疎。心熱惹是招非。要好吃人虧毆氣。用真心反成不是。管閒事到惹憂愁。一生好事多磨。件件虎頭蛇尾。身安心不閒。內急外頭寬。莫怨生來未遇時。

命主天梁化科在子宮坐命，左輔、文昌、天魁同度。為人善良敦厚，性情耿直，喜熱心公益，常為社會弱勢人士義務辯護、訴訟，在是非中助人，

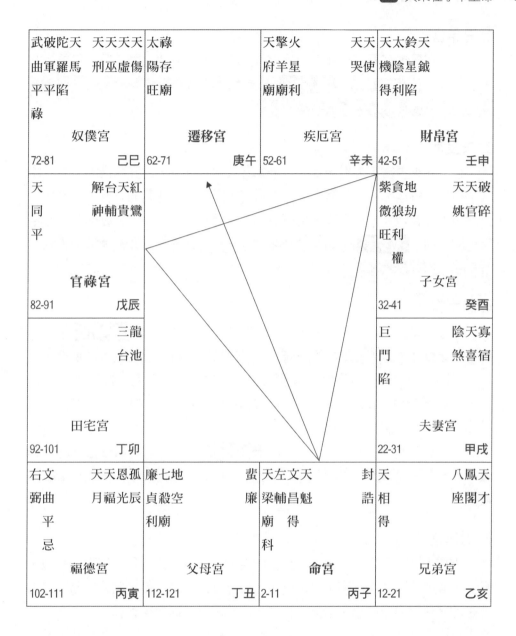

武破陀天　　天天天天 曲軍羅馬　　刑巫虛傷 平平陷 祿 　　奴僕宮 72-81　　　　　己巳	太祿 陽存 旺廟 　　遷移宮 62-71　　　　　庚午	天擎火　　　　天天 府羊星　　　　哭使 廟廟利 　　疾厄宮 52-61　　　　　辛未	天太鈴天 機陰星鉞 得利陷 　　財帛宮 42-51　　　　　壬申
天　　　　解台天紅 同　　　　神輔貴鸞 平 　　官祿宮 82-91　　　　　戊辰			紫貪地　　　天天破 微狼劫　　　姚官碎 旺利 　　權 　　子女宮 32-41　　　　　癸酉
三龍 　　　　　台池 　　田宅宮 92-101　　　　丁卯			巨　　　　陰天寡 門　　　　煞喜宿 陷 　　夫妻宮 22-31　　　　　甲戌
右文　　　天天恩孤 弼曲　　　月福光辰 　平 　忌 　　福德宮 102-111　　　丙寅	廉七地　　　　蜚 貞殺空　　　　廉 利廟 　　父母宮 112-121　　　丁丑	天左文天　　　封 梁輔昌魁　　　誥 廟　得 科 　　命宮 2-11　　　　　丙子	天　　　　八鳳天 相　　　　座閣才 得 　　兄弟宮 12-21　　　　　乙亥

雖多惹口舌是非糾紛，卻能為命主帶來良好的聲譽，且能富貴聲揚。 **鬼谷子** 老運亨通，名垂久遠。

　　但命主一生卻有病弱難醫的困擾，這是此局的缺點。天梁此星居命宮者，雖有遇難呈祥的作用，但也意謂必多災、多難、多是非、多病痛。

2. 兄弟宮

天相在兄弟宮獨坐,鄰宮天梁化科夾印,對宮武曲化祿會照,兄弟、友人資質佳,能相互益蔭。 鬼谷子 兄弟:三雁斜飛吳越去,孤鴻獨喚向天邊。知音一薦聲名遠,得祿知機會善緣。

3. 夫妻宮

巨門在夫妻宮,夫妻多有口舌爭執。天梁為蔭星,此庇蔭之力,為「蔭它」而非「蔭己」,在子宮坐命,受對宮太陽光明與博愛的影響。命主熱心公益,整日為他人奔波勞碌,難得清閒,卻遭惹是非糾紛,夫妻間難免產生口角與爭執。 鬼谷子 婚姻:昔日相依祿自隨,駕鴦中路各分飛。塘邊鷗鷺紛紛立,明月清風聽子規。

4. 子女宮

紫微、貪狼化權在子女宮,地劫同度。命主一個女兒。 鬼谷子 子息:檻前果子總然鮮,雨驟風狂未必妍。惟有陰功培栽植,龍飛鳳舞向重天。

行限 32～41 歲,紫微、貪狼化權、地劫在大限命宮,此限多是非波折,財祿卻豐收。此限宮干「癸」,貪狼化忌在命宮,遇生年貪狼化權,「權忌相逢」多波折。破軍化祿在財帛宮,遇生年武曲化祿。此限事業雖多波折,財祿卻豐收,但夫妻多爭執。 鬼谷子 婚姻:昔日相依祿自隨。行藏:自從得祿久淹留,運限逢雞漸出頭。惟有晚來風勢好,一番勳業上林收。

5. 財帛宮

天機太陰在財帛宮,天鉞、鈴星同度。三方見天梁化科,輔弼、魁鉞、昌曲,聲譽佳,知名度高,財帛富足,雖見文曲化忌、鈴星煞曜,易因口舌惹是非,使財帛有破損,但天梁化科,反能因是非而帶來聲譽。

行限 42～51 歲,天機、太陰、天鉞、鈴星在大限命宮,左右鄰宮受紫微、天府相夾,能因人而貴的格局。此限宮干「壬」,天梁化祿、左輔化科在事業宮,遇生年天梁化科,科祿相逢,主貴。命主熱心公益,常為社會弱勢者義務辯護、訴訟,雖多惹口舌是非糾紛,卻能為命主帶來良好的聲譽與地位。 鬼谷子 心熱惹是招非。要好吃人虧毆氣。用真心反成不是。管閒事

到惹憂愁。老運亨通。名垂久遠。

6. 疾厄宮

天府在疾厄宮，擎羊、火星同度。腸胃損傷，轉為呼吸系統之疾。

行限 52～61 歲，天府、擎羊、火星在大限命宮，多病痛、多競爭。此限宮干「辛」，巨門化祿、文昌化忌來夾事業宮的天相，使天相形成「財蔭夾印」及「刑忌夾印」，雖有競爭，產生制肘，但有生年天梁化科夾印，刑官清明來化解，反能增加其聲譽。 鬼谷子 老運亨通。名垂久遠。

7. 遷移宮

太陽在遷移宮，祿存同度。太陽在午宮「日麗中天」，出外聲譽佳，能在專業領域中有所表現。

行限 62～71 歲，太陽、祿存在大限命宮。太陽在午宮「日麗中天」，散射太過，最喜祿存同度，使光芒收斂，沉穩內斂。三方喜見天梁化科、左輔、右弼、文昌、天魁等吉曜，使太陽形成「百官朝拱」，主大貴，事業順遂。此限宮干「庚」太陽化祿在命宮，遇生年祿存，為「疊祿」，對宮生年天梁化科會照，「科祿相逢」主貴。此限平步青雲，富貴聲揚。 鬼谷子 「火」發離宮煨爐木。老運亨通。名垂久遠。

8. 交友宮

武曲化祿、破軍在交友宮，天馬、陀羅同度。武曲化祿、破軍在交友宮，稍有助力，但常為友人奔波傷神。陀羅同度，多競爭而背叛。三方見地空、地劫，易受牽連而破耗。

9. 事業宮

天同在事業宮獨坐。白手興家。天同在辰宮，落羅網位，與志向不相投。

10. 田宅宮

無主星，地劫會照，多變動。

11. 福德宮

福德宮無主星，右弼、文曲化忌坐守。文曲化忌在福德宮，易患得患失，內心缺少安逸，在感情上常言行失當。對宮天機太陰，易發生感情與錢

財之糾紛。

12. 父母宮

廉貞七殺在父母宮，地空同度。與父母緣份薄。

第五十七數　己庚　臨卦　庚戌　老運亨通，名垂久遠。

判斷：

此命為人喬木標格。孤月精神。見事至誠。為人質直。兄弟少和。骨肉相疎。心熱惹是招非。要好吃人虧毆氣。用真心反成不是。管閒事到惹憂愁。一生好事多磨。件件虎頭蛇尾。身安心不閒。內急外頭寬。莫怨生來未遇時。

▲雨打荷花格

詩云： 此命生來不遇時，荷花雨打葉離披。

無情鴻雁多分散，有意鴛鴦不肯飛。

火發離宮煨燼木，金生兌上復生根。

只愁紅蕊風零落，不見成陰有子時。

基業： 天祿朝元不用憂，青松翠柏自優游。

桑榆多少閒田地，芝桂芬芳一樹收。

兄弟： 三雁斜飛吳越去，孤鴻獨唳向天邊。

知音一薦聲名遠，得祿知機會善緣。

行藏： 自從得祿久淹留，運限逢雞漸出頭。

惟有晚來風勢好，一番勳業上林收。

婚姻： 昔日相依祿自隨，鴛鴦中路各分飛。

塘邊鷗鷺紛紛立，明月清風聽子規。

子息： 檻前果子總然鮮，雨驟風狂未必妍。

惟有陰功培栽植，龍飛鳳舞向重天。

收成： 澗水溪流多茂盛，是處棲遲樂性真。

猿鶴相依天外闊，桃花源裏有漁人。

53 天梁在丑未坐命：每多為空門談禪之客

一、星系結構

天梁在丑未坐命，對宮為天機，財帛太陰在卯酉，事業太陽在巳亥。

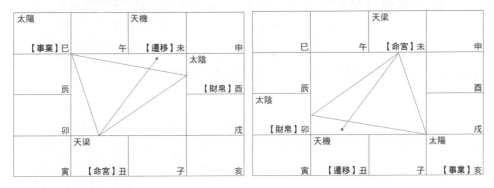

天梁在丑宮坐命　　　　　　　　　　天梁在未宮坐命

二、格局特質分析

特質 1 天梁在丑未宮，孤忌之性重，多為空門談禪之客。

　　天梁星原則性強，帶有刑法紀律的性質，被稱為監察御史，清貴不願流俗，不喜送往迎來的行為，人生觀較為孤獨，潛藏孤忌的性質。在丑未宮，受對宮天機星的影響，天機星心思機敏，精明敏銳，洞悉力強，善於心理的分析。使天梁孤忌之性更重，清高自傲，任情耿直，具有原則性與剛直，喜直言他人的錯誤，言詞鋒利，說話不留情面，常令人難以招架，易與人結怨，多了幾分孤忌之性。

　　此格之人多為空門談禪之客，對宗教、哲學、玄學皆有著濃厚的興趣，並易於接觸且深入。天梁在命宮或身宮者，一生多風波、災難，雖都能逢凶化吉，但人生挫折過大，內心世界多隱痛，易寄托於宗教中尋找安慰。

特質 2 天梁在丑未，對宮為天機星，古曰：「機梁會，善談兵」。

天梁在丑未坐命，對宮為天機星，古曰：「機梁會，善談兵。」天梁星聰明理性，邏輯分析能力強，條理分明，能言善辯。天機星主智慧，頭腦靈活，擅長策劃分析。

二星皆主才智，能言善辯，博古通今，多計謀，善策略，但天梁個性慵懶，欠缺積，往往較偏於理論，相對執行力來說較為薄弱，並不是沒有執行能力的人，只是僅於紙上談兵，重言談而欠缺身體力行的實踐力。

特質 3 此星系丑宮優於未宮，丑宮「日月並明」，性情較開朗。

天梁星帶有孤忌之性，在丑未坐命，丑宮優於未宮，丑宮三合「日月並明」，太陽的光和熱，可解天梁孤剋之氣，性情開朗，使天梁星正面性質彰顯，若三方四正有吉曜會照，為人穩重踏實，處事方正，雖批評他人，則自身正直無私，因此他人亦能接受。

未宮的天梁星「日月反背」，三合的太陽在亥宮弱陷，難解天梁的孤剋，更加強其孤忌之性，性情較為孤傲，處事又喜追求完美，但卻「嚴以律人、寬以待己」，喜批評他人的錯誤，難以讓人服從，易遭怨忌。

三、此星系出生年，天干能量特點

1.天梁在丑未坐命，乙年生人

天梁化權在命宮，天機化祿在遷移宮，太陰化忌在財帛宮，祿存在卯宮財福線上，錢財雖稍有波折，但為財官雙美格。

2.天梁在丑未坐命，戊年生人

太陰化權在財帛宮，貪狼化祿在子女宮，會照田宅宮，天鉞、天魁在命遷線上，「坐貴向貴」，為大貴之格。

3.天梁在丑未坐命，壬年生人

天梁化祿在命宮，能得長輩之庇蔭，可得意外之財，為財官雙美格。

四、此星系吉凶注意事項

1. 天梁在丑未坐命，丑宮優於未宮，丑宮「日月並明」，事業宮太陽在巳宮入廟，最能彰顯其功能，有極品之貴。太陰在酉宮入財帛宮，適得其所，古曰：「日月並明，佐九重於堯殿。」只要不破格，則富貴可期。但仍不宜見煞忌同度或會照，易無事生非，常招怨恨，多受指責。

2. 天梁在丑未二宮，旺地守命，且丑未二宮，很容易得六吉星來會，若能會萃成「陽梁昌祿」或「文梁振紀」特殊的格局，更有利於仕官。「文梁振紀」為清貴之格局，即是天梁在旺地守命，與文曲或文昌同度，則文采出眾，可加強其奏事彈劾之力，三方若有祿存、科權祿、左右、魁鉞等加會即成格。此格之人剛正不阿，口才出眾，能言善辯，特別適合提振綱紀的部門工作，如監察院或法官。但主貴而不主富。

3. 天梁在丑未坐命，不宜有財星同度。天梁為監察御史，清顯之星，清官多為兩袖清風，若有財星同度於宮中，則形成本質上的矛盾，監察御史，財多則不清，難為他人所敬服，易受指責，即帶來是非困擾，為人所怨恨。所以天梁星不宜化祿，喜化科，化科帶來聲名、榮譽及責任心。亦不喜見化權，雖行事積極有作為，但天梁星個性剛烈，原則性強，已被稱為刑憲之星，若再見化權，則過於剛毅得理不饒人，即可能有弄權的傾向。

4. 天梁星潛藏孤忌的性質，在丑未坐命，受對宮為天機星的影響，更增加天梁星的孤忌之性，若再見地空、地劫同度，每多出世或看破紅塵的僧道。因地空、地劫入命的人，已有疏狂不羈，不同流俗的理想主義，再與天梁同度，其孤高的獨特性人生觀，難為一般人所能理解，多有出塵的思想，宜從事哲學方面的研究。

5. 天梁星為監察的性質，在命宮或事業宮，皆適合退居幕後監督之工作，如監察、審計、稽核等。

五、命盤實例解析

1. 命宮

　　天梁化祿在未宮坐命，地空、鈴星同度。天梁為監察御史，清顯之星，

巨火天　　　紅 門星鉞　　　鸞 旺得 夫妻宮 102-111　　　乙巳	廉天文　天天封天恩 貞相昌　刑月誥福光 平廟陷 兄弟宮 112-121　　丙午	天鈴地　　　寡 梁星空　　　宿 旺力 祿 命宮 2-11　　　　丁未	七文天　　天陰天天 殺曲馬　　巫煞貴哭 廟得 父母宮 12-21　　　戊申
貪　　　　解天 狼　　　　神虛 廟 子女宮 92-101　　　甲辰			天　　　　　天 同　　　　　廚 平 福德宮 22-31　　　己酉
太天地 陰魁劫 陷 財帛宮 82-91　　　癸卯			武陀　　　天台天 曲羅　　　姚輔官 廟廟 忌 田宅宮 32-41　　　庚戌
紫天　　三龍天 微府　　台池使 廟廟 權 疾厄宮 72-81　　　壬寅	天左右　　　破 機輔弼　　　碎 陷 科 遷移宮 62-71　　　癸丑	破擎　　八鳳蜚天 軍羊　　座閣廉傷 廟陷 奴僕宮 52-61　　　壬子	太祿　　　天孤 陽存　　　喜辰 陷廟 官祿宮 42-51　　　辛亥

命主「壬」年生人，天梁化祿，形成本質上的矛盾，清官見祿，易受指責，即帶來是非困擾，難為他人所敬服。再見地空、鈴星煞曜同度，更難化解其波折。

　　天梁星本身已好辯論，再見化祿，個性更愛吹噓，能憑空捏造，善於捕風捉影頭頭是道。又見地空同度，更能天馬行空的想像捏造，其性孤高自

負，自命清高，難以苟同世俗，視周圍之人為俗物，疏狂而不羈，又喜追求完美，但卻「嚴以律人，寬以待己」，對自己與他人有不同的尺度，只喜歡指責別人的缺點和過失，卻看不見自己的錯誤，難為他人所敬服，易受指責，即帶來是非困擾，更加深命主的孤剋性。 **鬼谷子** 此命為人見快。作事敢為。不曾大膽小心。啟肯巧言令色。一心中正。反遭唧怨冤仇。百事辛勤。也帶官刑口舌。既濟於人行好處。一場憂悶自招來。

天梁化祿入命，本身已多是非困擾，再見地空、鈴星同度，一生必是多災、多難、多是非、多病痛。地空同度，古書稱為「半空折翅」，雖然想像力豐富卻未必能發揮，因遇到困難則逃避，想得多做得少。鈴星性質剛烈，易刑傷、多挫折與虛驚。命主性情孤傲帶偏激，一生多波折災難，挫折感重，因此多有出塵之思想。

命主天梁化祿在命宮，對宮左輔化科，「科祿相逢」為貴中取富的格局，可從事專業的行業而出名，一代宗師也是專業行業。

命主天梁在未宮坐命，身宮在卯位，命宮、身宮見地空、地劫二星，利於出家，手執宗教神聖的大旗，追逐不同流俗的人生觀。但乃須好好潛心修道，才能有真才實學的足夠實力，去傳道、授業、解惑、弘揚大道。而不是只有一張嘴的吹噓，厭世嫉俗，疏狂不羈，難以苟同世俗，誤人誤己。

在中州派有個口訣：「天梁空劫，其人阮籍、嵇康。」阮籍、嵇康為魏、晉初的竹林七賢，聚眾在竹林喝酒，酒後狂言發洩對朝廷諷刺評議，不合作的態度為朝廷所不容，最後被殺害。其人憤世嫉俗，怨天尤人的個性，自然人生處處都是困境。

2. 父母宮

七殺在父母宮，文曲、天馬同度。七殺在申宮，對宮紫微化權、天府，父母貴顯，命主少年可得父母的庇護，但父母固執又霸道，命主對父母成見極深。七殺、文曲同度，父母對命主的教導，常剛柔未濟，導致難有完整獨立性格。天馬同度，遠離父母。天巫同度能得遺產，或繼承父母親的事業。父疾線未見空劫二星，多出生於富裕家庭。

行限 12～21 歲，七殺、文曲、天馬在大限命宮。七殺在申宮，性質剛烈，對宮紫微化權會照，此限處事容易失之過剛，遇事手段激烈，使天梁「刑」星的特質彰顯，此限波折、災難重大。但天梁星具有逢凶化吉的力

量，命主 17 歲，因所交往的女友，父母強硬反對，感情受挫，發生重大車禍，經歷九死一生的險境。

3. 福德宮

天同在福德宮，能隨遇而安，與世無爭。三方見天魁、天鉞、右弼、左輔會照，一生多有貴人照拂。 鬼谷子 一生得享清閒之福。

地劫會照，多空幻想。火星會照，使性情易煩躁不安。

行限 22～31 歲，天同在大限命宮，三方天魁、天鉞、右弼、左輔化科會照，能在父母、長輩的庇蔭之下，一切安穩，雖也有火星、地劫會照，但並不足以為患。此限運程平淡安穩。 鬼谷子 收成：兔走「雞」啼好過關，春歸月落下重山。樓間老雁空惆悵，閒笑浮屠問阿難。

4. 田宅宮

武曲化忌在田宅宮，陀羅同度。武曲化忌又見陀羅同度，易因產業引致糾紛，不宜投資房地產恐多有所損失（房地產投資，卻是命主家族企業中的大部分）。

行限 32～41 歲，武曲化忌、陀羅在大限命宮。武曲重視當下，是極入世的星曜，命主此限，雖有賺錢的慾望與衝勁，但多遭遇挫折與失敗。

武曲星最忌化忌與陀羅同度，其凶性甚大，此限宮干「庚」，武曲化權在命宮，遇生年武曲化忌，性質孤剋、剛烈、不易妥協，更使天梁「刑」星的特質彰顯，此限挫折的波動幅度大。

5. 事業宮

太陽在事業宮，祿存同度。太陽在亥宮，對宮巨門，為外務或口舌性質的工作。太陽在亥宮落陷，與祿存同度，宜藏名而得利，主富，所以不宜刻意求名或出鋒頭，易招惹紛爭指責。

三方天魁、天鉞、天梁化祿會照，能在父母的庇蔭之下，有現成的事業，且沒有財務之責。三方火星會照，主波折。地空、地劫二星會照，為「半空折翅」。

命主出生於富貴家庭，雖在父母的庇蔭之下，有現成的事業，也無須有財務之責。但命主個性剛毅懶散，又喜愛當老大，受人尊敬，無法藏名而得利，行運若遇剛毅或積極的星曜，反而不佳，難以安分守己，產生波折動

溫。　鬼谷子　基業：車倒命推再正扶，休嗟難歷在迷途。知音提挈西京去，收覽江山入畫圖。

行限 42～51 歲，太陽、祿存在大限命宮。太陽在亥宮弱陷，光芒收斂，遇祿存同度，可成富局。三方地空、地劫會照，宜從事宗教、哲學方面的研究。命主在前大限，經歷災難波折的滄桑考驗，精神刺激過大，內心世界多隱痛。

此限個性較安靜含蓄謙卑，缺少衝鋒的勇氣，多有出塵的思想，反而有利於命主成為富局。太陽在事業宮弱陷，對仕途不宜，多爭少成，宜藏名而得利，發於無聲無息之中。

此限宮干「辛」，巨門化祿在遷移宮，太陽化權在大限命宮，命宮「權祿相逢」主貴，最宜全心全意，投入服務社會或普渡眾生之工作，反可受人敬佩。

6. 交友宮

破軍在交友宮，擎羊同度。破軍在交友宮，基本性質多不吉利，因破軍化氣為曰耗，主耗損、怨謗。

古曰：「在奴僕，怨謗逃亡。」再見擎羊同度，朋友間多有口角爭執，也因友而起官非，或遭下屬盜竊、侵吞‧惹禍。部屬不易心悅臣服的接受領導，易搞內部破壞。

7. 遷移宮

天機星在遷移宮，左輔化科，右弼同度。天機星性質浮動，居遷移宮，利於出外發展。

古曰：「天機出外遇貴，居家多是非。」右弼、左輔化科吉曜同度，出外多人扶持，有現成的機會，宜外出發展。

8. 疾厄宮

紫微化權、天府在疾厄宮。紫微、天府，兩星皆為南北斗主星，過旺反不利健康。紫微、天府，兩星皆為土，故主脾胃腸五臟疾患。

9. 財帛宮

太陰在財帛宮，地劫、天魁同度。太陰性質夢幻，在求財上常過份追求

理想，因而時有失落感。地劫同度，野心大，不安份，多挫折傾敗，只是枉拋心力。天魁同度，領父母固定薪水會比較好。天梁化祿在命宮，錢財大都來自於繼承。天魁同度，天梁化祿、祿存，雙祿會照，基本上不缺錢，向長輩親人開口大多沒問題。

10. 子女宮

貪狼在子女宮。對宮武曲化忌，陀羅沖照，煞重，子女多刑剋，或子女有病需動手術，也有可能是剖腹生產，或懷孕時易有流產，或墮胎現象。

鬼谷子 子息：風狂雨大花因少，淡蕩秋光三果垂。枝上青黃相間錯，桑榆月下子規啼。

11. 夫妻宮

巨門在夫妻宮，天鉞、火星同度。巨門在夫妻宮，配偶口才定不會太差，常有口舌之爭，宜老少配，年齡有些差距，則可收歛忍讓遷就，此為趨避之道。火星同度，多口角。天鉞同度，可減輕刑剋性質，但還是晚婚為佳。鬼谷子 婚姻：改調琴中尋一曲，雜絃尤恐不知音。但看明月清風夜，鶴唳猿啼怨不平。

12. 兄弟宮

廉貞天相在兄弟宮，文昌同度。兄弟多有才幹，且感情融洽。但擎羊、武曲化忌、陀羅會照，兄弟個性剛硬，愈親密愈易反目成仇，宜遠離反為融洽。鬼谷子 兄弟：天邊並飛雙雁字，孤飛一隻在遙天。紫荊花下人垂淚，棠棣芳菲色不鮮。

六、鬼谷子全盤印證

第八十三數 壬丙 既濟 丙辰 一生得享清閒之福。

判斷：

此命為人見快。作事敢為。不曾大膽小心。啟肯巧言令色。一心中正。反遭唧怨冤仇。百事辛勤。也帶官刑口舌。既濟於人行好處。一場憂悶自招來。

▲猿戲松竹格

詩云： 雨後山重秀，雲開月再圓。
世情皆好處，心事合天然。
雁落孤巖遠，花開雨果鮮。
虎腰遭白刃，牛角換朱絃。

基業： 車倒命推再正扶，休嗟難歷在迷途。
知音提挈西京去，收覽江山入畫圖。

兄弟： 天邊並飛雙雁字，孤飛一隻在遙天。
紫荊花下人垂淚，棠棣芳菲色不鮮。

行藏： 自有貴人相接引，重榮重祿再操持。
青山綠水多遊覽，燕語鶯啼有盡期。

婚姻： 改調琴中尋一曲，雜絃尤恐不知音。
但看明月清風夜，鶴唳猿啼怨不平。

子息： 風狂雨大花因少，淡蕩秋光三果垂。
枝上青黃相間錯，桑榆月下子規啼。

收成： 兔走雞啼好過關，春歸月落下重山。
樓間老雁空惆悵，閒笑浮屠問阿難。

54 天梁在巳亥坐命：浮蕩（不安定）

一、星系結構

天梁在巳亥坐命，對宮為天同，財帛太陽太陰在丑未，事業在卯酉無主星。

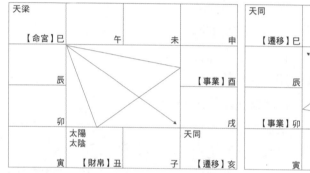

天梁在巳宮坐命

天梁在亥宮坐命

二、格局特質分析

特質 1 天梁在巳亥宮，處於弱陷之位，人生多浮蕩漂流。

天梁星在命宮、身宮之人，皆能發揮逢凶化吉、遇難呈祥的力量。但無災何須解，此蔭庇之力，乃含有災難先來，然後得化解的意味。天梁雖為解厄之星，但也意謂多災、多難、多是非、多病痛。

尤其是天梁在在巳亥宮，處於弱陷之位，又受對宮天同之影響，減弱了天梁的原則紀律性，使天梁的孤剋，轉化為飄蕩性質，見吉星祥曜會照，則遠遊各地或出國留學，及時常在國外出差的工作者，一生多漂泊。若見煞曜，則為浪蕩，古曰：「梁同對居巳亥，男浪蕩，女多淫。」但現今男女社交應酬關係已較開放，並不做「浪蕩或多淫」的解釋，而是指為人定性不夠，容易見異思遷，人生際遇多浮蕩，如居無定所或時常變換工作，難守一業。

特質 2 天梁在巳亥，性質「浮蕩」，其人事業與感情皆屬不穩定。

天梁本性懶散，在巳亥宮處於落陷之位，更增加了天梁的惰性，欠缺刻苦耐勞的精神。雖對宮天同入廟，但天同卻愛享受，反增添，天梁的懶散與欠積極，喜安逸、放縱，且受四馬之地的效應，喜遊蕩不羈，無法久居一處。使天梁在巳亥宮的人生，呈現不穩定的波動，這便是古書曰：「天梁在巳亥，多主飄蕩。」

其人喜到處流離浪蕩，事業、感情皆屬於不穩定的浮動性質，時常變換工作，難守一業。若是命宮見桃花星曜多，則心性浮蕩不穩，易影響婚姻與感情的穩定性。

特質 3 天梁在巳亥宮落陷，更加強天梁孤剋的性質。

天梁在巳亥宮，處落陷之位，優點難發揮，缺點卻易彰顯，使天梁原則紀律性減弱，更增加天梁的慵懶與孤剋之性，人生多風浪、災險、浮蕩不安。尤其是天梁在巳宮，又較亥宮更多風浪，一生多有不平凡的經歷，常有突然的災禍。

因天梁在巳宮，所會的太陽太陰在丑宮，太陽在丑宮弱陷，無光和熱，難解天梁之孤剋。天梁在亥宮，所會的太陽太陰在未宮，太陽在未宮尚有餘暉，天梁的孤剋性質較輕。

三、此星系出生年，天干能量特點

1.天梁在巳亥坐命，乙年生人

天梁化權在命宮，天機化祿在夫妻宮，會照事業宮，祿存在卯宮夫官線上，事業宮「權祿會照」、「雙祿相逢」，適於宜專業人士，能發揮監察管理的本質，主富貴。

2.天梁在巳亥坐命，丁年生人

天同化權在遷移宮，太陰化祿在財帛宮，巳宮天梁優於亥宮，天梁在巳宮，財帛在丑宮，太陰入廟見化祿，主富貴，有助於天梁的穩定。

3.天梁在巳亥坐命，庚年生人

太陽化祿、太陰化科在財帛宮，祿存在申宮，子田線上，能減少浮動。天魁、天鉞在丑未宮，財福線上，一生多貴助，且能增加天梁星逢凶化吉之力。

4.天梁在巳亥坐命，壬年生人

天梁化祿在命宮，祿存在亥宮命遷線上，「雙祿相逢」為異地發達，主富貴，但一生多是非風波。

四、此星系吉凶注意事項

1. 天梁在巳亥坐命，處於落陷之地，已帶有「浮蕩」的性質。三方所會的星曜性質，又皆為浮蕩，更發揮加乘的效果，增添天梁星「浮蕩」的色彩。若再見天馬同度或拱照，則一生多漂泊，古云：「天梁弱陷遇天馬，主飄蕩。」其人喜浪跡天涯，如旅遊或到處換工作，無法久居一處。所以適合變動性大的工作，可減少漂泊性質，如運輸、導遊或空勤人員。

2. 天梁在巳亥坐命，最喜天梁化科，主清譽。三合文昌文曲，可於學術或文化界大放異彩。但為人自視清高，不宜於經商。

3. 天梁帶孤忌性質，在斗數四化中沒有化忌，卻有化忌的性質，在巳亥宮坐命，處於弱陷之地，孤忌之性更重，不宜再見煞忌諸曜會照，一生多災、多病，六親孤剋，人生浮蕩無依，流離浪蕩，不守一業，宜習有一技之長，才可安穩。

4. 天梁在巳宮坐命，若逢天刑，性深沉，每多為特殊任務或秘密工作者，可培訓為情治人員。

五、命盤實例解析

1. 命宮

天梁在巳宮坐命，處於弱陷之位，優點難發揮，缺點卻易彰顯，使天梁原則紀律性減弱，增加天梁孤剋之性，六親緣薄，人生浮蕩。但遇天刑同

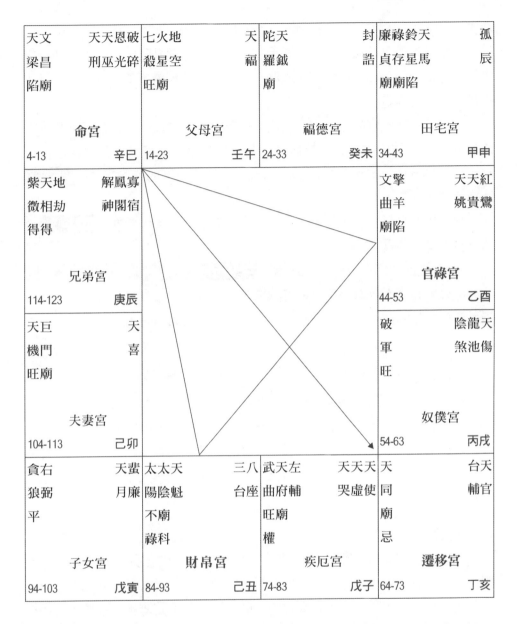

天文 梁昌 陷廟　　　　　天天恩破 　　　　　刑巫光碎 命宮 4-13　　　　　辛巳	七火地 殺星空 旺廟 父母宮 14-23　　　　　壬午	陀天　　　　　天 羅鉞　　　　　福 廟 福德宮 24-33　　　　　癸未	廉祿鈴天　　　　封 貞存星馬　　　　誥 廟廟陷　　　　　孤 　　　　　　　　辰 田宅宮 34-43　　　　　甲申
紫天地　　　　解鳳寡 微相劫　　　　神閣宿 得得 兄弟宮 114-123　　　　庚辰			文擎　　　　　天天紅 曲羊　　　　　姚貴鸞 廟陷 官祿宮 44-53　　　　　乙酉
天巨　　　　　　天 機門　　　　　　喜 旺廟 夫妻宮 104-113　　　　己卯			破　　　　　陰龍天 軍　　　　　煞池傷 旺 奴僕宮 54-63　　　　　丙戌
貪右　　　　　天蜚 狼弼　　　　　月廉 平 子女宮 94-103　　　　戊寅	太太天　　　　三八 陽陰魁　　　　台座 不廟 祿科 財帛宮 84-93　　　　　己丑	武天左　　　天天天 曲府輔　　　哭虛使 旺廟 權 疾厄宮 74-83　　　　　戊子	天　　　　　台天 同　　　　　輔官 廟 忌 遷移宮 64-73　　　　　丁亥

度，則加強了天梁的原則性，有時則可轉變為其心如鐵。古曰：「天梁天刑，其人鐵面包拯。」再見擎羊，則不畏權貴，崇尚法治，雖為正直，但其性更孤。

命主天梁在巳宮坐命，喜文昌同度，形成「文梁振紀」特殊之格局，文采出眾，能言善辯，可加強其奏事彈劾之力，有利於仕官，為清貴的格局。

命主庚年生人，財帛宮太陽化祿、太陰化科、天魁同度，與命宮天梁、文昌，會萃成「陽梁昌祿」格，能增大其格局，並加強其穩定性，更有利於仕官。但此格天同化忌在遷移宮，出門在外，多意外糾紛，須經歷一次大風波之後，才始得穩定。

命主天梁在巳宮坐命，文昌同度。庚年生人，形成「文梁振紀」及「陽梁昌祿」之特殊格局，有利於仕官，為清貴的格局。但命主天梁在巳宮坐命，遇天刑同度，易因趨炎附勢，而成為長官或老闆的臥底人員。**鬼谷子** 此命權於俯仰。

命主事業宮無主星，擎羊、文曲坐守，有名無實，多成敗。**鬼谷子** 根基淺薄，防有傾覆之虞。

事業的挫敗時間點在 49～53 歲。**鬼谷子** 此命權於俯仰。內觀不足。外觀有餘。作事有勞無功。所為有頭無尾。財若浮雲聚散。親若秋葉蕭條。獨將當鋒。難為敵怯。萬事蹉跎皆是命。莫嫌時運到來遲。

2. 父母宮

七殺在父母宮，地空、火星同度。父母早年離婚，母親再嫁。

行限 14～23 歲，七殺、地空、火星在大限命宮，對宮遷移武曲化權、天府、左輔同度。命主 18 歲，獨自離家到日本發展，但此限宮干「壬」武曲化忌在遷移宮，遇生年武曲化權，「權忌相逢」，在外多痛苦不順。且遷移宮還有「天哭」同行，在外常暗自傷心流淚。命主一人獨自在國外，感到自身孤獨苦悶。

3. 福德宮

福德宮無主星，陀羅、天鉞坐守，借入對宮太陽化祿、太陰化科、天魁。福德宮見天鉞、天魁，一生皆有貴人照拂，增加天梁星逢凶化吉之力。太陽化祿、太陰化科，貴星祥曜會照，財官雙美。但陀羅坐守福德，則易鑽牛角尖，喜自尋煩惱，增加人生的波折。

行限 24～33 歲，無主星，陀羅、天鉞在大限命宮，對宮遷移太陽化祿、太陰化科、天魁，遷移宮「科祿相逢」，利於出外發展，名利雙收。此限天魁天鉞在命遷，一坐一照，坐貴向貴，逢之富貴。但陀羅在大限命宮，主刑傷、拖延、原地打轉。事業天同化忌，辛勞費神。此限宮干「癸」，陀

羅在亥位事業宮，遇生年天同化忌，事業辛勞費神，多波折之後才能白手興家。貪狼化忌在疾厄，身體易辛勞成疾。 鬼谷子 收成：逢時正在九九上，休說豬「羊」運不通。善世善人多福慶，林泉一笑醉春風。

4. 田宅宮

廉貞在田宅宮、天馬、祿存、鈴星同度。祿存同度，出生家境環境良好，有祖業。鈴星同度，貪狼對拱，形成「鈴貪格」，產業能驟增，但須防橫發橫破。 鬼谷子 根基淺薄，防有傾覆之虞。

行限 34～43 歲，廉貞、天馬、祿存、鈴星在大限命宮。廉貞為官祿主，廉貞在申宮獨坐，事業宮為武曲天府，財帛宮為紫微天相，三方構成了「紫府朝垣」的格局。

此限易受到上司老闆的提拔，能攀龍附鳳「因人而貴」，官運良好，可富貴聲揚。此限宮干「甲」，廉貞化祿在命宮，遇生年祿存、天馬形成「祿馬交馳」。武曲化科在事業宮，遇生年武曲化權，事業宮「科權相逢」，主貴。此限命宮三方形成，科權祿「三奇佳會」，為一方之主，三方又有左輔、右弼輔佐雙星來助。命主此限受到貴人的提攜，執掌權威，事業鼎盛，富貴聲揚。

5. 事業宮

事業宮無主星，文曲，擎羊坐守。有名無實，多成敗。三方科祿會照，有權貴，名利雙收。擎羊為煞星，又稱為羊刃星，在事業宮易因急於表現，爭權奪位，造成是非、糾紛、災厄，讓事業造成挫敗。 鬼谷子 根基淺薄，防有傾覆之虞。

行限 44～53 歲，大限命宮無主星，文曲、擎羊坐守。此限無主星多浮動，借入對宮的天機巨門二星，又皆主動盪的星曜，更加強此限的動盪。擎羊在大限命宮，具有衝動性，易急躁冒進。命主在事業上急於表現，爭權奪位，破壞人際關係，造成是非、糾紛、災厄，成為事業的挫敗。此限宮干「乙」天機化祿在遷移宮，天梁化權在財帛宮，太陰化忌在事業宮，遇生年太陰化科，「科忌相沖」相助為害，增加破壞性質。

6. 交友宮

破軍在交友宮，主孤立。對宮紫微天相，得交老成持重的友人，能有助

力，但知交易散離。

7. 遷移宮

天同化忌在遷移宮。天同在遷移，宜出外謀發展，能得長輩貴人相助，白手成家。但天同化忌者，出外多意外、多糾紛。

8. 疾厄宮

武曲化權、天府在疾厄宮，左輔同度。少病痛。

9. 財帛宮

太陽化祿、太陰化科在財帛宮，天魁同度。有贈與之財。但三方受擎羊、陀羅沖破，則不利錢財。古曰：「日月最忌羊陀，人離財散。」鬼谷子 財若浮雲聚散。

命主雖有祖蔭亦不克享，先散後聚，白手興家。勞碌進財，能積財致富。

10. 子女宮

貪狼在子女宮，右弼同度。貪狼在寅宮，得子較晚，隨自己的晚輩及門生也較遲得。右弼同度，有贅婿。對宮祿馬會照，在四方奔馳。鬼谷子 子息：春盡花殘留子在，紛紛庭下弄青黃。逢龍見犬多榮貴，丹桂敷榮近御香。

11. 夫妻宮

天機巨門在夫妻宮。天機巨門二星主動盪，在夫妻宮亦然。婚姻多風波，有多婚之可能。男女命皆越嫁娶越不好。鬼谷子 婚姻：成對鴛鴦游碧水，晚來一隻遶清波。白雲本是無心物，孤月清光照五湖。

12. 兄弟宮

紫微天相在兄弟宮，地劫同度。無兄弟。鬼谷子 兄弟：風吹兩雁過江邊，吳越分飛各自然。幸有五湖通大海，清秋萬里好歸源。

六、鬼谷子全盤印證

第六十二數　庚乙　大過卦　乙巳　根基淺薄，防有傾覆之虞。

判斷：

此命權於俯仰。內觀不足。外觀有餘。作事有勞無功。所為有頭無尾。財若浮雲聚散。親若秋葉蕭條。獨將當鋒。難為敵怯。萬事蹉跎皆是命。莫嫌時運到來遲。

▲鶯語東風格

詩云： 疎却成親親却疎，枝南枝北費工夫。

知君本是山中客，伴我聊從都外居。

戲水鴛鴦終有散，失羣鴻雁豈無書。

時來暮去深谷裏，長得金衣一個雛。

基業： 疎却相親親却疎，離南往北任安居。

桑榆芝桂花榮茂，會向前行福有餘。

兄弟： 風吹兩雁過江邊，吳越分飛各自然。

幸有五湖通大海，清秋萬里好歸源。

行藏： 人來投我我投人，瞬息光陰過早春。

終遇天真高貴客，提攜聲譽到江濱。

婚姻： 成對鴛鴦游碧水，晚來一隻邅清波。

白雲本是無心物，孤月清光照五湖。

子息： 春盡花殘留子在，紛紛庭下弄青黃。

逢龍見犬多榮貴，丹桂敷榮近御香。

收成： 逢時正在九九上，休說豬羊運不通。

善世善人多福慶，林泉一笑醉春風。

55　七殺在子午坐命：得蔭庇之餘氣

一、星系結構

七殺在子午坐命，對宮為武曲天府，財帛貪狼在寅申，事業破軍在辰戌。

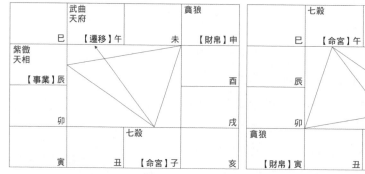

七殺在子宮坐命

	武曲 天府		貪狼
巳	【遷移】午	未	【財帛】申
紫微 天相 【事業】辰			酉
卯			戌
寅	七殺 丑	【命宮】子	亥

七殺在午宮坐命

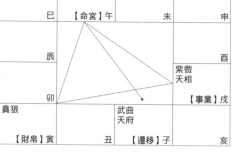

	七殺		
巳	【命宮】午	未	申
辰			酉
卯			紫微 天相 【事業】戌
貪狼 【財帛】寅	武曲 天府 丑	【遷移】子	亥

二、格局特質分析

特質 1 七殺喜獨坐，氣純剛直，魄力雄厚。

七殺星，是紫微斗數中的大將星曜，象徵肅殺、威勇的悍將，智勇兼備，有將相的性格，冷漠剛強，驍勇善戰、積極果決，有衝勁卻不失理智，善於計謀與策劃，具有運籌帷幄的能力，開創力強，能獨當一面，無畏艱苦與磨難，是愈挫愈勇的星曜。

七殺在子午宮，為單星獨坐的格局，氣純剛直，魄力雄厚，若有吉星同度或會照，成就與表現皆為突出。

特質 2 古曰：「七殺臨子午者，得蔭庇之餘氣。」

七殺為大將星曜，性質剛毅，帶有肅殺的氣息，處事快、狠成敗起伏衝力大，為成敗之孤辰。七殺在子午宮，受對宮武曲天府二財星的影響，可調

和七殺的剛毅，不為躁決，行事較懂得妥協，有貴人提攜及朋友的幫助，可得蔭庇之餘氣，乃為上格。

古曰：「七殺臨子午者，得蔭庇之餘氣。」七殺在子午坐命，其事業宮破軍在辰戌，為副貳之位，必須借它人的財與勢興家。雖破軍在辰戌入羅網之位，受他人的限制，較為辛勞，但也受到蔭庇之力的保護，較循規蹈矩，一生波動小。

此格最喜魁鉞二星會照，機遇佳，能得長輩貴人提攜，有助於事業的發展。

特質 3 七殺在午宮優於子宮，午宮見吉為「雄宿乾元格」。

七殺在子午坐命，午宮優於子宮，子午為水火位，七殺五行屬陰金，喜得午宮的火所煅煉，相制為用，見吉為「雄宿乾元格」，魄力雄厚，爵祿榮昌。七殺在子宮水地，則反受水之拖累，處事易猶豫不決，其人雖仍有所作為，但成就遠不如，七殺在午宮，若見煞曜會聚，則引動七殺星的剛愎與沉吟之性，作事進退失據，喜怒無常，一生多驚險災病。

三、此星系出生年，天干能量特點

1.七殺在子午坐命，甲年生人

破軍化權在事業宮，企圖心強，能早日掙脫羅網。武曲化科在遷移宮，在外聲譽佳，得貴人提攜，有助於事業的發展。祿存在寅宮財福線上，有祿的羈縻，可調和七殺的剛愎，不為躁決，行事則懂得妥協。為財官雙美，爵祿榮昌。

2.七殺在子午坐命，丁年生人

祿存在午宮命遷線上，有祿的羈縻，可調和七殺的剛愎，不為躁決，行事則懂得妥協。為財官雙美，爵祿榮昌。

3.七殺在子午坐命，己年生人

祿存在午宮命遷線上，武曲化祿在遷移宮，「雙祿相逢」可調和七殺的剛愎，不為躁決，行事則懂得妥協。

　　貪狼化權在財帛宮，能掌握錢財，宜財經界發展，為財官雙美，爵祿榮昌。

四、此星系吉凶注意事項

1. 七殺為肅殺之星，快、狠是特長，性質過於剛愎，易折損，為成敗之孤辰。最喜祿存同度或化祿會照，有祿的羈縻，可調和七殺的剛愎，不為躁決，行事較懂得妥協。
2. 七殺在子午坐命，對宮遷移武曲天府，財星居遷移，逢吉，宜離鄉發展。
3. 七殺在子午坐命，三方所會之星曜，皆處廟旺之位，若不見吉，只要煞曜少，在事業上仍然有所表現，只是有波折。若煞曜多又不見吉，則須專技謀生。
4. 七殺在子午坐命，最畏擎羊、天刑同度，剋忌性質最重。丙年生人，擎羊在午宮命遷線上，此時福德宮廉貞化忌，壬年生人，擎羊在子宮命遷線上，遷移武曲化忌。增加七殺星的躁決，行事容易衝動莽撞，好勇鬥狠，欠沉實。
5. 七殺在子午坐命，對宮武曲天府二星皆為財星，最喜見祿存同度或化祿會照，利於經商。見左輔、右弼，助力多，使事業局面大。見天魁天鉞，機遇佳，能得長輩貴人提攜，有助於事業之發展。

五、命盤實例解析

1. 命宮

　　七殺為大將星曜，帶有快、狠的肅殺氣息，性質剛毅，過剛易折，為成敗之孤辰。

　　命主七殺在子宮坐命，見天刑同度，更增加其剛毅之性，個性衝動，行事霸氣不易妥協，孤剋性質重，不利於六親。古曰：「天刑守身命，不為僧道定主孤剋。」 **鬼谷子** 親眷薄情春暮雪，兒孫無分鏡中花。

　　命主七殺在子宮坐命，雖受對宮武曲天府雙財星的影響，可調和七殺的剛愎，但命宮天刑同度，對宮武曲又化權，更增添命主的剛愎霸道，行事固

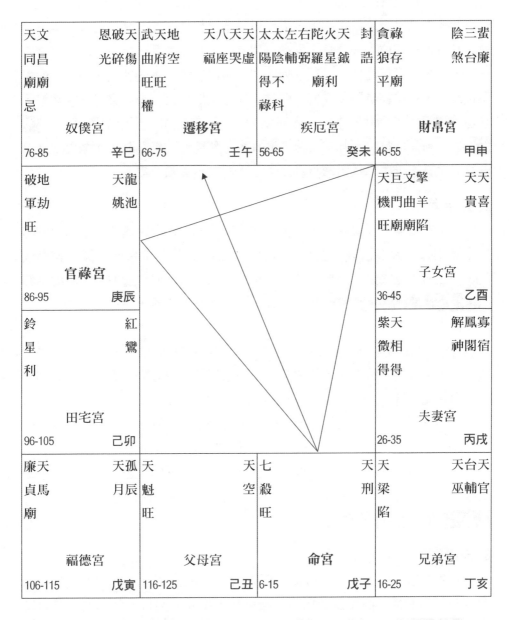

天文　　　　恩破天 同昌　　　　光碎傷 廟廟 忌 奴僕宮 76-85　　　　　　辛巳	武天地　　　天八天天 曲府空　　　福座哭虛 旺旺 權 遷移宮 66-75　　　　　　壬午	太太左右陀火天　封 陽陰輔弼羅星鉞　誥 得不　　　廟利 祿科 疾厄宮 56-65　　　　　　癸未	貪祿　　　　陰三蜚 狼存　　　　煞台廉 平廟 財帛宮 46-55　　　　　　甲申
破地　　　　天龍 軍劫　　　　姚池 旺 官祿宮 86-95　　　　　　庚辰			天巨文擎　　天天 機門曲羊　　貴喜 旺廟廟陷 子女宮 36-45　　　　　　乙酉
鈴　　　　　紅 星　　　　　鸞 利 田宅宮 96-105　　　　　己卯			紫天　　　　解鳳寡 微相　　　　神閣宿 得得 夫妻宮 26-35　　　　　　丙戌
廉天　　　　天孤 貞馬　　　　月辰 廟 福德宮 106-115　　　　戊寅	天　　　　　天 魁　　　　　空 旺 父母宮 116-125　　　　己丑	七　　　　　天 殺　　　　　刑 旺 命宮 6-15　　　　　　戊子	天　　　　天台天 梁　　　　巫輔官 陷 兄弟宮 16-25　　　　　　丁亥

執不易妥協，有「過剛則折」之象，加強其人孤剋之性。雖財帛宮有貪狼、祿存同度，對宮天馬會照，形成「祿馬交馳」，為商業周轉之財，能有小富。但三方見地劫會照，錢財多破耗，難聚守。

　　其事業宮破軍在辰宮，地劫同度，力量薄弱難以發展，一生事業多滯，無法掙脫其羅網。

七殺坐命之人，事業心重，人生以事業為精神寄託。命主七殺在子宮坐命，其身宮在戌位入夫妻宮，女命一生易因婚姻而影響到事業。命主事業破軍在辰宮，為副貳之位，必須扶佐丈夫，自己居於佐貳的地位興家。但命主個性剛毅，行事霸氣不易妥協，難甘心居佐貳的地位，夫妻整日爭吵頻繁，在這種環境下夫妻共同事業，難有助力，反受其拖累，事業很難發展。**鬼谷子** 此命秉性聰明，所為磊落。磨難早，更變遲，親眷薄情春暮雪，兒孫無分鏡中花。好事難成，胸中進退；平生蹉跎，皆是命定。

2. 兄弟宮

天梁在亥宮。天梁有孤剋之性，在亥宮弱陷，更顯現其星的孤剋。三方見太陽化祿、太陰化科、左輔、右弼、天鉞，吉星祥曜會照，兄弟雖有成就，但三方也見火星、鈴星、陀羅、化忌，煞忌重，兄弟助力少，異鄉結知己。**鬼谷子** 兄弟：紫祿紛紛各異枝，雁飛吳越兩淒淒，知音多少江淮上，時有高人為品題。

行限 16～25 歲，天梁在大限命宮。天梁在亥宮弱陷，對宮天同化忌沖照，三方見火星、鈴星、陀羅會照，必發生麻煩困擾之事，而且每多來勢洶洶，但皆能化解。

此限宮干「丁」，太陰化祿在財帛宮，遇生年太陰化科、太陽化祿，還有左輔、右弼、天鉞吉星，雖有火星、陀羅同度，但此限財帛宮吉星祥曜多，可奠定事業基礎。天同化權在遷移宮，遇生年天同化忌「權忌相沖」，出外雖多勞碌辛苦，但能有所成。唯事業宮無主星，鈴星坐守，多波折。**鬼谷子** 磨難早，更變遲。

3. 夫妻宮

紫微天相在夫妻宮。三方未見吉曜，卻見地空、地劫二星會照，形成夫妻宮的紫相無情，與配偶多刑剋，難以和諧相處，整日爭吵頻繁，難有助力。**鬼谷子** 婚姻：鴛鴦對對碧波深，鷗鷺成羣晚霽明，鶯燕滿林春色好，清風明月悅人情。

行限 26～35 歲，紫微、天相在大限命宮。紫微天相為威權的運限，此限胸懷大志，企圖心強。但紫微天相在戌宮，星力弱又位居於羅網之地，且三方地空、地劫二星會照，理想雖遠大，卻難以突破困境。此限宮干

「丙」，廉真化忌在事業宮，事業多滯。 鬼谷子 行藏：借勢成名耀祖宗，雞鳴犬吠播高風，琴堂一曲江淮遠，風月清光樂意濃。

4. 子女宮

天機巨門在子女宮，文曲、擎羊同度。天機巨門在子女宮，擎羊同度，與子女感情不和睦，早年有刑剋。文曲同度，子女聰明有才華，但須較晚才能有成就。 鬼谷子 兒孫無分鏡中花。子息：雨餘風靜果須希，花異蟠桃照晚時，金玉堂前斑彩舞，趨庭詩禮自遲遲。

行限 36～45 歲，天機、巨門、文曲、擎羊在大限命宮，對宮鈴星會照，形成「巨鈴羊」的惡格，又逢財帛宮天同化忌的引動，古曰：「巨火擎羊，終身縊死。」此格並非指會自縊而死，而是指人生多作繭自縛，自討苦吃。

此限事業無主星天魁獨坐，對宮天鉞會照，為「坐貴向貴」的格局，借入對宮太陽化祿、太陰化科、左輔、右弼、天鉞、火星、陀羅，吉星祥曜多，事業亨通，發展順利。但火星與命宮巨門、擎羊形成「巨火羊」的壞格局，易因私心而導致失敗。 鬼谷子 行藏：借勢成名耀祖宗，「雞」鳴犬吠播高風，琴堂一曲江淮遠，風月清光樂意濃。

5. 財帛宮

貪狼在財帛宮，祿存同度。祿存與對宮天馬，形成「祿馬交馳」，為商業周轉之財，雖能有小富，但三方見地劫會照，錢財多破耗，難聚守。 鬼谷子 平生衣祿不能周。

行限 46～55 歲，貪狼、祿存在大限命宮。此限宮干「甲」廉貞化祿在遷移宮，破軍化權在財帛宮，乍看雖美。但事業宮的七殺見地空、地劫二星會照，為「半空折翅」，宜守不宜更張，希望雖大卻是一場空。財帛宮破軍化權，卻有地劫同度，能興能敗，周轉困難，錢財損耗極大。

命主此限遇到大客戶，因此工廠設備更新，向銀行大量貸款，但成功在望時卻突然發生重大的挫敗。 鬼谷子 寅「申」歲月莫登山，山水區區鎖谷關，啼鳥一聲驚破夢，林間猿鶴去難還。孤雁傳書多渺漠，風雲際會事遲留，貴人只在「坤」離位，引你同登白玉樓。（白玉樓：為冥界的大宅。）

6. 疾厄宮

太陽化祿、太陰化科在疾厄宮，左輔、右弼、天鉞、火星、陀羅同度。日月的組合，易有水火不調，陰陽不合，心腎不交的疾病。

行限 56～65 歲，太陽化祿、太陰化科、左輔、右弼、天鉞、陀羅、火星在大限命宮。此限風雲際會，命遷天魁天鉞，一坐一守，坐貴向貴，乍看雖是風光，但吉處藏凶。

事業宮天梁在亥宮弱陷，對宮天同化忌沖照，事業多災禍。財帛宮無主星，鈴星坐守，與對宮巨門、擎羊，形成「巨鈴羊」之惡格。錢財多破耗。

鬼谷子 孤雁傳書多渺漠，風雲際會事遲留，貴人只在「坤」離位，引你同登白玉樓。

7. 遷移宮

武曲化權、天府在遷移宮，地空同度。武曲化權，雖積極、果斷，卻過以剛愎自用，而埋下是非糾紛。見地空同度，多是非、糾紛、破敗。鬼谷子 恐防小人，暗中算計。

8. 交友宮

天同化忌在交友宮，文昌同度。天同化忌，多是非糾紛，助力少。文昌同度，交往的友人氣質優秀，對人生有助力。

9. 事業宮

破軍在事業宮，地劫同度。開創無力，宜技藝謀生，從商易破敗。

10. 田宅宮

田宅宮無主星，鈴星坐守。較無先人餘蔭。但父母宮位吉，還是能得父母之餘蔭，但須靠自己之努力。田宅宮鈴星獨坐，無家庭溫暖。

11. 福德宮

廉貞在福德宮，天馬同度。廉貞在福德宮，主忙碌，其樂趣仍由忙碌而來。遇天馬同度，一生奔忙辛苦。

12. 父母宮

父母宮無主星，天魁坐守。父母宮無主星，早年離家。天魁獨坐，能得

父母之餘蔭。

六、鬼谷子全盤印證

第六十六數　庚已　萃卦　己巳　恐防小人，暗中算計。

判斷：

此命秉性聰明，所為磊落，磨難早，更變遲。親眷薄情春暮雪，兒孫無分鏡中花。好事難成，胸中進退。平生蹉跎，皆是命定。

▲孤雁帶書格

詩云： 井內毫光射斗牛，平生衣祿不能周。

　　　　鴛鴦懶舞三更月，楊柳愁驚半夜秋。

　　　　孤雁傳書多渺漠，風雲際會事遲留。

　　　　貴人只在坤離位，引你同登白玉樓。

基業： 莫怨疎親不久長，重榮重祿自風光。

　　　　逢羊犬馬終須喜，笑指桑榆姓氏香。

兄弟： 紫綠紛紛各異枝，雁飛吳越兩淒淒。

　　　　知音多少江淮上，時有高人為品題。

行藏： 借勢成名耀祖宗，雞鳴犬吠播高風。

　　　　琴堂一曲江淮遠，風月清光樂意濃。

婚姻： 鴛鴦對對碧波深，鷗鷺成羣晚霽明。

　　　　鶯燕滿林春色好，清風明月悅人情。

子息： 雨餘風靜果須希，花異蟠桃照晚時。

　　　　金玉堂前斑彩舞，趨庭詩禮自遲遲。

收成： 寅申歲月莫登山，山水區區鎖谷關。

　　　　啼鳥一聲驚破夢，林間猿鶴去難還。

56 七殺在寅申坐命： 為七殺朝斗格，指調百萬雄師

一、星系結構

七殺在寅申坐命，對宮為紫微天府，財帛貪狼在辰戌，事業破軍在子午。

七殺在寅宮坐命

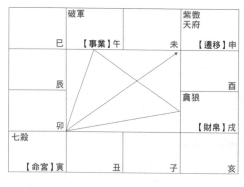

七殺在申宮坐命

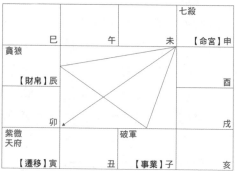

二、格局特質分析

特質 1 七殺在寅申，對宮紫微天府會照，能得貴人提攜，平步青雲。

七殺星，個性冷漠剛強，積極果決，驍勇善戰，象徵威勇、肅殺的悍將。此星智勇兼備，有將相的性格，積極有衝勁卻不失理智，具有運籌帷幄的能力，能獨當一面，是紫微斗數中的大將星曜，佐助紫微星與天府星。

七殺在寅申二宮，對宮紫微天府會照，為「朝斗格」或「仰斗格」，出外能得貴人的提攜，而平步青雲。

特質 2 七殺在寅申宮坐命，稱為「七殺朝斗格」或「七殺仰斗格」。

七殺在寅申坐命，單星獨坐，氣純剛直，魄力雄厚，能力強，受對宮紫微天府南北斗主星的影響，具有崇高的理想與企圖心，智慧與才幹兼具，能為國家的棟樑，出將入相，可以職掌權威，指調百萬雄師。其人具有組織領

導管理能力，適宜從事工廠或企業管理，能帶領眾多職員工。七殺在寅申坐命，對宮紫微天府二星會照，稱為「七殺朝斗格」或「七殺仰斗格」，古曰：「朝斗仰斗，爵鹿榮昌。」

　　此格之人，智勇兼備，有將相的性格，才華出眾。遷移宮紫微天府，出外能遇貴人的提攜，如虎添翼，平步青雲，大有可為。七殺在寅申坐命，命宮三方四正星曜皆入廟，強而有力，最能把智慧與才幹，發揮得淋漓盡致。但七殺星性質剛烈強硬，容易失之過剛，須有吉星來調和其剛烈之性，人生才能較為安定。

特質 3 此格局在財福線上，有「武貪格」的爆發運。

　　七殺在寅申坐命，財帛宮貪狼在辰戌，財福線上貪狼、武曲坐守，有「武貪格」的爆發運，能發在財運與事業上，去成就一番事業。七殺在寅申坐命，寅宮優於申宮，寅宮的七殺，南北斗在上方，稱為「七殺仰斗格」，日月並名，較為積極奮發，雖辛勞，但社會地位與成就，較七殺在申宮為佳。七殺在申宮，南北斗在下方，稱為「七殺朝斗格」，日月反背，中年後易怠惰，較為弱勢，人生的波動起伏較大。其財帛宮、事業宮需見化權或化祿，才能真正的去積極努力。因七殺星，雖積極果決，處事快、狠，但耐力與持續力皆不足。

三、此星系出生年，天干能量特點

1.七殺在寅申坐命，甲年生人

　　祿存在寅宮命遷線上，廉貞化祿在夫妻宮會照事業宮，破軍化權在事業宮，事業「權祿相逢」，積極奮發，為財官雙美格。

2.七殺在寅申坐命，丁年生人

　　祿存在午宮夫官線上，太陰化祿在疾厄宮，天同化權在父母宮，父母宮「權祿相逢」，上司有權勢，最宜大企業機構任職，能因人而貴，財官雙美。

3.七殺在寅申坐命，己年生人

　　武曲化祿在福德宮，貪狼化權在財帛宮，財帛「權祿相逢」，祿存在午

宮夫官線上，為財官雙美格。

四、此星系吉凶注意事項

1. 七殺在寅申坐命，對宮紫微天府，稱為「七殺朝斗格」或「七殺仰斗格」，古曰：「朝斗仰斗，爵祿榮昌。」主要構成的要件，必須見吉而不見煞忌刑耗，才方為合格。七殺為肅殺之星，個性剛烈、衝動，不宜再見煞忌刑耗，容易失之過剛。須有吉星來調和其性，才能把智慧與膽識發揮，否則如何「指調百萬雄師」。此格最喜祿存星會入，亦喜財帛宮、事業宮見權祿，一生的財帛才不虞匱乏。

2. 七殺在寅申坐命，雖能力強，才華出眾，財官雙美，但容易失之過剛。所以最喜化祿或祿存，有祿的羈縻，能柔化七殺的剛烈與孤高之性。

3. 七殺在寅申坐命，個性容易失之過剛。所以對宮喜紫微化科，可以改善七殺剛烈之性，為人處事較圓融，且增加其聲譽與威權。若見紫微化權，則福德宮武曲必化忌，更增添其孤高之性。

4. 七殺在寅申坐命，對宮為紫微天府，稱為「七殺朝斗格」或「七殺仰斗格」，其人管理能力強，可以職掌權威，但必須見左輔右弼二星，才能有眾多手下，可「指調百萬雄師」。

5. 七殺在寅申宮，受對宮紫微天府的影響，具有崇高理想與清高的性格，若見文昌、文曲、化科的星曜，宜為人師表。若見地空或地劫同度，則易理想過高，衝勁卻不足，每多為僧道之人。

五、命盤實例解析

1. 命宮

　　七殺在申宮坐命，左輔、天馬同度。七殺在申宮坐命，為「七殺朝斗格」最喜左輔同度，可調和七殺的剛烈，轉為敦厚圓融，有良好的協調能力，可帶領眾多手下，使命主能晉升為管理高階人員。天馬同度，更增加其戰鬥力。遷移宮紫微天府，見文曲同度，能得貴人提攜。

　　命主「戊」年生人，貪狼化祿在財帛宮，財運亨通。但命主事業宮破軍

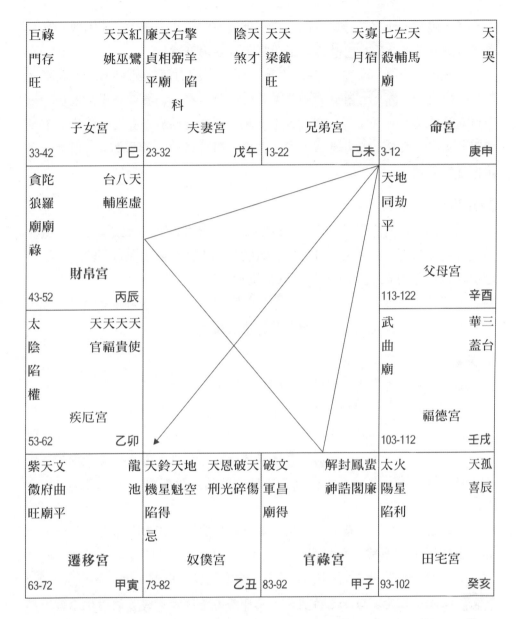

巨祿 門存 旺　　　　　天天紅 　　　　　姚巫鸞 子女宮 33-42　　　丁巳	廉天右擎 貞相弼羊 平廟　陷 　　科 夫妻宮 23-32　　　戊午	陰天 煞才 天天 梁鉞 旺 兄弟宮 13-22　　　己未	七左天 殺輔馬 廟 天寡 月宿 命宮 3-12　　　庚申 天哭
貪陀 狼羅 廟廟 祿　　　台八天 　　　輔座虛 財帛宮 43-52　　　丙辰			天地 同劫 平 父母宮 113-122　　辛酉
太 陰 陷 權　　　天天天天 　　　官福貴使 疾厄宮 53-62　　　乙卯			武 曲 廟　　　華三 　　　蓋台 福德宮 103-112　　壬戌
紫天文 微府曲 旺廟平　　　龍 　　　池 遷移宮 63-72　　　甲寅	天鈴天地 機星魁空 陷得 忌　　　天恩破天 　　　刑光碎傷 奴僕宮 73-82　　　乙丑	破文 軍昌 廟得　　　解封鳳蜚 　　　神誥閣廉 官祿宮 83-92　　　甲子	太火 陽星 陷利　　　天孤 　　　喜辰 田宅宮 93-102　　癸亥

文昌同度，破軍星為武將，與文昌同度，文武不殊途，多刑剋，難以發揮。

　　命主七殺在申宮坐命，左輔、天馬同度。雖才智兼具，戰鬥力十足，為巾幗不讓鬚眉職場上的女強人，也能遇貴人的提攜，而平步青雲，晉升為某大醫院管理高階人員，事業算是亨通，財運也富足。但事業宮破軍、文昌同度，文武不同途，多刑剋難以發揮。七殺星為武將，再見天馬同度，其人精

力充沛，戰鬥力十足，多動少靜，喜在外奔波的工作，難以坐陣指揮，宜武職才能展其英才。 鬼谷子 身在襄陽府，心在海涯津。

命主雖為某大醫院管理高階人員，能「指調百萬雄師」，卻是武將文職，難以發揮。 鬼谷子 此命如旱苗待雨。枯木待春。要做好事反做拙。於人好處反遭嗔。有福不得福。是親不是親。身在襄陽府。心在海涯津。千般憂慮心中有。百樣營求卻是無。費盡區處。用盡精神。若要妻宮同到老。直須鐵箒對銅盆。

2. 兄弟宮

天梁在兄弟宮，天鉞同度。天梁為貴星在未宮入廟，天鉞同度，天魁會照，「坐貴向貴」，兄弟、姊妹中有貴者，其人在社會上擁有不錯的身份與地位。但天梁有孤剋之性，又見寡宿星曜，對宮天機星化忌又見煞曜，兄弟、夥伴各有心機，多紛爭難和。 鬼谷子 兄弟：湘江烟雨波濤闊，三雁高飛自去來。惟有白蘋紅蓼盛，秋潭月影絕塵埃。

3. 夫妻宮

廉貞天相在夫妻宮，擎羊、右弼化科同度。廉貞、天相、擎羊同度，形成「刑囚夾印」、「刑杖惟司」的不佳格局，夫妻各懷己見，硬碰硬誰都難以退讓。右弼化科同度，夫妻宮不喜「化科」桃花星曜，或「右弼」輔佐單星進入，易有第三者介入。 鬼谷子 若要妻宮同到老。直須鐵箒對銅盆。婚姻：姻緣姻緣復姻緣，一對鴛鴦兩處眠。縱遇清風明月下，悠悠獨酌鼓清絃。

行限 23～32 歲，廉貞、天相、擎羊、右弼化科在大限命宮。廉貞、天相、擎羊同度，形成「刑杖惟司」的不佳格局，此限易有官非或受冤枉之事，只利於低調守靜。右弼化科同度，能獲得貴人指點，而化解危機。 鬼谷子 收成：若逢「馬」兔功須至，此日歸山是鳳緣。回首故園桃李盛，幾多車馬鬧高軒。

4. 子女宮

巨門在子女宮，祿存同度。巨門在子女宮，長子有損，以遲得為宜。喜見祿存同度，加強其穩定，長子平安。但祿存入六親宮位，主孤，三方再見諸多煞忌星曜，子女遠離膝下。 鬼谷子 子息：春暮好花枝上放，到得秋深

一果收。人在高樓聽消息，城頭更鼓夜悠悠。

　　行限 33～42 歲，巨門，祿存在大限命宮。巨門喜遇祿存同度，可減少其動盪，此限三方所會的星曜皆弱勢，又逢地空、地劫、火星、鈴星、化忌等，諸多煞忌星曜，事業困頓無法發展，但此限見紅鸞、天喜星，結婚生子，反可好好專心照顧家庭，減少橫逆與挫折。

5. 財帛宮

　　貪狼化祿在財帛宮，陀羅同度。貪狼求財慾望強烈，財帛宮貪狼化祿，與命宮天馬，形成「祿馬交馳」之格局，可為商業周轉之財，宜離鄉背井，從商為佳。但命主為上班族，只是錢財富足。陀羅同度，主拖延，往往在中晚年後，得財才能順遂。對宮武曲星見華蓋同度，錢財開支在宗教上甚為慷慨。

　　行限 43～52 歲，貪狼化祿、陀羅在大限命宮。事業宮七殺在申宮，左輔、天馬同度。為「七殺朝斗格」，能「因人而貴」，受貴人提拔，事業能有所表現，升遷運佳。

　　命主此限晉升為管理高階人員。但此限宮干「丙」，廉真化忌在福德宮，廉貞化忌為囚，在福德宮，多憂多慮，精神調適不佳，常讓自己思緒陷入恐慌中。

6. 疾厄宮

　　太陰化權在疾厄宮。太陰屬陰水，對宮天同為陽水，水多則腎臟反不健全。須注意血液方面疾病，如貧血、低血壓、血球病變。另外也要注意腎虛腰酸、眼睛毛病。見化權可減輕病厄。

　　行限 53～62 歲，太陰化權在命宮。太陰為中天主星，未見百官朝拱，為孤君，此限見好就收，為退休的好時間點。此限宮干「乙」太陰化忌在命宮遇生年太陰化權，「權忌相沖」，更加強化忌的不順。天梁化權在事業宮，行事雖積極有作為力，但原則性強，過於剛毅。此限事業宮天梁化權，天鉞同度，對宮天魁會照，「坐貴向貴」為事業的高點，見好就收，是退休的大好時間點。 鬼谷子 收成：若逢馬「兔」功須至，此日歸山是夙緣。回首故園桃李盛，幾多車馬鬧高軒。

7. 遷移宮

紫微天府在遷移宮，文曲同度。出外能得貴人提攜與相助。三方左輔右弼二星會照，可「指調百萬雄師」。 鬼谷子 行藏：須知箭在行人手，有日乘龍上玉京。賴有貴人能護佑，兩重榮祿自崢嶸。

8. 交友宮

天機化忌在交友宮，地空、鈴星、天魁同度。命主交友層面廣闊，各行各業的人都有，但皆為泛泛之交，時時更換。命主身為主管人員，所轄的部屬也來來去去，流動率較高。天機化忌，彼此各懷心機。鈴星同度，易招惹是非糾紛。地空同度，因朋友而錢財破耗。天魁同度，可得年長的友人相助。

9. 事業宮

破軍在事業宮，文昌同度。破軍在子宮，無論從事何等行業，均喜玩弄政治手腕，因此喜三方左輔、右弼會照，可佔優勢。再見「科祿會照」，主貴。破軍星為武將，不喜文昌同度，文武不同途，武職文做，多刑剋，難以發揮。 鬼谷子 基業：玉器先須用琢磨，真金百煉費工夫。因人借力朝天闕，引領羣仙上大羅。

10. 田宅宮

太陽在田宅宮，火星同度。太陽在亥宮落陷，無祖業，命主戌時生人，又見火星同度，更難自置產業，且常易遷動。

11. 福德宮

武曲在福德宮。以物質享受為基礎，對宮貪狼化祿會照，多應酬忙碌之樂。

12. 父母宮

天同在父母宮，地劫同度。天同星，雖帶感情的星曜，但在酉宮弱勢，又見地劫同度，多意見不合，易有刑剋。

六、鬼谷子全盤印證

第四十七數　戊庚　損卦　庚戌　好景已過，有失敗之象。

判斷：

此命如旱苗待雨。枯木待春。要做好事反做拙。於人好處反遭嗔。有福不得福。是親不是親。身在襄陽府。心在海涯津。千般憂慮心中有。百樣營求却是無。費盡區處。用盡精神。若要妻宮同到老。直須鐵箒對銅盆。

▲駐紮孤軍格

詩云： 孤軍駐紮硬屯兵，力倦心疲戰不成。
　　　　一世退神雲掩月，六親眷屬冷如冰。
　　　　曾經弄巧翻成拙，每向求安反見驚。
　　　　若要秋心隨意處，兔隨雞走月重明。

基業： 玉器先須用琢磨，真金百煉費工夫。
　　　　因人借力朝天闕，引領羣仙上大羅。

兄弟： 湘江烟雨波濤闊，三雁高飛自去來。
　　　　惟有白蘋紅蓼盛，秋潭月影絕塵埃。

行藏： 須知箭在行人手，有日乘龍上玉京。
　　　　賴有貴人能護佑，兩重榮祿自崢嶸。

婚姻： 姻緣姻緣復姻緣，一對鴛鴦兩處眠。
　　　　縱遇清風明月下，悠悠獨酌鼓清絃。

子息： 春暮好花枝上放，到得秋深一果收。
　　　　人在高樓聽消息，城頭更鼓夜悠悠。

收成： 若逢馬兔功須至，此日歸山是夙緣。
　　　　回首故園桃李盛，幾多車馬鬧高軒。

57　七殺在辰戌坐命：理想宏大，富幻想

一、星系結構

七殺在辰戌坐命，對宮為廉貞天府，財帛貪狼在子午，事業破軍在寅申。

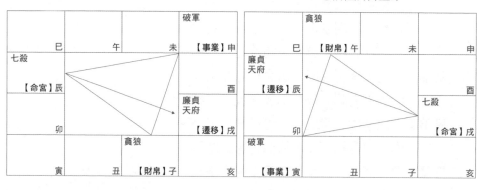

七殺在辰宮坐命

			破軍
巳	午	未	【事業】申
七殺 【命宮】辰			酉
卯			廉貞 天府 【遷移】戌
寅	貪狼 丑	【財帛】子	亥

七殺在戌宮坐命

	貪狼		
巳	【財帛】午	未	申
廉貞 天府 【遷移】辰			酉
卯			七殺 【命宮】戌
破軍 【事業】寅	丑	子	亥

二、格局特質分析

特質 1 七殺在辰戌坐命，理想宏大，富幻想。

遷移宮是促使命宮的原動力，也是對未來生活的「憧憬」，當遷移宮質量遠大於命宮，必引發因嚮往所產生的想像力，總希望對未來有著美好的「憧憬」。但人生有夢最美，希望相隨，理想是一種動能，能帶來生命的原動力，每個人都會有美麗的理想，理想貴在實踐，不然就是幻想。

七殺在辰戌坐命，對宮為廉貞天府，其二星質量遠大於命宮的七殺星，因此其人理想宏大、富幻想，對未來充滿想像力，人生以事業追隨其幻想，但始終難以滿足其事業上的慾望，一生都在為夢而執著，夢醒了再繼續追逐下一個夢，其人一生雖辛苦，倒也樂此不疲。

特質 2 此格福德宮紫微獨坐，易理想過高，而缺乏實踐力。

　　七殺在辰戌坐命，為單星獨守的格局，氣純剛直，魄力極大，衝勁十足，理想宏大，卻落於羅網之地，理想受其限制，是否能突破羅網而有所表現，乃在其福德宮，福德宮是遷移宮「憧憬」的實現位。

　　七殺在辰戌坐命，其人福德宮紫微在子午獨坐，紫微星最忌獨坐，易理想過高，而缺乏實踐力，因此紫微星需得「百官朝拱」，始多有助力，才能使命宮的七殺，具有實踐理想的能力。

　　紫微星若無群臣隨侍，則為「在野孤君」，亦無法施展身手，缺乏實踐力，易流於空想，雖然躊躇滿志，但最終只能壯志難酬。

特質 3 財帛宮貪狼與紫微相對，手握財權，為調度經濟，多變動。

　　七殺在辰戌坐命，其人富幻想，人生以事業追隨其幻想，事業場面大。

　　其事業宮破軍星，創新能力強，多新企圖，但破軍在寅申弱陷，若未見祿或無吉曜，不免虛有其表，外強中乾，實際上卻是虛空的。因此事業多變動，起伏不定，不宜投機冒險，宜技藝謀生為佳，若從商則傾向於合夥事業。

　　財帛宮貪狼在子午，與紫微星相對，手握財權，為資金調度經濟，財務多變動。

　　七殺在辰戌二宮，辰宮較戌宮為佳，辰宮的七殺，「日月並明」，且福德宮的紫微星在午宮入廟，個性較陽光，多貴助，使命宮七殺的性質變得優雅，多理想。戌宮的七殺，「日月反背」，福德宮的紫微星在子宮，紫微星土受到子宮「水剋土」的影響，較懷才不遇，人生多空想。

三、此星系出生年，天干能量特點

1.七殺在辰戌坐命，甲年生人

　　廉貞化祿在遷移宮，更加強其宏大的理想。破軍化權在事業宮，武曲化科在夫妻宮會照事業宮，事業宮「科權相會」，主貴，使七殺氣質優雅，但理想易過高，需防後繼無力，祿存在寅宮夫官線上，可減少人生的起伏動盪，加吉財官雙美。

2.七殺在辰戌坐命，庚年生人

祿存在申宮夫官線上，可減少人生的起伏動盪，武曲化權在夫妻宮會照事業宮，有謀略，魄力極大，加吉財官雙美。

四、此星系吉凶注意事項

1. 七殺在辰戌坐命，理想宏大，富幻想，為七殺星系中最為艱辛的組合。其人雖然有夢最美，現實卻是殘酷，理想與現實落差過大，易感懷才不遇，人生起伏強烈，又處於天羅地網管制區，受其限制，事業多於艱苦中建立。此格福德宮需見吉，才能多有所表現。

2. 七殺在辰戌入廟之位，又為單星獨守的格局，氣純剛直，有謀略，魄力極大，較不畏煞曜，只要沒有照會到太多的煞星，皆能愈挫愈勇，但須經歷一番的艱苦，事業才能闖出成績。

3. 七殺在辰戌坐命，理想宏大、富幻想，人生以事業追隨其幻想，事業場面大，但事業宮破軍在寅申宮，處弱陷之位，因此不於見四煞與空劫，事業場面雖大，實質上卻是外強中乾。讓七殺宏大的理想產生假大空的計劃，宜技藝謀生為佳，不宜從商或投機冒險。

4. 七殺在辰戌入廟，較不畏煞曜，唯畏對宮廉貞天府見煞忌，則產生困擾重重，由其是丙年生人，廉貞化忌在遷移宮，陀羅在辰宮，命遷線上，受到陀羅、化忌沖破，較難突破羅網，多意外、多災病。若財官宮位不吉，則財務多糾紛，疾厄宮不吉，則多病災等。此局須檢視致命傷在哪一宮。

五、命盤實例解析

1. 命宮

七殺在辰宮坐命，對宮遷移宮廉貞天府，其二星質量遠大於命宮的七殺星，其人理想宏大，富幻想，對未來充滿想像力，人生以事業追隨其幻想。

命主七殺在辰宮坐命，火星同度。七殺星本身個性已剛愎，再見火星同度，難免衝動而任性，愛逞強而不服輸，帶有幾分叛逆，雖然辰宮的七殺個性獨立，能以專業技能立身，但人生起伏強烈難免。

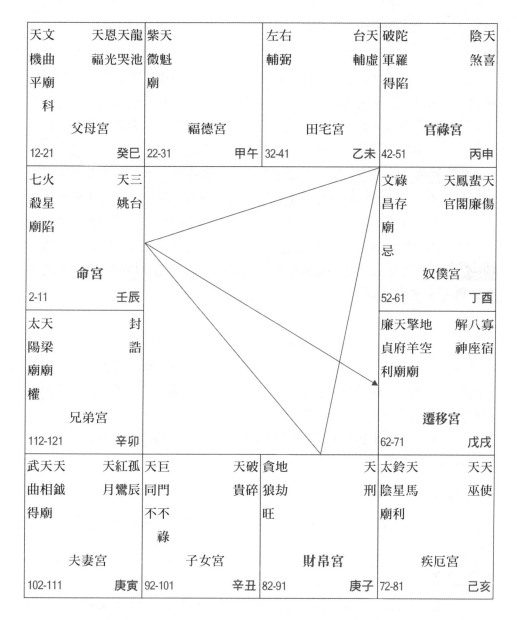

天文機曲 平廟 科 　　父母宮 12-21　　　癸巳	紫天微魁 廟 　　福德宮 22-31　　　甲午	左右輔弼 　　田宅宮 32-41　　　乙未	破陀軍羅 得陷 　　官祿宮 42-51　　　丙申
七火殺星 廟陷 　　命宮 2-11　　　壬辰			文祿昌存 廟 忌 　　奴僕宮 52-61　　　丁酉
太天陽梁 廟廟 權 　　兄弟宮 112-121　　　辛卯			廉天擎地貞府羊空 利廟廟 　　遷移宮 62-71　　　戊戌
武天天曲相鉞 得廟 　　夫妻宮 102-111　　庚寅	天巨同門 不不 　祿 　子女宮 92-101　　　辛丑	貪地狼劫 旺 　　財帛宮 82-91　　　庚子	太鈴天陰星馬 廟利 　　疾厄宮 72-81　　　己亥

天恩天龍福光哭池（父母宮）／台天輔虛（田宅宮）／陰天煞喜（官祿宮）／天三姚台（命宮）／天鳳蜚天官閣廉傷（奴僕宮）／封誥（兄弟宮）／解八寡神座宿（遷移宮）／天紅孤月鸞辰（夫妻宮）／天破貴碎（子女宮）／天刑（財帛宮）／天天巫使（疾厄宮）

　　命主遷移宮廉貞天府，見地空、擎羊同度，更加強命主不切實際的幻想力，文過飾非，難以面對現實生活。事業破軍在申宮，陀羅同度。破軍在申宮，雖創新能力強，多新企圖，但陀羅同度，多進退反覆。鬼谷子 一生事業，過眼皆空。

　　命主事業只是虛有其表，外強中乾，實際上是虛空的。財帛宮貪狼、地

劫同度，財不聚守，時有拮据狀況發生，表面風光的享受，實際卻是寅吃卯糧。

命主人生以事業追隨其幻想，成為人生追求的目標。雖命宮三方似正皆見煞曜而未見吉星，但其福德宮紫微星在午宮入廟，見天魁同度，一生多貴助，且能有所表現。其夫妻宮武曲天相，見天鉞同度，左右兩鄰宮，「權祿夾印」，主夫貴，能資助其財源。只是命主為夢而執著，沉溺於幻想的境界中。**鬼谷子** 此命不因祖業而立身，不靠六親而飯吃。衣食如春草，不種自然生。莫憐棄舊憐新，惟有信小成大。踏破鐵鞋無覓處，得來全不費工夫。

命主七殺與火星坐命，天生就具備勇於拼鬥的精神，必然愈挫愈勇，只要大運來臨，時機成熟便能破繭而出。時間點在 32～41 歲與 52～61 歲。**鬼谷子** 行藏：運至終須得大財，「羊」「雞」水口出塵埃。知音一箭天邊去，穩坐瑤池真快哉。

但七殺在辰宮坐命，其人理想宏大，富幻想。命主在 32～41 歲，開的手工藝店曾經盛興，此限的得意，更加強命主種種不切實際的幻想。但環境的變遷已不在興旺，命主卻無法誠實面對現實環境的起伏，依然沉溺於幻想中的境界，為夢而執著難以自醒，堅持開店維持事業場面，不知開源節流，每月入不敷出，繼續過寅吃卯糧的生活，產生龐大的負債，使強運 52～61 歲，反彈無力。**鬼谷子** 基業：池內芙蓉水上開，竹松方是雪中栽。棟樑梧檟當時用，緣木求魚無後災。

2. 父母宮

天機在父母宮，文曲化科同度，與父母關係穩定。對宮天馬會照，命主少小離家。

3. 福德宮

紫微在福德宮，天魁同度。氣質高雅，個性獨立，一生多得貴助，能有所表現。

4. 田宅宮

田宅宮無主星，左輔、右弼坐守。對宮天同、巨門化祿，三合太陽化權，「日月並明」「權祿會照」，可白手起家，也有祖產，但天馬、鈴星會照，多變動。

　　行限 32～41 歲，大限命宮無主星，左輔、右弼坐守，借入對宮天同、巨門化祿。此限宮干「乙」，太陰化忌在事業宮，但太陰在亥宮入廟，雖有阻力亦無妨害。

　　天機化祿在夫妻宮，遇生年文曲化科，夫妻宮「科祿相逢」會照事業宮。天梁化權在財帛宮，事業太陰化忌在亥宮入廟，雖有阻力，但科權祿會照，能突破阻力闖出成績。 鬼谷子 行藏：運至終須得大財，「羊」雞水口出塵埃。知音一箭天邊去，穩坐瑤池真快哉。但吉處藏凶，此限一時的得意，卻讓命主沉浸於幻想的境界中。

5. 事業宮

　　事業宮破軍在申宮，陀羅同度。破軍在申宮，事業場面大，多新企圖，但陀羅同度，多進退反覆。 鬼谷子 一生事業，過眼皆空。

　　行限 42～51 歲，破軍、陀羅在大限命宮，浮蕩不安，變動幅度大。事業宮貪狼、地劫同度，貪狼在子宮，對宮紫微星會照，事業獨當一面，以藝術帶享受色彩行業。地劫同度，業績不佳，失去原動力。命主自己開手工藝店，此限生意蕭條，每月營業收入，無法支付店租與員工薪水，命主卻依然繼續為夢執著，沉溺於幻想的境界中。

　　財帛七殺在辰宮，雖為富局，但火星同度，寅吃卯糧。此限宮干「丙」廉貞化忌在福德宮，見地空、擎羊同度，多憂多慮，煩燥不安。

6. 交友宮

　　交友宮無主星，文昌化忌、祿存坐守。文昌化忌，與兄弟、朋友間易有金錢糾紛。祿存在交友宮，一生為人作嫁。

　　行限 52～61 歲，大限命宮無主星，文昌化忌、祿存坐守。大限無主星，較浮動，也充滿了各種可能性。太陽化權、天梁在遷移宮，出外能有所表現。此限宮干「丁」，天同化權、巨門化忌在事業宮，遇生年巨門化祿，口舌為業。天機化科在財帛宮，遇生年文曲化科，能增加金錢的流通。太陰化祿在福德宮，能有所表現。

　　此限無主星，科權祿忌會照，雖能有所表現，但吉處藏凶。命主在窮困的境況時，突遇友人相偕到大陸展示手工藝品，突然大受歡迎，因此受聘傳授。 鬼谷子 行藏：運至終須得大財，羊「雞」水口出塵埃。知音一箭天邊

去，穩坐瑤池真快哉。

7. 遷移宮

廉貞天府在遷移宮，地空、擎羊同度。出外受威脅，多是非、災禍。

8. 疾厄宮

太陰在疾厄宮，天馬、鈴星同度。太陰屬陰水，主虧損之疾，在亥宮入廟，不易為患。鈴星同度，有虛虧。天馬同度，為流行性疾病。

9. 財帛宮

貪狼在財帛宮，地劫同度。財不聚守，時有拮据狀況發生。

10. 子女宮

天同、巨門化祿在子女宮，子女聰明孝順。 鬼谷子 子息：花發名園異果收，青黃纍纍綴枝頭。鶯啼燕語情尤切，燕去鴻來春復秋。

11. 夫妻宮

武曲天相在夫妻宮，天鉞同度，左右兩鄰宮，權祿相夾印，主夫貴。 鬼谷子 婚姻：春來兩朵桃花發，月下鴛鴦不久長。月缺再圓人事好，晚來鷗鷺滿池塘。

12. 兄弟宮

太陽化權、天梁在兄弟宮，兄弟主貴。 鬼谷子 兄弟：秋空鴻雁瀟湘遠，一隻孤飛轉塞邊。寄語胡兒休事獵，往來南北一般飛。

六、鬼谷子全盤印證

第七十八數　辛辛　乾卦　辛丑　一生事業，過眼皆空。

判斷：

此命不因祖業而立身，不靠六親而飯吃。

衣食如春草，不種自然生。

莫憐棄舊憐新，惟有信小成大。

踏破鐵鞋無覓處，得來全不費工夫。

▲石上靈芝格

詩云：頑金煅煉方成器，石上靈芝根不異。
　　　　鴻雁孤飛去不歸，雲霄有路終須濟。
　　　　昔年事業在何方，分付東君笑一場。
　　　　試看後園花果樹，晚來丹桂一枝芳。

基業：池內芙蓉水上開，竹松方是雪中栽。
　　　　棟樑梧檟當時用，緣木求魚無後災。

兄弟：秋空鴻雁瀟湘遠，一隻孤飛轉塞邊。
　　　　寄語胡兒休事獵，往來南北一般飛。

行藏：運至終須得大財，羊雞水口出塵埃。
　　　　知音一箭天邊去，穩坐瑤池真快哉。

婚姻：春來兩朵桃花發，月下鴛鴦不久長。
　　　　月缺再圓人事好，晚來鷗鷺滿池溏。

子息：花發名園異果收，青黃纍纍綴枝頭。
　　　　鶯啼燕語情尤切，燕去鴻來春復秋。

收成：龍奮雷中驚空處，龍頭羊角兩分離。
　　　　青山如故水流遠，夢後不知有子規。

58 破軍在子午坐命：稱為「英星入廟格」

一、星系結構

破軍在子午坐命，對宮為廉貞天相，財帛七殺在寅申，事業貪狼在辰戌。

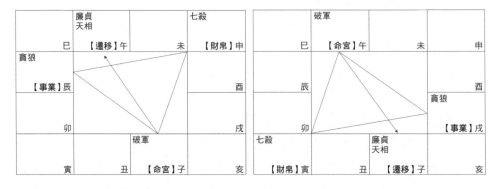

破軍在子宮坐命   破軍在午宮坐命

二、格局特質分析

特質 1 破軍在子午宮，為水火坎離之位，星曜入其正位，為最有力的宮位。

破軍為開路先鋒，具有冒險犯難的精神，開創力強，善攻而不善守，凡事喜創新改革，因此有「去舊換新」之意。破軍為北斗英星，在子午宮，為水火坎離之位，星曜入其正位，為破軍最有力的宮位，古曰：「北斗英星最有權，坎離之上福綿綿，黃金建節超廊廟，統帥英雄鎮四邊。」

此格之人具有很強的開創力及領導力，個性豪邁，有魄力，頭腦聰明，具有新穎獨到的思維，敢突破，能創新，並且能取得創造性與突破性的成就，是改革的執行者。

特質 2 **破軍在子午獨坐，可成為「英星入廟格」，也亦可成為「破軍暗曜」。**

　　破軍在子午坐命，受對宮廉貞天相，帶有情感色彩的影響，可調和破軍的躁決，轉化為聰明才智，成為良好的結構，只要無煞曜同度，破軍見化祿、化權或祿存同度，皆稱為「英星入廟格」，主權威，能創新改革並建設。古曰：「破軍子午宮，無煞，甲癸人官資清顯，位至三公。」在古代即可武職顯榮、威鎮邊疆，現代則可從商，為企業的開創者。

　　但破軍五行屬水，水性難明，也亦可成為「破軍暗曜」。破軍為開路先鋒，武將不喜見文昌文曲同度，彼此極易相剋，反使破軍開創力不足，若文昌文曲再見化忌，則使破軍星的創造能力更加減弱，只是加強其破壞力，而欠缺建設能力。古人稱為「作塚」，其人性格頑囂好勇鬥，只是執意蠻幹到底，毫無目的破壞，所到之處災難必隨之而起。

特質 3 **此格事業貪狼在辰戌，受到羅網之位的限制與保護，減少其波動。**

　　破軍在子午坐命，其事業宮貪狼在辰戌，受到羅網之位的限制與保護，一生事業較安定減少其波動。

　　貪狼為慾望之星，在辰戌宮受到對宮武曲財星的影響，對錢財有著敏銳的反應，能增加對事業積極開創之心，但卻易顯的躁進。反喜羅網之位來受其約束。

　　其人受到體制規範的制定約束，心志雖難以盡情張揚，但也受到體制的約束有助其收斂，能減少人生的波動。

三、此星系出生年，天干能量特點

1.破軍在子午坐命，甲年生人

　　破軍化權在命宮，廉貞化祿在遷移宮，利於外出發展，在古代即可武職顯榮、威鎮邊疆，現代則可從商，為事業的開路先鋒或為企業的開創者。古曰：「破軍子午宮，無煞，甲癸人官資清顯，位至三公。」

2.破軍在子午坐命，丁年生人

祿存在午宮命遷線上，太陰化祿在田宅宮，主福厚富貴。

3.破軍在子午坐命，己年生人

祿存在午宮命遷線上，貪狼化權在事業宮，武曲化祿在夫妻宮會照事業宮，事業「權祿相逢」，主權富，利於武職崢嶸，經商可為富貴的格局。

4.破軍在子午坐命，癸年生人

破軍化祿在命宮，祿存在子宮命遷線上，「雙祿相逢」，忠厚善良，量寬福厚。古曰：「破軍子午宮，無煞，甲癸人官資清顯，位至三公。」

四、此星系吉凶注意事項

1. 破軍在子午坐命，此格遷移宮為廉貞天相。廉貞星性質活動面要愈寬愈好，最喜在遷移宮，外面寬廣的世界，有助於廉貞星的發展，出門通達吉利。

   此格最喜甲年生人，廉貞化祿在遷移宮，利於外出求發展，拓展人際關係，有名望與地位，尤其適合海外任職發展。

   此格遷移宮見吉，外出發展，動中有吉。若遷移宮見煞忌，外出多是非意外，需防官司。

2. 破軍在子午坐命，星曜入其正位，為破軍最有力的宮位，能在動亂的環境中發展，開創力強。破軍只要無煞沖破，見吉化或吉曜，則主權威，人生的變動有其目標，且在創新改革後，能有重新再建設的能力。

   破軍為耗星，若再見煞忌，則增加其耗散的本質，破壞力大，創造力卻弱，只是爭奪破壞，欠缺建設能力，耗損極大。

3. 破軍在子午坐命，破軍為開路先鋒，武將不喜見文昌文曲同度，彼此極易產生相剋，反使破軍衝力不足，有志難伸，流於尖酸，因缺乏實力而變得憤世嫉俗。古曰：「破軍與文星守命，一生貧士。」

4. 破軍在子午坐命，事業宮貪狼在辰戌，利於武職崢嶸，若見化祿、化權者，此項性質尤重。己年生人，事業宮貪狼化權，對宮武曲化祿會照，三方四正無羊陀空劫會照，能成為軍、警、刑法界中的紅人，能獨當一面，主掌生殺大權。

5. 破軍在子午坐命，事業宮貪狼在辰戌，利於武職崢嶸，見吉，亦可從政或從官。若有煞同度，則以從商為宜，事業亦必多方向面發展，最適宜於武職，如外務、演藝、娛樂。

五、命盤實例解析

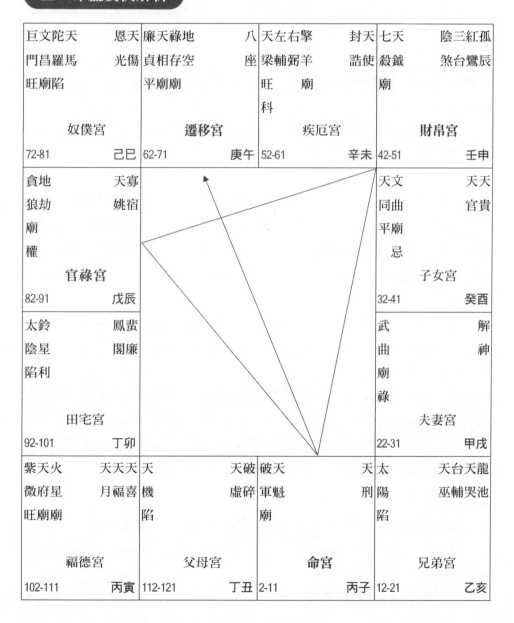

巨文陀天　　恩天 門昌羅馬　　光傷 旺廟陷 奴僕宮 72-81　　己巳	廉天祿地　　　八 貞相存空　　　座 平廟廟 遷移宮 62-71　　庚午	天左右擎　　封天 梁輔弼羊　　誥使 旺　　廟 科 疾厄宮 52-61　　辛未	七天　　陰三紅孤 殺鉞　　煞台鸞辰 廟 財帛宮 42-51　　壬申
貪地　　　　天寡 狼劫　　　　姚宿 廟 權 官祿宮 82-91　　戊辰			天文　　　　天天 同曲　　　　官貴 平廟 忌 子女宮 32-41　　癸酉
太鈴　　　　鳳蜚 陰星　　　　閣廉 陷利 田宅宮 92-101　　丁卯			武　　　　　解 曲　　　　　神 廟 祿 夫妻宮 22-31　　甲戌
紫天火　　天天天 微府星　　月福喜 旺廟廟 福德宮 102-111　　丙寅	天機　　　　天破 　　　　　　虛碎 陷 父母宮 112-121　　丁丑	破天　　　　天 軍魁　　　　刑 廟 命宮 2-11　　丙子	太陽　　天台天龍 陷　　　巫輔哭池 兄弟宮 12-21　　乙亥

1. 命宮

破軍在子宮坐命，天魁同度，己年生人，祿存在遷移宮，貪狼化權在事業宮，武曲化祿在夫妻宮會照事業宮，事業「權祿相逢」，主權富之命。命主個性豪邁，有魄力，思維創新，敢於突破，是創造改革的執行者，且能白手興創事業。

命主破軍在子宮坐命，事業宮在辰宮，貪狼化權、地劫同度。貪狼在辰宮化權，對宮武曲化祿會照，事業「權祿相逢」，主權富，利於武職崢嶸，使命主能成為軍中的紅人，且獨當一面，主掌大權，但地劫同度，理想過高產生重大挫敗，鬼谷子 得意濃時休進步。臨期省得失便宜。因此命主轉而從商。

命主破軍在子宮坐命，創造力強，三方見地空、地劫二星，具有創作靈感，更增強命主對軟體研發的天分，可由空中樓閣或幻想中成就事業，但較為辛勞。

命主破軍在子宮坐命，性格剛烈，有主見強，青少年時期多叛逆，不容易駕馭，是父母眼中難以教導的孩子，16歲只好送往澳洲留學，在出國留學之前，命主逃家從住家三樓跌落，腳斷在家修養半年。鬼谷子 生帶三刑七殺。身防肉破皮行。半年後去澳洲留學受到排斥，6個月後回台，在家休息7～8個月，命主19歲，再到美國念軍事管理學校。

命主己年生人，事業宮貪狼化權，對宮武曲化祿會照，事業「權祿相逢」，主權富，利於武職崢嶸，使命主在軍中受到重用，成為軍中紅人，且獨當一面，主掌大權。但事業宮貪狼化權、地劫同度，在當紅之時，產生重大挫敗，迫使命主轉而從商。鬼谷子 此命機謀有智。奸狡多疑。有權柄。會操持。無緣招嫡子。有分娶賢妻。生帶三刑七殺。身防肉破皮行。財帛向外方積聚。富貴在家內施為。只因朝暮奉善。到處方便慈悲。得意濃時休進步。臨期省得失便宜。若問六親兄弟分。落花流水各東西。

2. 兄弟宮

太陽在兄弟宮。命主為獨子，太陽在亥宮弱陷，六親緣薄。

行限12～21歲，太陽在大限命宮。太陽為口舌、是非、詞訟之星，在亥宮弱陷，多是非、多波動。

命主破軍星坐命性格剛烈，主見強，不容易屈服。行運太陽在亥宮弱陷

失輝，無力照拂對宮巨門的幽暗，易招口舌是非，三方再見煞曜，少年運不佳，更增添命主破軍的叛逆與好勇鬥，是父母眼中難以教導的孩子。行運居於四馬地，對宮遷移見天馬，命主少小離家發展。

16 歲前往澳洲留學之前，逃家從三樓跌落，腳斷在家修養半年。去澳洲留學受到排斥，6 個月後回台，在家休息 7〜8 個月，命主 19 歲，再到美國念軍事管理學校。此限宮干「乙」太陰化忌在事業宮，遇生年文曲化忌沖照，學業不順多變動。

3. 夫妻宮

武曲化祿在夫妻宮。武曲化祿，妻子精明能幹，能得其妻助。 鬼谷子 無緣招嫡子。有分娶賢妻。

但三方地空、地劫、火星會照，易有刑剋不睦，晚婚為宜。 鬼谷子 婚姻：楚樹吳花景色鮮，燕飛鶯舞日和天。狂風驟雨來軒檻，月暗山深聞杜鵑。

行限 22〜31 歲，武曲化祿在大限命宮，對宮遷移貪狼化權，「權祿相逢」，主權貴。此限宮干「甲」，武曲化科在命宮，遇生年武曲化祿。廉貞化祿在財帛宮，破軍化權在福德宮。

此限命宮形成科權祿「三奇佳會」，主官貴，運勢順暢，恩寵九重天。命主在軍中受到重用，成為軍中紅人。但三方有地空、地劫、火星，煞曜的破壞，使命主在得意之時，即產生重大的挫敗。命主 29 歲，離開軍校到科技公司上班。 鬼谷子 得意濃時休進步。臨期省得失便宜。

4. 子女宮

天同在子女宮，文曲化忌同度。天同在子女宮，性質軟弱怕事，與破軍剛烈的性質難同和，文曲化忌同度，易溝通不良。 鬼谷子 子息：枝頭三果弄清香，兩果凋零晚見傷。若見犬羊悲後喜，龍飛鳳舞獨翔翔。

行限 32〜41 歲，天同、文曲化忌在大限命宮。此限天同在酉宮弱勢，又逢文曲化忌同度，無力發展，暫時退守，專心研發軟體程式，等待機會而動。

命主 37 歲，軟體程式首次在紐約開發表會。

5. 財帛宮

七殺在財帛宮，天鉞同度。七殺在財帛宮，主掌財權，在申宮，對宮為「紫微天府」，常得意外之財。

行限 42～51 歲，七殺、天鉞在大限命宮。七殺在申宮，對宮紫微天府，為「七殺朝斗格」，能因人而貴，得遇貴人的提攜，財官雙美。此限宮干「壬」紫微化權在遷移宮，出外得遇貴人提攜。

6. 疾厄宮

天梁在疾厄宮，左輔、右弼、擎羊同度。天梁在未宮，對宮天機會照，手足跌打，舊患瘀痛。命主 16 歲，時從三樓跌落腳斷，留下的舊患瘀痛。

行限 52～61 歲，天梁化科，左輔、右弼、擎羊在大限命宮，天梁化科在大限命宮，此限能創造聲譽，但擎羊同度，多競爭波折。此限宮干「辛」，巨門化祿、文昌化忌在夫妻宮，夫妻宮「祿忌相沖」。太陽化權在事業宮，三方科祿忌會照，事業宮形成科權祿忌「四化齊會」，命主企圖心強，在事業上與妻子難以溝通，產生事業上的波折，但皆能化險為夷。 鬼

谷子 行藏：舟行半夜風波險，自遇「羊」頭有刀持。得在岸邊平穩處，桑榆月照有光輝。

7. 遷移宮

廉貞天相在遷移宮，地空、祿存同度。廉貞天相在遷移宮，忙碌中求發展，動中有吉，出外多貴人相助，且長袖善舞。祿存同度，武曲化祿會照，鄰宮天梁化科來夾印，出外發達。地空同度，多是非官司與交通事故。

8. 交友宮

巨門在交友宮，文昌、天馬、陀羅同度。巨門為是非暗曜，在巳宮對宮太陽弱陷，無法調和巨門的幽暗，人際關係不佳。文昌同度，能結交有才識的朋友。陀羅同度，朋友間多有口角、爭執。天馬同度，關係不穩定，多變動。

9. 事業宮

貪狼化權在事業宮，地劫同度。貪狼化權在事業宮，對宮武曲化祿會照，「權祿相逢」主權貴，能為軍中之紅人，且可獨當一面，主掌大權，但

地劫同度，易有挫敗，宜轉而從商為宜。**鬼谷子** 上萬峯雪漸消，誰將新木接新條。利名本是鎡基有，成敗皆因命裏招。

10. 田宅宮

太陰在田宅宮，鈴星同度。太陰在卯宮弱陷，鈴星同度，對宮文曲化忌沖照，產業有損，不宜買賣物業。

11. 福德宮

紫微天府在福德宮，火星同度。紫微天府，福厚大度。火星同度，精神較浮躁不安，時常有不必要的思慮。

12. 父母宮

天機在父母宮。天機在丑宮弱陷，父母管教方式軟硬兼施，不利父子間兩代的關系。但命主少小則離家，兩代遠離不主刑剋。

六、鬼谷子全盤印證

第五十四數　己丁　坤卦　丁巳　孤立無助，防有患難。

判斷：

此命機謀有智。奸狡多疑。有權柄。會操持。無緣招嫡子。有分娶賢妻。生帶三刑七殺。身防肉破皮行。財帛向外方積聚。富貴在家內施為。只因朝暮奉善。到處方便慈悲。得意濃時休進步。臨期省得失便宜。若問六親兄弟分。落花流水各東西。

▲接樹逢春格

詩云：日上萬峯雪漸消，誰將新木接新條。
利名本是鎡基有，成敗皆因命裏招。
水際鴛鴦分伴侶，天邊鴻雁失羣翱。
花開正是春三月，只恐狂風一夜飄。

基業：欲罷塵行望碧霄，奈何羽翼未堅牢。
陰功積德知音上，駕鶴攜琴上九皐。

兄弟：雁飛指字遇瀟湘，兩隻悲鳴入楚鄉。
惟有孤鴻霄漢遠，江山若蓼積餘糧。

行藏：舟行半夜風波險，自遇羊頭有刀持。
　　　　得在岸邊平穩處，桑榆月照有光輝。

婚姻：楚樹吳花景色鮮，燕飛鶯舞日和天。
　　　　狂風驟雨來軒檻，月暗山深聞杜鵑。

子息：枝頭三果弄清香，兩果凋零晚見傷。
　　　　若見犬羊悲後喜，龍飛鳳舞獨翱翔。

收成：雞催鐘動月將沉，鼠尾牛頭有一驚。
　　　　枯木再開花豔色，夢回愈覺夢魂清。

59 破軍在寅申坐命：屬於出外求財格

一、星系結構

破軍在寅申坐命，對宮為武曲天相，事業貪狼在子午，財帛七殺在辰戌。

破軍在寅宮坐命

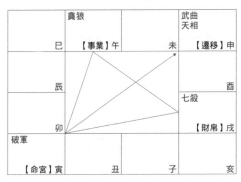

破軍在申宮坐命

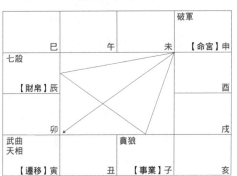

二、格局特質分析

特質 ❶ 破軍在寅申宮，居弱陷之地，更增加其動盪的升降幅度。

破軍星為紫微帝座之前的戰將，為開路先鋒，經常不顧一切身先士卒，衝鋒陷陣，難免自身危險性大，在古書中稱破軍星為「耗星」，這個「耗」代表破壞力、消耗力。

此星剛強寡合，好勇鬥，不喜受束縛，個性偏激帶叛逆，所以人生的動盪變化幅度大，命運過程亦特別戲劇化，為殺、破、狼三顆星曜中，變化程度最為極端的一顆星。破軍在寅申宮，星曜弱陷，又居於四馬之地，更增加其動盪的升降幅度。

特質 ❷ 破軍在寅申，受對宮武曲星的影響，更顯破軍的頑強與叛逆。

破軍為開路先鋒，在寅申宮居於四馬之地，其性質較為浮蕩，又受對宮

武曲天相的影響，性情耿直，重義氣，喜行俠仗義，愛打報不平，具有俠義英雄的氣概。但武曲星性質剛毅固執，更顯破軍的頑強與叛逆，處事一意孤行，只要我喜歡有什麼不可以的好勇鬥，讓破軍在寅申宮坐命的人生，更顯動盪不安。雖然武曲天相在遷移宮，是屬於出外求財格，雖出外發展常有意料之外的機會，但破軍在寅申宮性質浮蕩，最宜有一技之長在身，可安身立命，減緩破軍的動盪。

特質 3 破軍星的叛逆性與順從性，決定其一生的動盪幅度。

破軍在寅申宮居弱陷之地，又受對宮武曲寡宿星的影響，使此格的破軍星帶孤剋性質極重，故有幼年去祖離家，或重拜父母的剋應，也亦主一生上司常更換。古曰：「身命陷地，棄祖離宗。」此格不守祖業。

破軍為耗星，性質剛毅帶叛逆，人生動盪幅度大，成敗一線之間，必須見祿，有祿的羈縻，才能使破軍順從，善於環境的變化，開創力佳，人生的波動幅度才能減小。若無祿，或見煞忌刑曜重，則增加破軍的剛毅與叛逆，成事不足，壞之有餘，往往做成亂局之後，反陷入困境中，奔勞無功。古曰：「路逢險處難迴避，事到頭來不自由。」同樣是破軍在寅申坐命，有人終身服務於一個機構，有人卻頻頻變換工作，這即是破軍的叛逆性與順從性，決定其人一生的動盪幅度。

三、此星系出生年，天干能量特點

1.破軍在寅申坐命，甲年生人

破軍化權在命宮，武曲化科在遷移宮，「科權相逢」，開創力佳，武職發貴，祿存在寅宮命遷線上，減少人生的動盪，開創有收穫，主富貴，財官雙美。

2.破軍在寅申坐命，丁年生人

太陰化祿在田宅宮，天同化權在交友宮，使遷移宮的武曲天相，形成「權蔭夾印」，出外開創強而有力，祿存在午宮，夫官線上，事業穩定，財官雙美，主富貴。

3.破軍在寅申坐命，己年生人

武曲化祿在遷移宮，出外開創得財。貪狼化權在事業宮，祿存在午宮，夫官線上「權祿相逢」，開創力佳，武職發貴，財官雙美。

4.破軍在寅申坐命，庚年生人

武曲化權在遷移宮，出外開創有力，太陰化科在田宅宮，祿存在申宮命遷線上，減少人生的動盪，開創有收穫，主富貴，財官雙美。

四、此星系吉凶注意事項

1. 破軍在寅申坐命，居弱陷之地，性質剛毅帶叛逆，人生動盪幅度大，成敗一線之間，必須見祿，有祿的羈縻，才能使破軍順從，善於環境的變化，開創力佳，人生的波動幅度減小。最喜見祿存同度，使其穩定，亦喜對宮的武曲化祿，使遷移宮武曲天相，形成「財蔭夾印」，出外開創得財。或事業宮的貪狼化祿，可增強其創造力，有勇有謀，兵精糧足，可立於不敗之地。

2. 破軍在寅申坐命，遷移宮為武曲天相，屬於出外求財格。若見「祿馬交馳」，則能發跡於遠方異域，但一生多奔波勞碌。

3. 破軍在寅申坐命，若無祿，或見煞忌刑曜重，則增加破軍的剛毅與叛逆，成事不足，壞之有餘，往往做成亂局之後，反陷入困境中，奔勞無功。若見火星、鈴星，雖可形成「火貪」、「鈴貪」格，但一生勞碌奔波，起伏波折甚大，暴起暴跌，橫發橫破。其挫敗之因，乃因主觀性過強蠻幹到底，又喜強行出頭，或不自量力與人競爭而起。古曰：「路逢險處難迴避，事到頭來不自由。」

4. 破軍在寅申坐命，居四馬地，性質已浮蕩，若再見地空、地劫同度，則更增加波動與辛勞，一生浮蕩孤獨。

5. 破軍在寅申坐命，若無祿，見左輔、右弼、天魁、天鉞，未能改變破軍的特性，反有使特性更加強烈，即順從者愈順從，叛逆者愈叛逆。

6. 破軍星為武將，豪邁剛勇，不喜見文昌、文曲，彼此氣質不相投契，極易相剋，反而使得破軍衝力不足，有志難伸，流於尖酸，因缺乏實力而變得憤世嫉俗。古曰：「破軍與文星守命，一生貧士。」

五、命盤實例解析

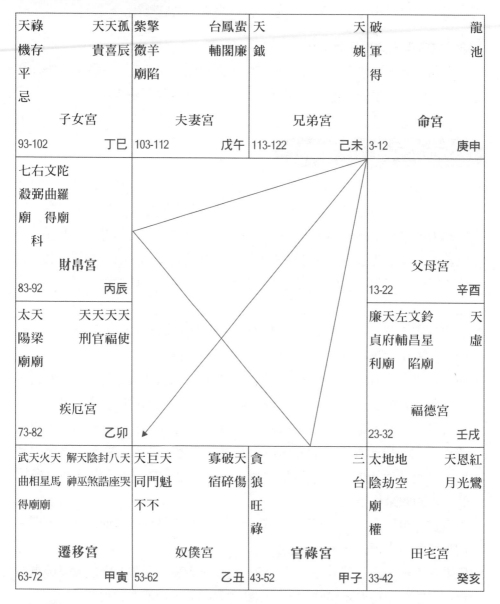

天祿 機存 平 忌　　　天天孤 　　　貴喜辰 子女宮 93-102　　　　丁巳	紫擎 微羊 廟陷　　　台鳳蜚 　　　輔閣廉 夫妻宮 103-112　　　戊午	天 鉞　　　　　天 　　　　　姚 兄弟宮 113-122　　　己未	破　　　　　龍 軍　　　　　池 得 命宮 3-12　　　　　庚申
七右文陀 殺弼曲羅 廟　得廟 　科 財帛宮 83-92　　　　丙辰			父母宮 13-22　　　　　辛酉
太天　　　天天天天 陽梁　　　刑官福使 廟廟 疾厄宮 73-82　　　　乙卯			廉天左文鈴　　天 貞府輔昌星　　虛 利廟　陷廟 福德宮 23-32　　　　　壬戌
武天火天　解天封八天 曲相星馬　神巫煞座哭 得廟廟 遷移宮 63-72　　　　甲寅	天巨天　　寡破天 同門魁　　宿碎傷 不不 奴僕宮 53-62　　　　乙丑	貪　　　　　三 狼　　　　　台 旺 祿 官祿宮 43-52　　　　甲子	太地地　　天恩紅 陰劫空　　月光鸞 廟 權 田宅宮 33-42　　　　癸亥

1. 命宮

破軍在申宮居於弱陷之地，又受對宮武曲寡宿星的影響，使破軍星帶孤剋性質極重。此局之人常有幼年去祖離家，或重拜父母的剋應。

命主破軍在申宮坐命，個性頑強，帶叛逆，處事一意孤行，只要我喜歡有什麼不可以的好勇鬥。在青少年時期，行為偏差，帶叛逆，不容易駕馭，常我行我素，令父母傷透腦筋，只好將命主送往南部去念書，此為幼年離家。

命主此格父母宮無主星，借入對宮的太陽天梁，三方天機化忌會照，命主與父母之間易生隔膜，也亦與師長或上司有成見。命主在青少年時期，行為頑強帶叛逆，對於父母、師長間不合理的規範管教，常會伶牙俐齒直接衝撞反駁，讓父母與老師難以招架，是父母與老師眼中的叛逆小孩。 鬼谷子 行藏：本擬金玉興大業，豈其羊很犯藩籬，江山自有長生路，得祿優游近日西。

破軍在申宮坐命，性質頑強帶叛逆，但命主「戊」年生人，貪狼化祿在事業宮，有祿的羈縻，則能使破軍星在進入社會之後，性格較為順從，善於環境的變化，有利於競爭，人生的波動幅度減小，開創力增佳。且命主財帛宮還有右弼化科，使命宮形成「科祿會照」，主文貴，有勇有謀，兵精糧足，可立於不敗之地。 鬼谷子 事事順手，無憂無慮。

只是破軍在申宮，居於四馬之地，性質已浮蕩，遷移宮武曲天相又見天馬、火星同度，使命主倍增波動與辛勞，一生較浮蕩孤獨。 鬼谷子 此命為人正直。立性優柔。有愛人之心。無傷人之意。大人見重。小輩相輕。只宜異姓同居。不利一身守祖。人情易變。作事炎涼。行好事不得好報。一生衣祿無虧。不犯官刑。只因運晦限遲。以致瓜甜蒂苦。壽元高穩。晚景光華。

2. 父母宮

父母宮無主星，緣份淡薄，較無助力。借入對宮太陽天梁，父母主觀性強，也亦與上司有成見，三方天機化忌會照，易生隔膜，關係不佳。

3. 福德宮

廉貞天府在福德宮，左輔、文昌、鈴星同度。雖然忙碌卻能忙裡偷閒，自得其樂。左輔、文昌同度，多助力，能有所表現，事事順心，有福。 鬼谷子 事事順手，無憂無慮。鈴星同度，謹慎多慮。 鬼谷子 立性優柔。

行限 23～32 歲，廉貞、天府、左輔、文昌、鈴星在大限命宮，此限宮干「壬」武曲化忌在事業宮，命宮與三方形成「鈴昌羅武」格，工作不順，

多意外，多挫折。

4. 田宅宮

太陰化權在田宅宮，地空、地劫同度。有破耗，動輒得咎。

行限 33～42 歲，太陰化權、地空、地劫在大限命宮。太陰在亥宮，居於四馬之地，又見地空、地劫同度，多飄泊，奔波勞碌。事業太陽天梁在卯宮，雖可平步青雲，但也多是非困擾。

此限宮干「癸」，太陰化科在命宮，遇生年太陰化權，「科權相逢」，頭角崢嶸。事業太陽天梁在卯宮，利於競爭，能在眾人中嶄露頭角。

命主此限事業上，雖能有表現可平步青雲，但多飄泊，奔波勞碌。天機化忌在遷移，出外多是非困擾。

5. 事業宮

貪狼化祿在事業宮，命主能言善道，具有很不錯的社交手腕，善於人事物的協調，手段高明且圓融，利於事業上的發展。貪狼在子宮，受對紫微星的影響，可獨當一面，但擎羊、陀羅會照，事業進展多枝節，順中多逆境，事業早年不順遂，容易受到波折困難。 鬼谷子 基業：黃金白玉非為寶，不識芝蘭異芳草，江湖明月與清風，借徑求名曾壽考。

行限 43～52 歲，貪狼化祿在大限命宮。貪狼為慾望之星，再見化祿，使慾望動能趨於極致，易沉迷於功名利祿中，難以自拔，對人生未必是一種好事。此限宮干「甲」，破軍化權在財帛宮。事業宮七殺、右弼化科、文曲、陀羅同度，三方形成科權祿「三奇佳會」，命主此限事業有成，地位鞏固，為一方之主，富裕安樂。此時宜修德養性適可而止，若太盲目沉迷於功名利祿中，則反不利。

6. 交友宮

天同巨門在交友宮，天魁同度。天同巨門在丑宮，多口舌是非。天魁同度，在朋友、同學中有貴者，能得其助。 鬼谷子 大人見重。小輩相輕。

7. 遷移宮

武曲天相在遷移宮，天馬、火星同度。武曲天相，為出外求財格。天馬、火星同度，在外雖活躍，但鋒芒太過，多是非，壓力大。

8. 疾厄宮

太陽天梁在疾厄宮。為心臟、腸胃、頭部之疾病或內分泌失調。

9. 財帛宮

七殺在財帛宮，右弼化科、文曲、陀羅同度。右弼化科、文曲同度，主富裕，且擅長投資以財生財。陀羅同度，易招忌。事業宮貪狼化祿會照，常有意外之財。 鬼谷子 一生衣祿無虧。

10. 子女宮

天機化忌在子女宮，祿存同度。天機化忌在巳宮弱陷，對宮地空、地劫會照，子女多折傷。 鬼谷子 子息：異花異果綴枝頭，陰德相承待晃流，振作家聲分鼎峙，庭前朱紫是王侯。

11. 夫妻宮

紫微在夫妻宮，擎羊同度。紫微在夫妻宮，妻子個性剛強，再見擎羊同度，更增加其霸道與專制的性格，且病弱助力少。 鬼谷子 婚姻：秋江相對一明月，中路花殘枝半折，晚來鷗鷺碧波眠，青荇香蘋喜相接。

12. 兄弟宮

兄弟宮無主星，天鉞坐守，天魁會照，三合「日卯月亥」，適得其位，為「明珠出海」格，一個哥哥，表現傑出，為貴者。 鬼谷子 兄弟：奇花並蒂後依稀，一雁東來一雁西，吳楚瀟湘來往去，楚天空闊各分飛。

六、鬼谷子全盤印證

第四十九數　戊壬　蒙卦　壬子　事事順手，無憂無慮。

判斷：

此命為人正直。立性優柔。有愛人之心。無傷人之意。大人見重。小輩相輕。只宜異姓同居。不利一身守祖。人情易變。作事炎涼。行好事不得好報。一生衣祿無虧。不犯官刑。只因運晦限遲。以致瓜甜蒂苦。壽元高穩。晚景光華。

▲芳草芝蘭格

詩云： 黃金白玉非為寶，心契芝蘭與芳草。
家在瀟湘雲水邊，樹頭春色知多少。
琵琶絃斷晚風清，再整梅花雪月情。
卻得沿途荊棘少，不妨隨主出都城。

基業： 黃金白玉非為寶，不識芝蘭異芳草。
江湖明月與清風，借徑求名曾壽考。

兄弟： 奇花並蒂後依稀，一雁東來一雁西。
吳楚瀟湘來往去，楚天空闊各分飛。

行藏： 本擬金玉興大業，豈其羊很犯藩籬。
江山自有長生路，得祿優游近日西。

婚姻： 秋江相對一明月，中路花殘枝半折。
晚來鷗鷺碧波眠，青荇香蘋喜相接。

子息： 異花異果綴枝頭，陰德相承待冕旒。
振作家聲分鼎峙，庭前朱紫是王侯。

收成： 歸路迢迢伴侶無，寒江月影一舟孤。
回思故國家鄉事，嶺上白雲如畫圖。

60 破軍在辰戌坐命：
將在外，君命有所不受

破軍在辰戌坐命，對宮為紫微天相，事業貪狼在寅申，財帛七殺在子午。

破軍在辰宮坐命

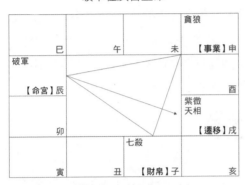

破軍在戌宮坐命

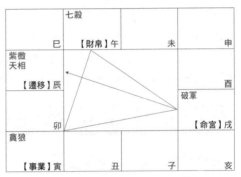

二、格局特質分析

特質 1 破軍在辰戌坐命，則有「將在外，君命有所不受」的特性。

破軍為開路先鋒，是紫微帝座前的戰將，在辰戌二宮獨坐，對宮為紫微天相，則有「將在外，君命有所不受」的特性，充分發揮破軍的叛逆與不受制伏，因此一生中必有非常的災遇。破軍星為開路先鋒，勇於衝鋒陷陣，在辰戌二宮破軍獨坐，不受對宮紫微星的掣肘，便能充分發揮破軍的特性，叛逆性強，不喜受束縛，喜創新改革，具有極強的開創力，在挫折中有毅力，但人生多風波與挫折。

特質 2 破軍在辰戌，受對宮紫微天相的影響，胸懷大志。

破軍在辰戌坐命，受對宮紫微天相的影響，胸懷大志，對權祿名位的企圖心強，急功近利，難以受制於人之下，但卻落於天羅地網之位，受到環境的掣肘，如同野馬被拴住深受束縛，常感到有志難伸，急於掙脫羅網的限

制，因此常過於功利，罔顧人情，給人無情無義之感，人際關係不佳，六親緣薄，一生多風波與挫折，造成精神壓力大，影響其健康。

破軍在辰戌，必須見祿，有祿開創才能有收穫，可闖蕩出局面達成其理想，始有福澤，唯人生的波折仍難避免。無祿的破軍則為消耗戰，志大才疏，懷才不遇，易生心理障礙，煞多恐有終身帶疾。

特質 3 破軍在辰戌坐命，富而不貴，有虛名。

破軍在辰戌二宮，處旺地，最利於武職，開創力強，能夠積極追求權祿名位，易有意外的成就。其福德宮為武曲天府二星均為財星，武曲星主動積極追求財富，天府星為庫星，善於理財，具備了富有的條件。田宅宮為財富的根基，代表藏財之所，其田宅宮在丑未太陽太陰同度，為「日月照壁格」，逢吉，能擁有很多不動產，也可來自繼承祖業或自置。但此格破軍星，受對宮紫微天相的影響，富而不貴，有虛名。

三、此星系出生年，天干能量特點

1.破軍在辰戌坐命，甲年生人

破軍化權在命宮，廉貞化祿在夫妻宮，事業宮「權祿會照」，開創力強。武曲化科在福德宮，有福澤。祿存在寅宮夫官線上，天魁天鉞在丑未宮，子田線上，主富，但一生亦多風波。

2.破軍在辰戌坐命，癸年生人

破軍化祿在命宮，太陰化科在田宅宮，祿存在子宮財福線上，雖小氣，但有福。

3.破軍在辰戌坐命，丙年生人

天同化祿在父母宮，祿存在巳宮父疾線上，天機化權在兄友線，「權祿夾命」家境富裕，能繼承祖業，為富貴的格局，戌宮優於辰宮。

4.破軍在辰戌坐命，戊年生人

貪狼化祿在事業宮，開創力強，收穫佳。太陰化權在田宅宮，天魁天鉞在丑未宮子田線上，祿存在巳宮父疾線上，家境富裕，能繼承祖業也能自置，為富貴的格局。

四、此星系吉凶注意事項

1. 破軍為開路先鋒，在辰戌二宮獨坐，不受對宮紫微星的掣肘，便能充分發揮破軍的特性，剛猛而動盪，雖喜創新改革，具有極強的開創力，但破軍需見祿，有祿的破軍開創才能有收穫，破軍未見祿只是消耗戰。

   此格最喜貪狼化祿或破軍化祿，亦喜三合祿存會照，或福德宮得祿，破軍開創才能有收穫。破軍若未見祿，縱使見六吉也不主全吉，六親冰炭，人生的波折仍難避免，倘若無吉曜會合，反有煞曜同度或會照，則不但事業易生破敗，且自身亦有災病。最忌陀羅、火星同度，個性偏激衝動，盲目開闖，使人生更多波折。

2. 破軍在辰戌坐命，田宅宮太陽太陰在丑未，為「日月照壁格」，此格之人，能繼承祖業且亦能自置，但命宮須吉，才方可富貴，戌宮優於辰宮，以太陰化祿為最佳，若三合天梁化祿，則產業流動性增加。

3. 破軍在辰戌坐命，福德宮為武曲天府，二星均為財星，較無錢財上的煩惱，但身安心勞，若見祿而未見煞，是最理想的結構，為財福雙美的格局。若見煞忌，易因財被劫，多為而財憂。

4. 破軍為武將，在辰戌宮處於旺位，最利武職，宜開創性質的工作，不喜見文昌、文曲同度，彼此氣質不相投契，極易相剋，反而使得破軍衝力不足，易空想而缺乏實際行動。

5. 破軍在辰戌坐命，見化權或化祿，則身有專長，喜愛藝術，能積極找尋機會，突破羅網，雖勞碌奔波，卻能闖蕩出局面，白手興家。

五、命盤實例解析

1. 命宮

　　破軍在戌宮坐命，陀羅同度，二星相悖逆，個性偏激，喜徇私護短，叛逆性強，易衝動，整日如無頭蒼蠅，到處亂闖亂撞，遇事卻多疑，而猶豫不決，志大才疏，更加重人生的風波與挫折。

　　命主破軍在戌宮坐命，落於羅網之地，受到家庭、配偶的牽制，如同野

天天　　　封孤天 梁鉞　　　誥辰使 陷 祿 **疾厄宮** 54-63　　　　乙巳	七鈴　　　解天龍 殺星　　　神福池 旺廟 **財帛宮** 44-53　　　　丙午	文文　　　　　天 曲昌　　　　　喜 旺利 **子女宮** 34-43　　　　丁未	廉天天　　　天天鳳 貞空馬　　　刑虛閣 廟 **夫妻宮** 24-33　　　　戊申	
紫天火　　　陰天 微相星　　　煞哭 得得陷 權 **遷移宮** 64-73　　　　甲辰			台破 輔碎 **兄弟宮** 14-23　　　　己酉	
天巨左天　　　八天 機門輔魁　　　座傷 旺廟 　科 **奴僕宮** 74-83　　　　癸卯			破陀　　　　天蜚 軍羅　　　　官廉 旺廟 **命宮** 4-13　　　　庚戌	
貪地　　　天恩天 狼劫　　　月光貴 平 **官祿宮** 84-93　　　　壬寅	太太　　　紅寡 陽陰　　　鸞宿 不廟 **田宅宮** 94-103　　　　癸丑	武天擎　　　　天 曲府羊　　　　姚 旺廟陷 　　忌 **福德宮** 104-113　　　　壬子	天右祿　　　天三 同弼存　　　巫台 廟　廟 **父母宮** 114-123　　　　辛亥	

馬被拴住深受束縛，常感到有志難伸，在家滿腹牢騷，急於掙脫家庭的束縛，整日在外如無頭蒼蠅到處亂闖亂撞，希望能替自己找尋創業機會，但命主命宮破軍、陀羅同度，二星相悖逆，志大才疏，遇事猶豫不決，拖拖拉拉缺乏決斷力，反使破軍武將，衝力不足，更無法掙脫羅網，為偏枯之象。

　　雖然遷移宮紫微化權、天相、火星同度，左右鄰宮天梁化祿、左輔化

科、天魁、天鉞來夾印，在外環境機緣良好，地位崇高，得人敬慕，可得貴人提攜與友人的協助。

　　但自身能力卻不足，也只是吃喝玩樂，無法成就事業，且更增加命主的志大才疏，難以腳踏實地安居於家。 鬼谷子 在家啾啾唧唧，出外喜喜歡歡。

　　命主事業貪狼在寅宮，地劫同度，心志雖高，卻流於不切實際的空想，常有懷才不遇之嘆。 鬼谷子 此命如月被雲遮，似鏡卻生塵。勞心著力，獨自成立。六親冷炭不相投，二姓參差難得合，在家啾啾唧唧，出外喜喜歡歡。瓜甜蒂苦，事無十全。風高浪險自搖船，憂樂盡從心上過。辛苦莫怪，安穩有期。黃連甘草合根生，甜苦一般同一處。

　　命主此命盤為偏枯之象，必須等待大運進入「未」宮 34～43 歲，此限雖無主星，文曲、文昌坐守命宮，三方四正皆未見煞，且「科祿會照」命宮，為人生得意之期。此限命主配偶與弟弟事業合作，發展順利。 鬼谷子 基業：手持弧矢射方隅，立志孤高壯士圖。三箭天山終有日，逢「羊」遇犬問前程。

2. 兄弟宮

　　兄弟宮無主星，借入對宮天機、巨門、左輔化科、天魁，三方未見煞。命主兩個弟弟，姊弟能相互提攜，有助力，卻不長久。 鬼谷子 兄弟：空中孤雁沙汀去，飄落蘆花境不尋。回首白雲斜月暮，雨重山外問佳音。

3. 夫妻宮

　　廉貞在夫妻宮，地空、天馬同度。廉貞非善星，坐入夫妻宮中，地空、天馬同度，夫妻多刑剋，命主 49 歲，配偶肝癌突然過世。 鬼谷子 偶得鴛鴦終未穩，池塘鷗鷺卻相依。斜陽芳草多惆恨，不見瑗花空見枝。

　　行限 24～33 歲，廉貞、地空、天馬在大限命宮，此限宮干「戊」，貪狼化祿在遷移宮，與大限命宮天馬，形成「祿馬交馳」，再見火星，形成「火貪格」，為橫發橫破。命主錢財借老闆周轉，得到高利息。 鬼谷子 好景不常，枉費心機。

　　但老闆卻周轉不靈，命主借出的錢財收不回。此限地空、地劫在命遷，野心大、好弄險，古書稱為「半空折翅」，通常有賠了夫人又折兵的危險。

4. 子女宮

子女宮無主星，文曲、文昌坐守。子女聰明，有才華。 鬼谷子 子息：鶯踏花翻逢宿雨，果成未敢輕相許。栽培著力早修持，人在玉堂相對語。

行限 34～43 歲，大限命宮無主星，文曲、文昌坐守，此限宮干「丁」，太陰化祿在遷移宮，天同化權在事業宮，天機化科、巨門化忌在財帛宮，大限科權祿忌「四化齊會」，命主配偶與弟弟事業合作，發展順利，但錢財卻財來財去。 鬼谷子 基業：手持弧矢射方隅，立志孤高壯士圖。三箭天山終有日，逢「羊」遇犬問前程。

5. 財帛宮

七殺在財帛宮，鈴星同度。冒險之財，不易積聚。對宮武曲化忌沖照，因財生災，錢財多破失。

行限 44～53 歲，七殺、鈴星在大限命宮，對宮遷移武曲化忌、天府、擎羊沖照，多災、多意外，命主 49 歲，配偶肝癌突然逝世。此限宮干「丙」廉貞化忌在福德宮，見地空、地劫二星，此宮位為生年夫妻宮。

6. 疾厄宮

天梁化祿在疾厄宮，天鉞同度。易偏食，消化不良，一生少病痛。

7. 遷移宮

紫微化權、天相在遷移宮，火星同度。出外地位崇高，得人敬慕。火星同度，在外易招惹是非。遷移宮左右兩鄰天梁化祿、左輔化科、天魁、天鉞來夾印，在外環境機緣良好，可得貴人提攜與友人的協助，可間接受惠。 鬼谷子 在家啾啾唧唧，出外喜喜歡歡。行藏：難得侯門終有路，維持只恐不勞心。陰功大積陰人福，龍閣鳳樓何處尋。

8. 交友宮

天機巨門在交友宮，始善終惡，易與友人發生誤會。左輔化科、天魁同度，朋友多，能得其幫助。

9. 事業宮

貪狼在事業宮，地劫同度。心志雖高，卻流於不切實際的空想，無力開創。

10. 田宅宮

太陽太陰在田宅宮，為「日月照壁格」，三方未見煞曜，天梁化祿會照田宅，命主配偶過世時留下一間房。

11. 福德宮

武曲化忌、天府在福德宮，擎羊同度。因財被劫，多為財而憂，身安心勞。

12. 父母宮

天同在父母宮，右弼、祿存同度。天同為帶感情的星曜，在亥宮星曜入廟，兩代和洽。右弼、祿存同度，三方見六吉與科祿會照，未見煞，出生家境良好。

六、鬼谷子全盤印證

第八十四數　壬丁　比卦　丁卯　好景不常，枉費心機。

判斷：

此命如月被雲遮，似鏡卻生塵。勞心著力，獨自成立。六親冷炭不相投，二姓參差難得合。在家啾啾唧唧，出外喜喜歡歡。瓜甜蒂苦，事無十全。風高浪險自搖船，憂樂盡從心上過。辛苦莫怪，安穩有期。黃連甘草合根生，甜苦一般同一處。

▲雁宿蘆江格

詩云： 雲收月已到中天，雪壓孤松老更堅。

鳳宿梧桐終有分，雁飛蘆葦怨無緣。

離方獨自生風火，兌位難行逆水船。

百煉千磨心不變，依然還我舊青氈。

基業： 手持弧矢射方隅，立志孤高壯士圖。

三箭天山終有日，逢羊遇犬問前程。

兄弟： 空中孤雁沙汀去，飄落蘆花境不尋。

回首白雲斜月暮，雨重山外問佳音。

行藏： 難得侯門終有路，維持只恐不勞心。

陰功大積陰人福，龍閣鳳樓何處尋。

婚姻：偶得鴛鴦終未穩，池塘鷗鷺卻相依。

斜陽芳草多惆恨，不見瓊花空見枝。

子息：鶯踏花翻逢宿雨，果成未敢輕相許。

栽培著力早修持，人在玉堂相對語。

收成：若遇猴龍時節至，閒花帶露壓闌干。

月斜猿鶴空惆悵，丹桂青松竹滿山。

大展好書　好書大展
品嘗好書　冠群可期

大展好書　好書大展
品嘗好書　冠群可期